清朝后期
来华人士所编词典之研究

A STUDY ON THE DICTIONARIES COMPILED BY FOREIGNERS
DURING THE LATE QING DYNASTY

高永伟 ◎ 著

復旦大學出版社

前　言

　　我国近代汉外字典的编纂始于16世纪末期[①]。1588年，耶稣会传教士利玛窦（Matteo Ricci, 1552—1610）和罗明坚（Michele Ruggieri, 1543—1607）编写完成了手稿本《葡汉字典》(The Portuguese-Chinese Dictionary)[②]。这部收词6 000余条的双语词典采用字母排序法，葡萄牙文词目后标注了罗马读音，并提供了汉语对应词。美国汉学家罗杰瑞（Jerry Lee Norman）曾指出："晚明来华的外国人发现非常有必要学习汉语口语和书面语，这就出现了编写文法书和双语词典的需求。[……]早期的汉外词典与传统汉语辞书的主要区别在于前者使用拉丁字母标注读音（除此之外的区别当然是词典的双语性）。"（Norman, 1988: 172）之后出现的手稿词典包括利玛窦和郭居静（Lazare Cattaneo）合编的《汉葡字典》[③]、西班牙传教士万济国（Francisco Varo）的《华语官话词典》(Vocabulario de Lengoa Mandarina, 1670)[④]、意大利方济各会神父叶尊孝（Basilio Brollo）的《汉字西译》（1694/1699）等。第一部非手稿汉外词典是1813年由法国人小德金（Chrétien-Louis-Joseph de Guignes）[⑤]在巴黎出版的《汉字西译》(Dictionnaire Chinois, Francais et Latin)，这部汉拉法三语词典

[①] 最早的汉外字典涉及梵文，参见"源自用梵语写成的佛教经典著作的翻译"（雍和明等，2006: 259）。
[②] 张西平（2016）认为这部词典系罗明坚一人编写完成。
[③] 该词典确切的编纂年份不详，至今踪迹难觅。杨慧玲（2012）在考证《汉葡词典》国图藏手稿时推断出国图版词典并非耶稣会士编写，其成书时间在1660年至1661年之间。
[④] 张西平（2013）曾对该书作了初步的研究和探讨，不仅侧重分析了词典中的新词汇，而且还论述了该词典的贡献。
[⑤] 1853年，小德金又出版了一部名为《汉洋字典》(Dictionarium Sinico-Latinum)的汉拉字典。

实则以叶尊孝词典为蓝本,作了适当的修订和增减①。

在英语单语词典编纂史上,虽说罗伯特·考德雷(Robert Cawdrey)在1604年完成了《字母表》(A Table Alphabeticall)的编写工作,但被詹姆斯·默里(James Murray)称作"英语词典编纂的源泉"的注解词表早在中世纪就出现了。这样先有对照表再有词典的发展过程在英汉双语词典编纂史上同样存在。英国传教士马礼逊(Robert Morrison)被公认为是英汉双语词典最早的编纂者,他在1815年至1823年出版的六卷本《华英字典》是我国的第一部汉英字典。而比它早出版的《英吉利国译语》(1748)并非一部真正的字典,而是结构简单的英汉分类对照词表②。这部由清朝官方编纂的手抄本为740个英语词语提供了汉语对应词及单词读音的汉字谐音,如"branch 枝 巴懒者""head 帽 歇""spring 春 以士必领""water 水 挖达""the world 世界 个多低墨"等。

最早的一批汉英字典均是以《康熙字典》(1716)为基础编译的。马礼逊《华英字典》的第一部分(即《字典》)、麦都思(Walter Henry Medhurst)的《华英字典》都是以此字典为蓝本的。英国浸礼会传教士马士曼(Joshua Marshman)在《中国言法》(Elements of Chinese Grammar, 1814)的序言中也曾表达出编译《康熙字典》的想法:"这本书若能满足大众的需求,再加上要是健康状况允许的话,我将翻译记录汉语中每个汉字的《康熙字典》[……]这样会有助于任何想要学习汉语的人。"(Marshman, 1814: xvi)

作为英汉汉英词典的嚆矢,《华英字典》对后来的传教士词典产生了重要的影响。它所开创的双语词典传统通过卫三畏(Samuel Wells Williams)、麦都思、罗存德(Wilhelm Lobscheid)等编纂的词典得到了很好的传承。最初的这几位传教士都同时编纂了汉英词典和英汉词典。卫三畏的第一部词典是1844年出版的《英华韵府历阶》,而30年之后他又出版了《汉英韵府》;麦都思在1842年和1843年编写了上下卷的《华英字典》,之后在1847年和1848年推出了两卷本的《英华词典》;罗存德则是在1866年至1869年期间编写完成了四

---

① 杨慧玲(2011a)曾撰文考证了叶尊孝词典的多个手稿本,并分析了这两部同名词典的关系。
② 其结构类似《尔雅》,共分21门,如经部门、花木门、香药门、地理门、饮食门等。

卷本的《华英字典》，之后在1871年又出版了单册的《汉英字典》。

最初的英汉汉英词典编纂者大多为来华的外籍人士，他们主要包括传教士、外交官员、海关人员等。据不完全统计，清朝后期出版的各类英汉汉英词典共有20多种，除上述提及的词典之外，还包括司得登（George Carter Stent）的《汉英合璧相连字汇》（*A Chinese and English Vocabulary in the Pekinese Dialect*, 1871）、卢公明（Justus Doolittle）的《英华萃林韵府》（*Vocabulary and Hand-book of the Chinese Language*, 1872）、江德（I. M. Condit）的《英华字典》（*English and Chinese Dictionary*, 1882）、富善（Chauncey Goodrich）的《汉英袖珍字典》[*A Pocket Dictionary (Chinese-English) and Pekingese Syllabary*, 1891]、鲍康宁（Frederick William Baller）的《汉英分解字典》（*An Analytical Chinese-English Dictionary*, 1900）、富世德夫人（Mrs. Arnold Foster）的《英华字典》（*An English and Chinese Pocket Dictionary*, 1893）、布列地（P. Poletti）的《华英万字典》（*A Chinese and English Dictionary*, 1896）、苏慧廉（W. E. Soothill）的《四千字学生袖珍字典》（*The Student's Four Thousand 字 and General Pocket Dictionary*, 1899）、季理斐（Donald MacGillivray）的《华英成语合璧字集》（*A Mandarin-Romanized Dictionary of Chinese*, 1907）等。

相比之下，由国人自己编写的双语词典只有十来种，但它们的影响力在19世纪末期逐渐得以扩大，其中包括邝其照的《华英字典集成》（*An English and Chinese Dictionary*, 1868/1875/1887）、谭达轩的《英华字典汇集》（*An English and Chinese Dictionary with English Meaning or Expression for Every English Word*, 1875）、梁述之的《英华字汇》（*An English and Chinese Dictionary in the Court Dialect*, 1878）、黄少琼的《字典汇选集成》（*An English and Chinese Dictionary*, 1895）、莫文畅的《达辞字典》（*The "Tah Ts'z" Anglo-Chinese Dictionary*, 1898）以及商务印书馆建馆初期出版的《商务书馆华英字典》（1899）、《商务书馆华英音韵字典集成》（1902）、《袖珍华英字典》（1904）、《英华新字典》（1907）和《英华大辞典》（1908）。

清朝后期出现的另一类双语词典是英汉和汉英专科词典，它们总共有20多部，多为英汉词典，且均由来华人士编纂。专科词典虽然在普及程度和影响力方面不能与普通语词词典相提并论，但它们中的科技术语词典能在很大程度上反映出清朝后期社会的发展。这些词典包括合信（Benjamin Hobson）的《医学英华字释》（*A Medical Vocabulary in English and Chinese*, 1858）、师维善（Frederick Porter Smith）的《华英专名词典》（*A Vocabulary of Proper Names, in Chinese and English*, 1870）、沙修道（William Scarborough）的《谚语丛话》（*A Collection of Chinese Proverbs*, 1875）、翟理斯的《远东事务参照词汇表》（*A Glossary of Reference on Subjects Connected with the Far East*, 1878）、江南制造局印制的多部由傅兰雅（John Fryer）翻译的名目表（即《金石中西名目表》《化学材料中西名目表》《西药大成药品中西名目表》和《中西汽机名目表》）、夏德（F. Hirth）的《文件小字典》（*A Vocabulary of the Text Book of Documentary Chinese*, 1888）、谭臣的《英华病名字汇》（*A Vocabulary of Diseases in English and Chinese*, 1890）、派嘉（J. H. P. Parker）的《英华造船航海术语字汇》（*Anglo-Chinese Glossary of Terms Used in Shipbuilding, Marine, Engineering, Rigging, etc.*, 1894）、中华博医会牵头编写的《解剖学、组织学、生理学、药理学和药剂术语词典》（*Terms in Anatomy, Histology, Physiology, Pharmacology, Pharmacy*, 1901）和《病理学、内科学、外科学、产科学和妇科学术语词典》（*Terms in Pathology, Medicine, Surgery, Obstetrics, Gynecology*, 1904）、由狄考文（C. W. Mateer）负责编写的《英华化学术语词典》（*A Glossary of Chemical Terms in English and Chinese*, 1902）和《英华科技术语词典》（*Technical Terms: English and Chinese*, 1904）、费克森（J. W. H. Ferguson）的《邮政成语辑要》（*A Glossary of the Principal Chinese Expressions Occurring in Postal Documents*, 1906）、文林士（C. A. S. Williams）①的《海关商务华英新名词》（*Anglo-Chinese Glossary of Modern Terms for Customs and Commercial Use*, 1908）以及高似兰（Philip B. Cousland）的《高氏医学辞汇》（*An English-Chinese Lexicon of Medical Terms*, 1908）等。

早期的双语词典与方言有着非常密切的关系。词典内容在一定程度上均受传教士所操的方言影响，如方言中特有词汇的收录、方言用语的使用、用

---

① 1920年，文林士通过商务印书馆出版了《汉语隐喻词典》（*A Manual of Chinese Metaphor*），这实则为一部汉英成语词典。

方言标注读音的做法等。在马礼逊的《华英字典》中，像"妹仔"(slave girl)、"公仔"(show)、"事仔"(servant)、"老鼠仔"(mouse)、"鸡仔"(chicken)、"烂仔"(blackguard)等词条都反映出粤语对这部词典的影响。马礼逊同时也是最早编写双语方言词典的传教士。他于1828年出版《广东省土话字汇》一书，如同其《华英字典》，该书集汉英和英汉词典于一身，用西文标注汉字在粤语中的发音，从而掀起了双语方言词典编纂的序幕。这种以记载读音和方言用法为主导的双语方言词典在清朝后期共有20多部，它们均出自外籍人士之手。从方言区域来看，这些词典可分为如下三大类。

第一，广东地区方言①。由于许多来华传教士来到中国的第一站通常是南方地区，他们学会的第一种汉语方言通常是粤语，所以粤语方言词典的数量特别多，包括高德(Josiah Goddard)的《汉英潮州方言字典》(*A Chinese and English Vocabulary in the Tie-Chiu Dialect*, 1847)、邦尼(S. W. Bonney)的《广东口语短语汇集》(*A Vocabulary with Colloquial Phrases of the Canton Dialect*, 1854)、卫三畏的《英华分韵撮要》(*A Tonic Dictionary of the Chinese Language in the Canton Dialect*, 1856)、湛约翰(John Chalmers)的《英粤字典》(*An English and Cantonese Pocket-Dictionary*, 1859)、卓威廉(William Duffus)的《英华汕头方言词典》(*English-Chinese Vocabulary of the Vernacular or Spoken Language of Swatow*, 1883)②、斐姑娘(A. M. Fielde)的《汕头话音韵释义字典》(*A Pronouncing and Defining Dictionary of the Swatow Dialect*, 1883)、波乃耶(James Dyer Ball)的《粤语速成字汇》(*The Cantonese Made Easy Vocabulary*, 1886)等。

第二，福建地区方言。福建也是传教士等来华人士较早进入的省份，因此用福建各地方言编著的词典也有近十部，具体包括麦都思的《福建方言字典》(*A Dictionary of the Hok-keen Dialect of the Chinese Language*, 1832)③、台

---

① 裨治文(Elijah Coleman Bridgman)曾在1841年编写出版了《广东方言撮要》(*Chinese Chrestomathy in the Canton Dialect*)，但该书实为学习汉语的读本，书中花较大篇幅分门别类地解释了许多汉字的字义。

② 1886年，林雄成(Lim Hiong Seng)在新加坡出版了《英潮土语手册》(*Handbook of the Swatow Vernacular*)。

③ 该词典是麦都思在马来西亚的马六甲编写完成的。

约尔(Samuel Dyer)的《漳州方言字汇》(*A Vocabulary of the Hok-Këen Dialect as Spoken in the County of Tshëang-Tshew*, 1838)、罗啻(Elihu Doty)的《翻译英华厦腔语汇》(*Anglo-Chinese Manual with Romanized Colloquial in the Amoy Dialect*, 1853)、麦利和(Robert Samuel Maclay)与摩怜(C. C. Baldwin)合编的《榕腔注音词典》(*An Alphabetic Dictionary of the Chinese Language in the Foochow Dialect*, 1870)、杜嘉德(Carstairs Douglas)的《厦英大辞典》(*Chinese-English Dictionary of the Vernacular or Spoken Language of Amoy, with the Principal Variations of the Chang-Chew and Chin-Chew Dialects*, 1873)、麦高温(John Macgowan)的《厦门方言英汉字典》(*English and Chinese Dictionary of the Amoy Dialect*, 1883)、亚当(T. B. Adam)的《英汉福州方言词典》(*An English-Chinese Dictionary of the Foochow Dialect*, 1891)等。

第三，其他地区的方言。吴方言地区也是当时传教活动较为频繁的地区，用该地区方言编纂的词典包括艾约瑟(Joseph Edkins)的《上海话字汇》(*A Vocabulary of the Shanghai Dialect*, 1869)、睦礼逊(W. T. Morrison)的宁波话词典——《字语汇解》(*An Anglo-Chinese Vocabulary of the Ningpo Dialect*, 1876)、基督教上海话协会组织编写的《英汉上海话字汇》(*An English-Chinese Vocabulary of the Shanghai Dialect*, 1901)以及台物史(D. H. Davis)与薛思培(J. A. Silsby)合著的《上海话汉英字典》(*Chinese-English Pocket Dictionary*, 1911)；此外，钟秀芝(Adam Grainger)和禧在明(Walter Caine Hillier)分别在1900年和1910年编写出版了《西蜀方言》(*Western Mandarin or the Spoken Language of Western China*)和《北京口语袖珍英华词典》(*An English-Chinese Pocket Dictionary of Peking Colloquial*)。

本书以清朝后期来华人士所编纂的数十部词典为研究对象，从普通词典、方言词典、专科词典三个类别出发，对这些词典作出较为详细的评述，不仅探讨它们的宏观和微观结构，还分析词典中存在的不足，并论述它们的作用和影响。由此，清朝后期的英汉双语词典编纂简史被清楚地勾勒出来，来华人士在中西方文化交流的作用也得以充分体现。词典编纂史的研究跨越多个学科，如语言、历史、翻译、词典编纂、出版等。对早期英汉双语词典的研究不仅能让我们了解英汉两种语言在一开始接触时的具体使用情况以及现代汉语词汇的形成过程,同时也会使我们了解来华人士的语言活动以及晚清时期的政治、经济、文化等内容。作者希望通过对清朝后期英汉汉英双语词典的详细论述,为国内的词典编纂者,国内外词典史研究者、现代汉语词汇研究者、晚清史学者、出版史研究者等提供一定的参考。

高永伟
2023年10月于复旦大学

目 录

第一部分 普通英汉汉英词典 1

第一章 马礼逊的《华英字典》 3
一、马礼逊的生平和著作 3
二、《华英字典》 5
三、《华英字典》的作用和影响 43

第二章 卫三畏的双语词典 49
一、卫三畏的生平和著作 49
二、《英华韵府历阶》 50
三、《汉英韵府》 59

第三章 麦都思的双语词典 70
一、麦都思的生平和著作 70
二、《华英字典》 72
三、《英华字典》 80

第四章 罗存德的双语词典 90
一、罗存德的生平和著作 90
二、《英华字典》 92
三、《汉英字典》 105

第五章 司登得的汉英字典 109
  一、司登得的生平和著作 109
  二、《汉英合璧相连字汇》 112
  三、《汉英袖珍字典》 119

第六章 卢公明的《英华萃林韵府》 121
  一、卢公明的生平及著作 121
  二、《英华萃林韵府》 123

第七章 翟理斯的《华英字典》 132
  一、翟理斯的生平和著作 132
  二、《华英字典》 135

第八章 鲍康宁的《汉英分解字典》 154
  一、鲍康宁的生平和著作 154
  二、《汉英分解字典》 158

第九章 其他英汉汉英词典 164
  一、江德的《英华字典》 164
  二、富善的《汉英袖珍字典》 167
  三、富世德夫人的《英华字典》 169
  四、布列地的《华英万字典》 173
  五、苏慧廉的《四千字学生袖珍字典》 176
  六、季理斐的《英华成语合璧字集》 178

第二部分 英汉汉英专科词典 183

  一、德庇时的《商贸字汇》 185
  二、合信的《医学英华字释》 188
  三、罗存德的《英华行箧便览》 193

四、施维善的《华英专有名词典》..................195
　　五、沙修道的《谚语丛话》..........................199
　　六、翟理斯的《远东事务参照词汇表》..........204
　　七、白挨底的《中国地名词典》..................209
　　八、《中国海关地名名录》..........................210
　　九、江南制造局的各类名目表..................212
　　十、夏德的《文件小字典》..........................223
　　十一、谭臣的《英华病名字汇》..................227
　　十二、派嘉的《轮船类系图考》..................229
　　十三、惠亨通的《体学名目》......................231
　　十四、嘉约翰的《英汉疾病名录》..............233
　　十五、费克森的《邮政成语辑要》..............236
　　十六、博医会的术语报告..........................239
　　十七、由狄考文负责编写的《英华化学术语词典》和
　　　　《英华科技术语词典》..........................240
　　十八、文林士的《海关语言必须》..............247
　　十九、高似兰的《高氏医学辞汇》..............250
　　二十、布鲁克的《英汉汉英军事术语词典》..............255
　　二十一、基德尔的《英汉商业单字集》..........256

第三部分　英汉汉英方言词典..................261

第一章　广东地区方言..................264
　　一、马礼逊的《广东省土话字汇》..................264
　　二、高德的《潮州方言字典》......................272
　　三、邦尼的《广东话字汇和短语汇集》..........275

四、卫三畏的《英华分韵撮要》……………………………………276
　　五、湛约翰的《英粤字典》…………………………………………280
　　六、卓威廉的《英汉汕头话词典》…………………………………284
　　七、斐姑娘的《汕头话音韵字典》…………………………………286
　　八、波乃耶的《粤语速成字汇》……………………………………290
　　九、欧德理的《汉英粤语字典》……………………………………293
　　十、纪多纳的《客英词典》…………………………………………298
第二章　福建地区方言……………………………………………………302
　　一、麦都思的《福建方言字典》……………………………………302
　　二、台约尔的《漳州话词典》………………………………………305
　　三、麦利和与摩怜的《榕腔注音词典》……………………………306
　　四、杜嘉德的《厦英大辞典》………………………………………309
　　五、麦高温的《英厦辞典》…………………………………………312
　　六、亚当的《英华福州话词典》……………………………………317
第三章　吴地区方言………………………………………………………320
　　一、艾约瑟的《上海话字汇》………………………………………321
　　二、睦礼逊的《字语汇解》…………………………………………327
　　三、台物史和薛思培的《上海话汉英字典》………………………334
　　四、《英汉上海话字汇》……………………………………………337
第四章　其他方言区的方言………………………………………………342
　　一、钟秀芝的《西蜀方言》…………………………………………342
　　二、禧在明的《英华袖珍北京口语词典》…………………………346

参考文献……………………………………………………………………354

第一部分

普通英汉汉英词典

第一章

马礼逊的《华英字典》

一、马礼逊的生平和著作

英国传教士罗伯特·马礼逊（Robert Morrison）是基督教新教在华传教事业的奠基者。马礼逊于1782年1月5日出生在英格兰诺森伯兰郡莫珀斯附近的布勒格林，其祖父是苏格兰的一个农民。3岁时，全家搬至纽卡斯尔，在那里当教师的舅舅詹姆斯·尼科尔森（James Nicholson）开始教马礼逊读书写字。14岁时，马礼逊离开了学校，开始跟着父亲当学徒，做鞋楦。在此期间，他在赫顿牧师（Rev. J. Hutton）的指引下加入了基督教教会。自1801年起，马礼逊开始跟随莱德勒牧师（Rev. W. Laidler）学习拉丁语、希腊语、希伯来语以及神学理论。1803年，马礼逊进入位于伦敦附近的霍克斯顿神学院（Hoxton Academy）学习，立志成为公理会牧师。4年之后，马礼逊被委任为牧师。也就是在同年的1月31日，马礼逊受伦敦会（London Missionary Society）派遣，经由美国于1807年9月4日抵达澳门，后转赴广州，成为基督教新教来华传教的第一人。1809年2月，马礼逊被任命为东印度公司翻译，6年后被公司总部免职[①]。1817年，马礼逊跟随由阿美士德（William Pitt Amherst）爵士率领的使团前往北京。1818年，马礼逊在马来西亚的马六甲创办英华书院（Anglo-

---

[①] 根据《大英百科全书》中的介绍，马礼逊自1809年起开始在东印度公司担任翻译，至其离世一直保留有该职位。这一说法不太严谨，显然与马礼逊夫人所著的《马礼逊回忆录》中的叙述不符。事实上，马礼逊在遭到东印度公司伦敦总部免职后，仍为澳门和广州的公司和商行任用。

Chinese College)。1824年,他返回英国,同年被选为英国皇家学会会员。两年后,他再次来到中国,之后就一直在广州传教,直至1834年8月1日在其广州寓所去世。

马礼逊在1807年赴华之前接到伦敦会董事会的"书面指示",其中包括:"我们相信你能够继续留在广州而不致遭到反对,一直住到你能达到完全学会中文的目标。然后你可转到另一方向使用你的中文知识做对世界广泛有益的事:一是你可编纂一部中文字典,要超过以前任何这类字典;二是你可把《圣经》翻译成中文,好使世界三分之一的人口能够直接阅读中文《圣经》。"(Morrison, 1839: 25-26)来华后,马礼逊潜心学习中文,熟读中国儒家典籍,并日渐成为当时较负盛名的汉学家。他的著作与"书面指示"紧密相关,主要以经书翻译和汉语学习为主。

1810年,马礼逊印行了中文版《使徒行传》,随后翻译了《路加福音》《约翰福音》等。1814年,由其翻译的中文版《新约全书》出版。该书印行量大,在中国流传较广。1819年,马礼逊完成了《旧约》的翻译,4年后圣经中译本在马六甲出版,书名为《神天圣书》(The Holy Bible),共21卷。1832年,马礼逊在马六甲出版了四卷本的《古圣奉神天启示道家训》(Domestic Instructor)。

1812年,由马礼逊翻译的《中国文集》(Horae Sinicae: Translations from the Popular Literature of the Chinese)由伦敦的一家印刷所印刷出版。该书收录了由其翻译的《三字经》(San-tsi-King)、《大学》(Ta Hio)、《三教源流》(Account of Foe)等经典读物或节选。1815年,马礼逊在印度塞兰坡(Serampore)出版了《通用汉言之法》(A Grammar of the Chinese Language)①。在该书的序言中,马礼逊这么写道:"本书的目的是向中文学习者提供实际的帮助。涉及这门语言的本质的理论研究已特意被省略。就这一话题而言,早已有很多论述,但在我们的语言中,尚未有多少实际的帮助提供给学习者。因而作者希望这部文法书将在某种程度上弥补这一缺陷。"(Morrison, 1815: Preface)东印度公

---

① 根据1836年出版的《年度传记与讣告》(The Annual Biography and Obituary)中的介绍,1808年末,马礼逊曾写信给伦敦会,说自己已经撰写完成了一部中文文法书。但该书又提到,马礼逊是在1812年4月2日完成该文法书,然后通过商船押运员委员会转交给当时的印度总督明托爵士,以便能在加尔各答的印刷所印刷。

司印刷所在1815年出版了由马礼逊翻译和加注的《公告翻译》(*Translations from Original Chinese*),对当时皇帝颁布的一些公告、《京报》(*Peking Gazette*)上的官方文件等进行了翻译。1817年,马礼逊出版了旨在帮助中文学习者的《中国大观》(*A View of China for Philological Purposes*),对中国的历史、地理、政府、宗教、习俗等作了简述。1823年,马礼逊还为中国的英语学习者编写了《英国文语凡例传》(*A Grammar of the English Language for the Use of the Anglo-Chinese College*)[①]。

在1815年至1823年期间,马礼逊通过位于澳门的东印度公司印刷所出版了六卷本的《华英字典》(*A Dictionary of the Chinese Language, in Three Parts*)。1826年,马礼逊在伦敦出版了《临别纪念书》(*A Parting Memorial*),书中收集了20多篇用于宣道的演讲稿。1825年,马礼逊在伦敦出版了《中国杂记》(*Chinese Miscellany*),对汉语部首及其符号等内容进行了详细的解释。1828年,马礼逊编写完成了《广东省土话字汇》(*A Vocabulary of the Canton Dialect*)[②]。

二、《华英字典》

《华英字典》共六册,分三部分,总页码数为4 827。其中的第一部分按中文部首排序,中文书名为《字典》(*Tsze teen*),分三册,分别在1815年、1822年和1823年出版;第二部分按汉字西文注音的字母顺序排列,中文书名为《五车韵府》(*Woo chay yun foo*),分两册,分别在1819年和1820年出版;第三部分共一册,按英文字母顺序排序,于1822年出版。

据《马礼逊回忆录》记载,马礼逊在来华第二年就开始编写这部字典。在1808年8月4日寄给父亲的信中,马礼逊这么写道:"我已经开始致力于编纂一部《华英字典》。字典里的内容是我在学习中文的过程中陆续积累的。"

[①] 黄兴涛曾撰文《晚清英文语法概念和知识的最早传播——兼谈马礼逊在这方面的最初贡献》,文中详细论述了这部最早的中英文对照的英语文法书。
[②] 1840年,该词典的英汉部分在印度加尔各答得以再版,书中的汉字均被删除,但汉字注音都被保留。

(Morrison, 1839: 49)同年年底,在给伦敦会的信中,马礼逊写道:"我所编写的中文文法书已完成,正在等待印刷。至于《华英字典》,我每天都在增加新的词条。"(Morrison, 1839: 239)后来在《通用汉言之法》序言的结尾部分,马礼逊也提到今后的设想:"假如此次尝试得到不错的反响,那么本人计划陆续推出附有旨在促进学习者学习的各类翻译的汉英对话集,以及分汉英和英汉两部分的《英华字典》。"(Morrison, 1815: Preface)1814年,马礼逊在给一位朋友的信中说:"我过去经常向你提到的《华英字典》现在已经有眉目了。东印度公司董事会已慷慨地承担了这部字典的全部印刷费用,而且已经从英国特地运来印刷机印刷这部字典。我祈求上帝赐我力量,以便能完成这部巨著。"(Morrison, 1839: 383)因而当《字典》第一册出版后,马礼逊将这部字典献给了东印度公司董事会,之后的五册亦是如此。经过13年辛勤的编纂工作,马礼逊在1821年完成了字典第三部分的编写。威廉·米怜(William Milne)在1822年3月23日给马礼逊写的信中提道:"我非常高兴看到你的《华英字典》的第三部分已经完成。这将是一部非常有用的字典,尤其对用中文写作的人而言。第二部分和第三部分构成两部独立的字典,每个部分自成体系。"(Morrison, 1839: 154)但六册字典全部出齐则是在1823年。在1823年11月11日给乔治·斯当东(George Thomas Staunton)爵士的信中,马礼逊写道:"《华英字典》已全部印好。现在印刷所正在印我编的一本英文文法,附有中文解释,是供英华书院学生使用的。"(顾长声,2004:218)

(一)《字典》

《字典》分三册,共有2 759页。其中,第一册967页,第二册884页,第三册908页。第一册除了856页字典正文外,还包括两页的说明、长达16页的前言、两页的符号和略语表、8页的对话、10页的部首、1页的"读书五戒"以及长达72页的英文索引。马礼逊在字典的说明部分提到了编纂这部巨著的艰辛:"这部作品是在一个异邦编写的,而这个国家没有提供任何能促进编写工作正常开展的条件。第一册的出版困难重重,从英国运送来的所有斜体铅字在从船上卸下之前就被洗劫一空。只要上帝赐健康于编纂者,只要不发生不可预见的障碍,这部字典的编纂工作将以谨慎和一丝不苟的态度继续推进。"

(Morrison, 1815: Advertisement)在前言中，马礼逊不仅论述了汉字的演变历史及其书写、音调等，而且还介绍了历代出现的中文辞书以及该字典所参考的字典蓝本等内容。就字典蓝本而言，《字典》主要以《康熙字典》(Kang-he's Tsze-teen)为基础，总共收字4万左右，其词目的排列次序和数量均以后者为参考。字典中的释义和例证主要摘自《康熙字典》，同时也基于"个人对字词使用的知识、罗马天主教会的手稿词典、本土学者以及刻意细读的各类作品"(Morrison, 1815: ix)。同时，马礼逊

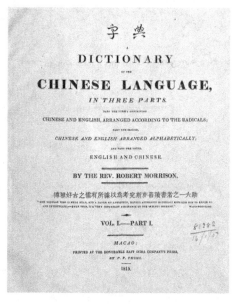

图1-1 《字典》扉页

也参考了中国历代出版的各类辞书，如《六书》《说文》《玉篇》《类篇》《唐韵》《五韵集韵》《正韵》《字汇》《正字通》等。马礼逊在前言中还将《字典》与之前所出版的字典作了对比，如："手稿字典[1]收字数在1万至1.3万，印刷成书的法语词典[2]则收录了13 316个字。这两部字典均未在例证中插入汉字，这使得学习者深感困惑，不知道所涉及的字或词在例证中确切的使用。而在这部字典中，这一重大缺陷得到了弥补。"(Morrison, 1815: x)

《字典》按汉字部首排列，部首内以笔画为序，总共214个部首[3]。字典中的部首和汉字字形均选自清朝嘉庆年间由沙木撰写的《艺文备览》，试看图1-2。

---

[1] 此处的手稿词典多半指由方济会士叶尊孝(Basilio Brollo da Gemona)编写的汉拉词典《汉字西译》。杨慧玲曾撰文《叶尊孝的〈汉字西译〉与马礼逊的〈汉英词典〉》，对此进行了翔实的考证。

[2] 这大概指的是由小德金(Chrétien-Louis-Joseph de Guignes)在1813年编写完成的《汉法拉词典》(Dictionnaire Chinois, Français et Latin)，该词典据说是根据叶尊孝的《汉字西译》编译而成。

[3] 马礼逊在前言中将其称作"字部"(keys)。

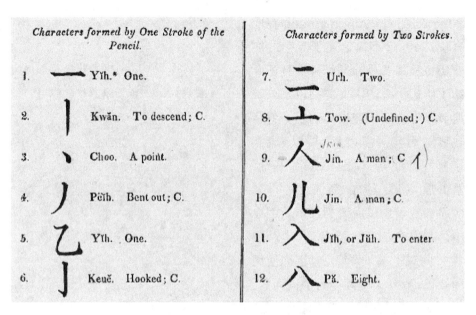

图1-2 《字典》的部首列表(部分)

根据马礼逊在前言中的介绍,这种排列方法的主要是"为了方便检索到所要查找的汉字,这是对旧体系的一大改进,尽管这与《六书》《说文》以及《玉篇》相比不太达观"(Morrison, 1815: viii)。就字典的注音系统而言,马礼逊采用四声标注的方法,即平声不标注、上声标沉音符、去声标尖音符、入声标短音符,而送气音则用"'"表示。《字典》的注音标准则以官话为基础,而非北京方言,如"一"用"Yǐh"来表示,"人"标作"Jin","工"用"Kung"来标注,"文"被读作"Wǎn",等等。

《字典》中的典型词条包括汉字词目及其注音和其他字形、英文释文、例证①及其注音②和汉语译文,试看图1-3。

---

① 在《字典》中,由于合成词条和例证均被排列在主词条中,它们的区分不太明显,只能从它们所含词语的数量来区分,例如"伶"字条中的"伶人""伶俐""使伶"是合成词条,而"他是伶俐的人"则是例证。但在本章中,它们均将被视作例证来处理。

② 在《字典》第二册和第三册中,例证和注音的顺序被颠倒了过来,即先提供注音后列出例证,如"Neu-ching 女桢 an evergreen""Tsing too 净土 a pure place, a pure state of mind [...]""Tsze kin ching 紫禁城 the imperial citadel [...]"等。

其他的字形包括篆书(seal character，用S. C.表示)、草书(running hand，用R. H.表示)以及钟鼎文(ancient vase，用A. V.表示)。在一些词条中，马礼逊还对这些字形作出了解释。例如，在“人”字条下，其篆书字体有这么一个解释——The Seal form is said to represent the two arms of a man. They consider the character 大 Ta, a fuller representation of a man(此篆书字体据说代表人的两个手臂。他们认为“大”字则是人更为全面的指代形式)。

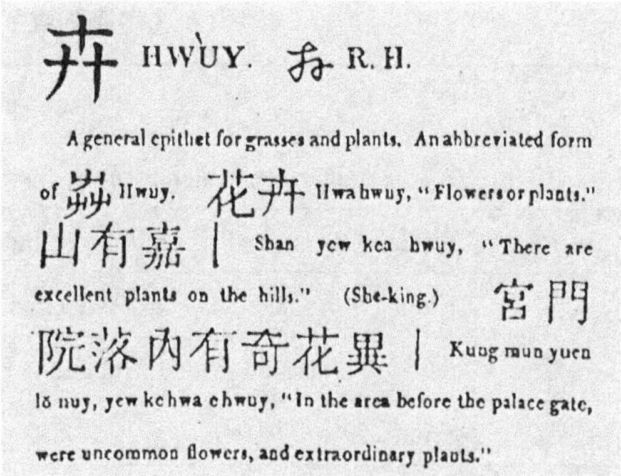
卉 HWÙY. R. H.

A general epithet for grasses and plants. An abbreviated form of 芔 Hwuy. 花卉 Hwa hwuy, "Flowers or plants." 山有嘉丨 Shan yew kea hwuy, "There are excellent plants on the hills." (She-king.) 宮門院落內有奇花異丨 Kung mun yuen lŏ nuy, yew ke hwa e hwuy, "In the area before the palace gate, were uncommon flowers, and extraordinary plants."

图1-3 《字典》的样条

1. 词目释义

就释义而言，马礼逊主要根据《康熙字典》编译。例如，“伯”字条下的释义包括“A senior; a superior; to control. A father's elder brother, so called from having the control of the family. An elder brother. The third rank of nobility. Epithet by which a wife addresses her husband. The name of a bird. A Surname. The god of a certain constellation”[①]，而这些均是根据《康熙字典》中的释义逐一翻译过来的：“父之兄曰伯父。伯，把也，把持家政也。又兄曰伯。又第三等爵曰伯。又妇人目其夫曰伯。又马祖，天驷，房星之神曰伯。又鸟名。”从上述的释义中还可以看出，马礼逊在解释动词用法时一般用to来引导，不同义项之间均用句号隔开。而对于一部分通常表示过去意思的动词，马礼逊用其英文对应词的过去式来表示，如“亡”字条下的“失亡lost”“败亡destroyed”“减亡exterminated”“逃亡fled”等。为了能让读者对词义有更深刻的理解，马礼逊在一些词条的释义前面增加了词目的词源说明，试看表1-1。

① 本书忠实引用了各部词典的内容。其中，部分讹误、误译、不同于今日的汉字书写及英文拼写等已在后文指出。

表 1-1 《字典》对字头的词源说明

字头	词 源 说 明
官	A *covering*, under which *many* are assembled.
亭	From 高 Kaou, and 丁 Ting, for sound.
定	From a *foot* under a *cover* or *shed* in a tranquil place of rest.
交	Said to be derived from 大 Ta, and to represent the legs crossed.
晚	From *day* and *to stop*.
断	From *an axe* and *silk threads divided*.
畎	From *field* and *water course*.
饕	From *to roar* and *food*.

有时马礼逊甚至花很大篇幅对字形字源做出说明，如"凶"字条下的"The original form of 块 K'hwae. One says, that the latter character is used on joyful occasions, the former on calamitous occurrences. Sha-muh says, that they are both different forms of the same character, and that to distinguish them is absurd. *The Imperial Dictionary*, and others, make 凶 K'hwae, synonymous with eight different characters, all of which Sha-muh rejects"。在释义质量方面，马礼逊力求释文的忠实性，尽可能地将原文用浅显的英文表述出来，试看下例：

沱　A stream diverging from a larger river; the name of a river; the appearance of falling tears; a heavy rain.

芦　Reeds that grow from twelve to twenty feet high on the bank of the Yang-tsze-keang. Used for fuel, and for repairing the banks of the Yellow River. The name of a city, of a river, and of a pass or barrier.

邕　A square city with a ditch around its walls. To fill or stop up a stream of water. Cordial agreement; harmony; the name of a place.

孺　An infant at the breast; attached to as a child to its parent; to be attached or pertain to. A surname.

在许多表示动植物等词的条目中,马礼逊采用较为笼统的释义方式①,套用"一种……的名称"的格式进行解释,如"莼 an aquatic plant""梱 the name of a wood""樱 the name of a fruit""犸 the name of an animal""騳 name of a horse""鲫 the name of a fish"等。

2. 例证

在例证的设置方面,马礼逊在许多词条中设置了大量的例证,这些例证不仅包含合成词、成语和俗语,而且还包括句子、节选的段落和诗句等。合成词、成语等只要含有词目即可,不管其位置如何,如:"信"字条下的"印信""坚信""书信""信息""失信""信臣""信德"等合成词;"刀"字下的"借刀杀人""暗里藏刀""舞弄刀笔"等成语;等等。

在收录的合成词中,有少许还是当时流行的用法。例如,"官"字条下的"亚官仔"原本指"良家子弟",而根据马礼逊的解释,它是"the insulting appellation generally given by the Chinese to young European gentlemen who come to Canton"(中国人给来广州的欧洲年轻绅士所取的侮辱性称呼)。又如,"司"字条中收有"公司"一词,马礼逊不仅记载了它的动词义项——to control, or manage any public or general concern(控制或管理公共事务),而且收录了它在当时用作"欧洲贸易商行"的新义。合成词当中也包含了不少专有名词,尤其是当时的一些地名,如:"明"字条下的"明州府 the district of Che-keang province, which, at the commencement of the Ming dynasty, A.D. 1399, was changed to 宁波府";"普"字条下的"普陀山 a small island to the eastward of Chusan";"梅"字条下的"梅关 the pass at the Mei-ling mountain, between the province of Canton and Keang-se";"凤"字条下的"凤阳府 a district in Keangnan province, same as the ancient 寿州";等等。

马礼逊同时还从经典书籍中选取了一些家喻户晓的诗句用于例证之中,如"坻"字条和"央"字条分别摘取《诗经》中的名句:"蒹葭萋萋,白露未晞。所谓伊人,在水之湄。溯洄从之,道阻且跻。溯游从之,宛在水中坻。"以及:

---

① 马礼逊在第六卷的"说明部分"这么解释道:"至于动物、植物和矿物,最好还是给出笼统的术语,而不是就其确切的名称胡乱猜测,那样的话最终还会导致一些错误。"(Morrison, 1823. 909)

"蒹葭苍苍,白露为霜。所谓伊人,在水一方。溯洄从之,道阻且长。溯游从之,宛在水中央。"

为避免词目在例证中的重复出现,马礼逊用垂线"｜"①来代替词目,但自第二册后半部分起,这一做法并未被贯彻如一。例如,在"从"字条中,其中的三个例证分别是"从手中夺了去""｜真诉来"和"｜旁诟骂"。到了第三册,用垂线代替词目的做法被弃用了,取而代之的是将词目全部写出。

从文体角度来看,绝大多数例证都是较为正式的书面体,而有一小部分则是口语体,这从某种程度上来说是一种突破,因为无论是1716年编纂完成的《康熙字典》,还是1755年约翰逊博士的《英语大词典》,几乎都不太收录诸如对话等非正式语体的例证。试比较字典中的口语体和书面体例证,见表1-2。

表1-2 《字典》中不同语体的例证

字条名	口语体例证	字条名	书面体例证
宗	这宗生意好,你便来做,我也来做 This branch of business is a good one; it will be well for you to come and enter into it, and I also will enter into it.	半	善学者师逸而功倍不善学者师勤而功半 With a clever scholar, the master is at ease, and has double merit; with a dull scholar, the master toils, and has but half the merit.
傻	宝玉不似往常直是一个傻子 Paou-yuh, was not as usual, but appeared like a light-hearted person.	刵	无或劓刵人 Do not (on your own account) punish people by cutting off their noses and ears.
哥	你哥哥叫你来 Your elder brother calls for you.	姣	不可弃位而姣 must not reject the dignity of man, and sink into effeminate dissoluteness.
含	他说的含含糊糊不知是什么意思 He expressed himself in an indistinct manner, (I) don't know what he meant.	善	为善者天报之以福为不善者天报之以祸 He who practices virtue, Heaven will reward him by happiness; he who does what is immoral, Heaven will recompense him with misery.

---

① 这个符号马礼逊在第一册中使用得也不太一致。一般来说,字条中第一个合成词或例证不用该符号,但有时其他例证后也还是将词目写出,如"哥"字条下的"二阿哥""老哥近日纳福呀""张三哥"等。

续表

字条名	口语体例证	字条名	书面体例证
剥	我要剥你那层皮下来 I'll flay the skin off you.	鬻	乏用则鬻卖男女 When in want, they sell their sons and daughters.
到	你到过西藏没有 Have you been at Thibet? 未有到过 I have not been there.	嗜	广其器识谨其嗜好 To enlarge his capacity for knowledge, and to regulate his desires.

从例证出处而言，绝大多数较为书面体的例证选自中国传统的经典典籍，如《诗经》《论语》《孟子》《大学》《易经》等，而且马礼逊还在这些例证后面标明了具体的出处，试看表1-3中的例句。

表1-3 《字典》中的例证及出处

例证	出处
君子来朝何锡予之 When the governors come to court, what shall be given them? (*She-king*)	《诗经》
乐酒无厌谓之亡 To delight in wine without weariness is called Wang. (*Mang-tsze*)	《孟子》
礼尚往来往而不来非礼也来而不往亦非礼也 Politeness demands reciprocal visits, for one to go and the other not to come, is rude; when the other comes and I do not go, it is also rude. (*Le-ke*)	《礼记》
天地为大炉造化为大冶 The heavens and earth constitute a great furnace; formation and transmutation, are (like) a great fusion. (*Chwang-tsze*)	《庄子》
亡人以为宝任亲以为宝 Kew fan① said, an exile has nothing to value, but the affection which he owes to his parents. (*Ta heo*)	《大学》
人弃常则妖兴 When man abandons the ordinary course of moral propriety these portentous omens arise. (*Tso-chuen*)	《左传》

---

① 中文例证中并无"舅犯曰"的字样。

对于专业条目的例证,马礼逊有时也从专业书籍中选取。例如,在解释"臊疳"时,马礼逊引用了清朝陈士铎于1694年编著的医学外科著作《洞天奥旨》中的句子:"臊疳生于玉茎之上亦杨梅之先兆也 ulcers called Sang-kan break out on the penis, and also are prognostics of Buboes"。

马礼逊通过例证尽可能多地提供各类信息,其中最为突出的非传统文化信息和语言信息莫属。首先,由于马礼逊编写字典的目的是帮助外国人学习中文,从而能更好地了解中国的传统文化,所以他通过设置例证来提供大量的传统文化信息。在"姻"字条下,除提供诸如"婚姻""婚姻大事""姻亲""姻缘"等例证外,马礼逊还介绍了"六礼"以及多达4页的传统婚俗。在"官"字条下,马礼逊用了多达30页的篇幅详细介绍了清朝政府以及历代各类官衔的名称,在介绍之前马礼逊这么写道:"由于目前对古代官职、官员职责以及官员缺乏翔实确切的介绍,这对阅读中文书籍的欧洲学生来说构成了很大的障碍。为了从某种程度上消除此种障碍,特对'设官部'做出简短的分析。"(Morrison, 1815: 807)"学"字条下的信息同样也比较丰富,马礼逊不仅列出了"学堂"条约计100条,而且提供了读书心法27条(如"吾儒读书首要立志,贵坚而有恒""须于五更清晨时用功""积书不在乎多只要能读"等)、读书十诫、科场条例等内容。其他诸如"人""孝""孔""孟""子""姦""姓""孙"等条目中同样也设置了极为丰富的各类信息。其次,马礼逊也通过例证提供合成词或成语的相关词语信息,尤其是异形词、同义词以及反义词等的信息,如:"玫"字条下的"玫瑰花 the rose of Europe, sometimes written 玫桂花";"修"字条下的"修书,修函,and 潜修 to compose a letter with care";"出"字条下的"露出马脚 to discover the horse's hoof; and 露出猫爪 to expose the cat's paw, both denote to let the cat out of the bag";"埋"字条下的"埋头埋脑 To affect not to know (and not to interfere, whatever may occur) is vulgarly called Burying the head, and burying the brains. It is understood in a good sense. The extreme is expressed by 畏首畏尾 Afraid of the head and afraid of the tail, without courage to advance or retire";等等。

就例证的翻译方面,马礼逊尽可能提供地道贴切的英语译文。但由于英汉两种语言在表达以及文化层面都存在着很大的差异,因而有时仅靠译文并不能帮助读者了解中文表达的确切意思或深层次意思。于是，马礼逊在英语译文之后添加了注解，对词语的词义、用法以及背景信息作了说明。首先，马礼逊对不太容易理解的词语的词义作出进一步的解释或说明。例如，在"官"字条下，马礼逊先是通过直译加音译的方式翻译"身有五官"，即"the body has five *Kwan*"，然后提供了这一表达的拉丁文译文——quinque sensus corporals，接着与上述提及的手稿字典作了比较，最后引用明朝百科图书《三才图会》中的表述对"五官"一一作了解释。又如，在"凌"字条下，"凌迟处死"先是被字面直译——to put to a lingering and ignominious death，然后被解释为"commonly called Cutting into ten thousand pieces"，最后马礼逊对这种刑罚的对象、具体过程等作了进一步的说明。其次，马礼逊从多个侧面说明了词语的确切用法。例如："侃"字条下的"侃侃而谈 Faithful; plain; unceremonious language, said to have been the language of Confucius when at Court"；"来"字条下的"又来了 Again come; a cant phrase, like 'You are thereabouts, are you'; used when a person makes a broad allusion to some subject which is wished to be avoided"；"便"字条下的"你随便 Follow your own convenience; do as you please. It is understood well or ill, according to the temper and tone in which it is uttered"；等等。最后，马礼逊还提供了较为详细的背景信息，以帮助读者了解例证中的专有名词。例如："周"字条下的"周公作指南车 Chow-kung invented the compass. He was brother to the Emperor 武 Woo, and lived about 1100 years B.C."；"赐"字条下的"赐姓李 conferred the surname Le; said of the founder of the Tang dynasty, who gave his own surname to one of his successful generals. This conduct is censured in history"；等等。

在翻译文化局限词或具有中国特色的词语的时候，马礼逊经常采用先直译后意译的方法，从而既说明了词语的字面意义，又解释了其最常用的意思，例如：

佛手　　"The hand of (the god) Fuh;" i.e. the Chinese citron, from its resemblance to a hand.

万事　　"Ten thousand affairs;" i.e. every thing that engages human effort; all the concerns of intelligent beings.

祖宗三代　　"Ancestors for three generations;" i.e. father, grandfather, and great grandfather.

三寸咽喉　　"Three inches of throat;" the throat being the passage of the breath of which life depends, is used to denote that which is important and essential, of which man has but a small portion.

一片冰心在玉壶　　"The heart of ice in a vessel of transparent stone." Like the preceding sentence, does not denote a person cold and hard-hearted; but a person pure, simple, and upright.

亡羊补牢未为迟也　　"It is not too late to mend the sheep cot, after the sheep is lost;" take care for the time to come.

　　在不少字条中，由于所选例证大多为定义式的句型，因而释义中不可避免地存在着一些中文注音，如："俊"字条下的"智过千人曰俊 Knowledge surpassing a thousand men is called Tseun"；"佣"字条下的"平空起事谓之作佣 To invent any thing bad is called Tso-yung"；"倿"字条下的"高丽官第四等曰意倿奢 Officers of the fourth rank in Corea, are called E-ke-chay"；"侵"字条下的"五谷不登谓之大侵 A deficiency in the five sorts of grain (a complete famine) is called Ta-ts'hin"；"冻"字条下的"不暖不饱谓之冻馁 Not warmed nor filled is called Tung-nuy"；"疳"字条下的"妇人疳疮因月事后便行房 the Kan ulcers on women arise from coition immediately after the menses"；等等。不过《字典》中偶尔也存在着匪夷所思的注音译名。例如，"傲"字条下的例句"菊残犹有傲霜枝"被译作"Though the Keuh flower be faded, it still proudly braves the hoar-frost on the branch"，其中的"菊"竟然用了音译，而不用早在16世纪就出现在英语中的chrysanthemum一词。是马礼逊未能充分理解中文表达还是一时的疏忽，就不得而知了。

3. 不足之处

　　尽管马礼逊在来华之前就学过中文，而且抵华后潜心学习以提高自己的中文水平，但编纂双语词典并非易事，《字典》中存在各类翻译问题也在所难免。就例证的翻译而言,出现的问题可归纳为以下七点。

第一,偶尔出现误译。马礼逊把"名"字条下的"声名狼藉"译作"a very high reputation",然而根据《汉语大词典》对"狼藉"的解释,它"喻行为不检,名声不好";很显然《字典》的这个译法应被改为"with a very bad reputation"或"notorious"。在"贯"字条下,马礼逊把"籍贯"译作"an account of one's self, required at public examinations, stating the place of one's birth, age, and figure",这显然是理解出现了偏差,因为"籍贯"一词只作"one's native place"解释。在"狱"字条下,马礼逊将"阿鼻狱底"解释为"the bottom of flatter-nose hell, the place assigned for fraudulent people",殊不知"阿鼻"一词源自梵语中的avici,与"鼻子"毫无关系。

第二,用词不当。例如,马礼逊将"中人"译作"A midsman, one who acts between two parties",殊不知midsman为苏格兰英语中的用词,表示的意思是"调解者"或"仲裁者",与"中人"的意思有所差异,这里倒是可用1677年出现的middleman一词;又如,马礼逊将"百"字条下的成语"百闻不如一见"[①]直译为"A hundred hearings is not so good as one seeing",而英语中早在1639年就出现了与这一成语对应的"seeing is believing"。用词不当的另一个表现就是用拉丁名来翻译例证中的动植物名称,如:"凤"字条下的"凤尾子cycas revoluta";"桂"字条下的"桂花olea fragrans";"梅"字条下的"杨梅arbutus";等等。

第三,用词累赘。如:"俗"字条下的"我有些须俗事 I have a little trifling commonplace affair to transact; or am engaged with"中,little和trifling出现词义重叠;"朋"字条下的"朋党 a cabal or party of intriguing designing men about court"中的intriguing和designing词义相近;"既有高尚之心何不早些决策 Since you have a lofty aspiring mind, why do you not more speedily determine your plan?"中lofty和aspiring实为同义词;等等。

第四,译名不一致。由于同一词语可能出现在不同的条目中,因而它们中有不少译名前后不一致,试看表1-4。

[①] 在"如"字条下,马礼逊把这个成语译成"once seeing for one's self, is better than a hundred hearsays"。

表 1-4 《字典》中译名前后不一的词语

合成词/成语	词目	释 义 对 比
尘埃	尘	dust
	埃	dust or sandy particles carried into the air
借刀杀人	刀	to borrow a sword to kill a man; i.e. to employ some other person to accomplish one's own malicious purposes
	借	to borrow a knife to kill a man; i.e. to use a third person as the instrument of an injury which one wishes to inflict
枸杞子①	枸	the seeds of a certain tree used as a medicine, some say the medlar
	杞	reddish berries, containing several small flat seeds
伎俩	伎	clever; artful; ingenuous
	俩	art, craft, ingenuity
风筝	风	paper kite
	筝	certain jingling things suspended below the eves of Chinese houses, which make a noise when agitated by the wind
玫瑰	玫	a certain red stone
	瑰	name of a pearl; also of a round cake called the *moon-cake*, eaten at the harvest moon; applied also to the reddish stone called a *fire-pearl*, and to the rose
朦胧	朦	the moon about to set; the moon obscured
	胧	the moon about to set

第五，字面直译痕迹明显。如："救"字条下的"救民于水火之中 saved the people from the midst of fire and water"；"丈"字条下的"丈夫之志能屈能伸 the mind of a great man can stoop and can expand"；"天"字条下的"天马山 heaven horse hill"；"眼"字条下的"我是你们眼里的刺 I am a thorn in your eyes"（英

---

① 马礼逊在"拘"字条下竟然收录了"拘杞子 perhaps a medlar; or rather Lycium Barbarum of Loureiro"，想必是把"拘"和"枸"搞混了。

文的惯用表达为"a thorn in sb.'s side");"吉"字条下的"吉人天相 The good man, heaven aids him";"月"字条下的"一切水月一月摄 all water moons are virtually in one moon";"价"字下的"货真价实 A genuine commodity, and the true price";等等。

第六，语法错误。如："俗"字条下的"俗欲也俗人所欲也 Vulgar desires; those thing which vulgar men desire"（thing应改为复数）；"俸"字条下的"罚俸三月 to forfeit three month's pay"（month's应改为"months'"）；"福"字条下的"福无重至祸不单行 blessing never come double, and calamities never come alone"（前一个come应改为comes）；"借"字条下的"借游玩为名 under pretence of walking for amusement"（pretence前面应该加定冠词the）；"你"字条下的"你我不相顾 Let you and I not regard each other; each mind his own affairs"（mind应改为minds）；"堆"字条下的"堆金积玉 to heap up gold and accumulate gems. Shopmen write these word on the doors of their shelves at the new year"（word应改为复数）；等等。

第七，拼写错误。如："礼"字条下的"礼虽小不可忽 a decorous formality, although trivial, should not be dispised, and neglected"中的dispised应改为despised；"日"字条下的"威名日盛 the terror of his name daily encreased"中的encreased应改为increased；等等。

马礼逊在不少字条的结尾处添加了用法、读音等的注解，以帮助读者更好地理解词语。例如，在"上"字条下，马礼逊这么写道："就'上'字用作动词表示'上升'时该读上声或去声，专家们莫衷一是。名动兼用的字，作动词时一般都读作去声。"又如，"亦"字条下的注解是"Yih（即'亦'），源于'大'字，原先表示的意思是'腋窝'或'臂下之物'；当'亦'用作现有词义时，'掖'和'腋'就被用来表示其原先的意思"。《字典》中同时也设置有较为简单的参见系统，通常以"See above""See below""Same as"等引导，如"仅""囡""堵""娴"等字条。但《字典》还存在着一个较为严重的问题，即常见字的偶尔疏漏，如"肢""狭""能""来"[①]等字。

[①] 蒙图奇在《二轶字典西译比较》一书中还提到诸如"高""为""此"等遗漏的字。

（二）《五车韵府》

《五车韵府》分两卷，其中第一卷为最主要的内容，包括文前17页、正文1 062页以及附录28页，其中文前部分包括前言、查阅细则、粤音对照表、音节对照表、音节表等内容，附录部分则包括29页星和星座表[①]以及9页补遗和勘误。第二卷总共484页，包含了五部分内容：字部（即部首表）、单字列表、检字表、英文索引以及汉字字体表。根据马礼逊在"前言"中的介绍，该字典是以陈先生[②]撰、其门人胡邵瑛增修的《五车韵府》为蓝本。由于这部蓝本按照读音和音调编排，同音异调的字会出现在不同的卷册中，于是马礼逊按照音节重新编排了词目。在编译这部总收40 000个字的字典的时候，马礼逊不仅核对了收字更多的《康熙字典》，而且还参考了一部叫作《分韵》的字典以及由罗马天主教传教士编写的按字母顺序排列的词典。马礼逊在"前言"中解释了编写《华英字典》第二部分的原因："[……]当一个学习中文的人听到一个字，或想记起自己想在写作中使用的字的读音，由于不知道或忘记了这个字的字形，按部首编排的字典就无法让他找到想查找的字，所以编写按照字母顺序编排的字典非常必要。"（Morrison, 1819: vi）《五车韵府》总共收录了12 674个汉字，它们所采用的注音体系与《字典》中的如出一辙，而对于字典中所有411个音节下的词条，它们的编排顺序则是按照其对应编号依次排列。马礼逊在"前言"中还指出："学习者不应从本字典中期待找到翻译所用的确切字词，但字词之含义会为他选择合适字词提供线索。学习者同时也不应该期待字词的释义以及喻义在任何场合下会非常确切，经典典故亦是如此。"（Morrison, 1819: vii）

与《字典》相比，《五车韵府》的编排更为紧凑，由前者的两栏排列改成三栏，不仅字条内部合成词条和多词语词条的排列更加有序，而且像前者中长篇累牍的背景解释已不复存在，因而它在很大程度上奠定了汉英词典的雏形。在《五车韵府》中，每一典型词条包括两部分内容：一是汉字词目及其异体字

---

① 这一附录由英国博物学家约翰·里夫斯（John Reeves）编写。
② 即陈荩谟，字献可，号庵，明代嘉兴人，著有《皇极图韵》《元音统韵》等书。

形、编号、音调符号和英文释文;二是合成词条目的注音、词形①以及英文译文。试看图1-4。

图1-4 《五车韵府》的样条

1. 收词与词目释义

虽然《字典》和《五车韵府》基于不同的蓝本编译而成,但它们之间存在着很大的相似度,尤其是在字条的释文和合成词条的设置方面。就字条的释文而言,两部字典中所提供的几乎完全一致②,如:"西"字条的释文均为"The west; the region appropriated to metal. A surname. The name of a place";"舟"字的释文均为"A boat or other vessel; to put into and carry; to transport to another place. The name of a place, and of an office. A surname";等等。在合成词条的设置方面,这两部字典之间也存在着一定程度的重叠。例如,《字典》中"僚"字条下收录了"官僚""百僚""同僚"和"臣僚",而《五车韵府》中同样也收录了这四个词条,而且它们的释文完全相同,唯一的不同是后者多收录了"僚

---

① 对于包含词目的合成词条,其注音和词形的顺序通常与以词目为首字的合成条目不同,先列词形,后标注音,但这样的做法并未贯彻如一。
② 但偶尔也会与《字典》中的释文有所差异,如"枸"字条下的"枸杞子"被解释为"the seed of a certain tree used as a medicine",这与此前出现在《字典》中的释文均有不同。

友”。在有的字条下，这两部字典中所收的合成词条并未有多大的交集。例如，《字典》中“西”字条下收录了“西京”“西人”“西法”“中土之法非西人能及者”“兼通中西之学”“西安府”“西厢记”“西天祖师”等词语，而《五车韵府》中的词条则包括“东西”“大西洋”“小西洋”“西瓜扁船”“西安”“西瓜”“西番蜀林”“西番莲”“西宁”“西宾”“西洋堂”“西洋”等。

《五车韵府》中的合成词条和多词语词条具体可分为两种：一种以词目为首字的，另一种则是包含词目的。无论是哪一种，它们都是按为其提供的注音的字母顺序排列的[①]，如“手”字条下合成词条包括“手掌”“手下”“手背”“手本”“手段”“手足”“手腕”“手淫”，以及“下手”“游手”“盈手”等。但是对于那些在主字条编写完成后添加的词条，它们就被排列在词条的末端，如“中”字条下的“中国人”“中人”“中举人”等词被排列在“中央”之后。

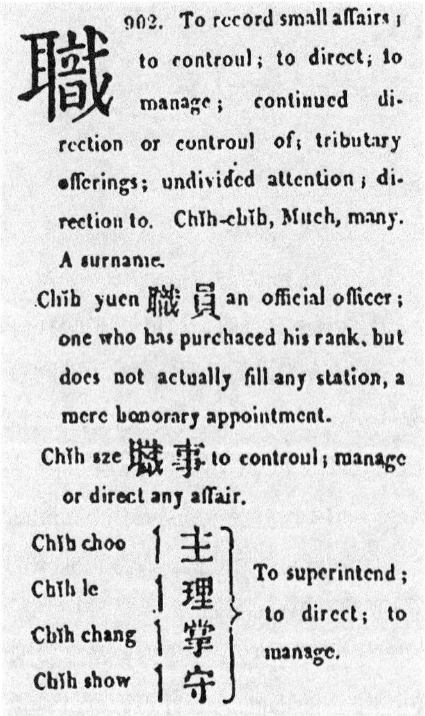
職 902. To record small affairs; to controul; to direct; to manage; continued direction or controul of; tributary offerings; undivided attention; direction to. Chih-chih, Much, many. A surname.

Chih yuen 職員 an official officer; one who has purchaced his rank, but does not actually fill any station, a mere honorary appointment.

Chih sze 職事 to controul; manage or direct any affair.

Chih choo 丨主
Chih le 丨理
Chih chang 丨掌
Chih show 丨守
} To superintend; to direct; to manage.

图1–5　同义合成词条的排列

对于同一字条下的同义合成条目，马礼逊通常将它们上下排列在一起，并用符号“}”标注（见图1–5），如：“担”字条下的“担干/担挑/扁担 the pole used by Chinese to carry burdens with across the shoulder”；“了”字条下的“了事/了局 to finish or conclude an affair”；“奶”字条下的“奶妈/奶婆 a nurse to give suck to a child; a wet nurse”；“慧”字条下的“知慧/敏慧/颖慧 knowing; skilful; discerning; quickness of perception; superiority of intellectual capacity”；“职”字条下的

① 但在实际操作中，时常出现词条顺序颠倒的现象，如：“藐”字条下“藐视鬼”和“藐视”；“窃”字条下的“窃为不平”和“窃思”；“尊”字条下的“尊德乐义”“尊让”和“尊夫人”；等等。

"职主/职理/职掌/职守 to superintend; to direct; to manage";等等。

像《字典》一样,马礼逊在《五车韵府》中也引用了一些摘自中国古典书籍的句子[1],如:"尺"字条下的"尺有所短寸有所长"(出自《楚辞》);"贵"字条下的"贵为天子而不骄倨"(出自《吕氏春秋》);"眸"字条下的"存乎人者莫良于眸子"(出自《孟子》);"辟"字条下的"人之其所亲爱而辟焉"(出自《礼记》);"厉"字条下的"以厉贤才焉"(出自《汉书·儒林传》);"德"字条下的"大德不逾闲小德出入可也"(出自《论语》);"仪"字条下的"外受傅训入奉母仪"(出自《千字文》);"初"字条下的"人之初性本善"(出自《三字经》);等等。但是此类书证的数量与《字典》相比,可谓小巫见大巫。除此之外,马礼逊也从明清时期的作品中选取例证,如:"魑"字条下的"魑魅魍魉山川之祟"(出自《幼学琼林》);"道"字条下的"大道分明直奸人曲曲行"(出自《好逑传》);"饕"字条下的"饕餮陋习诚为可耻"(出自《乾隆大藏经》);等等。

《五车韵府》中有一小部分合成词条和多词语词条为人名和地名条目。人名条目主要为中国历史上的名人,如"孟子 Mencius, a disciple of Confucius; writer of that portion of the Four-Books, which goes by his name, B.C. about 350: contemporary with Xenophon, Herodotus, and Socrates" "墨翟 a certain leader of a sect in the time of Mencius" "秦始皇 Tsin, the first universal monarch, was the person who built the great Chinese wall, burnt the books, and buried alive the literati" "曹操 a famous but unprincipled leader of the state of Wei, during the civil wars of China (A.D. 220) [...]" "杜甫 a famous Chinese poet" "成吉思可汗 Genghis k'hang the great Tartar conqueror" "朱夫子 a well known Commentator on the Four-Books, who lived in the 12th Century" "吴三圭 a famous general who first fought against the Manchow tartars; then implored their aid against a native rebel, and after fighting for them several years, closed his life as a rebel against Kang-he" 等。地名条目涉及山川、省份、县市、国名等,如"黑龙江 the river Amour" "燉煌 the name of a principality" "湖广 a well known province

---

[1] 马礼逊对一些此类例证进行了删节,如"圯"字条下的"良尝闲从容步游下邳圯上遇一老父授以书"就是由《史记》中的内容改编而来的。

of China""鸡颈洋 Cabreta point, at Macao""南海县 the district in which the European factories, at Canton, are situated, and the magistrate of that district""撒马儿罕 Samarcand""琉球国 the islands, on the east of China, called in European maps, *Lekyo*""麻六甲 Malacca, otherwise called 满剌加, and 呷地""法兰西国 France; the French; also written as 佛朗西""英吉利国 the English nation; England; English"等。

《五车韵府》也收录了少数当时常用于广东地区的词条或义项，如："初"字条下的"亚初哥 a beginner; one not quite experienced"；"关"字条下的"关口 custom-house, in Canton called a Chop-house"；"大"字条下的"大餐 a Canton phrase for the European dinner"；"火"字条下的"火药局 place where powder is made on the north side of Canton"；"行"字条下的"行商 a wholesale merchant; or one belonging to a company licensed by the government, such as those at Canton for foreign trade"；"烟"字条下的"孖姑烟 segars[①]"；"亚"字条下的"亚叻酒 Canton term for Arrak[②]"；"西"字条下的"西瓜扁船 a boat employed at Canton to load and unload ships, locally called a chop-boat"；"公"字条下的"公仔 toys like men and women, for children"；"过"字条下的"过坑蛇 a species of clematis[③]"；等等。

《五车韵府》的合成词条中也夹杂着不少例证，而其中的一部分例证延续了《字典》中的做法——记载口语词汇的用法，如："掌"字条下的"打他一巴掌 Give him a slap with the hand"；"制"字条下的"他制的是什么样衣服 What is the pattern of the clothes which he is cutting out?"；"值"字条下的"不值与他计较 It is not worth while to argue with him"；"住"字条下的"你在那里住 Where do you live?"；"别"字条下的"你别管我 don't you interfere with, or control me"；"使"字条下的"这样使不得 it will not answer in this way"；"事"

---

① cigar（雪茄烟）一词首现于英语的时间为18世纪上半叶，当时的词形各异，如 seegar、sagar、cegar 等。
② 根据约翰逊博士的《英语大词典》，该词的正确拼写形式是小写的 arrack。
③ 在葡萄牙传教士江沙维于1831年编纂的《洋汉合字汇》(*Diccionario Portuguez-China*) 中，clematis 的对应词依然还是"西番莲；过坑蛇"。

字条下的"他讲甚么事 what is he talking about";"做"字条下的"你名叫做甚么 what is your name?";等等。

马礼逊尝试将合成词条放置在其所属的各个义项之下。例如,"义"字条分出七个义项,如:"义师"和"义战"被归入第三义项"a cause which brings together a great many persons aiming to attain the right moral path";"义儿"和"义子"被列入第五义项"what is brought in from without"。通常情况下,马礼逊对多义的合成词条没有进行区分,只是用分号将它们隔开,如"元宝 a piece of silver of the value of fifty taels, used chiefly in the province of Peking; gilt paper burnt to the gods and departed spirits""糊说 foolish talk; to talk nonsense""胡子 a beard; a man with a beard""砥砺 stones on which to rub or grind tools; to exercise one's self in moderation; to rub off vicious angles or asperities""束脩 a bundle of dried joints of meat; the ancient stipend given to a teacher; hence the money given to a school master is now called Shuh-sew"等。对于一部分通常表示过去意思的动词条目,马礼逊还是沿用《字典》中的做法,用英文对应词的过去式来表示,如:"病"字条下的"病故 died of disease, in contradistinction from any casualty";"嗛"字条下的"心嗛之 hated him in his heart";"迟"字条下的"迟滞 impeded in its course";"飘"字条下的"飘动 moved or agitated by the wind";"减"字条下的"减尽 completely destroyed";"勃"字条下的"勃然兴起 arose suddenly";等等。

在翻译这些合成词条时,马礼逊惯常采用先字面解释后意译的方式,这样更能让中文学习者了解汉语中词语构成的一些词源信息,如:"糊"字条下的"糊口 to stop the mouth with paste; i.e. to feed";"鸡"字条下的"鸡眼 fowl's eyes, corns on the feet";"地"字条下的"地狱 the prison of the earth — a place of punishment after death for wicked human beings; hell";"插"字条下的"插嘴 to insert one's lips, denote putting in one's words; interfering in a conversation or debate";"攻"字条下的"攻书 to attack books, is to apply closely to study";"绊"字条下的"羁绊 to restrict — used metaphorically for the restrictions of moral principles";"尘"字条下的"尘塗 dust and mire, expresses the age, the world, the present state of human beings";等等。这样的翻译手段对于富有文化意涵的

成语的翻译尤为适用,因而马礼逊在翻译这类词条时使用此法较多,如:"七"字条下的"七手八脚 seven hands and eight feet, expresses a confusion by too many persons being engaged about a thing";"咬"字条下的"咬文嚼字'to gnaw Letters and chew Characters;' to ruminate or study the meaning of words";"吹"字条下的"吹毛求疵 to blow aside the feathers and search for the wound; not to judge by the external appearance only";"斩"字条下的"斩钉截铁 to behead the nail and sever the iron, — to speak in a decisive, perspicuous tone and style";"云"字条下的"人云亦云 man say, also say; i.e. what other men say, I will affirm, or say the same; I will not contradict";"捞"字条下的"水底捞月 to drag the moon out of the water; — vain and ineffectual effort";"鲤"字条下的"鲤鱼跳龙门 the carp has jumped into the dragon's gate — is applied to literary men who have made rapid advances in rank";等等。

对于文化局限词,马礼逊继续沿用《字典》中的做法,通过提供注解的方式让读者了解词语的确切意义或用法,如:"启"字条下的"启銮 to commence a journey — an expression applicable only to the Emperor";"跳"字条下的"跳粉墙 to leap over a whitened wall — implied intruding on the apartments of the females";"纸"字条下的"纸钱 paper money; means paper burnt in certain rites";"坑"字条下的"跳火坑 to leap over a pit of fire; expresses a daring resolution either good or bad";等等。对于一些无法找到对应词的词条,马礼逊则是采用了音译或字面直译的方式来提供,如:"笙"字条下的"笙歌 to blow the sǎng and sing — indicates peace and plenty";"广"字条下的"广行三教 to propagate widely the three religions; — viz that of Buddha, Taou, and Confucius";"井"字条下的"九百亩 nine hundred Mows of land";"梨"字条下的"沙梨 the sandy pear; a particular kind of pear, brought from Peking"和"雪梨 the snow pear — brought from Shan-tung";等等。为一些词条提供丰富的背景或用法信息也是《五车韵府》继续沿用的一个做法。比如,马礼逊在下面几个词条中提供了有利于读者进行深层次理解的信息:

"天"字条:天主 The Lord of Heaven, was introduced by the Roman Catholic

Missionaries, and is employed by them to express the Divine Being.

"蓑"字条：蓑衣 a coat made of bamboo leaves to keep off the rain. The poor wear coarse ones; government couriers wear a finer sort, which go into a small compass when not worn.

"寡"字条：寡人/寡君 I, the king, used with affected humility, implying that his virtues are small.

"养"字条：养廉 to feed the purity of a magistrate; to grant an allowance to prevent his extorting from the people; government salaries are so called.

"瞻"字条：瞻仰 to raise the head and look upwards to something great or striking; — to look up to the Emperor of China as the Sovereign of the world. Foreign Embassadors[①] seeing his Imperial Majesty, is expressed by Chen-yang.

"不"字条：不敢 not dare. Common expression in the language of courtesy, denoting, I presume not to assume the respect or civility which you shew.

2. 不足之处

与《字典》相比，《五车韵府》在释文质量方面已经有了很大程度的改进，翻译方面的缺憾也已有明显减少。尽管如此，它还是存在着一些不足之处，具体归纳为以下七点。

第一，偶尔出现误译或错译。例如，马礼逊把"元旦"误译成"the first morning of the year"，想必是因为"旦"表示"天亮的时候；早晨"，但根据《汉语大词典》中的例证，在南朝梁萧子云《介雅》中的诗句中就曾出现过表示"新年第一天"意思的"元旦"。又如，"棍"字条下的"光棍"先被直译为"a bare stick"，然后又被解释为"a sharper"（骗子），这与"光棍"在《汉语大词典》中"地痞；流氓""单身汉""好汉""聪明人"等义项不符。再如，马礼逊把"悲欢离合"译作"tragic, comic, parting, meeting — four kinds of plays"同

---

① 该词并非是 ambassador 一词的误写，而是在19世纪初较为常用的词形，现已废弃。

样也是错误的,因为这个成语自宋朝苏轼以来就表示"人世间悲与欢、聚与散的遭遇"。其他译名需改进的词条包括:"产"字条下的"土产 the production of the soil"(应作"local produce");"帐"字条下的"蚊帐 mosquito curtains"(应作"mosquito nets");"化"字条下的"叫化子 a begging priest"(应改为"a beggar");等等。与此同时,词条词性的错译偶尔也出现在《五车韵府》中。例如,"灾"字条下的"灾害 to injure; to distress"被错译成动词,而根据《汉语大词典》的解释,这个在《左传》中就曾使用的词语表示的意思是"天灾人祸造成的损害",这显然是名词用法。同样词性被错译的词条还有只用作动词的"饯行 presents offered to a friend who is about to go on a journey"。

第二,译名不太确切。造成这一问题的原因多种多样,其中最为常见的一种就是马礼逊沿用了编写《字典》时就开始采用的笼统释义方式。如"思蒉子 the name of a medicine""三七 a certain medicine""梅花 name of a flower""石楠 the name of a wood""穿山甲 a certain animal""中吕 a certain part of the year"等词条的译名都不太确切。另一类不确切的译名是由缺乏注解造成,如:"竹"字条下的"竹林七①seven famous persons of the bamboo plantation";"焚"字条下的"焚书坑儒 burned the books and thrust the literati into a pit";等等。还有一类不确切的译名则是由理解偏差导致,如:"诀"字条下的"口诀 the mouths mysterious craft, specious jabber";"小"字条下的"小儿癫病 a child in convulsions";"不"字条下的"不三不四 not three, not four; neither one thing nor another; an unsteady person who commands no respect";等等。有时,此类翻译问题是由用词不妥导致。例如,马礼逊在翻译节日词语的时候总是用"a term which occurs [...]"(如"中秋节"被译作"a term which occurs on the 15th of the 8th moon")的结构来引导,这样的表述不太确切,似应改为"(a term referring to) a festival or holiday which occurs [...]"。还有一些词条下面只有冗长的解释,却没有提供在英语中早已出现的对应词,如:"疝"字条下的"疝气 wind which causes a swelling of the testicles, with acute pain and stoppage of urine"(应加上 hernia);"砒"字条下的"砒霜 a caustic

---

① 全称应为"竹林七贤",指魏末晋初的七位名士:嵇康、阮籍、山涛、向秀、刘伶、王戎和阮咸。

medicine, applied to ulcers. It is exceedingly poisonous, and is sold with much caution"（应加上 arsenic）；"蟾"字条下的"蟾蜍 or 蟾诸 [...] a destroyer of mosquitoes; this animal is further said to reside in the moon, and possesses certain spiritual powers"（应加上 toad）；等等。

第三，译名前后不一致。由于合成词条可以同时被放置在其构成成分所属的各字条下，因而这些合成词条的译名有时就出现了不一致，但总体而言，此类问题的数量与《字典》相比要少一些。试看表1-5。

表1-5 《五车韵府》中译名前后不一致的词语

合成词	词目	译名
中国	中	the central and flourishing nation; viz. China
	国	the middle empire, China. Tartars call their empire 大清国 the great and pure empire
珍珠	珍	pearls
	珠	the pearl obtained from oysters; any thing precious or valuable
主人	主	the opposite of guest
	人	the master of the house
妇人	妇	a woman
	人	a married woman; also, used for women generally
贵贱	贵	noble and ignoble, worthy and base; dignified and mean; dear and cheap
	贱	noble and ignoble; dear and cheap; rich and poor
纸钱	纸	paper money; means paper burnt in certain rites
	钱	certain papers gilt which the Chinese burn to the idols
买办	买	a kind of marketman; one who procures provisions and other necessaries in large houses and public offices; a comprador
	办	a kind of market-man; one who makes all necessary purchases for the house and table; a comprador

译名不一致的问题甚至还存在于同一字条下。例如，在"佛"字条下，马礼逊在翻译"佛教""佛经""佛法无边""佛像""佛性""拜佛念经"等词时做法不一，时而用Buddha，时而却用拼音Fǔh。

第四，译名并非英语或过于复杂。在翻译植物名称的时候，马礼逊在找不到英语对应词时通常会用其拉丁学名来表示，如"牡丹茶 a variety of the Camellia Japonica""西番莲 a species of Clematis""山金橘 Daphne Indica""山槟榔 Callicarpa""猪笼草 Nepenthes distillatoria""夹竹桃 Nerium oleander①"等。对于一些中国特有的概念，马礼逊有时只提供它们的音译，如："区"字条下的"四豆为区 Four Tow make a Gow"；"藕"字条下的"藕丝 threads of the Gow plant"；"知"字条下的"知府 the magistrate of a Foo district"和"知县 the magistrate of a Heen district"；"匠"字条下的"匠攻木之工也 tseang, is a workman who attacks the wood"；"呢"字条下的"呢喃燕语也 Ne-nan, the chattering of swallows"；等等。有时译名中使用了非常复杂的词语。例如，"社"字条下的"社日"一词被解释为"a certain day in spring on which the lares rustici and compitales are worshipped"，其中的lares rustici②和compitales的词义令人费解。

第五，出现漏译的现象。例如，在"奶"字条下，马礼逊虽然收录了"奶奶"这个词条，但它只有一个义项，即"a term of respect addressed to young married women"（即"对年轻已婚女子的尊称"），但遗漏了当时同样常用的多个义项——"母亲""祖母"和"乳房"。又如，在"牙"字条下，"爪牙"先被直译为"the nails and teeth"，然后又被解释为"that which annoys and frightens"，这显然漏了"爪牙"其他的常用义项，如"勇士；卫士""党羽；帮凶"等。再如"派"字条下的"派别"一词，只被译作"to separate into several branches; to separate"，同样也遗漏最常用的一个义项——"事物的分支"。"道"字条下的"道场"只有一个义项，即an arena for the cultivation of virtue，这毫无疑问把诸如"做法事的场所""成道修道之所""寺观"等常用义项给遗漏了。

---

① 根据《韦氏大学英语词典》第11版的词源信息，英语中早在1545年就开始使用"夹竹桃"的对应词"oleander"。
② 事实上，lares是复数形式，其原形为lar，指古罗马的家庭守护神，因而lares rustici表示的意思是"乡土守护神"，而lares compitales表示的意思是"祖先的神灵"。

第六，释文中只有字面直译。马礼逊一般采用字面直译加意译的方式处理字典中的许多字条，但有时只提供字面直译，因而让人乍看之下不知所云，如："天"字条下的"天高地厚 heaven is high and earth profound"；"面"字条下的"满面春风 a vernal breeze spread over the whole countenance"；"笑"字条下的"笑里藏刀 beneath a smile to conceal a knife"；等等。

第七，偶尔出现语法和拼写错误。《五车韵府》中最常见的语法错误就是动词时态的错误。例如，在"男"字条下的"男女授受不亲 men and women in giving and receiving must not approach each other — but the one lay on a table what is to be given, and the other come and receive it"，注释中的动词 lay、come 和 receive 均应用作第三人称单数。《五车韵府》也有不少拼写错误，如："预"字条下的"预言 to foretel; to predict; a prediction"（foretel 应改为 foretell）；"沙"字条下的"沙漠 the sandy desart in Tartary, also called Cobi"（desart 应改为 desert）；"烝"字条下的"烝酒 to distill spirituous liqours"（liqours 应改为 liquors）；"召"字条下的"召臣 summons his ministers to attend"（动词后的"s"应删除）；"辞"字条下的"辞说分明 speaks intelligibly and clearly"（动词后的 s 应删除）；"爷"字条下的"老爷 an inferior officer of government, or a private gentlemen; Master; Sir"（gentlemen 应该为单数 gentleman）；"馆"字条下的"烟馆 house for smoaking opium"（smoaking 应该为 smoking）；"江"字条下的"江南 a province on the east cost of China"（cost 应改为 coast）；"内"字条下的"内侄女 a husband's own neice"和"姪"字条下的"姪女 a neice"（neice[①]均应改为 niece）；等等。

3. 参见系统与重印情况

《五车韵府》在不少字条中设置了词目和合成词条的参见系统，具体体现为两种方式。一是多音字之间的参见，如："区"（Keu）字条的尾部写有"See Gow"（即"参见'区'[Gow]"）；"安"（An）字条的尾部写有"see Gan"（即"参见'安'[Gan]"）；等等。二是同义词条的参见，如："赤"字条下的"赤土 a red

---

① 《牛津英语大词典》在 niece 条下收录的一条 1650 年的例证中用了 neice 一词，但约翰逊博士的《英语大词典》收录的词形只有 niece，何况"女"字条下的"女姪"的对应词就是 niece。

earth, which serves as a dye. Same as 447[①]";"索"字条下的"八索refers to the Pákwa.";等等。《五车韵府》同样也存在着常用字遗漏、收词不平衡等问题。字典补遗部分就列出了诸如"局""根"等被遗漏的字,甚至像"脖"这样的字也被遗漏了;而就合成词条的收录而言,收词不平衡的现象则更是明显,如在"和"字条下,"大和尚"收了,"和尚[②]"却没收。

1865年,《五车韵府》单行本通过上海的伦敦会印刷处(London Mission Press)得以重印,字典的重印说明对此作了如下解释:"重印马礼逊《华英字典》第二部分主要是考虑到坊间紧迫的需求。这类工具书日渐稀缺,而汉语学习者的数量却与日俱增。《五车韵府》一直以来被资深的汉学家们赞为同类作品中最完美也最实用的一部[……]巴黎的儒莲教授(Professor Julien)[③]将其称之为'毫无疑问是用欧洲语言编排的最好的汉语辞典'。"(Morrison, 1865: i)重印本分上下两卷,编排内容显得更为紧凑明了,音调标注、词目代码等内容均被删除,合成词条中常用的"|"号也用词目取代了,但可惜的是,原本补遗和勘误部分的内容并未被融入字典正文。尽管之后陆续出现了其他的汉英字典,《五车韵府》在随后的几十年中并没有从坊间消失。1913年,中华图书馆还以袖珍版形式重印了这部字典。

(三)英汉部分

成为英汉词典嚆矢的是英国传教士马礼逊所著的《华英字典》第三部分。这一部分是马礼逊在1822年编写完成的。他在1821年7月撰写的前言中对该词典的编写作了简短的介绍:"自编者开始搜集本词典的词语已有13个年头了。在此期间,新的词语不断被添加其中,但是要做到收词的完整性是不切合实际的。这是因为词语和短语的引申意义实在太多了,不可能将它们完整地收录,并与英语词语一一对应。这样的任务对一个人来说实在太艰巨了。"(Morrison, 1822: Preface)虽然这部词典在编排上是按照先英语后汉语的方

---

① 447页对应的汉字是"赭",其释义为"red earth; carnation colour"。
② 马礼逊在《字典》序言的注解处曾提到过"和尚"一词。
③ 全名Stanislas Julien,法国汉学家(1797—1873),曾将《灰阑记》和《赵氏孤儿》译成法文。

式，俨然就是一部英汉词典，但马礼逊编写它的主要目的与其他两部分一样，均是为了帮助人们学习汉语。

第三部分词典正文部分总共480页，其文前部分除两页英文前言外，还包括两页中文“英吉利国字语小引”以及两页“注音解释”（Powers of the Letters）。《华英字典》中的典型词条包括英文词目、英文释义、中文译文、例证以及中文注音，如图1–6所示。

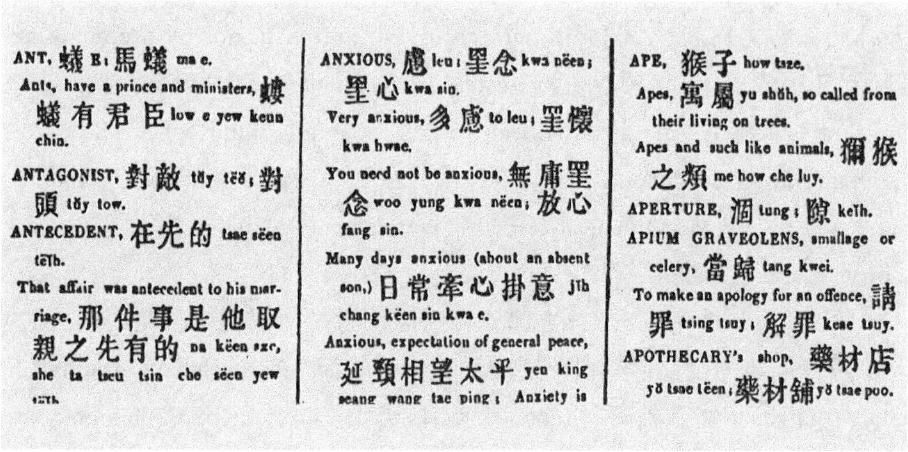
ANT, 蟻 E; 馬蟻 ma e.
Ants, have a prince and ministers, 螻蟻有君臣 low e yew keun chin.
ANTAGONIST, 對敵 tŭy tëĕ; 對頭 tŭy tow.
ANTECEDENT, 在先的 tsae sëen teĭh.
That affair was antecedent to his marriage, 那件事是他取親之先有的 na këen sze, she ta tseu tsin che sëen yew teĭh.

ANXIOUS, 慮 leu; 罣念 kwa nëen; 罣心 kwa sin.
Very anxious, 多慮 to leu; 罣懷 kwa hwae.
You need not be anxious, 無庸罣念 woo yung kwa nëen; 放心 fang sin.
Many days anxious (about an absent son,) 日常牽心掛意 jĭh chang këen sin kwa e.
Anxious, expectation of general peace, 延頸相望太平 yen king seang wang tae ping; Anxiety is

APE, 猴子 how tsze.
Apes, 寓屬 yu shŭh, so called from their living on trees.
Apes and such like animals, 獼猴之類 me how che luy.
APERTURE, 洞 tung; 隙 keĭh.
APIUM GRAVEOLENS, smallage or celery, 當歸 tang kwei.
To make an apology for an offence, 請罪 tsing tsuy; 解罪 keae tsuy.
APOTHECARY's shop, 藥材店 yŏ tsae tëen; 藥材舖 yŏ tsae poo.

图1–6　第三部分的样条

1. 收词

第三部分所收录的词条多为英语中较为常用的词语，如arm（手臂；肱）、become（宜；合式）、doubt（疑；思疑）、fever（烧病）、inform（通知；知会）、marriage（嫁娶之事；结婚的事；同婚）、pray（祈；祈祷；求神）、secret（密；机密）、throne（宝座；龙位）、weapon（兵器；军器）等。词典中同时也收录了一些在当时算是英语中新词语的词语，如bank bill（银票）、coolle[①]（管点；挑夫）、embargo（禁船出口）、microscope（显微镜）、onanism（弄阴失精）、phthisis（劳病）、telescope（千里镜；千里眼）等。

① 此系coolie一词在当时的一种拼法。

《华英字典》收词方面的特点具体体现为如下七点。

第一，词头有时并非单独排列，而是被放置在特定的语境中。如"believed in demons, and were fond of sacrificing 信鬼好祀""blown you here today, what wind has? 今天甚风儿吹你到此""cruelties and devastations were greater than those of (the rebel) Chaou 其残暴又甚于巢""disallowed also by Mahomedan religion 亦为回教之所不容""fancy, a book that suits, or takes, 得意书""fowler, when with his bow he enters a wood, all the birds of the wood cry 射鸟者引弓入林则一林之鸟皆鸣""legitimate child, by the wife, not by a concubine, 嫡子；正根的子；正苗的子""lizard that frequents the walls of houses 守宫；壁虎""miraculous nature, this manifests, 是显其灵异也""philosopher who makes the material world generally his study 博物君子""recommend one person to another 举荐""shroud the dead 衣死也""wear or put on clothes 穿衣裳""wreck a boat or ship 遭风破船"等。

第二，从某种角度看，第三部分可以被认为是一部反向汉英词典，因为其中不少词条的设立以其汉语对应词为主导。如"encroachment, gradual, to guard against it 防微杜渐""lunch or tiffin 点心""relicks of Budh's body are called 舍利子""studied day and night 晓夜攻读""tyro, not that which a, can investigate fully 非初学所能究悉""Zenith, nadir, and four points of the compass, are called lew-hǒ 上下四方谓之六合"等。

第三，词目有时以复数形式出现。如"chillies 花椒""doctrines 教；人所教之各理""dominoes 点子牌""facts 实情；实事""heart-strings 心系""inhabitants 居民；居本地方的人""lungs 肺""magic lanterns, glass 玻璃影画镜""maxims 格言""parents 父母""roots 根数；方数""shrimps 虾；虾子""Tartars 达子""walnuts 核桃；胡桃""women 女子们"等。

第四，动词词目有时以其过去式出现。如"beheld 看；视；看见""blushed 害羞；含羞；怕羞""brought 带来了""disappointed 失其本望""fought 交战过""led 引；导引""shook 摇动""spat 唾过口水""vended 卖出；发客"等。

第五，收录了不少植物的拉丁学名。如"Cotyledon serrata 刀伤药""Echites caudata 山羊角树""Ficus caruca 无花果""Gardenia fllorida 栀子；枝子"

"Hydrangea hortensis 洋绣球""Narcissus tagetta① 水仙花""Olea fragrans 桂花；丹桂花；木犀""Oryza 米""Papaver somniferum 罂粟""Pyrus communis 沙梨""Scytalia sinensis, or Dimocarpus Liche② 荔枝""Sinapis Brassitico 白菜""Zala asiatica 水浮莲"等。

第六，一些源出汉语的外来词或指代中国相关概念的词语也被收录其中。如"bohea 武彝茶""catty 斤""candareen 分""congo tea 工夫茶""hong merchant 洋行商""Hoppo 海关大人""hyson tea 熙春茶""Kao-lin 高岭""Le-che 荔枝""longan 龙眼"等。不仅如此，原先由汉语字面直译过来的一些词语也作为词条被收录，如"fire arrows 火箭""writing master 写字先生"等。

第七，词典中也收录了诸如国名、地名、人名等专有名词条目。如"Bible 圣录；圣经""Canton 广东""Mecca 默克国；天方国""Moors 白头人""Moses 母撒""Dane 黄旗""English nation 英吉利国""Esculapius 药王菩萨""Europe 欧罗巴""Ganges 恒河""Hainan 琼州""Japan 日本国""Koran 天方至圣宝录""Portugal 西洋国""Shakhu Moo-nee 释迦牟尼""Siam 暹罗国""Whampoa 黄埔""Yang-tsze Keang 洋子江""Yesso, the island of 蝦夷"等。

第三部分在收词方面最大的问题就是随意性比较大。一些见词明义或不太常用的复合词被收录了，如"barber surgeons 剃头客""bed chamber 卧房""bride chamber 洞房""broad cloth 小呢；哆啰呢""coroner's inquest 验明尸身审提疑""chopping hatchet 斫斧""cord maker 做绳子的""counting-house 账房；算数的房""cock crowing 鸡鸣；鸡啼""dirty clothes 腌脏衣服""eye tractor 缅茄""first fruits 初结的实；先成的果子""fishing cormorant 鸬鹚""fish pond 池；鱼池""grass cloth 夏布③""heaven born 天生的""humane feeling 仁情""paunch satin 绸缎""seed pearls 药珠""semi diameter 圆之半径""soap rock 滑石""sugar-maker 造糖之人"等。与此同时，一些词组或短语也被当作词目收录其中，如"by chance 偶然""by degrees 渐渐的""by myself 我自己"

---

① 此处的 tagetta 应改为 tazetta。
② 在"Le-che 荔枝"条下，马礼逊使用了"Lichi Dimocarpus"，但事实上它的拉丁学名为"Litchi chinensis"。
③ 在其例证"grass cloth handkerchiefs 葛布手巾"中，"夏布"却被印作"葛布"。

"by day 在白日""by night 夜里""by what way 从何路"等。

此外,《华英字典》中词条漏收的现象也比较常见。这主要涉及两个方面。一是常见或常用的词语缺失,如 apron、available、baggage、collective、compete、educate、exact、fraud、gamble、gap、January、lot、magic、May、mere、need、relax、sex 等。二是同源词或同类词中较为常用的词语的遗漏,如:收录了 annually(年年的;年年有的),却未收 annual;收录了 congratulate(恭喜;贺喜;恭贺;庆贺)和 congratulatory(庆贺的),却没有收录 congratulation;收录了 conscientiously(老实良心的),却没有收录 conscientious;收录了 gentleness(温柔)和 gently(漫漫的),却没有收录它们的源词 gentle;收录了 resentment(怨气),却遗漏了其动词原形 resent;收录了短语动词 ward off,却遗漏了动词 ward;收录了 willingly(甘心的;甘愿),却漏收了 willing;等等。

在词条的排序方面,《华英字典》偶尔有些词条的排列并非完全按照字母顺序,因而显得有些杂乱无章,如:作为动词的 box(打拳)排列在 boxwood(黄杨木)之后;cavalry(马兵)、cave(穴)、cavity(空处;穴)等词被排列在 cauliflower(花椰菜)、cause(缘故;缘由)、causeway(石路)等词之前;Confucius(孔夫子)被排列在 confuse(打混)和 confusedly(混乱的貌;乱乱颠倒)之间;diuretic(动小便的药;利水的药)和 diurnally(一日一回的;每日;日日)被排列在 divulged 和 divulge 之间;fishmonger(卖鱼的人)被排列在 fishing cormorant(鸬鹚)和 fishing line(钓丝;天蚕丝)之间;等等。

2. 词目释义及其翻译

第三部分可以算是一部半双解或部分双解英汉词典。在许多词条中,马礼逊为一些英文词头提供了英文释义,如:abandon(舍弃)条下的"to leave; to relinquish; to leave and cast of";endeavour 条下"to essay, to try"(试一试)、"a temporary experiment"(只管)以及"to set one's mind about completing an affair"(着意周旋);grave(墓;坟墓;山地)条下的"the place in which the dead are deposited";hate 条下的"to abhor; to detest"(恶;恨)和"a person worthy to be hated"(可恨的人);live(活;生活)条下的"to be in a state of animation";miracle 条下的"wonder, extraordinary appearance"(奇表;异迹)和"an effect above human power; the footsteps of divinity"(神迹;灵迹);miser 条下的

"one who hoards money"（蓄财的人）和 "a miserable fool who becomes a mere watchman of money"（守钱愚；悭吝汉）; moment（刻）条下的 "a very small portion of time"; orphan（孤哀子；无父母的）条下的 "having neither father nor mother"; relative（亲戚）条下的 "a person belonging to the same kindred"; transitory（暂时的）条下的 "continuing but for a short time"; 等等。

在一些词条中，所提供的英文解释并非全部都是释义，而是一些用以提示、解释用途、提供词源背景等的信息，如 "carp, reddish colour 鲤鱼" "cask, the Chinese have none. They call the European, 酒桶" "colon, to mark off part of a sentence is called 读" "drama, the origin of the drama in China, is attributed to 元宗, an emperor of the Tang dynasty, about A.D. 740; it was then called 传奇 [...]" "engine, to throw water on burning houses 水车" 等。有时，这样的英文解释被放置在中文对应词之后，如 "diuretic 动小便的药；利水的药. For this purpose they use, 车前子, Plantago seeds" "verb, is called 生字；动字；活字. A verb's being neuter or active, intransitive or transitive, sometimes depends on the accent [...]" "wasp 黄蜂. The Chinese drive them away from their neighbourhood under an idea that they induce strife [...]" 等。

就其释义的出处而言，马礼逊参考了当时不少的英语词典。像 "fin, the wing of a fish" 和 "find, to obtain by searching or seeking" 等条目中的释义就是直接取自塞缪尔·约翰逊（Samuel Johnson）博士于1755年编写的《英语大词典》(*A Dictionary of the English Language*)。

但在英文释义的设置方面，第三部分存在着三类问题。其一是主要义项的缺失，如：chairman条中只收录了"轿夫"的义项，但遗漏了"主席"等主要义项；official只收录了其形容词义项，却遗漏了早在14世纪就开始在英语中使用的"官员"词义；problem只收录了其数学义项，却遗漏了最为常用的"问题"词义；等等。其二是有时，同一词条内提供的英文释义不太一致，例如，在big条下有两个义项——"大"和"自大"，而前者没有提供解释，后者则被解释为self important。其三是英文释义不太确切或在词性上不对等，如 "perspire, excretion by the cuticular pores 发汗；发表" "saffron, red flower like 红花" 等。

在词头的翻译方面，马礼逊总是设法从汉语中找出与之对应的一个或多个词语,如apartment(房子;屋;宅第)、Buddhism(佛法)、chemist(丹家)、depute(差使;差遣;打发代办)、landscape(山川;山水)、oil(油)、passport(路票)、secretary(书记;代笔;书办;写字的人)等。在为数不多的词条中,马礼逊还采用音译的方法来提供对应词,如"arrack亚呖酒""chocolate知古辣""lemon柠檬""mango芒果""sago西谷米"等。

就对应词的设置方面,第三部分呈现出了如下四大特点。

其一,各个对应词之间用";"分隔。如"afraid惧怕;害怕;着惊;受惊""die死;卒;亡;没;去世;过世;过了;弃世;归阴""disease病;疾;疾病;病患;病症""mushroom香信;土菌;鸡枞""road路;道;道路""soldier兵;兵丁;当兵的人;卒""unanticipated料想不到来的;无心得的""virgin贞女;童身的女;未破的女""wholesale抱揽卖;一股脑卖;一脚踢卖"等。

其二,对应词除标注汉语注音外有时还对其作出了进一步的解释。如"beau, 花花公子 hwa hwa kung tsze, a flowery gentleman""excrements, 粪 fun, composed of *rice* and *different*; rice which has undergone a change""failing, slight imperfection. 毛病 maou ping, 'a disease of the hair'; may be said either of persons or things""formerly knew, 头里知道 tow le che taou; tow le *at the head*; or at first, is used at Peking in the sense of 从前""salad, 生菜 sǎng tsae, raw herbs""viviparous, 胎生 tae sǎng, womb born"等。

其三,当英语词目表示的概念在汉语没有现成的对应词时,马礼逊一般会用英文详细地作出解释。如"academician. The members of the 翰林院 Han lin college at Peking, somewhat resemble the academicians of France""jury. The Chinese have none: the sitting magistrate decides as he pleases; it is said that sometimes the 乡绅, or country gentlemen are called in to advise""president, one in authority over others, when his proper title is not known they express by 长 'senior,' and by 头目 'the eye of the head'""tomahawk, an ancient weapon of the Chinese, which resembles one is called 大斧"等。

其四,一些词条中并未提供汉语对应词,词头的词义通过例证来体现。如"corruption — From fetid corruption are produced divine wonders 自臭腐生神奇""destruction — bring destruction on themselves 自取灭亡""earn — how much can you earn in a month你可受几多工价一个月""eastern — began to be disseminated in the eastern parts of the world始流传于东土""goitres — people inhabiting hills are much afflicted with goitres山居之民多瘿肿疾""opportunely — You have come very opportunely你来的恰好""overjoyed — the husband and wife seeing this were overjoyed,夫妻看了欢天喜地起来""peasant — from the emperor to the peasant; or from the son of heaven to the common man自天子至于庶人""slaughter — fond of fighting and delighted with slaughter善战嗜杀""tour — Confucius took a tour through different places孔子周流四方"等。

马礼逊在提供对应词时经常使用助词"的"。这个字具体使用在三种情况下①。一是在部分形容词条目中对应词的结尾加"的",如"able-bodied坚壮的;身强壮的""beneficial有益的;有利的""contiguous近的;隣近的;相连的;相接的""continent守节的;节欲的;贞洁的;贞节的""libidinous淫欲的""merciless 无慈悲的;凶的;凶恶的""studious勤读书的;有心读书的""uxorious过于爱妻子的"等②。二是将其放置在名词条目中对应词的结尾,如"abettor感动人的,帮助的;同谋的,同行的""bedlamite狂子;疯癫的;癫狂的""cannibal食人的""cowkeeper看牛的;牧牛的""debtor负债的;债人;该着人家的""delinquent有罪人;犯了罪的;失错了的""drunkard好酒醉的""liar撒谎的;讲大话的""librarian管书房的"等。三是将其放置在少数副词条目对应词的结尾③,如"closely紧紧的""commonly常时的;时常的""completely全的;十全的;尽的""cordially甘心的""oddly古怪的""rudely无礼的""shabbily无体面的"等。

在词目的翻译方面,第三部分中也不可避免地存在着一些问题。首先,同源词或异形词译法前后不一,如:"affluence富贵;大富贵"和"affluent丰富;丰厚;优裕";"humble谦逊"和"humbly谦恭";"chrystal水晶"和"crystal

---

① 在极个别动词条目中,其对应词也是以"的"结尾的,如"overbear使霸气的"等。
② 但在相当比例的形容词条目中,"的"的使用不太一致,时有时无,如"corpulent胖的;胖肥;肥胖的""improper不当;不应当的;非所宜""incomparable无双的;无所可比""rare罕有的;少有的;难得;鲜有"等。
③ 在一些副词条目中,其对应词有时是以"的貌"结尾的,如"boastingly自夸的貌"等。

晶；水晶；水晶石"等。其次，存在错译，如："medlar 枸杞子"（应改为"欧楂果"）；"melancholy 腥腥的"；"parricide 弑父凶手"（"弑父"即可）、"urinary ducts 小肠, the small intestines"等。再次，不同条目译名一致，如"cicada 蝉；蚱蝉"和"cricket, a certain noisy insect 蝉"等。最后，受方言影响较大，如"beetle 猪仔虫""junk 白艚船""pavement 石蛋路""segar 孖姑烟"等。

3. 例证

马礼逊在《华英词典》的不少词条下设置了相对丰富的例词和例句，这样做不仅是为了体现词头的用法，同时也为了罗列出与其相关的词语，如：bushes（小树）条下的"to beat about the bush（in conversation）说话隐隐约约不明不白"；crackers（爆竹；串炮）条下的"to let off crackers 放串炮"和"noise of crackers 串炮的响声"；fashionable（依时样）条下的"This garment is quite fashionable 这件衣裳最依时样的"和"fashionable doctor 行时医生"；fig（无花果）条下的"fig shell 琵琶螺"和"with fig leaves covered their bodies 用无花果叶蔽其体"；ivory（象牙）条下的"ivory ware 牙器""ivory pagoda 牙塔""ivory balls 牙蛋""ivory fans 牙扇""ivory screens 牙月扇""ivory card racks 牙信筒""ivory work boxes 牙工夫箱"和"ivory camp baskets 牙蔴篮"；palate（鄂）条下的"please the palate 爽口"；treat（待）字条下的"treat people well 待人家好""to treat graciously 恩待"和"to treat slightingly 轻待"；wax（蜡）字条下的"wax of honey bees 蜜蜡""white wax 白蜡""yellow bees wax 黄蜡""wax insect 蟲白蜡"和"wax candle 蜡烛"；等等。

在不少词条中，一些例证实系中文引文的英译，而这些引文的来源主要有两种。一是四书五经等经典书籍，如：learn（学）条下的"To learn and not study is in vain; to study and not learn is dangerous 学而不思则罔思而不学则殆"（《论语》）和"To learn alone without a friend will induce an orphan-like meanness and little knowledge 独学而无友则孤陋而寡闻"（《礼记》）；parrot（鹰歌；莺歌；鹦鹉）条下的"A parrot can talk, but it still belongs to the bird tribe; the oran otan[①]

---

① 该词现在的词形为 orangutan，而在19世纪它亦可写作 orangatan、orangatang、orang utan、orang-utang 和 oranhotan，此处明显遗漏了字母 h。

can chatter, but it still belongs to brutes; a man destitute of good breeding, although he can talk, — is he not still a brute? 鹦鹉能言,不离飞鸟,猩猩能言,不离禽兽,今人而无礼,虽能言,不亦禽兽之心乎"(《礼记》); careless(怠玩;疲玩)条下的"He who is careless about distant evils, will have sorrows near at hand 人无远虑必有近忧"(《论语》); parents(父母)条下的"When your parents are in life, do not wander far off 父母在不远游"(《论语》);等等。二是明清小说,如:摘自《红楼梦》的"Fung-tseay and the others, come into Tan-chun's room 凤姐等来至探春房中"(room 条);"Fung-tseay laughing said, very true, very true; yet it was you who put me up to it 凤姐笑道是了是了倒是你提醒了我"(up 条);"she rehearsed to Kea-moo what she had seen and heard in the village 吃了茶便把些乡村中所见所闻的事情说与贾母听"(village 条);"See-jin told Paoy-yuh what she said to Tsung, the old woman servant, when she sent her with a present to Le-seang-yun 袭人也把打发宋妈妈与吏湘云①送东西去的话告诉了宝玉"(told 条);等等。

在例证的设置方面,《华英字典》有一些特点,具体体现为如下四点。

其一,例证有不少是汉语成语、俗语等的字面直译。如:ear(耳;耳朵)条下的"goes in at the left ear, and out at the right, makes no impression on the mind 左耳进右耳出"; fowl(鸡)条下的"better be a fowl's beak, than a cow's posterior 宁为鸡口勿为牛后"; friend(友;朋友)条下的"When taking wine with a bosom friend ten thousand cups are too few; but when conversation does not take, half a sentence is too much 酒逢知己万杯少,话不投机半句多"; gold(金;黄金)条下"True gold does not fear the fire 真金不怕火"; patient 条下的"They exhort to patient endurance of suffering by saying, 'whilst the green hill remains don't be afraid of a want of fuel,' 留得青山在,不怕无柴烧"; recall(叫回来)条下的"When a word is gone forth, a carriage and four cannot overtake and recall it 一言既出驷马难追";等等。

其二,例证中包含了一些复合词条。如:calm(风静)条下的"becalmed 风

---

① 此处将"史湘云"注音为 Le-seang-yun,显然是把"史"和"吏"给混淆了。

止息了";heart(心)条下的"heart-ache 心痛";job(零碎工夫;小工夫)条下的"Job's tears 薏米";king(王;国王;帝王)条下的"king crab 鲎"和"king fisher 鱼狗";lady(奶奶;太太)条下的"lady bug 花金龟";waste 条下的"waste paper"(废纸;故吾)和"waste land"(野地);等等。

其三,马礼逊通过例证引出了更多的汉语词汇。如:kneel(跪)条下"The great ceremony of thrice kneeling and nine times putting the forehead to the ground 三跪九叩";mourning(哀感)条下的"The three year's mourning for parents is called 丁忧";naked(赤身)条下的"光棍'a naked stick', denotes a vagabond sharper";penis(牡;阳物)条下的"Novels and light books use 玉茎;灵柯;那话;and 东西. The Budh sect use 男根. In Mahomedan Chinese books they use 羞体头";religion(教;教门)条下的"The three religions in China, 三教: called 儒教 the Philosophists;释教 the Budhists;道教 the Alchymists"和"The Christian religion is known by the name 天主教, and sometimes, 西洋教";tea 条下的"Pekoe tea 白毫""Pu-chong 包种""Sou-chong 小种""Twankay tea 屯溪茶";等等。

其四,一些词条的例证部分附有非常丰富的信息。如:botany(树草花之总理)条下对植物部、类和种的介绍;crime(罪;罪过;罪愆)条下对"十罪"的解释;eat(食)条下对"古人四不食"的解释;ethics 条下对"关圣帝君觉世真经"的节选;flower(花)条下所附的花名列表;heaven(天)条下耶稣会士对 God 译法的摘录;kalendar[①](通书)条下介绍的道光元年皇历的内容;porcelain(瓷器;瓷;磁器)条下介绍各类瓷器及其配料、制作流程等的内容;等等。

不可否认的是,《华英字典》中也存在着例证设置不当的问题。这一问题主要体现为多义词词条下设置不同词性的例证。例如,在"arrogant 放恣"条下,马礼逊所提供的唯一例证却是为了说明副词 arrogantly 的用法——"He talks and acts arrogantly 他讲话做事都是放恣的"。又如,"breakfast 早餐;早饭"条下设置的例证是用作动词的 breakfast——"Have you breakfasted 你用过早饭未会"。类似的例子还有不少,详见表1-6。

---

① 该拼法系 calendar 在15世纪时的形式。

表 1-6 第三部分中配例不当的条目

词头	对应词	例 证
clothe	穿；穿衣服	He put on clothes 他穿着衣裳
covet	贪；贪欲；贪愿；贪望	covetous of money 贪财的
fortuitous	偶然的	That affair happened fortuitously 那件事偶然遇着
grow	生；生长	a grown person 大人；长大的人
open	开；打开	No opening or opportunity to do anything 没有头路
pretty	好看；美貌	Her lips moved prettily when laughing 笑时嘴动的好看
utter	说出来	difficult utterance 结巴；结舌

此外，马礼逊经常采用字面直译的方法来翻译例证，从而导致译名晦涩难懂，容易误导读者，如：black（黑；黑色）条下的"black hearted thief 黑心贼"；market（市；市头）条下的"the market and the well 市井"；等等。例证设置的另一个问题是例证与词目的关系不大，词目并未出现在例证中，只是在词义、背景等方面与例证存在着一丝联系，如：divulge（泄漏）条下的"A good man is ashamed of saying more than he does 君子耻其言过其行"；morning（早；早辰；旦）条下的"morning diligent, and in the evening solicitously careful 朝勤夕惕"；reason（道理）条下的"reason stooped and argument failed 理屈词穷"；school boy（蒙生）条下的"At seven or eight years of age boys are sent to a schoolmaster 至七八岁时男则送与先生"；等等。

三、《华英字典》的作用和影响

随着六卷《华英字典》的陆续出版，当时的汉学界对此关注有加，一些欧洲的汉学家陆续撰文对其进行了评介。德国留法汉学家克拉普罗斯（H. J. Klaproth）在1816年9月份的《亚洲杂志》（*The Asiatic Journal and Monthly Register for British India and its Dependencies*）上撰写了关于《华英字典》的评论文章,但他将主要矛头集中在对小德金词典编纂理念的批评和反驳上。意大利汉学家蒙图奇(Antonio Montucci)在1817年所著的《二轶字典西译比较》(*Urh-Chi-Tsze-Teen-Se-Yin-Pe-Keaou: Being a Parallel Drawn Between the Two Intended Chinese Dictionaries*)一书中,不仅表明了自己多年来一直想编写汉语字典,也对《华英字典》的前言等内容一一作了评析,同时指出了《华英字典》中的一些错误,如《字典》第148页中"致"的笔画错误导致其排序有误、第188页中的"王八"[①]应该改为"忘八",等等。特别值得一提的是,蒙图奇在书的扉页以及书中多处地方引用了马礼逊在前言中提到的一句话——"*The Imperial Dictionary was intended for natives, not for foreigners*"(《康熙字典》是为国人编写的,而不是针对外国人的)。这在很大程度上反映出马礼逊在字典编纂理念与实践上的冲突,即一部收录了许多古僻字和废弃字的蓝本字典与旨在帮助外国人学习汉语的工具书之间的格格不入。对于字典中可能存在的错误,马礼逊在第三卷书后的编写说明中这么解释道:"这部字典经过多年的辛劳现在终于编写完成了。尽管编者一直以来都忙于编纂工作,但这并不是他唯一的工作。字典的诸多部分都是匆匆忙忙完成的,对此编者如今也不想表示任何歉意,而只是想陈述一个事实,那就是这样一来偶尔会导致错误的出现,其中的一些错误或许显得比较荒唐:为了赶每天的进度,他或许把'轴'误以为是'轮辐',或者把'驴子'写成了'骡子'。这样的错误不应该犯下,但编者希望读者在考虑到编写工作量巨大以及编者所处环境特殊的情况之后不会对此作出严厉的批评。"(Morrison, 1823: 909)

尽管《华英字典》还存在着其他方面的缺陷,如受方言(即粤语)影响较深、条目和例证的设置不平衡等,但它作为中西方文化交流的工具和英汉双语词典编纂的嚆矢所起到的作用不可小觑。

首先,马礼逊的《华英字典》为当时的来华人士学习中文提供了极大的便利,从而进一步促进了中西方文化的交流。谭树林甚至认为,"整部《华英字典》就是一部有关中西方文化交流的百科全书"(谭树林,2004:76)。的确,

---

[①] 其实马礼逊在该条目下加了注解:根据广东人的说法,这一词语因龟壳上有"王"和"八"字样而得其名,尽管哈盖尔博士(意大利汉学家)和其他人认为"王"应该改为"忘"。

《华英字典》作为文化交流的工具,在当时起到了无法比拟的作用。一方面,马礼逊通过引用大量经典书籍中的书证,将中国的历史、文化、政治、宗教、社会习俗等内容介绍给国外汉语学习者,构建起了东学西渐的桥梁。另一方面,马礼逊作为传教士在编写字典时总是见缝插针宣传基督教的教义。不管是在解释字还是在翻译合成词或例证的过程中,但凡涉及佛教和基督教的地方,他总是一抑一扬。例如,在《五车韵府》的"菩""萨""拜"等词条中,"菩萨"一词分别被译作"the gods, or demi-gods of the heathen""the gods and goddesses of the heathen"以及"heathen gods"(即"异教之神")。又如,在《字典》的"人"字条下,马礼逊在引述朱熹的"鬼神之理,圣人盖难言之。谓真有一物,固不可。谓非真有一物,亦不可"之后,就这么写道:"《圣经》应该被好好地珍视。从《摩西五经》中,我们得到了关于人的起源的合理并令人满意的解释。从耶稣基督之口(他的可信度毋庸置疑),'生命和不朽'的可能性得到了最大限度的证实。邪恶之人,套用《马太福音》中的话来说,'要进入永罚,而那些义人却要进入永生'。"

其次,词典是反映社会生活的一面镜子。《华英字典》虽然是由来华传教士编纂而成,但它也很好地反映了19世纪初中国社会的方方面面,在语言的使用方面表现最为明显。无论是在《字典》中还是在《五车韵府》中,马礼逊都收录了一些当时新近进入汉语的词语①,如"牙僧 a sort of spy employed by trading people to collect information""押船 custom-house boats, attached to European ships, the Hoppo boats""买办爪 The Compradore's claws; i.e. the laboring people he employs""三板/三板船 an European boat is so called at Canton""班上 a Supercargo, is so called, in Canton""大班 is the name by which the Chief or first Supercargo in a Company is denominated""苟兰豆 Dutch peas – green peas""毕嘰船 the ships which come direct from England, are so called"等。《华英字典》同时也见证并记载了英汉两种语言最初开始接触时的具体情况,这可体现为与中国相关的英语词语、源自汉语的外来语以及由英语音译过

---

① 黄河清曾撰文《马礼逊词典中的新词语(续)》,对《华英字典》前两部分中的新词语进行了分析研究,并指出《字典》收有33个新词,而《五车韵府》中的新词多达166个。

来的词语的实际使用情况。

与中国相关的英语词语指的是英语中用来特指中国特有事物、概念等的词语，其数量并不太多。例如，《五车韵府》在"买"和"办"字下都收录了"买办"一词，而且在解释性译名的后面还加上了源自葡萄牙语的comprador一词，同时在"爪"字条下"买办爪"的译名中又使用了其变体词形compradore；而根据《牛津英语大词典》的词源，comprador最早在英语中使用的年份是1840年，由此可见马礼逊比其他人至少早20年记录了comprador的用法。"乳名"的字面直译milk name[①]，同样也是马礼逊比其他人早一步：《牛津英语大词典》给milk name一条提供的最早例证摘自1836年由英国外交官德庇时爵士（John Francis Davis）编著的《中华帝国及其居民概述》(*The Chinese: A General Description of the Empire of China and Its Inhabitants*)，比马礼逊晚十多年。在"钱"字条下的"十分为一钱 ten candareens make a mace"和"两"字条下的"一两银子 one tael of silver"中，candareen、mace和tael都是当时英语中有关中国钱币单位的词语，分别表示"10厘""1钱""1两"的意思。

《华英字典》中也使用了一些源自汉语的外来语。以"风水"为例，虽然《五车韵府》在翻译"风水"时只将其解释为"wind and water; a kind of geomancy deduced from the climate; the aspect of buildings, doors, graves, and so on"，但在"泥"字条下的"泥于风水 bigotedly attached to the superstition of the Fung-shwǔy"以及"风"字条下的"风水先生 a professor of the Fung-shwǔy Geomancy"中均使用了"风水"的拼音形式Fung-shwǔy，而这一拼法显然将丰富"风水"一词刚被引入英语之时的词形[②]。同样在《华英字典》中使用较为频繁的汉语外来语包括le（里，现拼作li）、le-che（荔枝，现拼作lychee或litchi）、Taou（道，现拼作Tao或Dao）等。

英汉两种语言的接触还体现在汉语中外来音译词的使用。《华英字典》就使用了不少这样的音译词。其中，食品类音译词包括"咖啡"(coffee)、"吗"或

---

① 马礼逊在"乳名"条下除了提供字面直译之外，还提供了这样了解释——the name given to an infant at the breast。
② 《牛津英语大词典》为feng shui一词提供的最早例证可追溯到1797年的《大英百科全书》，而当时的词形是fong-choui。

"码"(yard)、"檬菓"(mangoes; fruit of the Mangifera Indica)、"柠檬"(lemon[①])、"柠檬水"(lemon juice)、亚叻酒(arrack)等;地名类音译词包括"博尔都噶尔亚国"(Portugal)、"英吉利国"(English)、"默德那"(Medina)、"撒马儿罕"(Samarcand)等。

再次,就像雍和明等在《中国辞典3000年》一书中所说的那样,"莫里逊的《华英词典》让人看到了现代汉英双语词典的基本构架,为后人设计与编纂英汉、汉英以及其他类双语词典提供了有益的借鉴和启发"(雍和明等,2010:286)。就像马礼逊从先前的叶尊孝、小德金等人的词典中得到启迪一样,《华英字典》同样为其之后的传教士和来华人士的字典编写工作提供了参考借鉴,像麦都思、卫三畏、司登得等汉英词典编纂者,甚至像江沙维[②]这样的葡汉词典编纂者,都从中得到了很大的启迪。例如,麦都思在1842年的《华英字典》的序言中指出,该字典除主要参考《康熙字典》之外,还参考了马礼逊的字典,同时其词条的注音系统是基于马礼逊的《华英字典》;此外,麦都思在1847年的《英华字典》的序言中这么写道:"在编写这部字典时除参考中文著作外,编者还汲取了马礼逊字典和一部编者名字不详的拉汉手稿字典中所有有用的信息[……]。"(Medhurst, 1847: iv)

最后,《华英字典》以其丰富的内容和多种查询系统大大方便了汉语的学习。就像《马礼逊回忆录》中引用蒙图奇说的话那样,"与18世纪出版的所有纸质和手稿字典相比,马礼逊博士在过去这10年出版的字典,对欧洲学习者来说更为实用"(Morrison, 1839: 181)。1828年的《传教士区域指南》(*The Missionary Gazetteer*)曾写道:"[……]通过他的《华英字典》以及由其在12年前编写的《通用汉言之法》,马礼逊大大帮助了英语国家的汉语学习者学习这门非常难学的语言;同时他也促进了中国文学和哲学宝库的大门的开启"(同上:148)。1832年5月至8月的《亚洲杂志》刊登了一名未署名的德国旅

[①] 在《五车韵府》中,马礼逊没有用lemon,而是提供了limes(即"酸橙")一词。
[②] 即Joachim Alphonse Goncalves,来自葡萄牙的天主教遣使会传教士,又名"公神甫",著有《洋汉合字汇》(*Diccionario Portuguez-China*, 1831)、《汉洋合字汇》(*Diccionario China-Portuguez*, 1833)、《辣丁中华合字典》(*Lexicon Manuale Latino Sinicum*, 1839)、《辣丁中华合璧字典》(*Lexicon Magnum Latino-Sinicum*, 1841)等。

行者的来信,信的开头是这么写的:"为了给当地人传播知识,我一直在学习汉语,为此我使用了马礼逊这部优秀的字典。借助这部字典,我不仅了解了汉字构成的知识,而且遵照字典第二部分中阐述的音调系统也能讲出一口能让人听懂的汉语。"(1832:95)信中同时还反驳了其同胞克拉普罗斯对马礼逊字典的批评。

《华英字典》第三部分尽管在收词、释义、翻译、例证设置、体例一致性等方面存在着诸多不足,但作为第一部英汉词典在双语词典编纂史上具有里程碑式的意义。首先,《华英字典》确定了英汉词典的雏形。其次,马礼逊确定了许多英语词语在汉语中的对应词,从而为后来的词典编纂者提供了非常有用的参考。之后,无论是诸如麦都思、卫三畏等来华人士,还是像邝其照之类的国内学者,都在编写他们各自的词典时参照了马礼逊的词典。邝其照在1868年出版的《字典集成》的英文名是 *An English and Chinese Lexicon: Compiled in Part from Those of Morrison, Medhurst and Williams*,可见其词典的部分内容参考了马礼逊、麦都思和卫三畏的词典。最后,《华英字典》作为一个历史文本,可为了解19世纪初英汉两种语言的实际使用情况提供有效的依据。

第二章

卫三畏的双语词典

一、卫三畏的生平和著作

卫三畏(Samuel Wells Williams),又名卫廉士,1812年生于美国纽约州尤蒂卡,后来曾就读于伦斯勒理工学院(Rensselaer Polytechnic Institute)。1832年,他被美部会(即美国公理会差会,the American Board of Commissioners for Foreign Missions)任命为广州传教站的印刷工,并于次年10月抵达广州,从此开始了在中国长达40年的工作生涯。在此期间,他负责过《中国丛报》(The Chinese Repository)的编辑和印刷工作,也曾随美国舰队远征日本,后来又多次代理驻华公使一职。与此同时,卫三畏也开始了对中国及中国语言的研究。

1842年在澳门出版的《拾级大成》(Easy Lessons in Chinese)是卫三畏来华之后的第一部作品。1844年,卫三畏出版了他的第一部词典——《英华韵府历阶》(An English and Chinese Vocabulary in the Court Dialect)。同年,卫三畏出版了《中国地志》(Chinese Topography)。1848年,由卫三畏编著的《中国总论》(The Middle Kingdom)由位于纽约的威利和普特南出版公司(Wiley and Putnam)出版。这部两卷本的巨著较为全面地介绍了中国历史文化和晚清社会,被公认为美国汉学的开山之著。1856年,卫三畏又出版了一部方言字典,即《英华分韵撮要》(A Tonic Dictionary of the Chinese Language in the Canton Dialect)。同年,卫三畏还修订出版了《通商指南》(A Chinese Commercial Guide)。该书的第1版出版于1834年,其原著者是马礼逊之子马儒翰(John

Robert Morrison)①,后经卫三畏彻底修订,分别在1844年和1848年推出了第2版和第3版,直到1856年推出第4版时卫三畏才将作者名改为自己的名字。1874年,当时任职于美国公使馆的卫三畏通过位于上海的美华书馆(American Presbyterian Mission Press)出版了自己用11年时间编写完成的《汉英韵府》(*A Syllabic Dictionary of the Chinese Language*)。

1877年,卫三畏回到美国,成为耶鲁大学的首位汉学教授。1881年,他被提名为美国圣经协会会长。1884年2月16日,卫三畏在家中去世。由其子卫斐列(Frederick Wells Williams)所编著的《卫三畏生平及书信:一位美国来华传教士的心路历程》(*The Life and Letters of Samuel Wells Williams*, 1889)让世人对他的人生有了更为深入的了解。

二、《英华韵府历阶》

1844年,卫三畏通过位于澳门的《中国丛报》(*The Chinese Repository*)印刷所出版了《英华韵府历阶》(以下简称《韵府历阶》),这是继1842年出版的《拾级大成》后卫三畏编写的又一部旨在帮助外国人学习汉语的书籍,同时这也是马礼逊的《华英字典》第三部分(即英汉词典部分)之后的又一部英汉词典。

《韵府历阶》全书共440页,其中词典正文335页。虽说这是一部按照先英语词目后汉语对应词的顺序编排的词典,但它与马礼逊的《华英字典》第三部分(以下简称《华英字典》)一样,实则是为帮助外国人学习汉语所编著。据卫三畏在序言中的介绍,这部语词汇编"旨在取代当时已经绝版的马礼逊博士的广东方言字汇[即1828年的《广东省土话字汇》]。但鉴于外国人现在已经能到达大清帝国的其他方言地区,因而本字汇已经改编成该国的通用语[……]"(Williams, 1844: Preface)在编写《韵府历阶》时,卫三畏参考马礼逊的《华英字典》、江沙维的《洋汉合字汇》、裨治文②的《广东方言

---

① 马礼逊的次子,1814年生于澳门,曾任译员、外交官及传教士,1843年8月29日因病去世。
② 即Elijah Coleman Bridgman,美部会传教士,长期担任《中国丛报》(*The Chinese Repository*)的主笔,曾与人合译过《圣经》。

撮要》①等书籍。卫三畏在序言末尾特意提到自己想把该书献给曾给予他无数帮助但不幸于词典出版前一年（即1843年）去世的马儒翰。卫三畏在"引言"部分花了较大篇幅对词典作了详细的介绍。"引言"部分多达86页，分六个部分，它们分别是"词典方案"（Plan of the work），"注音系统"（System of orthography），"音调、送气音及其标注方式"（Tones and aspirates, and the mode of representing them），"官话音节及其方言对应表"（List of syllables in the court dialect, with their corresponding sounds in four other dialects），"同音字表"（List of homophonous characters in the court dialect）以及"粤语音节表"（List of syllables in the Canton dialect）。在"词典方案"中，卫三畏开门见山，道出了该词典的与众不同之处："本词典有别于一部单纯的字汇的唯一特色在于，它通过词典后面的汉字索引试图帮助汉语学习者用对外国人来说最为熟悉的两种方言（即粤语和闽南话）进行交流。"（同上：i）卫三畏同时也对该词典的收词作了说明："或许大家已经注意到，为了让这部词典尽可能地小巧，页面印刷比较紧凑，汉语中的许多同义词被省略了，其他一些则散落在同义的英文词条中［……］。"（同上：ii）词典后面的汉字索引共97页，将词典中的所有汉字（5 109个）按部首排列，并根据麦都思的《福建方言词典》《分韵撮要合集》等参考书为它们标注了官话、粤语以及厦门方言中的读音。在词典的末尾，卫三畏还设置了"勘误和补遗"（Corrections and Additions），不仅对词典中的注音、印刷错误作了修订，而且还增加了一些词目的译名，如："archer射夫"条下的"弓箭手"；"bridesmaid随嫁妹"条下的"随嫁婢"；"calf脚囊"条下的"脚腓"和"脚囊肚"；"plaid锦绒"条下的"碁盘绒"；等等。

《韵府历阶》总共收录了14 146个英文词条。与马礼逊的《华英字典》相比，该词典中词条内容的编排显然更为简洁，其中的典型词条包括英文词头和中文对应词及其注音，词条内部一般不设置任何例证，试看图1-7。

对于多类词而言，卫三畏一改马礼逊将所有义项并入一条的做法，将不同词类的义项单独列出，偶尔也会用"a"或"to"来区分它们的词类，如"chronicle, to 著年錄""date, to 写下年纪""decree, to 谕饬；立定""dose, a 一

---

① 即 *A Chinese Chrestomathy in the Canton Dialect*，1841年由卫三畏在澳门印刷成书。

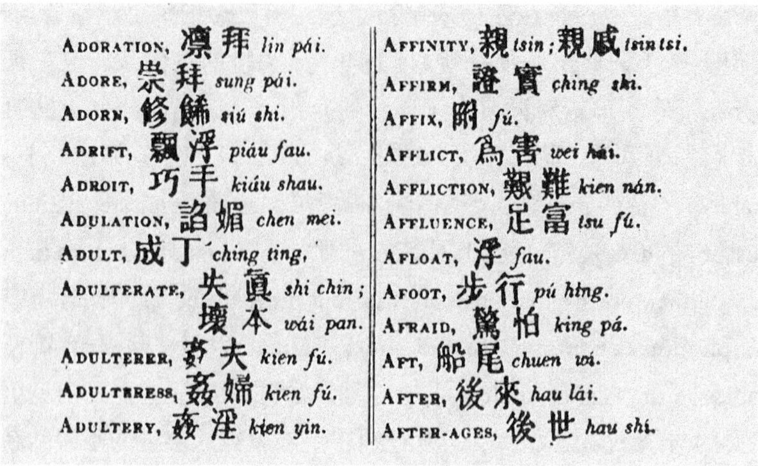

图1-7 《韵府历阶》的样条

剂；一服""exchange, an 会馆""lady, a 相娘；娘子""last, a 鞋券；楦""rule, a 法；则；程；规矩""wrench, to 扭拔"等。一些同音同形异义词也被单独列出，如："bark 树皮"和"bark 犬吠"；"base 鄙陋"和"base 柱墩；礎"；"meal 粟米粉"和"meal, a 一餐；膳；一顿饭"；"pupil 学生；门生"和"pupil, the 眸子；瞳人"；等等。在义项收录方面，《韵府历阶》一般只收录词语最常用的意思，有时也收录一些多义词，并用分号隔开同义或异义的对应词，如"character 字；品性；名声""commerce 生理；贸易；生意""bind 绑；缚；订装""draw 拉；牵；画""maintain 养；保守；自守""painter 油漆师傅；画匠""send 寄；差；遣；发"等。

（一）收词

虽然《韵府历阶》在总体篇幅上要略逊于《华英字典》，但它却在收词数量上远远超过后者。首先，《韵府历阶》增收了被马礼逊遗漏的常用词语，如"chilly 冷；寒""Christian 基督徒；耶稣门徒""dairy 制牛奶房""during 适值；际""eager 惚忙""early 早；清早；清早""earn 讨得""familiar 好相与；相厚""ivy 把壁虎；馒头笋""jade 玉""jewel 珍宝；珠宝""kettle 水壶；水提""label 号帖""laughter 嘻嘻呵呵""radish 红萝卜""sausage 猪肠""tank 水柜；

鱼池；沼""tyrant 残虐之君；羁主""ugly 丑；不好看""wrestle 缠斗""yell 哼声"等。其次，《韵府历阶》增收了《华英字典》中所收词语的派生词，如"chider 教责者""choicely 精选""dampish 略湿些""deafish 颇聋；重听""dyer 染匠""farmer 农夫；庄户""herbal 草本""juicy 有汁""keeper 看守的人；牢目""ladyship 夫人""lameness 跛症""manager 当头""wrapper 包袱"等。再次，《韵府历阶》还增收了由《华英字典》中所收词语构成的复合词，如"chinaware 磁器""church-yard 庙口草地""damaged goods 水渍货""death-warrant 王命；王令""dealwood 杉木""eating-house 酒楼""ear-wax 耳蜡""hereabouts 近此处；离不远""wormwood 艾草；医草""yesternight 昨夜"等。从次，《韵府历阶》收录了此前尚未被任何英汉词典所收录的学科术语，如"galaxy 天河；河汉；星河""hepatitis 肝热""lumbago 腰骨病""macerate 水浸烂；糜烂""mumps 痄腮""scurvy 生疳""strangury 小便热痛""yeast 酵""zoology 生物总论"等。最后，《韵府历阶》传承了《华英字典》中收录专有名词的做法，增收了一些相对比较常见的专名，如"Christmas 耶稣生日""Denmark 大尼国；黄旗""German 阿理曼国""Java 爪哇；咖留吧""Jehovah 耶火华""Jew 犹太人""Latin 辣叮话""Luconia 小吕宋""Malay 嚜噜人""Tungking 东京；交趾""Yarkand 业尔羌"等。其中，一些与中国相关的专名也被收录其中，如"Confucius 孔夫子；孔圣""Kwanyin 观音""Lantao 大澳""Macao 澳门""Mantchouria 满洲国""Mencius 孟夫子""Namoa 南澳""Nanking 南京""Shamo 沙漠""Triad Society 三合会""Yangtsz' kiang 扬子江""Yellow river 黄河"等。

在增收词语的同时，《韵府历阶》对《华英字典》中所收录的一些词语作了删减，以表示植物的拉丁学名为最。虽然《韵府历阶》保留了一部分拉丁学名，但同时删除了很多条目，如"Ardisia Solonacea 春不老""Citrus nobilis 硃砂桔""Daphne indica 山金橘""Echites caudata 山羊角树""Gardenia florida 栀子；枝子""Hemerocallis japonica 玉簪""Hibiscus mutabilis 芙蓉""Kaempferia rotunda 山柰""Magnolia yu lan 玉兰；白玉兰""Nandina domestica 天竹""Zala Asiatica 水浮莲"等。被删除的还包括一些专有名词、见词明义的复合词等，如"Jesuits 耶稣会士""Mahomed 穆罕默德""Shakhu Moo-nee 释迦牟尼""writing master 写字先生"等。

总体而言,《韵府历阶》在收词方面也呈现出一些明显的不足,具体表现为以下四点。

第一,部分新增的复合词见词明义,缺乏严谨性。如"casting-house 铸造局""chopping hatchet 斫斧""city wall 城垣""cook-maid 厨婢""cook-room 厨房""dancing-master 教舞师""dear-bought 得来价高的""dung-cart 粪车""evil-speaking 谗谤""face-painter 写真者""gaming-utensils 赌具""jolly-faced 丰姿""leather-dresser 皮匠"等。

第二,一些名词条目以复数形式出现,使同类词条的词形前后不一。如"domestics 家人;盛介;跟班""fragments 零碎;零星""lungs 肺""magicians 术士;师巫""manes 魂魄""maxims 格言;圣谟;成语""medicines 药材""muscles 肉筋;肌肤""night-watches 夜更""raisins 葡提子""rations 俸米;廪给;兵粮""secretions 津液""stripes 柳条纹""types 铅字;活字""youths 少年们"等。

第三,同类词、同源词等收词不平衡。如:收了 accusation(告讼)和 accuser (原告)却漏收了 accuse;收了 acquaintance(交游;相与)却漏收了 acquaint;收了 capability(可能;担得)却漏收了 capable;收了 decency(合礼)却漏收了 decent;收了 fornication(行淫;情奸)和 fornicator(淫夫)却漏收了 fornicate;收了 fortunately(好彩)却漏收了 fortunate;收了 melodious(和音)却漏收 melody;等等。

第四,尽管《韵府历阶》在收词数量上要胜过《华英字典》,但它并没有较为完整地显示当时英语词汇的状态:一方面,它遗漏了出现在《华英字典》中的一些常用词汇,如"abandoned 放恣的;纵恣的""abbey 修道院;修道堂""abbreviate 省写;减笔""attorney 写呈子的,写状子的""chemist 丹家""cicada 蝉;蚱蝉""deafness 耳聋""difficulty 难""faeces 渣滓""panther 豹;虎豹""sensual 迷物欲""tattle 说是非;说人家闲事""vagina 牝;阴户"等;另一方面,一些常用的英语词语付之阙如,如冠词 a(一个)、abstract(抽象的)、baby(婴儿)、can(柱形容器)、declare(宣布)、fabric(布料)、gap(缺口;间隔)、labyrinth(迷宫)、occur(发生)、scarf(围巾)等。

在词条排序方面,《韵府历阶》也存在着一些不按字母顺序排列的情况,如:horsehair(马尾)排在 horselaugh(呵呵笑;嘻呵大笑)和 horseman(善骑者)之间;magistrate(官府;宪)排在"magistrate's office 衙署;衙门;廨"和

"magistrate's hall 公堂；大堂"之后；schoolmaster（先生）排在 schoolfellow（书友；同窗；窗友；砚友）和 schooner（两桅三板）之间；等等。

（二）词目译名

由于卫三畏力求词典篇幅紧凑，在词目翻译方面尽量做到简练，由此词典中大部分词条译名非常简短，通常只有一两个对应词，如"abandon 丢弃""ask 问""butter 牛油""by-path 径；捷径""comedy 歌本；曲本""decry 讲丑""disgusting 厌恶""hatred 冤仇""lull 风歇""lunatic 癫人""nice 称意""rough 涩；粗""small 小；细"等。与《华英字典》相比，《韵府历阶》简化了前者中不少词条的译名，试看表1-7。

表1-7 《韵府历阶》中译名的简化

词 目	《华英字典》	《韵府历阶》
befool	戏弄；作弄；舞弄；买弄人家	舞弄
clemency	宽仁；宽容；恩宽	恩宽
deficient	缺；少；亏；不足	不足；亏
lascivious	邪淫的；贪花的；贪色的；淫荡的	贪色的
lazy	懒惰；懈慢	懒惰
legal	照例的；合法	照例
mariner	水手；梢子；梢夫；船家	水手；梢子
sodomy	男色；男风；鸡奸；尾奸；邪鱼色	鸡奸
tadpole	雷公鱼；蝌斗；活东；玄鱼；悬针；水仙子；虾蟇台；虾蟆子	蝌蚪
testament	遗嘱；遗书；分家产遗书	遗书

与此同时，卫三畏也沿用了《华英字典》中一部分词条的译名，如"mushroom 香信；土菌；鸡璁""officer 官；官员；官府""opium 鸦片；洋烟""pilot 引水人；带水人""rascal 薄夫""sod 草皮""阜碗""syrup 糖水""ultimately 到头；终者"

"vegetable 菜；青菜；蔬菜""weapon 兵器；军器"等。但是，卫三畏又力求创新，在改进前者中许多词条译名的同时还增收了一些义项，试看表1-8。

表 1-8 《韵府历阶》中译名的改进

词　目	《华英字典》	《韵府历阶》
clockmaker	时辰钟匠	钟表师傅
generally	大概；大率	大概；大约；大略；大率
happily	幸然	幸然；幸得；可幸；恰好
idea	意见	意；意思；意见；心所见
kindness	慈惠	仁慈；慈惠；恩；恤怜
mankind	普天下之人	众生；普天下人
occupation	业	本业；事业；日艺
rude	无礼貌	粗厉；卤莽；粗豪；灭礼；无礼貌
sample	样；办	货办；样子
wages	工钱；人工	工银；工钱；人工

《韵府历阶》在为形容词词条提供译名时采用了三种不同的方式。

其一是用汉语中形容词用法来与之对应，如"cold 冷；寒；冻""dear 贵；价高""dense 坚固；稠密""evident 显然；昭然；显见""rare 稀；鲜；罕；珍奇""resolute 耿介；坚贞；毅然""rich 富；富足；饶裕""strenuous 勉力；勤力；懋勉""untiring 孜孜；不觉倦""vulgar 俗；粗鄙；鄙俚；俚俗"等。

其二是在每个译名后面加上"的"，以示区别，如"acetous 有醋的""beneficial 有益的""benevolent 仁心的""doleful 悲哀的""fundamental 根本的""luminous 射光的""short-sighted 浅见的；狭隘的""wolfish 狼心的""wretched 穷苦的""yellowish 淡黄的"等。

其三是"的"在有两个或多个对应词的词条中时有时无，如"beautiful 美；好看的""common 平常的；粗糙""ignominious 污名事；凌辱的""impatient 急性；不忍耐的""indispensable 少不得的；务必""magnanimous 大量的；慷慨"

"mannerly 合礼；有礼貌的""selfish 私心；利己的；偏私""voluntary 甘心的；情愿做""weak 弱；无力的"等。

如马礼逊在《华英字典》中的做法一样，卫三畏有时也将"的"用于名词条目的译名中，如"comforter 安慰者；使安慰的""bedfellow 伴睡的""dealer 客商；发行的""debtor 欠债的；欠主""outcast 厌弃的""traitor 卖国的；泄露者；做线人""transgressor 犯法的""victor 得胜的；赢者"等。这类译名的数量显然在《韵府历阶》并不十分多见，这是因为卫三畏对《华英字典》中的这些口语化译名作了部分改进，如"author 作手；制做人"（原译作"作书的；出书的"）、"pickpocket 剪绺匪"（原译作"剪绺的"）、"tenant 店客；房客；田客"（原译作"房客；承租房屋的"）等。在《韵府历阶》中，卫三畏在翻译一些表示外来食品、饮料等的词语时采用了音译的手段，如"arrack 亚沥酒""beer 啤酒""brandy 罢囒地酒""chocolate 知咕辣""cigar 孖姑烟""coffee 架啡""dammer 吧吗油""mango 芒菓""mangosteen 茫姑生""sago 西米；沙谷米"等。

《韵府历阶》在译名方面同样也存在一些不足之处。首先，一些词条的译名存在着误译或者译名不太确切的现象，如"abrupt 吊壁；忽转""absolute 昏暗自主""adventure 赌彩""angel 神仙""bodyguard 锦衣卫""capitally 定了死罪""chasten 报应""lonely 冷淡""love-sick 溺爱""magnifier 显微镜""spinage 白苋菜；雍菜；菠菜""warrior 世雄"等。其次，同源词的翻译有时前后不一，如："absence 没有；并无"和"absent 不在"；"adoration 凛拜"和"adore 崇拜"；"calm 风静"和"calmly 平安的"；"danger 危险"和"dangerous 陷害的"；"digest 消食"和"digestion 消化"；"girl 幼女；女儿；少艾；童女"和"girlish 似少女的"；等等。再次，一些词目的译名与词性不一致，如"captious 吹毛求疵""close-fisted 掩拳；锁荷包""litigious 好争讼""loquacious 掉舌；口嘴；多言""traditional 传述；述古""villain 奸细；狡猾；奸慝""wealthy 财主；富"等。最后，一些不同词目被提供了相同的译名，如："cheek 脸"和"face 面；脸"；"lotus 莲花"和"water-lily 莲花"；"pride 骄；傲；骄傲"和"proud 骄；骄傲；倨"；等等。

（三）例证

虽然《韵府历阶》没有在词条下设置例证，但它却通过单列例证的方式体现词语的用法、词义等。例证的长度不一，既有词组和短语，也有句子，如"common custom 常规""deny one's self 推辞""illuminate with lanterns 庆灯""incense sticks 时辰香""incontinence of urine 小便频数症""Is it good or not 是否好""stairs, go up 上楼""will this do 那样可合么""with this, agrees 合乎此""Would that could I go 恨不能去"等。

卫三畏设置例证主要是为了实现以下四个目的。

其一是为昭显已在上一条单列的词语的用法，如：concubine（妾侍；如夫人）条下的"concubine, father's 庶母"；hang（吊颈；问吊刑）条下的"hanged himself 自缢；悬梁"；jacket（中衫）条下的"jacket, riding 马褂"；last（末；尾后；收尾）条下的"last day of year 除日""last night 昨晚"和"last year 旧年；去年"；string（串；贯串）条下的"string of cash 一吊钱"和"string of beads 一串珠"；wine（酒）条下的"wine, port 钵酒"和"wine jar 酒壶"；等等。

其二是通过例证来体现未被单列的词语或义项的用法，如："exact duties 赋敛；聚敛"；"fully done 做足""fully examine 知悉"和"fully know 察核"；"funeral procession 送殡排队"和"funeral, attend a 送殡；送葬"；"glare from water 水映"；"lover of virtue 乐善之人"；"wreak vengeance 满足；遂心"；"wretchedly, feel 精神不爽"；等等。

其三是为了体现短语动词、习语等的用法，如"flare up 火焰直冲；翊翊""get rid of 脱劳""get up 起身""hand down 传流""horse, cart before the 倒安车""roll about 打滚""strike up 开锣鼓""turn back 返程""turn over a new leaf 幡然自新""write down 抄过"等。

其四是通过例证来罗列同类词语或其他较为实用的语言信息，如：board（板）条下的"Board of Civil Office 吏部""Board of Punishment 刑部""Board of Revenue 户部""Board of Rites 礼部""Board of War 兵部"和"Board of Works 工部"；orange 条下的"orange, sweet 甜橙""orange, mandarin 硃砂桔；贺年桔""orange, loose-jacket 柑"以及"orange, preserve 金橘"；punishment 条下的"punishments are 打板子 (bambooing); 掌嘴 (slapping mouth); 流徙 (transportation); 充军 (banishment); 问绞 (strangling); 斩首 (decollation); 凌迟 (cutting to pieces)"；servant 条下的"servant, man 使唤的；仆；跟班"和"servant, maid 丫鬟；丫头；婢女；使

女"；等等。

与《华英字典》一样，《韵府历阶》中的部分例证并非先有英文原文，而是以汉语表达为基础翻译过来的，如"gait, a swimming 飘飘欲仙""knock head 叩首；磕头""lot, contented with 安分守命""tyro, not that which a, can investigate fully 非初学所能究悉""wont, it is his 习惯成自然""writing materials 文房四宝"等。

《韵府历阶》在例证方面存在的最大的一个问题就是例证设置标准不一。例如，在A字母的条目中几乎没有设置任何例证式词条，这显然说明卫三畏在编纂这部词典之初并未计划在词典中设置例证。又如，在诸如set、take等条目中例证的数量多达二三十个，但在其他一些常用词语条目中例证数却少得可怜。

《韵府历阶》出版后受到了一定的关注。1846年，《中国丛报》第15期曾对这部词典作了评介，其中指出"通过对这部词典简单的介绍，我们认为这是一部最为方便和实用的手册，精心编排，能大大促进用汉语的交流，特此推荐"（1846：150）。《韵府历阶》对后来的英汉词典编纂产生了一定的影响作用。邝其照在编写其《字典集成》时就大量参考了《韵府历阶》中的词条及其译名。1875年，王韬在为谭达轩所编的《华英字典汇集》所作的序言中这么写道："自中外立约通商以来，西国之文人学士至者接迹无不以立说著书为务，其间有马礼逊字典麦都思字典最行于一时不胫而走，继之者为卫廉臣之华英韵府历阶［……］。"（Tam, 1875: Preface）

三、《汉英韵府》

《汉英韵府》为四开本，其正文部分总共1 150页[①]，外加6页序言、74页导论、3页部首索引、97页汉字索引表[②]以及两页勘误[③]。卫三畏在序言中不仅

[①] 根据卫斐列的《卫三畏生平及书信》一书，卫三畏曾在1874年8月1日给其弟罗伯特·S.威廉斯（R. S. Williams）的信中提到词典的总页码为1356页，这似乎与实际的页数不符。
[②] 1896年的重印本并没有部首索引和汉字索引表。
[③] 1889年的重印本中勘误的内容已增至4页。

介绍了字典中汉字的编排原则，即参考樊腾凤的《五方元音》而非马礼逊字典的做法，而且还介绍了当时同类字典的一些情况，如当时仍被使用的一些汉英词典，其中有重印的马礼逊字典（即单行本《五车韵府》[①]）、麦利和与摩嘉立的《榕腔注音词典》[②]、杜嘉德的《厦英大辞典》[③]以及罗存德的《英华字典》[④]。卫三畏同时也列举了自己在字典编写过程中所参考的字典，如马礼逊的《五车韵府》、江沙维（Joaquim Afonso Gonçalves，又名公神甫）的《华葡字典》(Diccionario China-Portuguez, 1833)、小德金（Chrétien-Louis-Joseph de Guignes）的《汉法拉丁文字典》(Dictionnaire Chinois, Français et Latin, le Vocabulaire Chinois Latin, 1813)、《英华分韵撮要》、麦都思的《华英字典》和《埶文备览》(1787)，等等。其他的一些参考书包括《本草纲目》《三才图》《植物名实图考》，以及欧德礼（Ernest John Eitel）的《中国佛教手册》(Handbook of Chinese Buddhism, 1870)、师维善（F. P. Smith）的《中国医经》(Materia Medica[⑤], 1871)、合信（Benjamin Hobson）的《医学英华字释》(A Medical Vocabulary in English and Chinese, 1858)等。导论部分就汉语语言的多个方面展开详细论述，其内容分为八部分，分别是"以《五方元音》表示的官话""拼字法""送气音""声调""汉字旧音""各地方言""部首"以及"根词"。其中的"拼字法"部分是卫三畏自创的。在分析了当时多种拼字法的基础上，卫三畏试图用一种统一的拼字体系来标注五种方言（即北京、广东、厦门、上海以及福州[⑥]）中词语的读音，试看图1-8。

---

① 1865年由上海的伦敦会印刷处（London Mission Press）出版。
② 1870年由福州美华书局（Methodist Episcopal Mission Press）出版。
③ 1873年由英国特吕布纳公司（Trübner）出版。
④ 卫三畏只提到"[...] Lobscheid's Canton, Vernacular Dictionaries"，而未具体说是罗存德的《英华字典》还是《汉英字典》。由于《英华字典》中汉字的发音用"Punti"（为"本地"的音译，即广东话）音标注，而《汉英字典》并非以方言音标注，所以依笔者之见此处指《英华字典》。
⑤ 卫三畏在此处只提到F. P. Smith's Materia Medica，事实上，这一书名并不确切，它的全称应该是《本草纲目和博物学补充名录》(Contributions Towards the Materia Medica and Natural History of China)。
⑥ 在词典的英文名称中只列出了前四个，而在词典正文中也提到烟台（Chifu）方言的读音。

> 1.—*a* as in *father*; written *á* by Bridgman, Goddard, Jenkins; *à* by Yates.
> 2.—*ă* as in *quota, variable*; written *ă* by Bridgman; *ă* and *u* by Morrison; *u* by Edkins, Bonney; *è* by Maclay; *u* by Goddard; *e* by De Guignes, Callery; *ö* by Wade; *a* and *e* by Gonçalves.

图1-8 《汉英韵府》对注音体系的说明

（一）收词和例证

从字典的宏观和微观结构来看，《汉英韵府》在收词和释义方面有其自身的特色。就收词而言，《汉英韵府》总共收录了12 527个汉字，这些汉字被收录在10 940个条目中，同时也被归入522个音节中。每个汉字都收录一定数量的多字词目（包括词语和例证）。字典在收词和择例方面体现出如下六个特点。

第一，每个汉字条下收录的词语或例证只要包含词目即可。如"战"字条下的"对战 to join battle, to fight""血战 a long and severe battle; a bloody fight, as in a prize-ring""打冷战 terrified, scared, as one going into melée; to shiver, as with cold""战战兢兢 frightened, quaking with consternation""下战书 to send a challenge, to declare war""焉有不战而胜者乎 who ever yet got a victory without having to fight for it?"等。

第二，词典中收录了大量的同义词条，并经常将它们前后排列在一起。如"内宠/宠妾 a favorite concubine, who rules her husband""著述/标著 to narrate in record; to write a history""残废/废物 useless, worn out; a good for nothing fellow""亨嘉/泰亨 prosperous, excellent, successful""归服/归降 to submit; to yield, as rebels""红痢/血痢 bloody flux, dysentery""诬捏/捏陷 to involve others by groundless accusations""峨眉月/月芽 the moon when a few days old"等。

第三，像之前的《华英字典》一样，《汉英韵府》中收录的不少例证都摘选自中国古代儒家经典书籍。如：《诗经》中的"蔼蔼王多吉士 the many accomplished officers in the king's employ"和"言授之縶以縶其马 give him the ropes to bind his horses"；《礼记》中的"五音不乱则无怗滞之音 when the five notes do not confuse each other, there is no discord"和"君子比德于玉廉而不刿

the wise man regards virtue as a gem, will on no account wound his principles";《论语》中的"鸟之将死其鸣也哀 when the bird is dying, its note is sad indeed"和"割鸡焉用牛刀 why use a cleaver to kill a chicken";《孟子》中的"忧民之忧者民亦忧其忧 if you take to heart the sorrows of the people, they will also bear yours in mind"和"当今之世舍我其谁 If the [prince of Tsi] does not employ me in this time, who is there he will call to serve him?";《尚书》中的"尔尚一乃心力其克有勋 do you all go on with one purpose of heart, and the work will surely be accomplished"和"罔顾于天显民祇 he did not regard the bright principles of Heaven, or the awfulness of the people";等等。

第四,《汉英韵府》同时收录了口语体的条目或例证。如"奔命似的 running as if for dear life""完咯 done; all over; ended""冷的辣实 bitterly cold""吃不起 I cannot afford it""欢奔乱跳的 hopping and scampering about for joy""打折了 broken or snapped off""却是一件美事 Ah! This is a fine affair""一会儿一会儿 from time to time; now and then"等。

第五,除了标注方言注音外,《汉英韵府》也收录了一些方言词语(以粤、沪、京为主)。如"争的上当 I came very near being gulled by him (Cantonese)""口臭 a foul breath; high priced, exorbitant; — a Peking phrase""打烧纸 'to burn the paper,' a Canton phrase for torturing in prison""无个滴漏 no such lucky thing has leaked down (Cantonese)""坟少爷 custodian of graves, who lives near them (Pekingese)""车剥 to exact usury (Fuhchau)""打一个谷碌 to turn a somersault (Shanghai)""囡 in Shanghai, the second form is used to denote a girl, a lassie""顶烂市 to spoil the market by underselling (Cantonese)""末脚 the last, the end (Shanghai)"等。

第六,《汉英韵府》的部分词条未被单列,而是出现在其他词条的释文中。如"战死 died in battle, as a 战士 soldier""枢密 the secret pivot; an old term for a general; in the Sung dynasty, 枢密院 denoted the privy council""畜养 to rear, as slaves, children, or animals; but 畜牧 is to pasture or rear only the 六畜 six domestic animals, which men use in sacrifice or food""鹿茸 and 鹿筋, deer's antlers and tendons, two aphrodisiacs"等。

(二) 释文

在词条的释文方面,《汉英韵府》也有其特点,大致可归纳为以下三点。

第一,由于《汉英韵府》的目的是帮助外国人学习汉语,因而无论是词目还是例证的释文中都时常包含较为实用的词源信息。例如:"鹦"的英文释文是 "The *bird* for *infants*, because it learns to talk as infants do by listening to their mothers";"昌"被解释为 "From the 日 *sun* and 曰 *to say*, referring to sunlight; as a primitive, it exhibits some of its meaning in many of the compounds"。这样的做法也同样用于一些合成词条目中,如 "黄鼠狼 the weasel, so called from its yellow belly" "黄河 the Yellow River, so called from the ochery color of its waters" "荷包 a purse, from its likeness to the shape of a lily leaf" "白毫茶 Pecco tea, so called from the downy white leaves in it" 等。

第二,对于一些通过隐喻获得词义的条目,卫三畏一般是通过先直译后意译的方法提供英文释文的①,而且这样的方法并非千篇一律,而是有多种呈现方式。例如:

臭铜　"stinking copper," denotes a hardfisted miser, and an officer who bought his post

一枝花　a flower, *met.* a pretty girl

露风　to expose to the air; *met.* to divulge

你的葫芦卖什么药　what medicines have you in your gourd for sale? *met.* what have you come here for?

冷不防　cold cannot be avoided; i.e., who could have guarded against it? suddenly, unforeseen

这样的方法同样也用于四字成语,试看表1-9。

---

① 然而在极少数的条目中也出现了先意译后直译的现象,如"步后尘 to follow another's example, to walk in his dust" "两个人打得火热 the two men are mad at each other, — have quarreled till the fire came" 等。

表 1-9　《汉英韵府》中的成语翻译方式

成　语	直译加意译
斩钉截铁	to cut an iron nail; *met.* decided, certain, fixed
画蛇添足	to draw a snake with legs, i.e. exaggeration
杏眼桃腮	[she has] apricot eyes and peach cheeks; — a pretty girl
管窥蠡测	he looks [at the sky] through a tube, and measures [the sea] with a clam-shell; *met.* a slight examination of, a narrow view of things
兔死狐悲	the fox mourns when the hare is dead; *met.* hypocrisy, crocodile's tears
牝鸡司晨	the hen rules the morning; *i.e.* the wife wears the breeches

第三，对于一些文化局限词，卫三畏有时采用注音或其后加英文释文的方法。如"哎呀 haiya! it indicates more distress than our heigh-ho; alas! alack!""沙漠 the desert of Shamo or Gobi""衙门 a yamun or Chinese official establishment; a public court; government offices""巳亥一冲 *sz'* and *hai* countervail each other; — people born in those years may not wed"等。

（三）不足之处

《汉英韵府》也暴露出种种不足，其中最为明显的是翻译方面的问题。翟理斯在1879年出版了一个40来页的小册子，名为《论〈汉英韵府〉的翻译和误译》，罗列了这部字典中出现的近300处翻译问题，并提出了自己的改进意见，如："半载 half a month"（应作 half a year）；"无一顿饭工夫 a very small job of work"（应作 a very short time）；"体恤 to befriend"（应作 to sympathize with）；"奠定 The country is now quiet"（应作 to settle, to secure）；"逝者如斯 Such are the dead — as flowing water"（应作 It passes away like this stream）；"送别 to see one to his chair"（应作 to see a person off）；"咆哮公堂 The angry blusters of officials in the Yamen"（应作 to behave in a disorderly manner in a public court）；"金台 a name for Chihli"（应作 a name for Peking）；等等。《中国评论》（*China Review*）在1879年7月评介上述小册子的时候也对《汉英韵府》

作了评价:"这部字典的一大缺陷在于它原封不动地照搬了之前出版的《英华分韵撮要》中的无数译文"(1879:52)。事实上,《汉英韵府》中类似的误译可谓俯拾即是。有不少是由于对学科术语的理解不够,以致出现一些令人啼笑皆非的问题,如:将肛门译作"rectum"(见"肛门① the rectum"和"痔疮② sores in the rectum"条);把鲨鱼看作"淡水鱼"(见"鲨鱼③ a fresh water fish, six inches long, round body and big head which buries itself in the ooze and spurts sand; it may be a kind of bull-head, as its dorsal spines are dangerous");把"迎春花"误译为"the yellow jasmine"(应译作winter jasmine④);把"吊兰"误译为air plants(应译作spider plant⑤);等等。

除了误译之外,《汉英韵府》中释文方面出现的其他问题也可谓五花八门。释文不确切也是这部字典的一个常见问题,如:"倭国Japan; a term used by themselves, as the equivalent of Yamato"(应改为a term used contemptuously by the Chinese);"游方僧a begging, itinerant priest"(应改为itinerant monk);"纨绔子弟a fellow with white silk breeches, a rich fool"(应改为fop或dandy);"露水夫妻a dew marriage, one of convenience"(应改为illicit lovers);等等。有时卫三畏提供的释文的词类与中文词条所表示的词类不符,如:"流离失所no certain dwelling-places"(似应加动词have);"战鼓drums sounding"(似应改为war drum);"昂贵exorbitant; the price is rising"(应改为expensive或exorbitant);"油头粉面to oil the hair and rouge the face"(似应改为coquettish and dandified in appearance);"脂膏greasy matter; unctuous; *met.* wealth"(应改为the wealth of the people);"呵呵大笑a fit of loud laughing"(应改为roar with laughter);"海市a mirage; any strange unreal sight; imaginative"(应删除imaginative);等等。在一些动词条目中,卫三畏提供的释文并未使用动词原

---

① 在邝其照的《字典集成》(1868)中,rectum的中文释文是"大肠,直肠"。
② 在合信于1858年编写出版的《医学英华字释》中,piles和haemorrhoids的对应词便是"痔疮"。
③ 在罗存德于1869年编写出版的《英华字典》第四卷中,shark条下就已经有了"沙鱼,鲨"等对应词。
④ yellow jasmine的学名为*Jasminum odoratissimum*(浓香茉莉),而winter jasmine的学名则为*Jasminum nudiflorum*。
⑤ air plant表示的是"附生植物"或"落地生根"。

形，而是采用动词的现在分词或过去分词形式，如"沉溺 drowned; doting on; victimized""昭彰 luminously displayed""沾染世情 corrupted by bad company""害病 taken very sick; he is dangerously sick""缝上几针 sewed it over several times""病于夏畦 distressed by the summer's toil"等。释文中出现动植物的拉丁学名，而非英文对应词，如"三叶兰 the *Aglaia odorata*""玉兰 the *Magnolia yulan*""南天竹 the *Nandina domestica*, much cultivated for its red seeds""党参 a species of *Convolvulus*""红栀子 the *Gardenia rubra*""枳橘 the *Ilovenia dulcis*; the enlarged stems are used to flavor spirits"等。

《汉英韵府》的收词原则也决定了字典中势必会出现"词条双重人格"（即同一词条出现在两个词目下）的现象。由此，出现了词条释文前后不一致的问题，如："漠"字条下的"沙漠① the desert of Shamo or Gobi"和"沙"字条下的"沙漠 the desert of Shamo"；"风"字条下的"伤风 I have caught a cold; rheumatic pains"和"伤"字条下的"伤风 to catch cold"；"赤"字条下的"赤身 naked; stark, nude"和"身"字条下的"赤身 naked, bared, stark"；"八"字条下的"八仙桌子② an octagonal table"和"桌"字条下的"八仙桌 the Eight Genii table, is one for eight sitters"；"钟"字条下的"钟灵毓秀 a genius; one gifted with varied talents, like a prophet or sage"和"毓"字条下的"钟灵毓秀 the protecting spirit [of this region] has raised up a man of talent"；等等。

《汉英韵府》另一大广为诟病的不足便是卫三畏自创的拼字法。《中国评论》（China Review）在1875年1月刊载了荷兰人葛路耐（W. P. Groeneveldt）长达16页的文章。葛路耐在文中指出："由于已有很多人指出过这种方法的不便之处，因而在此不再重复他们的论点。但是我们必须说的是，字典编者应当根据威妥玛的拼字法标注北京方言词语的读音，毕竟威妥玛的书人皆有之。"（Groeneveldt, 1875: 232）翟理斯的观点则更为直接，他认为这部字典"一开始犯下的致命错误就是推行一种既要适用于官话又要适用于北京方言的复杂的新拼字法"（Giles, 1879: Note）。詹姆斯·艾奇逊（James Acheson）在

---

① 在邝其照于1868年编写出版的《字典集成》中，desert 条下就已经有了"沙漠"这个对应词。
② 翟理斯提议将此译文改为："A square table, capable of holding eight persons. The name is derived from the number of Taoist immortals."（Giles, 1879）

《〈汉英韵府〉索引》(*An Index to Dr. Williams' "Syllabic Dictionary of the Chinese Language"*)一书中指出,"这部书的出版说明了汉语学习者在使用卫三畏博士的《汉英韵府》时所遇到的麻烦,因为他们原本的汉语知识只局限于对北京方言和《语言自迩集》的熟悉。卫三畏博士提供的汉字注音旨在形成多种方言的'综合体',而非体现任何特定地方所听到的读音[……]"(Acheson, 1879: Ⅰ)。

多字条目编排的混乱也是《汉英韵府》的一大不足。例如:在"知"字条下,前十个短语或例证依次是"闻知""知觉""有知觉""知识""知过必改""谁知""知心""知道了""知风声"和"故知",这样的排列显然无据可循,不利于查阅。除此之外,《汉英韵府》还存在着其他不足,如常用词语漏收(如收了"流眼泪 to cry"而未收"眼泪 tear"等)、词源分析错误①(如将"穴"解释为由"宀"和"人"构成)、拼写错误较多(如"占人妻女 to wheedle and get other people's wises"中 wises 应改为 wives)等。

(四)作用和影响

《汉英韵府》出版后备受欢迎。根据美国公理会传教士白汉理(Henry Blodget)在1885年的《新英格兰人》(*The New Englander*)②杂志上的介绍(1885: 178),该字典第1版印刷的1 000册在几年内销售一空,单单在1882年,新版本就售出了750册。1874年7到8月版的《教务杂志》(*The Chinese Recorder and Missionary Journal*)对《汉英韵府》作了较为翔实的评介,其中写道:"基于上述几点,我们完全有理由把卫三畏博士视为一名权威,同时我们还想斗胆指出,摆在我们面前的这部字典是迄今所出版的中国语言和文学指南书籍中最为重要的一部[……]"(1874: 226)。卫三畏在1874年8月1日给弟弟威廉斯(R. S. Williams)的信中这么写道:"《汉英韵府》的出版被学习汉语的外国学生视为本世纪备受关注的大事之一。它的第1版字典在学生中热切地传阅。汉语学习者颇为认真地谈论它的主要特色,比如字典编排、印刷效果、例证,甚至

---

① 湛约翰(John Chalmers)在1876年4月的《中国评论》上撰写了题为《作为词源权威的卫三畏博士》的文章,文中列举了《汉英韵府》中的许多词源错误。
② 该杂志在1885年9月更名为《新英格兰人和耶鲁评论》(*New Englander and the Yale Review*)。

还有字典的大小、重量以及价格。这一切都表明了所有那些与中国文学有接触的人对这部字典都抱有较高的期待和偏爱。"(Williams, 1888: 397)葛路耐在他的评论文章中先是肯定了这部字典的作用："他辛勤劳动的成果显示出作者不仅圆满完成了他所计划的事，还远远超出了原先的计划。他已经超越了之前所有的编纂者，他为世人编写的这部字典要远胜之前所有字典一筹。"(Groeneveldt, 1875: 226)1884年4月20日，巴克曼牧师（Rev. R. L. Bachman）在卫三畏的追思布道会上这么说道："[……]卫三畏博士的第二部重要作品[即《汉英韵府》]使今后汉语的学习与以往相比简直成了假日消遣。通过这部字典，卫三畏博士在很大程度上融合了各种不同的方言，从而消除了在四万万异教徒中传播福音的一大障碍。这部字典，从其学术性和实用性来说，极有可能在今后的一个世纪中也难以被超越。"(Bachman, 1884: 14)

《汉英韵府》自出版后便成了国内外词典编纂者的一部重要的参考书。1888年，曾任美国驻东京公使馆译员的惠特尼（Willis Norton Whitney）为传教士平文（James Curtis Hepburn）所著的《语林集成》（*Japanese-English and English-Japanese Dictionary*）编写了一个118页的汉字索引，其中的单字和合成词的排列完全参照《汉英韵府》中的汉字索引。次年，英国外交官格宾斯（John Harington Gubbins）编写出版了《汉和字典》（*A Dictionary of Chinese-Japanese Words in the Japanese Language*），其中的释文和英文对应词不仅利用了平文氏《语林集成》中的内容，而且还参考了卫三畏的字典。国内的来华传教士或外交官对《汉英韵府》的参考和利用就更不用说了。富善、翟理斯、鲍康宁、季理斐、马守真（R. H. Mathews）[①]等人都在不同程度上参考或利用了《汉英韵府》的内容或卫三畏倡导的注音体系。同样，国人在编写双语词典时也参考了《汉英韵府》。《英华字汇》的编写者梁述之在其词典的序言中曾写道："在本词典中，汉字音节的拼写和注音用官话标注，基本遵照卫三畏博士在其词典的前言中阐述的注音体系。"(Leang, 1878: i)张在新在由商务印书馆出版的《汉英辞典》（*Chinese-English Dictionary*, 1911）的例言中提到了参考《汉

---

① 马守真在1931年编写了《汉英大辞典》（*A Chinese-English Dictionary*），该词典就是后来的《麦氏汉英大辞典》的初版。

英韵府》的事实,即"一是编采用诸书以贾哀尔大字典卫廉士汉英韵府为最多次为日本人所著之和英大辞典及本馆之英华大词典志所不敢掠美也"。

《汉英韵府》受欢迎的另一表现在于该字典的频繁重印,甚至到1907年这部词典还有重印版面市。1907年1月的《教务杂志》就刊登了该字典的售书广告,当时这部字典的第5版在上海的美华书局、别发洋行等处有售。1909年,华北公理会(the North China Mission of the American Board)组织一个委员会修订了卫三畏的字典,并由北通州协和书院印刷出版。据修订委员会在序言中的介绍,修订版与第1版的主要区别在于新版中的汉语注音均参照威妥玛的体系进行标注。字典的修订和重印从另一个角度证明了《汉英韵府》的实用性。

第三章

麦都思的双语词典

一、麦都思的生平和著作

麦都思（Walter Henry Medhurst），1796年4月29日出生在英国伦敦，早年就读于圣保罗天主教会学校，14岁时当过印刷工人的学徒。不久之后，他成了公理会教会的一员。后来，当马六甲的差会征召印刷工时，麦都思的申请被伦敦会接纳。临行前的几个月，麦都思在哈克尼学院（Hackney College）学习印刷和排版。1816年9月，麦都思离开英格兰，前往马六甲，次年6月抵达目的地。在那里，麦都思很快就学会了马来语，并逐渐开始了解汉字并学说汉语方言。1819年4月，麦都思被任命为牧师。之后的十多年中，麦都思在槟榔屿、巴达维亚、新加坡、婆罗洲等地传教。1835年7月，麦都思来到广州，随后在中国沿海地区考察。1843年，他开始在上海定居下来，并与美魏茶（William Charles Milne）、慕维廉（William Muirhead）、艾约瑟（Joseph Edkins）等人创立了我国近代第一个机械印刷所——墨海书馆。1856年9月，麦都思因健康原因启程回国。1857年1月22日，麦都思抵达伦敦，两天后不幸去世。

像之前的马礼逊一样，麦都思著作等身。首先，作为传教士的麦都思自19世纪20年代开始陆续编写了数十种以传教为主要目的的书籍和册子。1823年，麦都思模仿中国传统蒙学读物《三字经》的文字结构，编写了《三字经》[①]，

[①] 司佳曾撰文《麦都思〈三字经〉与新教早期在华及南洋地区的活动》，介绍了这部小册子的具体内容，并论述了其在当时布道中的作用。

用简洁明了的语言宣传基督教的教义。其他与传教相关的汉语册子或书籍还包括《基督箴言》《神天之十条圣诫注明》①《耶稣赎罪之论》《问答浅注耶稣教法》《神理总论》《真理通道》《耶稣教略》等。麦都思还分别在1852年和1855年出版了《新约全书》和《旧约全书》，这两部译作虽然与一个编译委员会合作完成，但大部分工作还是由麦都思负责完成的。此外，麦都思还用英文撰写了诸如《论神学的汉语表述》(A Dissertation on the Theology of the Chinese)、《论〈圣经〉翻译中"God"一词的译法》(An Inquiry into the Proper Mode of Rendering the Word God in Translating the Sacred Scriptures)、《"神"的真实含义》(On the True Meaning of the Word Shin) 等著作。

其次，麦都思编著了多种介绍中国的书刊②。1838年，麦都思编写出版了旨在传播福音的《中国的现状和传教展望》(China: Its State and Prospects) 一书，书中不仅对中国的历史、人口、政府、语言、文学、宗教等方面作了详细介绍，还介绍了天主教和基督教在华的传教活动以及麦都思自己的传教活动。1846年，墨海书馆出版了由麦都思编译的《书经》(The Shoo King, or the Historical Classic)。1849年，麦都思创办了一份名为《中国杂记》(The Chinese Miscellany) 的英文刊物，后总共出版了4期，例如1850出版的那期名为《上海及其近郊概述》(General Description of Shanghai③ and its Environs)，它实际上是根据《上海县志》中的内容翻译过来的。

最后，麦都思著作中最具影响力的还是他编写或编译的字典以及语法书。1830年，麦都思在巴达维亚通过石印出版了《英和—和英分类字汇》(An English and Japanese and Japanese and English Vocabulary)④。1832年，麦都思通过东印度公司印刷所出版了《福建方言字典》(A Dictionary of the

---

① 麦都思早期曾使用"尚德者"这个笔名，在该书中亦是如此。
② 其子麦华陀爵士 (Sir Walter Henry Medhurst) 曾任英国驻上海领事，在1872年出版了一本介绍当时外国人在中国的情况、中国各类习俗的书，即《在遥远中国的外国人》(A Foreigner in Far Cathay)。
③ 当时"上海"的英文为Shanghae。
④ 该词典后来成了美国传教士、医师平文 (James Curtis Hepburn) 在1867年编写《和英英和语林集成》(Japanese-English and English-Japanese Dictionary) 时的一个蓝本。

Hok-Keen Dialect of the Chinese Language)①。1835年，麦都思在巴达维亚出版了《朝鲜伟国字汇》(*Translation of a Comparative Vocabulary of the Chinese, Corean, and Japanese Languages: To Which Is Added the Thousand Character Classic, in Chinese and Corean*)，书中麦都思并未署真名，而是用了笔名Philo-Sinensis②。1840年，麦都思编译了由荷兰传教士哈伯宜（Gilbertus Happart）在1650年编写的《台湾法佛朗语词典》(*Dictionary of the Favorlang Dialect of the Formosan Language*)③。1842年，麦都思又以笔名Philo-Sinensis出版了《汉语语法论》(*Notices on Chinese Grammar*)，全书分两个部分：第一部分共三个章节，分别对读音、汉字和词语展开论述；第二部分共九个章节，分别论述了名词、介词、连词、代词等内容。1842年至1843年期间，麦都思在巴达维亚出版了《华英字典》(*Chinese and English Dictionary: Containing All the Words in the Chinese Imperial Dictionary, Arranged According to the Radicals*)。1844年，麦都思出版了旨在帮助学习者学习汉语和促进贸易往来的《中文对话、问句与常用句》(*Chinese Dialogues, Questions, and Familiar Sentences*)④。1847年至1848年期间，麦都思通过墨海书馆出版了《英华字典》(*English and Chinese Dictionary*)。

二、《华英字典》

《华英字典》分上下两卷，其中上卷的正文部分为648页，后附29页废略词表，下卷的正文部分为838页，后附28页废略词表。由于当时马六甲的汉字

---

① 卫三畏在词典"说明"部分解释了该词典在印刷过程中被耽搁的情况：印刷工作1831年就开始了，1834年4月印至320页时被搁置，后来到1835年12月才重新开始。
② 《美国科学和艺术杂志》(*The American Journal of Science and Arts*)在1840年的第38卷中就曾提到麦都思最早出版的这两部词典，并指出Philo-Sinensis系其笔名。后据陈辉的考证，Philo-Sinensis原系郭实猎（Karl Charles Friedrich August Gutzlaff）在《中国丛报》上经常使用的拉丁文笔名；同时，这部词典主要是编译《倭语类解》而来的。
③ Favorlang亦常译作"虎尾垄语"，但倪文君在译著《1867以前来华基督教传教士列传及著作目录》中将Favorlang音译作"华武浪方言"实属误译。
④ 麦都思之子麦华佗在1863年对原著作了大量修订，而后该书在上海重版。

金属活字只有1 500个，麦都思只好采用铅印术和石印术结合的办法印刷这套字典。麦都思在字典序言中开门见山，道明了编写此字典的目的，即“用尽可能小的篇幅收录《康熙字典》中的所有汉字，没有注音或释义的字除外，同时适当突出含较常用词语的词条，展现更重要的一些汉字所构成的短语和词组”（Medhurst, 1842: iii）。

《华英字典》中的典型词条包括汉字词目及其注音和英文释义、合成词条及其注音，试看图1–9。

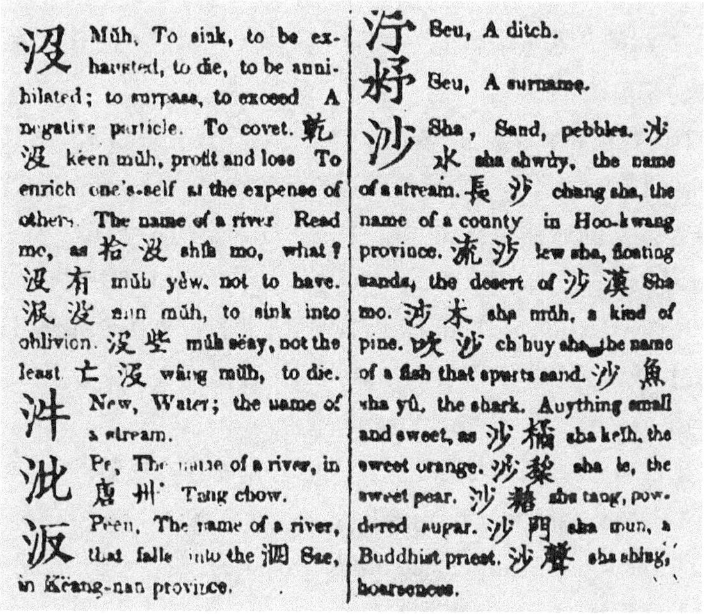
沒 Mŭh, To sink, to be exhausted, to die, to be annihilated; to surpass, to exceed A negative particle. To covet. 乾沒 keen mŭh, profit and loss To enrich one's-self at the expense of others. The name of a river Read mo, as 拾沒 shĭh mo, what? 沒有 mŭh yèw, not to have. 泯沒 min mŭh, to sink into oblivion. 沒些 mŭh sëay, not the least. 亡沒 wâng mŭh, to die.

汼 New, Water; the name of a stream.

泚 Pe, The name of a river, in 唐州 Tang chow.

汳 Peen, The name of a river, that falls into the 泗 Sze, in Këang-nan province.

汙 Beu, A ditch.

妤 Beu, A surname.

沙 Sha, Sand, pebbles. 沙水 sha shwùy, the name of a stream. 長沙 chang sha, the name of a county in Hoo-kwang province. 流沙 lew sha, floating sands, the desert of 沙漠 Sha mo. 沙木 sha mŭh, a kind of pine. 吹沙 ch'huy sha, the name of a fish that spurts sand. 沙魚 sha yû, the shark. Anything small and sweet, as 沙橘 sha keĭh, the sweet orange. 沙梨 sha le, the sweet pear. 沙糖 sha tang, powdered sugar. 沙門 sha mun, a Buddhist priest. 沙聲 sha shing, hoarseness.

图1–9 《华英字典》的样条

（一）收词与词目释义

麦都思在编写这部字典时主要以《康熙字典》为蓝本，因而词目的释义均以《康熙字典》为基础。例如，在“手”字条下，麦都思不仅收录了与马礼逊字典中相同的“the hand; to handle”，而且还收录了根据《康熙字典》中的“手亦能止持其物”“言手击之”“拳也”等例证或释义翻译而来的“to hold in the hand”“to strike with the hand”以及“the fist”。至于其合成词条，根据麦都思在序言中的说明,主要依据马礼逊的《华英字典》以及其他的辞书。

总体而言,麦氏字典中的很多做法与马氏字典相仿。首先,麦氏字典在编排上与马礼逊的《字典》如出一辙:共收录214个部首,并根据先部首后笔画的原则进行编排。其次,在字目的注音方面,尽管麦都思认为马礼逊的做法并非完美,但考虑到这一做法已使用多年,为防止产生混乱,他还是沿用了马礼逊的注音体系。唯一的不同之处在于麦都思尽可能地标注了送气音和重音。最后,在合成词条的收录方面,麦氏字典也沿袭了马氏字典的做法,主要的不同之处在于合成词条的排序并非按拼音顺序,如"属"字条下的合成词条是按照"亲属""属托""马属""属下""家属""倘属""实属""属国""属我"的顺序设置的。

在字典的收词和释义方面,麦氏字典与马氏字典有着如下六个共同之处。

第一是词条单字后面的合成词条只要包含词目即可,而非现代汉英词典中以词目为首字的做法。例如,在"中"字条下分别收录了"中间 between""不中用 useless""当中 in the midst""不中意 not pleased""中池 the heart""中国 China""中庸 the due medium"等合成词条。同时,这些合成条目通常重复出现,即在构成该词的单字条目下均能找到它们,如"梧桐"分别出现在"梧"和"桐"两个条目下。

第二是许多合成词条或例证选自我国古代的经典书籍。如:《论语》中的"学而时习之 to learn, and frequently to con over the lesson"和"其为仁之本与 is not this the root of the practice of benevolence";《史记》中的"千人之诺诺不如一士之谔谔 the mere assent of a thousand persons is not like the honest declaration of one true scholar";《礼记》中的"父命呼唯而不诺 when a father commands, say 'yes,' but do not make further remarks";《汉书》中的"差以毫厘谬以千里 an error of a hair's breadth, (if carried out) will produce a discrepancy of a thousand miles";《孟子》中的"观其色赧赧 observed his face to be covered with blushes. the face blushing, while the heart is depraved";《孝经》中的"非先王之法不敢道 he did not dare to speak if it were not according to the laws of the ancient kings";《楚辞》中的"众人皆醉我独醒 all men are infatuated, I only have my wits about me";等等。

第三是一些词条的释文中有时也会设置相关条目①。如 "郫县 a district in the north of 四川 Szechuen; it produces large bamboos, which the natives fill with wine, from this circumstance called 郫筒酒 Pe-pipe wine" "唱喏 used for 长揖 to make a bow in the Chinese manner" 等。

第四是字典中也收录了一些专名条目, 其中包括地名、人名、国名等。如 "琉球 the Loo-choo islands" "琨珸 the name of a mountain, in which there are mines" "粤地 Canton" "后羿 a famous archer of antiquity" "曹操 a famous general in ancient times, who became the Napoleon of China" "英吉利话 the English language" "阳国 the name of a state. Also the name of a city, a district, and a pass" "小雅 the name of one of the books of odes" "冉有 one of the disciples of Confucius" 等。

第五是动词条目的释文以 to 引导的不定式的形式出现②。如 "目中无人 to despise people" "歃血 to smear with blood the sides of the mouth" "崇拜 to worship, to adore" "糜费 to destroy utterly" "归一统 to revert to one ruler" "学习 to learn and con over a lesson" "驭万民 to rule the myriads of people" "平治天下 to regulate the Empire" 等。

第六是在一些条目中附上了一些解释语, 常与中国文化、传统习俗等相关。如 "雨虎 a kind of caterpillar, like a silkworm, seven or eight inches long; it abides among the rocks, but appears in a shower of rain; it can be fried and eaten" "琥珀 amber; when rubbed said to have the property of attracting straws; the principles of which the Chinese do not profess to understand" "雁 A wild goose: some say, a species of crane, said to know the times and seasons, hence brought as a present by a great officer when paying court to the sovereign. It is also used on nuptial occasions" 等。

---

① 在马礼逊的《华英字典》中这样的例子更多, 而且篇幅更大, 如 "堆" 字条下的 "打灰堆 beat the heap of ashes or rubbish, swept together by servants on the evening of the 24th of the 12th moon, which is called 除夜, and is observed by the Chinese as the close of the year; or the 小年夜 The evening of the lesser year. On this ceremony they 词祈利市 Pray audibly（but indistinctly）for a profitable market, — which last expression denotes general prosperity"。
② 但这样的做法也有例外, 那就是当译文中动词前有否定词或副词时, 如 "不我屑以 not consider me pure enough for it" "屑播天命 lightly reject the celestial decree" 等。

麦都思在参考借鉴马礼逊字典的同时也力求有所不同，例如不再提供汉字词目的构成信息（即词源信息）、提供英文释文时不再添加引号、用 ditto（同上）表示与前一条相同的释义、合成词条或例证中不再用"｜"取代词目、合成条目不再另起一行排列、合成条目大多含字少于四个等。由于篇幅有限，麦都思的汉英字典在总收字数上要比马礼逊字典逊色，但在释文方面前者显得更为简洁，而且通常只收录词语最常用的义项，试看表1-10中两部字典为相同词条提供的释文。

表1-10 麦氏字典中释文的简化

词条	马 氏 字 典	麦 氏 字 典
妇	From woman and a broom. A housewife. To submit; a married woman; a wife; one whose duty it is to submit to her husband; the female nature; a son's wife. Beautiful. Used in connection with a great many words	Anything under submission, a woman, a married female
打	To strike; to beat; to thump; to lash; to fight. An auxiliary verb which precedes many active verbs denoting a doing or performing the action	To beat, to strike, to excite, to do anything
抄家	searching a person's house; and taking possession of the property by order of government	to search a house, by virtue of a warrant
送丧	to accompany to the grave; to attend a funeral	to attend a funeral
保长	a kind of constable; an old person in a street or neighbourhood	a constable

（二）词目译名与不足之处

至于释文翻译的精确性，麦氏字典和马氏字典各有千秋。在不少词条中，麦氏字典要胜出马氏字典一筹。例如，在"犬"字条下，《字典》把"犬子"译作"a whelp"，而 whelp 一词在英文中只表示"幼兽"或"小畜生"的意思；麦氏字典提供的释文显然更为完整和确切——"a whelp; my son"。又如，在"寿"字条下，《五车韵府》解释"祝寿"时只提供了较为笼统的"blessings and prayers; to pray"；麦氏字典给该词条的解释是"to congratulate on a birth-day"，这显然要更为确切。但由于麦氏字典在释义上有时太过简洁,从而导致笼统或不太贴切的译名。例如,麦氏字典把"称呼"译作"to entitle, to invoke",而《五车韵府》中的译法"to use epithets of respect when addressing persons"显然更为合适。不管怎样,麦都思在提供词条译名的时候没有一味照搬马氏字典,而力求显示自己的独特之处,试比较同一词条在这两部字典中的不同处理方式(见表1-11)。

表1-11 马氏和麦氏两部字典的译名对比

词条	马氏字典	麦氏字典
小便	to void urine	to pass urine
顺便	to embrace an opportunity	to take an opportunity
和平	even tempered	a name of tea
和尚	a Buddhist priest	a superior of the Buddha priests, any priest of that sect
——如命	to do every thing according to order	every thing has been done according to order
请命	to request orders	to request commands; to ask permission

像马氏字典一样,麦氏字典中也出现了常见义项缺失的现象。例如:"主宰"条中收入名词义项(即 a ruler),却漏收了更常用的动词义项(即表示"主管,统治"之义的 rule);"方丈"条下只收录了"寺院"(a Buddhist monastery)的意思,而未收"寺院主持者"(a Buddhist abbot)的意思;"羊肠"条下只收录了专名义项"the name of a chain of hills",而漏收了更常用的义项,即 a meandering footpath 或 a narrow and winding trail;"口舌"条只收录了字面意思 the mouth and tongue,而未曾收录更为常用的其他义项,如"quarrel; dispute"或"words; talking"等。

尽管麦都思在汉语方面有很深的造诣,对汉语有着非常高的掌握程度,然而其字典在词条的英译方面还存在着一定的缺憾,具体体现为如下六个方面。

第一,少数词条中出现了误译。这当然是由于对汉语词语的理解有偏差而导致的。如"毒手a mischievous person"（应改作murderous scheme）、"娘子军a female general"（应改作a detachment of women）、"烈妇a distinguished female"（应改作a heroic woman）、"痢疾a purging"（应改作dysentery）、"祖父a progenitor"（应改作grandfather）、"模糊slow"（应改作dim; unclear; obscure）、"羽毛feather and hair"（应改作feather或plume）、"酒保a vintner"（应改作a waiter in a tavern）等。

第二，所提供的释文与词条的词性不对等。如"好汉stout, lusty, corpulent"（应作brave man或hero）、"姻亲related by marriage"（应作relation by marriage或in-laws）、"宝贝precious"（应作treasure）、"孤寡fatherless and widows"（应作orphans and widows）等。

第三，由于一味采用直译而未加以意译，导致释文翻译欠妥。例如，"犬马之劳"被直译为the labour of dogs and horses，而不是译作being of service at somebody's disposal；通常被看作pupils或disciples的代名词的"桃李"也被直译成了"peaches and plums"；表示猛兽的"熊罴"一词直译成了"bears and boars"，而未见其喻义（即brave men or forces）；"银杏"被解释为"white almonds"（字面意思为"白色的杏仁"），而不用1773年首现于英语的源出日语词gingko来表示；等等。

第四，释文前后不一致的问题在麦氏字典中也比较突出。例如："世代"在"代"字下的译名为age after age，而在"世"字下却成了generations；"玫瑰"在"玫"和"瑰"字下的对应词分别是"a fiery red gem; a beautiful stone; a red pearl; red coral"和"a red and perfect pearl"；"枸杞"一词在其两个构成词词条下的处理也截然不同，"杞"字下为"a species of willow, the wood of which is bitter, and stimulating. Said to be the medlar"，"枸"字下为"a fruit of a stimulating kind, some say, the medlar"；"窈窕"一词在"窈"字下被译作"retired and at leisure; still, tranquil; free and easy"，而在"窕"字下的释文却是"deep, profound; at leisure, still; handsome, good-looking"。

第五，译名太笼统也是麦氏字典中的一个常见问题。例如："楂"被笼统地译成了"the name of a fruit tree"，而不是更为确切的中古英语词语"hawthorn"；"杉板"被简单地译作"a boat"，而不是更为贴切的"a small oar-propelled boat"；

"枣栗"(two fruits emblematical of female virtue)的释文也可以改为"date and chestnut (trees)"。有时,在一些表示中国特有事物的词条中,麦都思提供的解释也比较笼统,如"杜仲the name of a medicine""谷雨one of the Chinese terms"等。

第六,释文中有时并未用英语表示,而是用拉丁语表示。如"芙蓉hibiscus mutabilis""枇杷the Mespilus Japonicus""栀Gardenia radicans"等。

(三) 作用和影响

麦都思所编写的《华英字典》传承了马礼逊开创的英汉汉英词典编纂传统,在我国双语词典编纂史上起了一定的积极作用。字典出版后也受到了一定的关注,但其影响力远不及马礼逊的字典。卫三畏在《汉英韵府》(*A Syllabic Dictionary of the Chinese Language*, 1874)的序言中曾这么写道:"自马礼逊出版《华英字典》以来,许多类似的字典陆续出版,既有涉及通用语言的,也有记载主要方言的;但这些字典收词规模较小,几年过后它们要么已被售罄,要么数量非常稀少,而在此期间,汉语学习者的数量增加了十倍。像麦都思、裨治文、伽利略①以及公神甫的作品到现在已鲜为人知,供汉语学习者使用的字典只有马礼逊的《五车韵府》、麦利和的《榕腔注音词典》、杜嘉德的《厦英大辞典》和罗存德的词典②。"(Williams, 1874: v)不过后来的词典编纂者都把麦都思的字典作为重要的参考工具书,如卫三畏在编写《英华分韵撮要》(*Tonic Dictionary of the Chinese Dictionary in the Canton Dialect*, 1856)和《汉英韵府》以及司登得(George Carter Stent)在编写《汉英合璧相连字汇》(*Chinese and English Vocabulary in the Pekinese Dialect*, 1871)时都参考了麦都思的《华英字典》。翟理斯在编写《华英字典》(*A Chinese-English Dictionary*, 1892)时不仅参考了麦都思的字典,而且还比对了几部华英字典中一些词目下

---

① 即Joseph Marie Callery,法国人,1836年抵澳门,著有《汉语百科辞典》(*Dictionnaire encyclopédique de la langue chinoise*, 1842)。

② 罗存德在1866至1869年出版了四卷本的《英华字典》(*English and Chinese Dictionary, with the Punti and Mandarin Pronunciation*),后来又在1871年出版了《汉英字典》(*A Chinese and English Dictionary*)。

短语或词组的数量(如在麦氏字典中,"说 to speak"下有15个,"生 to be born"下有27个,"石 stone"下有19个等)。麦都思的《英华字典》产生的影响或许更加深远。梁述之在1878年编写出版的《英华字汇》的序言中也提到了麦都思的字典,同时还指出自己词典中一些汉字的注音采用了麦都思的拼音系统。

三、《英华字典》

当麦都思在1843年出版了《华英字典》之后,同年出版的《中国众报》(第七卷)对该字典作了评介。在文章的结尾处,编辑这么写道:"在我们结束对麦都思先生的字典的评论之前,我们想该字典将会出版第二部分,即英汉部分。据我们所知,这一部分已在准备过程中,这样的内容大家认为肯定大有需求。"(1843:499)1847年至1848年期间,麦都思终于通过上海墨海书馆(The Mission Press)出版了这部备受期待的《英华字典》。这部字典分上下两卷,共1 436页,其中上卷766页,下卷670页。与《华英字典》一样,麦都思编写的《英华字典》也是以《康熙字典》为基础编译而成的。据麦都思在序言中的介绍,"《康熙字典》中的字和词组被翻译成英语之后再按照字母顺序重新排列,由此构成了呈现在公众面前的这部两卷本词典的基础"(Medhurst,1847:iii)。由此我们不难看出这部《英华字典》并非现代意义上的英汉词典。在编译的过程中,麦都思还充分汲取了马礼逊的《华英字典》以及一部拉汉手稿词典的精华。倘若汉语中没有英文词头的对应词,麦都思就只好硬着头皮自己创造,当然这样的例子微乎其微。就外语条目的数量而言,麦都思的词典要远远超过上述两部词典。

《英华字典》中一个典型的词条包括英文词头、英文释义(或搭配词[①]、提示词[②])、中文对应词及其汉语注音、例证及其译文和汉语注音,试看图1-10。

[①] 如 "to lop, off branches 伐其条" "possessed, with the devil 怀鬼" "to travail with child 分娩"等。
[②] 例如,在 agar-agar(石花菜,紫菜)条下就提供了词头的提示词 "sea weed"。

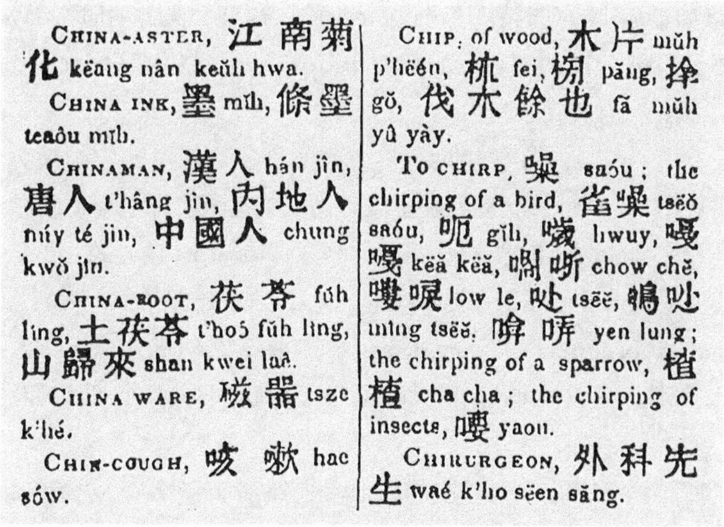

CHINA-ASTER, 江南菊花 këang nân keŭh hwa.
CHINA INK, 墨 mih, 條墨 teaôu mih.
CHINAMAN, 漢人 hán jin, 唐人 t'hâng jin, 內地人 núy té jin, 中國人 chung kwŏ jin.
CHINA-ROOT, 茯苓 fúh ling, 土茯苓 t'hoò fúh ling, 山歸來 shan kwei laê.
CHINA WARE, 磁器 tsze k'hé.
CHIN-COUGH, 咳嗽 hae sów.
CHIP, of wood, 木片 mŭh p'hëén, 柿 fei, 榜 păng, 拴 gŏ, 伐木餘也 fă mŭh yû yày.
TO CHIRP, 噪 saóu; the chirping of a bird, 雀噪 tseŏ saóu, 呃 gih, 噦 hwuy, 嘎嘎 këă këă, 啁哳 chow chĕ, 嘍唳 low le, 呲 tsëë, 鳴呲 ming tsëë, 嚨哢 yen lung; the chirping of a sparrow, 楂楂 cha cha; the chirping of insects, 喓 yaou.
CHIRURGEON, 外科先生 waé k'ho sëen săng.

图1-10 《英华字典》的样条

（一）收词

《华英字典》收词方面的一大缺陷是一些常用词语的缺失以及主词或其常见复合词和派生词语等的遗漏。与马礼逊的《华英字典》第三部分相比，《英华字典》在收词的数量上要更胜一筹。

首先，《英华字典》收录了一些未被马氏字典收录的常用词语，如boom、boss、challenge、chamber、dairy、doll、dutiful、eager、eaves、giant、hose、magic、mail、operation等。除了这些常用词语之外，《英华字典》也增收了其他各类词语，如“apparatus机器”“bracelet钏，臂钏，手钏”“cement石灰，合的灰，白灰，青灰，杂灰”“to coincide和合”“deacon司施之吏，掌理赒济之人”“faction党，恶党”“galaxy银河，天汉，汉河，天衢，星河”“grammar读书作文法”“keel船底”“opiate致睡之药”“orchard果子园，圃园”“oxygen酸气”“proctor代理事者，管事的，料理事的”等。

其次，《英华字典》尽可能全面地收录词语的复合词条，并将它们单独列条。例如，在马氏字典中，day（日，天）只在例证中收录了day break（日出的时候）和day time（日里的时候），并单列了daylight（日光，白日）；而在《英华字典》中，诸如day-book（日清簿）、day-break（日方黎明，天方明时）、day-labourer（日工，短工）、day-light（日光，光天白日）、day-time（昼，日里）、day-spring（启明，曙）等复合词均被收录其中。

最后，《英华字典》在派生词条的收录方面比马氏字典收录得更为完整。在马氏字典中，我们时常能看到常见派生词缺失甚至主词遗漏的问题，如收录了abolish（废，废弛）却漏收了abolition，收录了honest（良心的；诚实的，忠厚的）却漏收了honesty，收录了hope（望）却未收hopeful和hopeless，收录了派生词dauntless、occurrence和ornamented却遗漏了它们的主词daunt、occur和ornament，等等。这样的问题在《英华字典》中也同样存在，但它们的数量显然要少很多。

除了所收词条存在很大程度的相似性之外，《英华字典》也参考借鉴了马氏字典中的三种做法。

第一，所收词条的主体是一般的语词，如"aborigines土番, 本地人""to charm以幻术迷人""cheerful快活, 舒畅""lexicon字典, 字汇""licorices甘草"等。词典中同时也收录了一些诸如地名、国名等专名条目，如"Adam亚当""Batavia咖喇吧, 吧地""Dane吝国人, 黄旗国人""England英吉利国""Europe欧罗巴, 友罗巴""Hindoos印度, 欣都思""Jehovah爷火华, 以希微""Medina默德那""Mediterranean地中海""Shakya Moonee释迦牟尼""Sooloo, country酥禄国""Spain吕宋, 大吕宋"等。此外，麦都思还特别收录了一些与中国相关的专名条目，如"Chang-Chow漳州""Gan-hwuy province安徽省, 皖国""Honan, province河南, 豫""Cashgar喀什噶尔""Lan-taou大澳""Leaou-tung辽东, 大辽, 辽国""Manchow, Tartar满州人, 旗下人""Mencius孟子""Mongha (village in Macao)望厦村""Worshipping Island普陀山"等。另外，《英华字典》也收录了一些源于汉语的词条，如"hong-merchant洋行商, 行商""Hoppo海关, 户部""Moutan flower牡丹""woo-sung plant乌崧""Taou道教""Yu-lan flower玉兰"等。

第二，部分词头并非单列，而是出现在一定的语境中，如"acknowledgement, a small答恩微意""an ambiguous statement含泥之语""to dwarf trees屈古树""examiner, literary学官, 学正""to jeopardy one's person致身""longitudinally, and transversely 纵横""mental, endowments 才思""motherly feeling 一片婆心""severely cold 严寒""strictly prohibit 严禁"等。

第三，一些名词条目以复数形式出现，如"absorbents 收湿之剂, 渗湿""bathracites 蟾蜍石""by-standers 旁人""crackers 串炮, 连炮""descendants 后裔, 子孙, 宗支, 支子""emmenagogues 调经药""gums 齿根肉""relatives 骨肉之亲, 亲堂""talons 爪, 指甲""termites 白蚁"等。

与马氏字典相比，《英华字典》在微观结构的设置方面显得更为合理，这主要体现在多类词的处理方面。在《英华字典》中，可用作两种或两种以上词性的词目按不同词性单独成条，若其中有动词词性，词头中则用 to 引导，如："address 回禀, 声明; 容止; 信皮"和"to address 备办做事; 与人言";"bare 光, 裸, 赤"和"to bare 袒免";"censure 责语"和"to censure 责罪, 贬谪";"chap 裂缝"和"to chap 地裂, 裂开";"cloister 佛寺"和"to cloister 入寺, 出家";"drench 一大口饮"和"to drench 沃水; 浸水";"kitten 猫儿, 猫子"和"to kitten 生下小猫";"pack 一包货, 包袱"和"to pack 包";"prostrate 仆, 偾, 倾俯, 靡, 匍匐"和"to prostrate 顿首拜";"spare 瘦, 疲瘦"和"to spare 爱, 惜, 爱惜";等等。这显然要比马氏字典中不同词类的义项混乱置于同一条目中更利于读者查阅。

（二）词目译名

像马礼逊一样，麦都思在一些词条中为词头提供了英文释义，如"abacus, a counting table 算盘, 数盘""abortive, brought forth before the due time 日未满而生, 总无结果""to accentuate, to place the proper accent over words 文字围圈""ambush, the place of concealment 埋伏之处""barren, not prolific 不会生的""bastard, the son of a concubine 庶子, 偏房子""causeless, self-originated 无源, 自然而然""cut, a wound with a knife 刀伤, 痒""to lull, to soothe 抚恤, 安抚""prodigal, extravagant 华费, 奢侈, 奢华, 奢靡"等。

麦都思虽然也沿用了马氏字典中一些词条的译名，但词条的数量相对比较少，如"academy 学馆, 学堂""carambola 洋桃, 阳桃, 五稜子""entomology 虫部""lawyer 状师, 讼师, 书办""lexicographer 作字典之士""lexicon 字典, 字汇""mosque 礼拜寺""opera 戏曲""procuress 牵头婆""telescope 千里镜"等。

在更多的词条中，麦都思则在马礼逊所提供的译名或马氏字典的例证译文的基础上，不断改进原有译名，力求提供最为贴切或常用的译名。例如，马氏字典在medlar条下提供的对应词是"said to be 枸杞子"，而《英华字典》不仅收录了"枸杞"，同时还设置了"林檎""山查"等译名。其他译名得以改进的条目详见表1-12。

表1-12 马氏字典和《英华字典》的译名对比

词条	马氏字典	《英华字典》
aborigines	一地方之原本的人	土番,本地人
amusement	图趣	俳忧,闲散,玩耍
bawdy-house	寮；花林；花寨	婊间,嫖寨,嫖舍,花寨,花林,寮,翠馆
dagger	短刀；短剑	短剑,短刀,匕首,镡
dwarf	矮子	矮子,矮人,侏儒,跁踦
hospital	医馆	普济院,施医院,医馆,医局,济病院
metaphor	借喻；喻言；譬喻的言谕；形容之辞	比体,譬方,譬如,譬喻,借意,喻言,形容的辞
printer	书匠；做书的工人	书匠,刷书的,印书的
procurer	拉皮条	拉皮条,王八,水户
swindler	诈欺取人财物者	拐子,光棍,中盗,光脚

《英华字典》在条目译名方面的另一大特征就是尽可能多地提供中文对应词。在一般的词条中，4个以上的对应词比较常见，如：China条下的第一义项"China 中国,诸夏,中华,华夏,震旦,唐山"；defer条下的"挨延,展缓,迁延,迟缓,迟延"；husband条下的"夫子,良人,老公,夫君,家君,男人,辟,伯,壻"；delight条下的"快乐,畅乐,美快,欢娱,欢喜,欢悦,欢乐,快活"；等等。有时这样的同义对应词多达十来个，个别词条下甚至多达数十个，如：strange条下有19个（珍怪、古怪、怪、奇怪、乖异、赅等）；good条下的第一义项中有41个（善、好、

藏、嘉、佳、价等); small条下有57个(细密、细、小、微、琐琐、区区等); 等等。

(三) 例证

麦都思在许多词条中都设置了较为丰富的例证,其目的与现代英汉词典有着较大的差异。不可否认的是,部分例证的设置完全是为了体现英语词头的用法、显示其常用搭配等,如: burial(丧事,葬埋,送殡)条下的"to attend a burial送葬"; calamitous(不幸,夭,凶)条下的"a calamitous affair凶事; a calamitous year恶岁,荒年";"Chinese(中国人,汉人;唐人)条下的"a Chinese traitor汉奸; the Chinese language中国话,华言; the Chinese army汉军; Chinese writing汉文; the Chinese empire大清国"; grow(生,生长)条下的"the teeth growing again牙齿复生; growing among the rock生诸石中; to grow large生大; to grow into a habit浸以成俗"; opulent(有钱的)条下的"an opulent man 财主; to become opulent发财,积财";等等。在一些词条中,所提供的例证为由词头构成的复合词,如: gum(树脂,树胶,水脓)条下的"gum benjamin 安息香""gum olibanum乳香"以及"gum lac紫针"; gunpower(火药)条下的"gunpowder tea珠茶"; mate(活长,夥长)条下的"first mate夥大"和"second mate二夥"; orange(柑,橘子)条下的"cooley orange橙子"和"mandarin orange 砵砂桔"; red(赤,红,丹,朱)条下的"red lead红丹,铅丹"; ship(船,航,舶)条下的"merchant ship商船""ship of war战船,师船"以及"fire ship火船"; star(星)条下的"fixed star经星""star dust暒"以及"star aniseed八角";等等。

而在更多的词条中,麦都思设置例证则主要是为了体现词头对应词(即汉语译名)的确切用法或搭配。麦都思在序言中也特意提到这一点:"汉语显然是一种多短语的语言,因而体现特定词语使用的搭配信息显得尤为重要。为此,编者选用了非常短的引文,以便将这部词典压缩到尽可能小的篇幅,同时显示怎样的词语经常一起连用。"(Medhurst, 1847: iv)正因为如此,词典中相当大比例的例证都是从汉语词语翻译过来的,如: crowd(挤拥,簇拥,摧)条下的"they crowded round to hear, striving to be first, and afraid of being the last环而听者争先恐后; people crowded together人来稠密; crowded closely together 茏苴,芒芒,厐杂,缤纷,市集; a great many crowded together人多堆色"; hell

(地狱,冥狱)条下的"the hell of eternal suffering 永苦地狱; the capital of hell 豐都地狱; the lowest hell 阿鼻地狱,最深地狱; the hell of knives 刀山地狱; the scalding hell 劐行地狱; the freezing hell 寒冰地狱; the hell of swords 剑树地狱; the hell for cutting out tongues 拔舌地狱; the hell of serpents 毒蛇地狱"; shut(闭,掩埋)条下的"to shut the door and exclude visitors 闭门杜客; to shut the door and decline visitors 掩门谢客";等等。有些词条中例证的篇幅则要长一些,大多为经典书籍引文的英译,如: benevolence(仁,仁爱)条下的"by resting in benevolence, and following after righteousness, the work of a great man will be completed 居仁由义大人之事备矣"; guess(猜想,忖想)条下的"to guess others' feelings by one's own 以己之心度人之心"; know(知道,认识)条下的"do not be concerned that men do not know you rather be anxious to know mankind 不患人之不己知患之不知人也"; knowledge(知识)条下的"there is no greater knowledge than to know one's self 睿莫大乎自虑"; self(己,自己)条下的"what you do not like yourself, beware of doing to others 己所不欲勿施于人";等等。

与例证一起列在词条中的内容还包括与词头相关的词语,尤其是与词头同类的词语,而设置这些内容的最终目的无非是更好地促进外国人对汉语的学习。此类例子包括: accurate(无差,无错)条下的"careful 谨慎,经心,小心,用心,悉心"和"nice 精密,详细"; adieu(farewell 请安)条下的"an eternal farewell 永远相别; farewell on your voyage 顺风相送; farewell on your journey 一路平安"; arrogant(骄傲)条下的"boasting 自夸; insolent 傲慢; wild 放恣"; assassin(刺客,阴行杀人者)条下的"a murderer 凶手"; assassinate(暗杀,阴行杀人)条下的"to kill a superior 弑"; conflagration(火灾)条下的"a great fire 大火; an accidental fire 天火"; dalliance(相恋之情)条下的"conjugal intercourse 夫妇之情"; gun(炮,砲)条下的"fowling-piece 鸟鎗; a musquet 铳"等。

《英华字典》在例证方面还有一个独特的做法,即采用符号 do.[即 ditto(同上)的缩略]取代词头[1],如: censer(香炉)条下的"do. held in the hand 手

---

[1] 这样的做法偶尔也有例外,在 abstinence 条下 do.也被省略了:"abstinence from food,戒食; from wine 戒酒; from venery 戒淫; from fasting 斋戒"。

炉"；demise（死际,过世）条下的"do. of a sovereign 崩"；eating-house（饭店）条下的"sign of do. 便饭伙食"；ginseng（人参）条下的"Corean do. 高丽人参"；globe（球）条下的"terrestrial do. 地球"；to graduate 条下的"do. as master 中举人,折桂香"和"do. as doctor of laws 得进士"；gunpowder（火药）条下的"do. manufactory 火局"；等等。

在例证的翻译方面，麦都思也喜欢采用一例多译的做法，即为同一例句提供尽可能多的翻译。为方便学习者的查询，一般情况下，麦都思有意将最常用和意义最为明显的词语放在最前面，把罕用的词语放置其后，试看表1-13。

表1-13 麦氏字典中的一字多译现象

词头	译名	例证	例证译名
able	会,能,会能	an able-bodied man	壮士,健卒,甲卒,壮健人
appeal	控告	to appeal to a higher court	上告,赴上告,越诉,改衙门,上司告诉
desert	离去,舍弃,卸弃	to desert one's country	背国,离叛,背叛
father	父,父亲,爹	father and mother	父母,爹娘,椿萱,双亲
resource	帮助	no resource	无可奈何,没奈何,不得已,穷途
wry	歪,斜,不正	a wry face	面目不正,面不平正,肋臧

（四）不足之处

虽然《华英字典》和《英华字典》的出版时间相隔20多年，但作为中国英汉双语嚆矢的《华英字典》对后者产生了非常大的影响。无论是词头的设置、汉字的注音，还是配例，《英华字典》大量参考借鉴了《华英字典》中的做法。作为早期英汉词典的代表作之一，《英华字典》受到了时代和外国传教士编者双重局限的影响，在词典内容的多个方面不可避免地存在着诸多不足，具体可归纳为以下五点。

第一是立目标准欠妥。这主要体现在两个方面：首先，麦都思在词典中收录一些见词明义或不太常用的复合词，如"bare-walls 家徒壁立""base-born 庶母生的""deep musing 沉想,深思""eye-medicine 眼药""goose-grease 腒

"grocer's shop 茶铺子""hill-vapour 岚,嶸""house-dog 守门犬""pounded rice 粞""reaping-time 割收之时""sweet pearl 沙梨,甘棠""tavern-keeper 酒家"等;其次,词典中收录了不少指代动植物的拉丁学名①,如"Abrus proecatorius 红相思,相思木""Canna Indica 笔管子,水蕉花""Croton Tiglium 芭荳""Echitis candata 山羊角树""Lacerta, species 龙类;Lacerta crocodilus fossilis 石龙子;Lacerta bullaris 守宫""Linocera Japonica, the honey-suckle 金银花""Nasturtium hyemale 落花生""Olea fragrans 桂花,丹桂花"等。

第二是漏收了常用的条目和义项,如:收录了 hong-merchant(行商)而漏收了 1726 年就进入英语的 hong(行,洋行);收录了 quadrangular(四方的,四面的)却漏收了早被马礼逊词典收录的名词 quadrangle(四边形);English 条下只收录了"英吉利人"的义项而漏收了表示"英语"的义项②;lack(缺少,欠少)一词只收录了其动词义项却漏收了 14 世纪就开始广泛使用的名词义项。其他被遗漏的词语还包括 mica、novice、recovery、shrink、yourself 等。

第三是词目和例证的译文欠妥,其中译名的不确切是最大的一个问题。例如,adder 条下的多个译名(即蝮,蝮虺,蝮蛇,毒蛇)中,"毒蛇"一词显然太笼统,应该删除。又如,elder 条下有三个对应词,即"柳树""赤杨"和"接骨木",前面两个译名显然不妥,因为它们分别是英语"willow"和"alder"的对应词。同样存在此类翻译问题的词条还包括"greens 芥兰菜""husband 丈夫,男子,匹夫,夫胥,王郎,特夫""pearl 珍珠,玫瑰③""well-wisher 朋友""whiskey 酒""winter greens 菠菜"等。词目误译的现象也并不少见。例如,在"grasshopper 蚱蜢,螽斯,斯草蜢""locust 螽斯,蝗蚱,蝗虫,螳螂""mantis, praying 螽斯,螳螂"三个词条中,"螽斯④"的频现似乎表示这三个条目为同义词条,其实不然,praying mantis 并无"螽斯"之义,而 locust 也没有表示"螳螂"的意思。其他类似的例子还包括"premature birth 堕胎,堕孕"(应改为"早产")、"wan 黄,青"

---

① 有时拉丁学名也出现在词头的英文解释中,如"loquat, fruit, Mespilus Japonica 卢骨,卢乔,枇杷"等。
② 罗存德的《英华字典》是第一部收录此义项的英汉词典,其提供的译名为"英话,红毛话"。
③ 根据《汉语大词典》的释义,玫瑰一词有"美玉"之义,并非指珍珠。
④ 确切地说,"螽斯"的英文对应词应该是 long-horned grasshopper 或 katydid。

(应改为"苍白的")、"zephyr西南风"(应改为"西风")等词条。词目与其译名所表示的词类不一致在《英华字典》中也时有出现,如"sheepish没趣之人,没有味之人"等。另一个问题就是例证翻译中采用字面直译的手段过于频繁,如:darkness(黑暗之中)条下的"a man of lightness has no sympathy with darkness明人不作暗事";embrace(怀抱,环抱)条下的"to embrace Buddha's feet抱佛脚";red(赤,红,丹)条下的"red-haired nation红毛国";等等。

第四是例证设置不当,例如:动词条下设置了名词的例证(如"to hope望,希望,希冀"条下"to cherish a hope有所望");例证显示的用法或词义与词头无关(如"jet黑玉"条下的"a jet of water一泉水");例证不太典型(如"manifest正单"条下的"a manifest generally表");例证中例词的用法与词头用法不一致(如"wholesale merchant大生意人"与"to sell wholesale抱揽卖""parallel lines平行线"与"parallels of latitude纬");等等。

第五是前后相关条目内容或做法的不一致。就内容而言,相关或同义条目译名的不对等是较为常见的一个问题,如:"helianthus葵花,照日葵,向日葵"和"sunflower向日葵,葵花,照葵";"earthnut土荳,花生,长生菓"和"ground-nut花生,长生菜";等等。就具体做法而言,《英华字典》中的问题也不少,如同类条目词头的不同处理方式(如"Yun-nan云南,滇""Ho-nan, province河南,豫""Pechele, province of北直隶"等)。

(五)作用和影响

麦都思所编写的《英华字典》传承了马礼逊开创的英汉词典编纂传统,在我国双语词典编纂史上起了一定的积极作用。词典自出版后也受到了一定的关注,但其影响力远不及马礼逊的词典。邝其照在编写我国词典史上第一部由国人编写的英汉词典(即《字典集成》)时就大量参考了麦氏词典,并借鉴了不少词语的译名,因而他的这部词典的英文书名是 *An English and Chinese Lexicon: Compiled in Part from Those of Morrison, Medhurst and Williams*。1879年,上海点石斋(Tien Shih Chai)缩印了邝其照的词典,并将其英文书名改为 *English-Chinese Dictionary from W. H. Medhurst and Other Authors*,麦氏词典对邝氏词典的影响可见一斑。

第四章

罗存德的双语词典

一、罗存德的生平和著作

罗存德(Wilhelm Lobscheid),1822年生于德国西北部的一个村庄。根据日本学者那须雅之的考证(沈国威,2010:127),罗存德7岁丧母,11岁丧父,22岁进入礼贤会(Rheinische Mission Gesellschaft,又称Rhenish Missionary Society)系统的神学院学习神学和医学。1848年5月22日,罗存德受礼贤会的委派前往香港传教。两年后,他由于健康原因离开香港回到欧洲。由加拿大长老会牧师季理斐编辑的《新教在华传教百年史》也提到了此事:"罗存德、R. 克朗、W. 路易斯,三位都是忠实热心的人,在一段时间后,加入了由叶纳清(Ferdinand Genähr)负责的传教工作,但罗存德由于身体原因被迫回家。当他再次回到中国时,他用的是另一个传教会的名义。"(MacGillivray, 1907a: 493)根据1851年《中国丛报》的记载,罗存德曾去过广东始兴(Saihéung)传教。《在华传教志》一书也曾提及罗存德:"罗存德在附近的村落传教布道的同时还治病救人。" 1853年2月18日,罗存德作为福汉会(Chinese Evangelization Society)的牧师携妻子一同回到香港。1854年年初,罗存德的妻子患上了"香港热"(Hong Kong fever)①,并于同年8月病逝。1856年5月至1859年,罗存德出任香港的视学官(Inspector of Schools),此间他成为基督教伦敦会的会员。1857年,罗存德脱离了福汉会,之后在1861年取道南美洲的德默拉拉回到欧

---

① 实为一种疟疾。

洲。次年9月，他又回到了香港。1861年至1866年间，罗存德还充当过移民顾问的角色，为英国在西印度群岛的殖民地招募劳工。1869年，罗存德与中国传教大会（China Missionary Conference）因教义而对立，被剥夺神职后于同年9月返回欧洲。1874年，罗存德作为牧师移居美国，1893年12月在美国去世。1874年3月31日的《旧金山晨报》（*San Francisco Daily Morning Call*）曾刊载了罗存德在旧金山为威廉·特罗斯特（William Trost）和玛丽·索伦森（Mary Sorensen）证婚的消息。根据罗氏词典扉页上的介绍，罗存德还曾被授予"弗兰西斯·约瑟夫骑士团骑士"（Knight of Francis Joseph）的称号。

伟烈亚力（Alexander Wylie）在《来华新教传教士纪念集》（*Memorials of Protestant Missionaries to the Chinese: Giving a List of Their Publications, and Obituary Notices of the Deceased*）一书中列举了罗存德在1867年之前的作品。其中，汉语类作品共12种，内容广泛，有宗教方面的（如《异端总论》①《福世津梁》等），有涉及医学和地理的（如《英吉利国新出种痘奇书》②《地理新志》等），更多的则与中华传统文化相关，如《千字文》《麦氏三字经》《四书俚语启蒙》等；英语类作品共9种，包括诸如《英话文法小引》《英华行箧便览》《广东话短语和阅读课程》③《汉语文法》等。1864年，罗存德还翻译出版了俄罗斯人萨哈罗夫（T. Sacharoff④）有关中国人口的著作，即《中国人口变化史》（*The Rise and Fall of the Chinese Population*）。根据《中国百科全书》（*The Encyclopaedia Sinica*）的记载，罗存德还发表了多篇有一定价值的医学论文⑤。

罗存德在1867年之后还是比较多产的，陆续编写出版了《香港的罪恶及其治理方法》（1871）、《汉英字典》（1871）⑥、《波利尼西亚人、印第安人、中国人

---

① 美部会传教士卢公明（Justus Doolittle）在1858年修订了该书的部分内容，并将其称作《异端辩论》。
② 当时的"英吉利"三字均有偏旁"口"，即为"𠸄咭唎"。
③ 该小册的前一部分 *Select Phrases in the Canton Dialect* 实为嘉约翰医生（John Glasgow Kerr）、丕思业牧师（Charles Finney Preston）、康迪特夫人（Mrs. Condit）所搜集，原本计划收入罗氏的 *The Grammar of the Chinese Language* 一书，后来罗存德认为这一部分内容实用性较强，最好单独印刷，因而他在后面加入了诸如定冠词和不定冠词、如何造句、中国谜语等内容。
④ 亦可拼作Zakharov。
⑤ 《近代来华外国人名辞典》只提到罗存德"编有几种医学书籍"，此说法似乎与史实不符。
⑥ 这部词典由香港罗郎也父子公司（Noronha & Sons）出版，总共592页。

及亚洲其他民族相近性之根据》(1872)、《中国人：他们是谁及他们在干什么》(1873)等作品。罗存德最为重要的作品当然是他的《英华字典》。

二、《英华字典》

罗存德在1866年至1869年之间陆续出版了四卷本的《英华字典》(*English and Chinese Dictionary, with the Puntia*① *and Mandarin Pronunciation*)。它们分别是1866年出版的第一卷(A–C)，1867年的第二卷(D–H)，1868年的第三卷(I–Q)以及1869年的第四卷(R–Z)。这部词典由位于香港云咸街(Wyndham Street)的《孖剌西报》(*Daily Press*)报馆印刷。这部34 cm×34 cm的词典总共有2 013页，在篇幅上要远远超过之前出版的所有英汉词典，如卫三畏的《英华韵府历阶》、麦都思的《英华字典》等。

（一）《英华字典》的概况

这部词典除正文外还有三部分内容，即序言、补遗和勘误。

序言共有四篇，即第一册的两篇、第二册的一篇以及最后一册的一篇。第一册中的第一篇序言是长达38页、内容繁多的英文引言(Introduction)，具体介绍了中国和中华民族的由来、汉语及其方言（如广东话、客家方言、闽方言、闽南语、厦门方言、官话等）。罗存德在引言部分附上了多张较为实用的表格，如中国历代人口、广东话音节表、广东话中的确切字数、广东话发音、客家话发音、官话音节表以及威妥玛音节表。第二篇是中文序言，由武功将军张玉堂撰写。第二册中的序言也是英文序言，罗存德在其中提到自己计划在1868年早春和年底前出版第三册和第四册。此外，罗存德也提到了当时遇到的一些障碍："有很多人向编者提出了建议，但这些建议中绝大多数却是负面的，或是蓄意想无限期推迟此词典的出版。"(Lobscheid, 1866-1869)最后一篇序言类似跋文，对整部词典的编纂作了回顾，并提供了前几篇序言中缺

---

① 《牛津英语大词典》从未收录过这个主要用于香港的词。它是粤语中"本地"一词的音译，具体指广东的粤语人口，与Hakka(客家)一词相对应。

失的必要信息,如词典的收词数等。《英华字典》的序言还有一个异乎寻常的特点,那就是词典中的有些序言已被删去部分或全部内容。据日本学者照山直子的考证(沈国威,2004),删略行为出自一位英国外交官之手,其原因是罗存德作为传教士观点偏激,有点倾向于进化论。事实上,罗存德在有关中华民族的表述方面存在着谬误,例如"在有关中华民族起源方面的多种猜测中,有一种很有可能,那就是含[Ham,诺亚的次子]的孙子哈腓拉向东北方向行进,经过昆仑山脉的南麓和青海湖,然后沿着黄河和长江,他的后裔向北向南扩散到如今的18省、掸人国、暹罗以及安南"(Lobscheid, 1866-1869)。

在补遗部分(Additions and Omissions)中,罗存德不仅增收了一些词条,如"acorn, another general term for 栎子, 橡子; edible ditto, of the quercus cornea, 石栗""algebra 代数, 天方, 天元""chemistry 炼法""comma 一撇""councillor 议士"等,而且也补充了一些例证,如"break stones, to 打石仔""homicide, accidental 误杀; a case of ditto 命案""kill with intent, to 故杀""labels, to stick on ditto 插标""practices, to lead gradually into good ditto 循循善诱"等。

在勘误页(Corrections)中,罗存德只列举了十多处错误,如第19页上的 accross(应作 across)、第480页上的 ditte(应作 ditto)、第931页上的"毛骨耸然"(应作"毛骨悚然")、第1664页上的 week(应作 weak)等。但事实上,词典中的各类错误远不止于此。由于下文有所涉及,在此不再赘述。

《英华字典》共收53 000个词条,每个典型词条包括词目、英文释文、汉语对应词、对应词的广东话和官话注音、汉语相关词条及其注音、例证、例证译名翻译及其注音。试看图1-11。

就多类词词条而言,每一个词类的用法均被单独列出,有时罗存德用冠词a和构成动词不定式的to或用英文释义来对名词和动词用法加以区分,如:"bucolic 牧嘅"和"bucolic 牧童之歌,唱牛歌";"debate 辩论者,辩驳者,争辩者,理论者"和"debate, to 辩论,理论,辨论,辩驳";"espousal 聘的,聘嘅"和"espousal 聘者,定亲者,聘礼,定礼";"fiddle 四弦"和"fiddle, to 研四弦,研二弦;顽耍";"pander, a 乌龟,王八,乌鬼"和"pander, to 做龟头";等等。

从宏观结构来看,《英华字典》的词条主要按字母顺序排列,但一旦涉及能同时衍生出复合词和派生词的条目时,它们的排列就有一定的先后顺序。

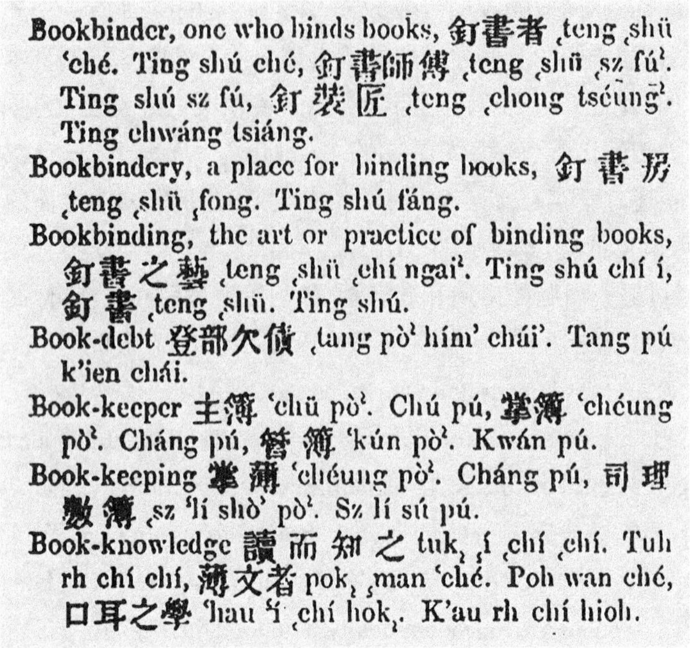

Bookbinder, one who binds books, 釘書者 ˏteng ˏshü ˋché. Ting shú ché, 釘書師傅 ˏteng ˏshü ˏsz fú². Ting shú sz fú, 釘裝匠 ˏteng ˏchong tséung². Ting chwáng tsiáng.

Bookbindery, a place for binding books, 釘書房 ˏteng ˏshü ˏfong. Ting shú fáng.

Bookbinding, the art or practice of binding books, 釘書之藝 ˏteng ˏshü ˏchí ngai². Ting shú chí í, 釘書 ˏteng ˏshü. Ting shú.

Book-debt 登部欠債 ˏtang pò² hím² chái². Tang pú k'ien chái.

Book-keeper 主簿 ˋchü pò². Chú pú, 掌簿 ˋchéung pò². Cháng pú, 管簿 ˋkún pò². Kwán pú.

Book-keeping 掌簿 ˋchéung pò². Cháng pú, 司理數簿 ˏsz ˋlí shò² pò². Sz lí sú pú.

Book-knowledge 讀而知之 tukˎ ˏí ˏchí ˏchí. Tuh rh chí chí, 薄文者 pokˎ ˏman ˋché. Poh wan ché, 口耳之學 ˋhau ˋí ˏchí hokˎ. K'au rh chí hioh.

图1-11 《英华字典》的样条

一般来说,先排的是主词,接着是主词的复合词条,最后才是主词的派生词条。例如,紧跟着man(人,郎)和man, to(落够人,落足人)条的依次是man-eater(食人者)、man-killer(杀人者)、man-like(类乎人,若人)、man-of-war(兵船,师船)、man-of-war's man(水师,水兵)、man-slayer(杀人者)、man-stealer(掳人者,拐人者)以及man-worship(拜人之事);而像manful(刚勇,刚毅)、manhood(成人,成丁)、manly(如人,若人,刚毅)等派生词则严格按照字母顺序排列,分别排在maneuver(动,动兵之事)、mangrove(树名)和mankind(人类,人者)之后。

从微观角度来看,《英华字典》与先前的词典相比有了一定的改观。首先,罗存德为词典中的不规则动词提供了它们的过去式和过去分词形式,如fight (pret. & pp. fought)、gird (pret. and pp. girded and girt)、give (pret. gave; pp. given)、lose (pret. and pp. lost)、see (pret: saw; pp. seen)、set (pret. & pp. set)等。其次,罗存德在一些词条中建立较为简单的参见系统,这种参见大多为单向参见，如"Denotate, see Denote""Endue, see Indue""lustrate, see illustrate""Souchong, see Tea""Whampe, cookia 黄皮; see Wampe"等。

（二）收词

《英华字典》所收录的词条以一般的语词为主，如 book（书，册，策）、borrow（借，借来，贷，借贷）、casual（偶然；有时，无定）、decorate（妆饰，修为华丽）、drama（戏曲，梨园戏）、late（迟，犀，晚）、meteor（天气之体；流星；陨石）、pleasure（乐，快乐，喜乐，欢乐）等。与此同时，它还兼收各个学科中的专业术语，如 acoustics（声响之理）、chaology（混沌理论）、chromate（灰色金酸）、October（番十月）、offspring（子息，苗裔，后嗣，后代，子嗣）、parliament（议事会，民委员会，国大公会）、reagent（逆药，攻的药）、sarcoma（肉瘤）、typhoid（身虚热症的）、vermeology（虫学）等。与此同时，罗存德效仿马礼逊、麦都思等人的做法，在收录一般词语的同时也收录了一些涵盖国名、地名、人名等的专有名词，如"Africa 亚非利加""Belgium 比利时国名""Caledonia 加利多尼亚""England 大英国，英吉利国，红毛国""Egypt 埃及国名，埃及多国，麦西国""Jove 罗马神名""Muses 六艺女神，骚女神""New-Zealand 新西兰""Portugal 大西洋，葡萄牙国""Quakerism 某教之称"等。此外，罗存德也收录了中国的一些地名，如"Fairy-isles 蓬莱仙岛""Lantao 大澳""Kiangnan, province 江南""Kiangsu, province 江苏""Kwanlun mountains 昆仑山""Kweichau, province 贵州""Kwongchau, Canton 广州府""Peking 北京, 九门城"等。

《英华字典》在收词方面的一大特点是复合词收录相对比较完整。例如，被马礼逊遗漏的 coffee（咖啡）一词，在罗氏词典中不仅设有完整的条目（如配有诸如"to roast coffee 炒咖啡""to grind coffee 研咖啡""a cup of coffee 一杯咖啡"等例证），而且后面还单列了由其构成的五个复合词，即 coffee-cup（咖啡杯）、coffee-house（咖啡店，咖啡馆）、coffee-man（咖啡店主）、coffee-pot（咖啡壶）以及 coffee-mill（咖啡磨）。由较为常用的词语所构成的复合词的数量则更多。例如，在 black（黑，乌）条下，除了例证中的复合词（如"black-coat 牧师之称""black eyes 黑眼"等）之外，单列的复合词竟然多达 41 个，如 black-art（巫术）、black-berry（桑子，乌薮莓）、black-board（黑板）、black-guard（起骂，粗口闹人)、black-leg(赌棍)、black-smith(打铁师傅,打铁匠)等。

《英华字典》在收词方面的另一大特点系沿袭了马礼逊等人的做法,给一些词目配上一定语境或提示词,以显示它们的用法或限定它们的词义,如"admission of light and fresh air 透光纳凉""discharged, as cargo 起过货""emphatically expressed 用力嚟讲,以力说过,讲得有力""halter, for a horse 马络头,马笼头""ominous of evil 唔好势头,不吉,不吉之兆,凶兆,妖氛""painter, of a house 油漆师傅""paranymph, in China 媒人; in Europe 送新娘者""pendulum, of o'clock 摆""professor, of a religion 从某教者""resignation, as of one's office 辞,致,谢者""riding, as on horseback 骑,乘"等。

罗存德还在一些汉语表达的基础上设置了一些词条,这些条目实系汉语词语的英译或注音形式,如"achia 蜜饯竹笋,冬笋""after-conduct 晚节,收尾行为""Buddhistic fish 卜鱼""manes 神,魂""marriage-sedan 花轿,花红轿""milk-name 乳名""P'au-fa, resinous shavings used by Chinese women to stiffen their hair with 鉋花""salt-water-girl 鹹水妹"等。

就派生词语来说,《英华字典》中的通行做法就是把它们逐一单独列出。这比此前出版的任何词典都做得更为彻底。无论是以 -ly 结尾的副词,还是使用后缀 -ation、-ability、-ness 等的名词,均被作为独立词条呈现出来,如 brilliantly(甚美,甚妙,妙哉)、cicatrization(成痕)、conically(尖圆)、drudgingly(以辛苦)、dubiousness(可疑者,思疑者,怀疑者,狐疑者)、ingenuousness(直白,磊落者)、insensibility(麻,麻痹;不仁;冷淡)、lusciousness(甜到厌者)、materialness(有体者,为物者,紧要之事)、unprofitableness(无益者;无用者)等。

(三) 词目释义及翻译

罗存德为相当比例的词目提供了英文释义。这些释义既包括解释性释义,也有同义词替换性释义,如:accusable(可责成的,有告状之故)条下的"censurable"; cartoon(书模样,写样子)条下的"a design drawn for tapestry, mosaics &c."; deacon(副牧师,会之执事,圣会执事)条下的"a person in the lowest degree of holy orders"; editor(作者,出者)条下的"a publisher";

embargo（禁船出入者）条下的"a prohibition of sailing, either out of port, or into port, or both"; finesse（巧计，诡计，奸计，狡猾，狡猾者）条下的"artifice, trick"; observance（守，从行）条下的"the act of keeping or adhering to practice"; police（捕厅，官差）条下的"in China, the personal establishment"; 等等。在多义词词条中，各个义项被逐一列出，并配有各自的对应词，如：anatomist 条下的"one who dissects bodies 剖尸者; one who is skilled in the art of dissection 剖尸妙手，精于剖尸; one versed in the principles of anatomy 深识剖尸之理者"; ennui 条下的"lassitude 困倦，欸詒; weariness 懒倦; melancholy 忧郁"; farmer 条下的"a tenant 田庄佬; the cultivator of the soil 耕田佬，农夫，庄户，田户，坉子; in mining, the lord of the field 坑主，穴主"; paltry 条下的"mean 鄙，卑，下贱的; worthless 无用的; contemptible 卑贱的"; poor 条下的"destitute of property 穷，贫，贫穷，贫寒，贫乏，穷乏，鲜乏，薄; mean 敝，贱; barren, as soil 瘦"; 等等。

罗存德沿袭了先前传教士词典中的做法，在一些词条中提供尽可能多的汉语对应词，如"bastard 细婆仔，亚奶仔，庶子，妾氏子，侧室子，偏房子，庶出，侧出""disease 病，症，疾，疾病，病症，患病，疢病""endeavor 出力，奋力，劳力，着力，勤力，勉励，勔，契阔，劭""famous 名嘅，有声价嘅，有名，有名声，盛名的，大名的，出名嘅，扬名的，有声色的，显名的""mob 烂仔，烂民，蛊氓，愚民，氓之蛊蛊，下流，刁顽百姓""opportune 刚啱，凑啱，凑巧，合时，就便，恰可，适意，方便，利便，就便，顺便""people 百姓，民，民人，群下，平民，小民，苍生，蒸民，元元，子民""please, 啱，中意，合意，乐，悦，合心水，欢悦，喜，喜悦，欢喜，欣喜，欢愉，怡""ridicule 笑，讥笑，讥刺，讥诮，讥讽，戏谑，戏笑，讥诃，嘲笑，啁笑，诙谐，戏耍，嘲讥""spy 探子，线工，线人，窥探嘅，哨探的，侦逻，侦伺，游侦，细作，间谍，奸细，倪间，哨探，斥度"等。

《华英字典》中的译名在很大程度上受到了粤方言的影响，这种影响主要体现在诸如"嘅""唔""仔""佬""咁""嚟"等方言词语的使用，如"athletically 生得好强壮，生得好大件，生得好大只，大山佬嗽样""auctioneer 夜冷，掌投货者，出投货者，出投者，出投嘅""daughter 女子，女仔，妹仔，女儿""driveler 口水佬，呆人，戇佬""English 英国嘅，大英国的，英吉利嘅，红毛嘅""ill 唔自然，唔爽快，唔爽神，唔受用，有病”“musician 吹打佬，乐师，吹手”“pilferer 三双手嘅，小盗，小贼”等。

罗存德为一些词目提供了当时的汉语新词，如electricity（电气；麦都思的译名则是“琥珀磨玻璃发火之法”）、liberty（自由；麦都思的译名则是“自主之理”）、literature（文学；麦都思的译名则是“文字，文墨”）等。罗存德采用在“行”字中间夹字的方式创造了22个汉字，用来指代化学元素的名称，如bromine、carbon、chlorine、fluorine等，见图1-12。这些新造字尽管在后来并未得到推广，但这种方法还是有着一定的积极意义。罗存德同时也在一些词条中通过音译的方式提供了译名，如“arrack 哑力酒，椰子酒，米酒，高粱酒”“dahlia 咑哩亚花”“dammar 吧嘛油”“mango 芒果，檬果”“mangosteen 茫姑生，茫栗”“sardine 撒颠鱼”等，其中有几个还是第一次出现在双语词典中。

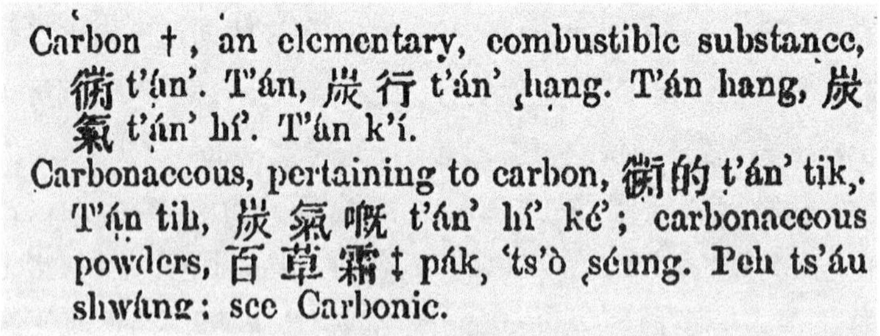

Carbon †, an elementary, combustible substance, [illegible] t'án'. T'án, 炭行 t'án' ˏhang. T'án hang, 炭氣 t'án' hí'. T'án k'í.
Carbonaceous, pertaining to carbon, [illegible]的 t'án' tik,. T'án tih, 炭氣嘅 t'án' hí' ké'; carbonaceous powders, 百草霜 ‡ pák, ʻts'ò ˏséung. Peh ts'áu shwáng: see Carbonic.

图1-12 《英华字典》中的创造性译名

对于不确定的译名，罗存德通常在后面标注“（?）”以示区分，如“aconite 堇（?）”“marsh-mallow 白蜀葵（?）”“master-wort 马先蒿（?）”“moon-wort 阴地蕨（?）”等。为了方便读者更好地理解译名或与其相关的知识，罗存德在一些词条的译名后添加了脚注。例如：Allah（上帝）条下的“亚剌白人以此名指上帝”；cohort（一旅；一营兵）条下的“在罗马国或五百或六百人算为一cohort”；cucumber（黄瓜，青瓜）条下的“The 黄 clan being afraid of being called a squash or cucumber, substitute either 青 azure, or 胡 black in connection with the character 瓜”；deceased（死过，不讳）条下为例证“a deceased father 皇考，先

父，先君，先考"中的译名"先君"所提供的解释——"Term used by strangers in speaking to the children of the deceased"；echo（回响，应响，应声）条下对例证"the echo answers同声相应，声气相投"的注解——"People of the same tastes, birds of the same feathers"；horse-power（马力）条下的"以火机计之马力者即一细微间起得三万二千磅"；licentiate（有行事之权者）条下对"传道者"的注解——"可能传道惟不敢施圣礼者"；等等。

（四）例证

罗存德在词典中设置了比较丰富的例证，其目的显然与现代的英汉词典有所区别。当然，英汉词典中设置例证的首要目的——显示词语的用法或搭配等信息——在《英华字典》中还是得到了很好的体现，如：access（可以见面，准见）条下的"easy of access容易见面"；agog（痴想）条下的"do not be agog on delicacies唔好咁为食"；beautiful（美，美丽，秀丽）条下的"beautiful eyes眼生得好俏"；care（挂虑，念虑，思虑）条下的"I do not care about it唔相干，无干碍"；fill（满，充，充满）条下的"to fill a glass斟满杯"；health（康宁，平安）条下的"to drink one's health俾杯酒贺人，以杯酒贺人"；intercept（截，拦截）条下的"to intercept a letter截信"；moonlight（月光，明月）条下的"to enjoy the moonlight玩月，赏月"；等等。而对于词典中的其他例证来说，它们主要被用来提供其他方面的词语信息，具体体现在四个方面。

一是例证中收录了由词头构成的复合词。例如：battle（战一场，战一阵，打一阵，打一回）条下的"battle field战场，战盘"；finger（指，手指）条下的"the forefinger食指，二指，将指""the middle finger中指"和"the ring-finger无名指"；job（工）条下的"a job-work散工"；new（新，新鲜，生）条下的"the new moon新月，朔，新霸""new-year新年，新岁""new-year's day元旦，元日"和"new-year's eve除夕"；noun（名，名字）条下的"proper name本名"；sew（缝，挑，联）条下的"a sewing machine缝机"；等等。

二是例证中收录了体现词头用法的词组、习语等。例如：bacon（咸猪覧，腊猪覧）条下的"to save one's bacon幸而得脱，得脱无害"；call（叫，叫做）条下的"call one names骂人，弹人"；figure（形，象，像，貌）条下的"to cut a figure

出色过人";file(线;一行兵)条下的"rank and file兵士,兵丁";intent(意,主意)条下的"to all intents and purposes都係,总是";short(短)条下的"to stop short半途而废,中途而止";等等。

三是例证中同时也收录了一些与词头词义相关的词条,而这些词条的设立主要呈现出《英华字典》作为辅助外国人学习汉语的工具书的一大特点。例如:bone(骨,骨头,骨骸)条下的"the vomer犁头骨";bowels(肠,脏,肠脏,肚腹)条下的"the five viscera五内,五脏""ribs肋骨"和"clavicle or collar bone锁柱骨";license(牌,帖)条下的"a special license to celebrate a festival & c.人情纸";lion(狮子)条下的"to play masked lions舞狮"和"a cash lion, or a figure of a lion stuck over with cash and presented to the bride钱狮";monastery(修道院,修道堂)条下的"nunnery庵";old(旧,老,古,故,故旧,陈旧)条下的"thirty years old is called壮""forty ditto is called强""fifty ditto is called艾"和"sixty ditto is called耆";owl(猫儿头鹰,鸮,鸱,鸱枭,鹠鹈)条下的"a kind of owl, which is said to eat its mother枭";paternal(父,父亲的)条下的"paternal younger uncle's wife叔婆"和"paternal grand-father's sister's husband丈公";等等。

四是部分例证是在汉语表达的基础上通过字面直译的手段翻译过来的。例如:attachment(爱情,恋爱)条下的"attached to one as a butterfly is to the flower人之恋爱如蝴蝶之恋花";finger(指,手指)条下的"the small finger小指,季指";marriage(婚姻,嫁娶之事)条下的"marriage in this life is the result of relations existing between husband and wife in a former state前世有缘今世结";plum(李,梅,梅仔)条下的"to recommend a pupil as a peach or plum荐士如桃李";等等。

在一些例证中,罗存德还使用英语中表示"同上"意思的ditto一词来取代词头或之前出现的词语,如:acorn(栎子,橡子)条下的"edible ditto, of the quercus cornea石栗";mat(蓆,席)条下的"rush ditto蒲席"和"bamboo ditto竹席";monastery(修道院,修道堂)条下的"Buddhist ditto寺,僧院,招提,刹;ditto of the Tauist sect观,道院";Presbyterian(长老)条下的"the principal ditto会正";等等。

（五）不足之处

从词典的总体结构来看，《英华字典》并未偏离马礼逊开创的汉英/英汉词典的传统，其目的依然非常明确，即辅助外国人学习汉语。这在词典中所提供的汉语词语的西文注音中得到了充分的印证。与之前的英汉词典相比，罗氏词典无论在收词还是在释文方面都要远胜它们一筹。然而，这部词典也不可避免地存在着一些缺陷和不足，它们具体体现为以下四点。

第一是收词标准较混乱，部分词条的收录缺乏严谨性，主要可分为四类问题。一是收录了一些见词明义的复合词语，如"basket-maker竹器师傅，编箩师傅""calm-browed容止安然，静容嘅""feather-seller卖毛者""money-matter钱银之事""new-fabricated新作嘅""olive-yard橄园""orange-flower橙花""organ builder造筒琴者""pepper cake椒饼""promise-breaker爽约者"等；同时被收录其中的还包括一些词语的自由组合，并通常以"形容词＋名词"的结构出现，如"ballistic platform弩台""dappled horse骢马，骐""labial sounds唇音""ovarian vesicle子核肉精珠""parotid glands牙铰下核""quartzy pebbles石春"等。二是将动词的过去式和现在分词形式单列成条，这样一来词条的数量被不必要地扩充，同时也导致了词典中译名不一致的现象，如："ask问，访问，访察，查问""asked问过，访问过，叩问过，请问过，盘问过"和"asking问，访问，讯问，禀问"；"debar禁止，禁住，阻碍，拦住""debarred禁止过，阻止过，拦住过"和"debarring拦住，阻止，阻碍"；"effect致，使，俾""effected成过，成就国，致过"和"effecting致，使，使然"；"eschew避，唔要，不要，远离""eschewed避过，免过"和"eschewing避，唔要，不要"；"maim残，残害，残毁，伤残""maimed残害了"和"maiming残害，伤残"；等等。三是词条中偶尔还夹杂着一些非英语的词条，即动植物的拉丁学名，如"Anas galericulata鸳鸯，黄鸭鸣""Bryophyllum calynum灯笼花""Datura stramoniun闹阳花""Enkianthus quinqueflora吊钟花""Fallopia nervosa藓宝叶，后山叶""Mussaenda chinensis白叶茶，山白蟾""Paeonia albiflora芍药花""Pentapetes phoenicia午时花""Pergularia odoratissima夜来香，夜兰香""Spinifex squarrosus老鼠芳""Spomea tuberosa牵牛子"等。四是在同类词的收录方面采用的标准不一。例如，就中国地名而言，词典中收录了"Shansi, province 山西，晋""Shantung, province, 山东, 齐鲁""Whampoa 黃浦""Yunnan, province 云南省，滇"等词条，却未收 Hongkong（香港）等较常用的地名。

此外，《英华字典》中还存在着其他收词方面的问题，如词条设置重复（如"encounter, to meet face to face 遇，遭，逢，遇着，碰着，撞着，相遇，相逢；to resist 抵挡；to attack and attempt to confute 攻打，攻击"和"encounter, to meet face to face 相遇；to fight 交战"）、常用词语被遗漏（如"deadlock 单闩锁"和"trauma 外伤"）、名词条目以复数形式出现（如"asteroids 小行星""ashes 火灰，灰，灰烬""operatives 工人""oppositionists 敌党""prawns 鰕，虾，明虾"和"scratches 挠痕，挖纹"）等。

第二是译名不确切或不正确。首先，尽管罗存德在一些词条中为词头提供了相当数量的对应词，然而这些对应词中有一些在词义上与词头相差甚远。例如，dumpling 条下的译名有十几个（即"汤丸，水丸，馄饨[……]汤饼，不托，牢丸，粉餈，汤面，水面，引水饼，饺饵，粽"），但很显然它们在词义上还是存在着较大的差别。又如，author 条下的第一个义项（originator，创始者）中共有十个对应词，即初造者、始造者、创造者、始作者、初作者、新造者、创制者、首造者、使有者、致有者。这么多的译名反而使汉语中同义词和近义词之间的差异模糊化，使译名显得不太确切。其次，对于一些在当时尚无确切对应词的词目罗存德通常用"XX 名"来对应，如"black-cap 雀名""Brussels-sprout 菜名""buckeye 树名""Christmas-flower 花名""kale 菜名""kalmia 树名""moccasin 亚美利加土人鞋名""mocking-bird 雀名""nettle-rash 症名""peccary 亚美利加野猪名""ribbon-grass 草名""rolly-pooly 戏名""sea-devil 鱼名"等。再次，用泛指的名称来取代一些词语的译名则是译名不确切的另一种体现方式，此类例子包括"bismuth 金类""cerium 金类""Hercules 英雄""manganese 金类""molybdenum 金名""osmium 金類名"等。最后，译名不确切还体现在罗存德过多采用字面直译的方式，以致所提供的译名看后让人觉得不知所云，如 demi-god 半上帝（应作"半神半人"）、month's mind 甚想（应作"周月弥撒"）、viper's grass 蝮蛇之草（应作"雅葱"）、wall-fern 墙上凤尾草（应作"水龙骨"）等。

《英华字典》中同时还存在着其他的各类翻译问题,具体包括四点。一是同词异译,如:单列的acetic acid(浓酸醋)和acid(醋)条下的"acetic acid浓醋";"Asia亚细亚州"和ancient(古,古时,上古,昔时)条下的例证"the ancient continent, opposed to the new"中"哑哂哑";单列的Dalai Lama(达赖喇嘛)和lama(喇嘛)条下的"the Dalai Lama达赖喇嘛,法王";"Kremlin鹅国古皇城"和"ruble峨罗斯银子名";等等。二是异词同译,如:"ale大麦酒,啤酒"和"beer啤酒,大麦酒,麦酒";"esophagus软喉,喉咙"和"throat喉,喉咙,食管,嗓子";"martin燕子"和"swallow燕,燕子";等等。三是同类词或同源词译名前后不一,如:"heptagon七角的""octagon八角的,八面的"以及"pentagon五角形";"implausible貌唔係,貌不是,犹不是"和"implausibleness犹不然,貌不然者";"rurally村乡的"和"rural乡,村,村庄的,乡庄的";等等。四是存在错译或误译,如:"monkey马骝、猴、猴子、猕猴"("猕猴"的英文对应词为macaque或rhesus monkey);"pine杉,松,松柏";"pistachio nut榧子";"riding马路,跑马场";等等。

第三是词典中的方言味太重。虽然词典的英文标题中标明了"本地注音",但并不意味着汉语对应词应该来自本地语。《英华字典》有着浓重的方言味,有时让人觉得它更像是一部英粤词典,如形容词条目中与"的"通用的"嘅"字,以及"clown田佬,田夫,农夫,耕田佬""cock鸡公""dissatisfied唔中意""potter缸瓦佬,缸瓦师傅""younger brother细佬,阿弟,弟"等。又如:lively(快活,快畅,活泼)条下的"he is the lively image of his father佢嘅样似足老豆,他之貌甚像其父";general(总,统,通)条下的"the most general way大概係噉样";her(佢嘅,佢的)条下的"he vexes her佢[男人]激嬲佢[女人]";等等。

第四是其他错误。首先,与当时的大多数词典一样,《英华字典》中的印刷错误相当之多,如:attained(得过)条下attained to(应删除to); halo(晕)条下around the or moon(应作around the moon); mango(芒菓)条下的fragrent(应作fragrant); Moutan flower(牡丹花)条下的poeony(应作peony); oily(油嘅,油的)条下的"an oily-tonged rascal油嘴光棍"(应作tongued); poison(毒,鸩)条下的"to poisen the manners毒坏风俗";等等。其次,词典中偶尔出现

· 103 ·

词条排序错误，如：harken（倾耳听，附耳听）被排列在hearing（听，听见）和hearsay（风声，风闻）之间；lurkish（好懒）被排列在Lusiad（名诗）和lusorious（诙谐）之间；orang-outang（猩猩）被排列在orally（口话嘅）和orange（橙）之间；等等。

（六）作用和影响

《英华字典》尽管在出版后受到序文遭删除的影响，但在此后的40多年中一直在销售。季理斐在《新教在华传教百年史》一书中就曾提到过罗存德及其编写的词典。他说："罗存德是位多产的作者。然而他的杰作是一部英汉词典，至今还在坊间销售。"（MacGillivray, 1907a: 493）要说传教士词典中对我国英汉词典影响最大的词典，非罗氏词典莫属。这主要是因为他的词典对我国早期英汉词典的编纂产生了较大的参考和指导作用。

首先，作为我国英汉词典编纂第一人的邝其照，在编写和修订其词典《字典集成》（后改名为《华英字典集成》）时大量参考了罗氏词典的内容。辜鸿铭在1902年出版的《华英音韵字典集成》的序言中曾写道："邝氏词典的内容只不过是从罗存德博士的词典中选取和抄袭而来的。"这一说法虽值得商榷[1]，但参考之实不容置疑。

其次，1883年（即明治16年），日本哲学家、东京大学教授的井上哲次郎博士（Dr. T. Inouye）[2]增订了罗存德的《英华字典》[3]，在词典原有的内容上增设词目词性一栏，删去了西文注音。1903年，上海的作新社（Cho Sing Co.）也出版了这部词典[4]。

再次，商务印书馆最早出版的两部英汉词典（即《华英字典》和《华英音韵字典集成》）与罗氏词典有着直接或间接的联系。前者是基于邝氏词典编辑而成，而后者则是由企英译书馆增订的罗氏词典，除增设词目音标之外，也

---

[1] 这是因为邝其照的《字典集成》出版时，罗存德的词典才出版了一半（即从A到H的前两卷）。据笔者考证，邝其照在编写词典时参考更多的是麦都思的词典。
[2] 周振鹤教授在《知者不言》一书中提到，当时在德国柏林留学的井上哲次郎曾向两位中国人（桂林和潘飞声）学习汉语。
[3] 这部词典后来分别在1899年和1906年推出了第2版和第3版。
[4] 在笔者收藏的一部词典中，其书脊处的名称已改为《英华大字典》。

删除了本地话和官话的西文注音。

最后,广东人冯镜如[①]于1899年在日本横滨出版了《新增华英字典》(*A Dictionary of the English and Chinese Language, with the Merchant and Mandarin Pronunciation*),该词典的蓝本也是罗存德的《英华字典》。

与此同时,罗存德的词典对日本的双语词典编纂也产生了深远的影响。像吉田贤辅的《英日字典》(1872)、柴田昌吉和子安峻的《附音插图英和字汇》(1873)等词典,都在很大程度上参考了罗存德的《英华字典》。《英华字典》的另一大影响在于它在现代汉语词汇形成过程中起到的作用。作为一种历史文本,《英华字典》在研究汉语词汇的确立方面有较大的参考价值。

三、《汉英字典》

1871年,罗存德在香港编写出版《汉英字典》(*A Chinese and English Dictionary*)。这部字典正文部分592页,另设5页英文序言。在序言中,罗存德对编纂目的作了如下简短的说明:"编写此书的主要目的是帮助学生学习汉语和基督教文献。许多尚未出现在之前出版的词典中的汉字也被列入常用字的列表中,而在此前的词典中还时常出现一些错字。"(Lobscheid, 1871: v)罗存德在序言中不仅列出了214个部首的注音及其英译,而且对汉字注音体系作了说明。

《汉英字典》中的汉字词条按部首排列,同一部首下再按照笔画排列。它的编排结构与现在的汉英词典相仿,典型的汉字条目包括汉字词头、汉字读音以及英译、例证及其英译,试看图1-13。

(一) 收词

《汉英字典》所收汉字均为汉语中较为常用的词语。例如,在"人"部首下,罗存德收录了200多个词条,其中包括"人""仇""仙""伙""任""低""作""例""使""保"等字。在字头的汉译方面,罗存德提供的译名大多比较简洁,一般用";"来区分不同的义项或词性,同一义项中则通常设置多个同义词,

---

[①] 南海人,冯自由之父,早年赴日本开设文经文具店于横滨,英文名为 F. Kingsell(经塞尔)。

Rad. 5 and 6. 12 and 7 Strokes.

乾 *k'in*, heaven; a sovereign; | 坤, heaven and earth; father and son; prince and minister.
乾 *kon*, dry; to dry; dried, as fruit; | 淨, clean; pure; all, completely; 抹 | 淨, wipe clean; 賣 | 淨, all sold; | 媽, a dry nurse; 炕 |, to dry at the fire; 晒 |, to dry in the sun; 餅 |, biscuits; | 柿, dried persimmons; | 炕起嚟, deluded by vain promises; | 工, dry work; a sinecure.

Rad. 7. 1 Stroke.

幹, affair; 乜野 | 幹, 何 | 幹, what affair? what is the matter? | 公, public affairs; 私 |, private affairs; 密 |, a secret affair; 有 |, engaged; something going on; 小 |, a small affair; a trifle; 多 |, troublesome; 本 |, ability; 辦 |, to do business; | 情, affairs; | 母父, to serve one's parents; 奇 |, a strange affair; 難 |, to make trouble; | 頭, master; lass; | 仔, servant; assistant; 出 |, to go out to service; 好

图1-13 《汉英字典》的样条

如"信 to believe in, to credit, to trust, to confide in; sincere; faithful, true; faith, truth; a letter; a messenger""共 together, with, together with; and; all, altogether; generally, collectively; to sum up; in short, in fine""司 a commissioner; a president; a director; a superintendent, a manager; an officer; to preside; to manage, to control, to govern; a township, a subdivision of a district""奕 beautiful, adorned; flourishing; great, abundant; in order; arranged; distant; long continuing, as generations"等。

罗存德在词典中设置了较为丰富的复字条目、成语以及例证。例如,在"三"字条下,罗存德设置了诸如"三十""三宝""三才""三族""三班""三纲""三丫路""三司""再三""三思""三光"。

《汉英字典》中的复字条目以一般的语词为主,如戏场(a theatre; playground)、婚姻(nuptial; a bridegroom and bride)、少爷(a young gentleman)、家属(domestics)、师兄(a school-fellow)、常日(before, on a former day)、枸杞(a species of willow; a tree having bitter wood)、御史(censors)、椰菜(palm cabbage)、荡漾(vague, crude, as notions)等。科技术语的收录可以算是《汉英字典》的一大亮点。之前罗存德编写的四卷本《英华字典》就是以广收术

语为特点，因此在这部汉英词典中他也收录了一些学科术语，如强水（acids）、硫醋（sulphuric acid）、硝强水（nitric acid）、铜绿（verdigris）、白镪（silver）、胆矾（sulphate of copper, blue vitriol）、硫磺（sulphur, brimstone）、硼砂（borax）等。罗存德同时也设置了一些百科和专名条目，如女娲（the Chinese Pandora）、孔夫子（Confucius）、妲己（the concubine of the tyrant Chausin, B.C. 1100）、英伦岔（the English channel）、昆仑（the Kwanlun on Koulkun mountains in Kokonor）、鼓浪屿（Kulongsu near Amoy）、亚细亚州（the continent of Asia）、普陀山（the Puto island near Chusan）、福汉会（Chinese Evangelization Society）、粤海关（the Hoppo at Canton）等。此外，由于罗存德长期在粤语区生活，因而他的词典在一定程度上也受到了粤语的影响。罗存德在这部词典中收录了不少当时粤方言区常用的词语，如鹹水妹（tanka girl; a grisette, a concubine）、路头妻（a wayside wife, a concubine taken when abroad）、阿娘仔（a little miss）、番头婆（a stepmother）、蛋家婆（a boatwoman）、翻头嫁（to marry again）、梳头妈（a tiring woman）、担州府（a coolie; a porter）、小手（a pilferer）、嬲嫐（irritable; to irritate）等。

自马礼逊的《华英字典》以来，汉英字典一直重视对汉语成语的收录，这在罗存德的词典中也不例外。《汉英字典》收录了大量的常用成语，如姑息养奸（too much indulgence nourishes treachery）、循规蹈矩（to follow prescribed regulations）、忠言逆耳（honest reproof is disagreeable）、恩将仇报（to requite evil for good）、磐石之安（peaceful, peacefully and securely settled）、礼尚往来（propriety requires constant exchange of civilities）、犬马之劳（the labor of dogs and horses; humble services）、易如反掌（as easy as to turn the hand）、强弩之末（impotent; a great cry and little wool）、心有灵犀（astute）等。

就例证而言，《汉英字典》呈现出两大较为明显的特征。其一是经典书证的设置。罗存德提供的书证虽然不能与马礼逊的《华英字典》相提并论，但他也设法设置了数百条经典书证，如："然"字条下的"然则夫子既圣矣乎"（摘自《孟子》）和"禹吾无间然矣"（出自《论语》）；"爪"字条下的"予王之爪牙"（摘自《小雅》）；"尔"字条下的"薄乎云尔"（摘自《孟子》）；"瓜"字条下的"吾岂匏瓜也哉"（出自《论语》）；"矣"字条下的"父母其顺矣乎"（摘自《中庸》）；"盖"字条下的"盖言子之志"（摘自《礼记》）；等等。其二是口语用语的设置。这是《汉英字典》受粤方言影响的表现之一,像"佢""唔""咁""嘅"等字频繁使用于一些例证中,如:"丢"字条下的"丢冷佢 let him cool down";"乜"字条下的"乜你咁嘅 why do you act in that way"和"呢的唔係乜好 this is not very good";"寻"字条下的"你寻乜野呢 what are you looking for";"局"字条下的"睇乜野局面 what is the real object [of it]";"上"字条下的"唔上一年 not quite a year"和"睇人唔上眼 to despise others, to treat others with contempt";"乾"字条下的"乾炕起嚟 deluded by vain promises";"块"字条下的"俾一块过佢 give him a piece or a clod";"下"字条下的"喺下底 he [she or it] is below";等等。

(二) 不足之处

《汉英字典》的最大问题在于词语的翻译,主要体现在如下两个方面。

第一个问题是一些词条的译名不太贴切,译出语和译入语在词义上存在着一定的偏差,如"小器 a narrow-minded man""魁岸 an eminent man""泼妇 an adulteress""狐狸精 a fox fairy, a witch""匹夫 a husband""耄耋 an old man""斩钉截铁 decided; honest""破镜重圆 to lose a wife and marry again""老牛舐犊 the old cow licks her calf — maternal love""现身说法 influential"等。

第二个问题主要涉及成语的翻译。罗存德有时只提供成语的字面意思,而未能将其引申或隐含的意思体现出来,如"门庭如市 the gate crowded like a market""挥金如土 to spend money like dirt""水底捞月 to dredge for the moon""佛口蛇心 the mouth of Buddha, but the heart of a serpent""脍炙人口 to taste well in people's mouth""玉石俱焚 stones and gems were equally consumed with fire""了如指掌 as clear as pointing to the palm""狐假虎威 the fox assuming the dignity of a tiger""毛骨悚然 the hair standing on end""酒囊饭袋 a glutton""天罗地网 a rat trap"等。

第五章

司登得的汉英字典

一、司登得的生平和著作

司登得(George Carter Stent),1833年6月15日生于英国坎特伯雷市,1884年9月1日逝世于台湾打狗港(Takow或Takao,即现在的高雄)。司登得出身贫寒,其父经营一家水果店和一个蔬菜农场。1855年左右,司登得离家参了军,加入第14国王轻骑兵团。1857年至1858年期间,由于印度发生兵变,司登得随军镇压,为此还获得了勋章。司登得在1882年出版的《随军记事》[*Scraps from My Sabretasche: Being Personal Adventures While in the 14th (King's Light) Dragoons*]一书中详细记载了其间的经历。

据《近代来华外国人名辞典》的记载,司登得"1869年来华,在英使馆充卫队员"(1981:456)。这一论述似乎与史实不符。司登得在1871年出版的《汉英合璧相连字汇》一书的序言中曾提道:"几年前我还住在北京的时候,我就想尝试将一部中文小说翻译成英语。"(Stent, 1871: v)由此可见,司登得来华的年份应该早于1869年。据推断,司登得来华的时间应该在19世纪60年代中期。

司登得到了北京之后逐渐对汉语产生了兴趣,并显示出口语学习的天分,为此还受到了时任英国驻华使馆参赞威妥玛的鼓励。随后在1869年3月,司登得被召入当时由赫德(Robert Hart)①负责的中国海关,任一等港口稽查,并

---

① 想必司登得在海关工作期间受到了赫德的提携和帮助,因而他在两部著作(即《汉英合璧相连字汇》和《活埋及其他歌谣》)的扉页后都写上了"谨以此书献给赫德先生"。

先后在烟台、上海、温州、汕头等口岸供职。1882年年初,司登得被海关总税务司派往台湾打狗港,次年5月升至代理税务司①,这一职位一直延续到他去世。司登得曾在19世纪60年代结过婚,但由于长期两地分居,他与第一任妻子在1878年7月办理了正式的离婚手续。1879年,司登得开始与来自英格兰埃塞克斯郡的萨拉·安·佩奇(Sarah Ann Page)交往,第二年年仅22岁的佩奇在伦敦为司登得产下一子。司登得虽然出身卑微,但通过自己的努力在中国开辟了成功的事业。他不仅是互济会会员,同时也是皇家亚洲文会北中国支会(the North China Branch of the Royal Asiatic Society)会员。

尽管自己早年并未接受过多少年的教育,司登得还是凭借自己的语言天分和后天的努力,成为当时汉学界一位较多产的人士。除了下文要评介的两部字典外,司登得还著有其他多部文学、语言学等方面的作品。

1871年,司登得在《皇家亚洲文会北中国支会会报》(Journal of the North China Branch of the Royal Asiatic Society)上发表了一篇名为《中国歌谣》("Chinese Lyrics")的文章,这篇长达53页的文章后来在1875年被阿道夫·索博特(Adolf Seubert)翻译成德语,并在莱比锡出版。1872年,司登得又在该会报上发表文章,即长达12页的《中国传说故事》("Chinese Legends")。

1874年,司登得在伦敦出版了一本名为《二十四珠玉联》(The Jade Chaplet in Twenty-Four Beads. A Collection of Songs, Ballads, &c.)②的诗歌民歌集。司登得在序言中开门见山地道出了编译这部集子的原因:"集子中的大多数歌谣先前已发表过,我之所以要以这种形式出版它们,是因为它们涉及的话题对大多数英格兰人来说都是陌生的,我还深信它们中的很多歌谣就连生活在中国的外国人也是闻所未闻。"(Stent, 1874b: iii)全书共166页,收录了24首民谣,其中的第12首实为剧本,即《仁贵回乡》("Jen-Kuei's Return")③。《二十四珠玉联》自出版后在海内外颇受好评。英国半月刊《评论画刊》(The

---

① 陈绛在《赫德日记——赫德与中国早期现代化》一书中将此职务称作"总巡"(assistant-in-charge),而根据卢公明于1872年编著的《英华萃林韵府》(下卷)的词汇附录,这个职务当时的名称是"代理税务司"。
② 其中的一些内容已在之前发表或出版过,如"Fanning the Grave"和"The Wife Tested"在1873年由上海的Da Costa & Co.出版。
③ 该剧本已在1873年由上海的Da Costa & Co.出版。

Illustrated Review)对这部书的评论是:"《二十四珠玉联》是对我们现有东方语言资料的一大极具价值的补充[……]我们应该感谢司登得先生为我们呈现的文字盛宴,希望他能在不久的将来为我们呈献新的作品。"(Stent, 1878: 254)香港出版的《中国评论》(The China Review: Or Notes & Queries on the Far East)对该书的评论则是:"司登得的诗句是如此的流畅,旋律是如此的优美。他从中文原文中选取奇特的意象,并给它们穿上华丽的英语装束。"(Stent, 1878: 254)

1877年,司登得又在《皇家亚洲文会北中国支会会报》上发表了一篇名为《中国的太监》("Chinese Eunuchs")的文章,长达42页。这篇文章后来在1879年也被翻译成德语(即 Chinesische Eunuchen),在莱比锡出版。这篇文章是当时就此话题展开的最为详尽的研究,像太监的历史、现状、阉割法等内容均无一例外地得到论述。后人在这方面的研究几乎都参考了司登得的文章。

1878年,司登得在伦敦出版了一个由自己编译的歌曲民谣集,即《活埋及其他歌谣》(Entombed Alive and Other Songs, Ballads, &c.)。出这个集子"主要是为了给英国公众呈现中国歌谣中所表达的一些奇特思想"(Stent, 1878: v)。这个集子正文部分共252页,后附有关出版商 W. H. Allen公司40多页的书目广告。与之前的《二十四珠玉联》相比,这个集子收录的民谣要多四首,其内容亦是五花八门,如《活埋》《楚汉之争》《帝黄树》《虞姬之死》《独眼鲁班》《歪脖子树》《别娶寡妇》等。

1882年,司登得在伦敦出版了《随军记事》,书中记载了他跟随第14国王轻骑兵团在印度加尔各答、密拉特、孟买、波斯(今伊朗)、拉合尔(今属巴基斯坦)、占西等地的随军生活、行军、作战等经历。

1905年,位于上海的海关总税务司署统计科受海关总税务司赫德之命出版了司登得生前最后一段时期一直在编写的一部名为《英汉官话词典》(A Dictionary from English to Colloquial Mandarin Chinese)的英汉词典。根据词典序言的介绍,"这部词典根据司登得的汉英词典编写而成。词典的印刷几年前就开始了,但由于统计科工作繁忙而被搁置了,直到1904年才继续印刷。词典最后三分之一的内容由在中国海关工作的赫美玲先生(K. E. G. Hemeling)[①]

[①] 又译赫墨龄,德国人,另著有《南京官话》(The Nanking Kuan Hua)。

修订，正文后面的词语补遗表也是他负责的"（Stent, 1905: Preface）。这部词典正文共764页，另附有38页的补遗与两页的勘误和增补。赫美玲的加入显然为这部词典增添了实用性和现代性。在他所编写的补遗条目中，有很多都是当时的新词（如automobile[①] 自行车、wireless telegraphy[②] 无线电报、yellow peril[③] 黄祸）或随西学东渐而传入的一些新概念、新事物等（如physics格物学、republic民主国、science科学、telephone电话、typewriter打字机、university国学等）。1916年，赫美玲再次修订了这部词典，并将其名称改为《英汉官话词典和翻译手册》(*English-Chinese Dictionary of the Standard Chinese Spoken Language ... and Handbook for Translators, Including Scientific, Technical, Modern and Documentary Terms*)。

二、《汉英合璧相连字汇》[④]

司登得一开始就对中国的白话小说感兴趣，并一直在搜集其中的短语等内容。几年的搜集结果被汇集起来，于是就有了司登得的第一部字典——《汉英合璧相连字汇》(*A Chinese and English Vocabulary in the Pekinese Dialect*, 1871，以下简称《字汇》)。司登得在字典序言中对编写缘由作了说明："追根溯源，这部著作完全得归因于小说的阅读，尽管我在字典编写过程中大量参考了威妥玛先生、马礼逊博士、麦都思先生的作品。"（Stent, 1871: v）这部677页的字典由上海的海关出版社在1871年出版。字典除正文（572页）外还包括序言（5页）、字母索引（50页）、部首索引（24页）、部首表（8页）、正文注解（14页）以及勘误（4页）。这部字典共收录4 200个汉字，四字以内的词语条目多达2万条。《字汇》的编排方式与众不同。先前的华英字典（如马礼逊的《华英字典》、麦都思的《华英字典》、卫三畏的《英华分韵撮要》等）或华英方言字

---

① 根据《韦氏大学英语词典》第11版的词源解释，automobile首现于1889年。
② 根据《韦氏大学英语词典》第11版的词源解释，wireless telegraphy首现于1898年。
③ 根据《韦氏大学英语词典》第11版的词源解释，yellow peril首现于1897年。
④ 原书名中的"合璧"被写成了"合壁"。

典(如麦利和与摩嘉立的《榕腔注音词典》[①]等)的编排都是将汉字词目排在前面,然后再标注汉字的西文注音,而司登得的字典则不同:汉字词目的西文注音被排在最前面,然后才有汉字或合成词词条和词组,最后则是英文释文。试看图1-14。

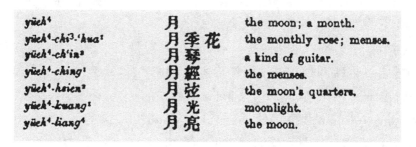

图1-14 《汉英合璧相连字汇》的样条

从中我们还可以看出,司登得还首次在字典中为西文注音标注了表示汉字读音的声调[②]。这样的编排和做法显然对外国人学习汉语特别有帮助。但是,这种简洁的编排方式也有其不利之处,即例证的缺失。

(一)收词

在先前的汉英字典中,汉字词目被排在突出位置,而合成词和词组通常混为一体,被设置在词条中。而在《字汇》中,合成词和词组与词目前后相连排列,由此可见这部字典更侧重对合成词和词组的用法的记载,如:"爱"字下的"爱媚 to caress, to love"和"爱民如子 to love the people as sons";"珍"字下的"珍馐美味 dainties, delicacies";"抱"字下的"抱头鼠窜 to steal off, to skulk away";"闭"字下的"闭门思过 to shut the door and reflect on one's faults";"心"字下的"心腹朋友 a bosom friend""心心忐忑 tremor, palpitation of the heart"和"心口如一 heart and mouth as one; speaking the mind";等等。

[①] 英文名为 An Alphabetic Dictionary of the Chinese Language in the Foochow Dialect, 1870年由福州美华书局出版。
[②] 司登得在序言中提到他的这一做法是按照威妥玛在《语言自迩集》中提倡的体系来做的。

由于司登得所收词语的来源之一是当时的白话小说,所以字典中收录的不少词条口语味很重,并非全部是严格意义上的词组,如:"爱"字下的"爱争论的 fond of argument"和"爱不爱 do you like it or not!";"明"字下的"明儿个见 good bye till tomorrow";"蘑"字下的"蘑菇头儿 a mushroom";"你"字下的"你我不对 you and I don't agree";"山"字下的"山芋头儿 the English potatoe";"打"字下的"打杂儿的 a coolie";等等。

《字汇》中词条口语化的另一种明显的表现是"的"的使用。"的"词条从词性上可分为两种。一是用作形容词"的",如"卑贱的 abject, cringing, servile, mean""疲怯的 cowardly, spiritless""蛇似的 snake-like""中国的 Chinese, belonging to China""少年的 youthful, a youth""威风的 majestic, stately, commanding"等。二是用作名词"的",如"出家的 priests""看街的 'a looker after streets,' a policeman""观星的 astronomers""拔萃的 a superior person in attainments""帮助的 an assistant, an abettor""跑堂儿的 an eating-house waiter""送鬼的 exorcists, conjurors""施恩的 a benefactor"等。除此之外,该字典中还收录了成对的动词和形容词条目,如:"当兵 to become a soldier"和"当兵的 a soldier, soldiers";"暴虐 to tyrannize over"和"暴虐的 tyrannical, cruel, barbarous";"背教 to apostatize"和"背教的 an apostate";"报信 to announce, to tell news"和"报信的 a letter carrier";"守节 to maintain chastity inviolate; continent, chaste"和"守节的 a widow not marrying again; chaste";"守更 to keep watch"和"守更的 a watchman";"授读 to give instruction"和"授读的 an instructor, a preceptor";"贪财 to covet riches, avaricious"和"贪财的 a miser, an avaricious person";"剃头 to shave the head"和"剃头的 a barber; one with a shaved head";"钉马掌 to shoe a horse"和"钉马掌的 a farrier";等等。

《字汇》中除了词语之外也同时收录了一些专有名词,包括国名、地名、人名以及其他的专名,其中:国名包括"法兰西 France""高丽国 Corea""吕宋 Manila, Spain""大垭国 Denmark""大英国 England""暹罗 Siam""日本 Japan"等;一般的地名包括"青洲 the Isle de Verdes, at Macao""杭州 Hangchou""黑龙江 'black dragon river,' the Amoor""胡地 Mongolia""西藏 Thibet""奉天 Manchuria""广州府 Canton""紫禁城 'purple forbidden city,' the imperial city"

"烟台 Yen-ts'ai, Chefoo""渊明园 the 'Summer Palace' near Peking"等；人名条目包括"康熙 the celebrated emperor K'ang-his""孔圣人 Confucius the sage""盘古 the first human being, the Chinese Adam""宋玉 the Chinese Adonis""曾子 name of a philosopher, a disciple of Confucius"等。

（二）释文及翻译

由于汉语中合成词的构成部分大多有着单独的词义，因而在翻译这些词条的时候，司登得经常采用先字面直译后意译的方式提供对应词，如"桥梁 'bridge beams,' a bridge""浅薄 'shallow and thin,' mean""戒指 'watch finger,' finger rings""千金 'a thousand pieces of gold,' your daughter""进学 'to enter on learning,' to attain the 1st degree""轻重 'light and heavy,' weight""酒色 'wine and women,' dissipation, debauchery""飞星 'flying star,' a shooting star, or meteor""大便 'great convenience,' to evacuate""云雨 'clouds and rain,' sexual intercourse"等。在翻译一些成语的时候，司登得也采取了同样的方式，如"酒囊饭袋 'wine bag rice sack,' a worthless person""鹑鹊之乱 'confusion of quails and magpies,' incest""唇红齿白 'lips red and teeth white,' beautiful""冰冻三尺 'frozen three feet,' a length of time""枪刀剑戟 'guns, knives, swords, and spears,' arms""呼天叫地 'to invoke heaven, and call earth,' to bawl out""改头换面 'alter head change face,' to disguise one's self""三寸金莲 'three inch golden lilies,' small feet of women""甜酸苦辣 'sweet, sour, bitter & acrid,' the troubles of life""油嘴滑舌 'greasy lips slippery tongue,' eloquent, glib"等。

《字汇》在提供词条释文方面还呈现出其他一些特点，具体可归纳为如下四点。

第一，当词目为多义字时，司登得有时用逗号"，"或者分号"；"隔开各个义项，如"已 one's self, private, selfish""加 to add to, additional, more, to increase""甲 to begin, the first; armour, scales; finger nails""知 to know, to perceive; to cause to know, to tell""穹 high, lofty; heaven; to stop up a hole"等。而当合成词条有多个义项时，司登得一般会用分号"；"隔开不同的义项，如

"佳期 an excellent time; sexual intercourse" "豪侠 chivalric, Quixotic; a hero" "大人 a great man; your excellency" "夹疹 a rash, small pox; flea bites" "匹偶 to correspond, to agree; a pair; husband and wife" "好日 a birthday, a holiday, a good day; good weather" "卧榻 a couch, a bed; to lie on a couch" "独活 'living alone,' wild celery; a medicine" "肥皂 the mimosa; soap" "忐忐忑忑 tremor; timid; vacillating; palpitation" 等。

第二，当词目和紧挨着的合成词条的词义相同时，司登得用"same"来取代合成词条的译名，如："家 household furniture, utensils" 和 "家器 same"; "饺 pastry containing minced meat, a mince pie" 和 "饺儿 same"; "砒 arsenic" "砒霜 same" 和 "砒石 same"; "饽 cakes" 和 "饽饽 same"; "柴 fuel, firewood" "柴火 same" 和 "柴薪 same"; "娼 prostitute" 和 "娼妓 same"; "枕 a pillow" 和 "枕头 same"; "蜣 a kind of beetle, a cockroach" 和 "蜣螂 same"; "栀 a fruit used for dyeing saffron colour" 和 "栀子 same"; "痔 haemorrhois, piles" 和 "痔疮 same"; 等等。同样的处理方式也被应用于词义相同的合成条目中，如："减息 to lower the interest" 和 "减利 same"; "箭杆 the shaft of an arrow" 和 "箭干 same"; "制法 rules, laws, regulations" 和 "制令 same"; "敕令 imperial orders" 和 "敕命 same"; "庄稼汉 a villager, a rustic" 和 "庄稼人 same"; "虫类 the insect and reptile class" 和 "虫部 same"; "稿书 draft of a letter, &c." "稿底子 same" 和 "稿子 same"; "朋比 a cabal, a party of intriguers" 和 "朋党 same"; "奢侈 extravagant, prodigal, wasteful" "奢费 same" 和 "奢华 same"; "屠戮 to exterminate" 和 "屠减 same"; 等等。

第三，司登得在翻译一些文化负载词的时候也用注音的方式提供译名，如 "解元 chief of the *chü-jên*" "庠生 a graduated *hsiu-tsai*" "僧录司 *yamén* for the management of Buddhist priests" "桐木 wood of the *t'ung* tree" "拔状元 a chief of the *Han-lin*" "武学 a military *hsiu-ts'ai*; military studies" "亚元 the second in order of the *chin-shih*" 等。与此同时，司登得也通过提供注解的方式解释一些词语的深层意思，而所有的注解被统一设置在字典正文之后，如 "清明 the feast of the tombs; a term" "叫魂 to call the spirit of a sick child" "夏枯草 name of a grass" "枭鸟 name of a bird" "十恶不赦 the ten unpardonable crimes" "桃花

运 peach-blossom destiny""财神 the god of wealth"等。

第四，部分名词条目的释文使用复数形式，如"读书人 literati, students""村童 village boys""草帽子 straw hats""长生果 ground nuts""晚生 juniors, inferiors""温泉 hot springs""蚊虫 musquitoes""药书 medical books""野人 countrymen, rustics, barbarians""牙牌 dominoes"等。

在释文翻译方面，《字汇》也难免存在着一些误译或不确切的译法。例如，司登得把"子宫"译成了"the vagina"（即阴道），殊不知英语中早在14世纪之前就有了两个表示"子宫"之义的词语，即uterus和womb。其他存在误译的词条还包括"长工 constant work"（应改为long-term laborer）、"鸡奸 unnatural crime"（应改为sodomy或buggery）、"橘 the pomelo①, or the orange""芍药 a medicine"（应改为Chinese herbaceous peony）、"大风子 lucraban seed"（应改为chaulmoogra）、"玉兰花 the common flag"（应改为yulan）、"紫色 brown"（应改为purple）、"笔耕 'to plough with the pen,' to be a schoolmaster"（应改为"to write"）、"赤手空拳 'naked hand, empty fist,' empty-handed"（应改为"unarmed"）等。译名不确切的词条则更多，如"指桑骂槐 'point at mulberry, abuse ash,' to talk at a person""油头粉面 'greasy head and powdered face,' a prostitute""鸡眼 'fowls' eyes,' warts, corns""芝兰 name of a flower""拜把子 to take an oath, to vow""霸王鞭 'king Pa's scourge,' a kind of cactus""芍药 a medicine""寿星 the star of longevity""芙蓉花 African marigold""羊角风 'ram's horn wind,' a whirlwind""咬文嚼字 'knaw letters lick characters,' to study; pedantic"等。《字汇》中还存在着译名所体现的词性与词条词性不一致的问题，如"拜天地 worship of heaven and earth at marriage""飞檐走壁 a good scaler of walls, &c.; a house-breaker""力大无穷 great strength""偷情 illicit intercourse""同床共枕 same bed & pillow; man and wife; sexual intercourse""喫醋 'to eat vinegar,' words of envy or jealousy""腊八粥 to eat congee on the 8th of the 12th month""专门 'the only door,' one special pursuit; monopoly""降祸 calamity sent by Heaven"等。

---

① 这部词典中已收录汉语中表示"pomelo"的"柚"和"柚子"。

（三）其他

《字汇》正文后面总共有104个注解，有相当一部分的信息非常丰富。它们大多是用来解释与中国传统文化相关的条目，如"春分"的注释是一个二十四节气表，"王八"的注解是对此词源的说明，"宋玉"条中的注解既解释词源又说明用法，等等。这样的注解显然对中国语言和文化的学习很有帮助，因而1872年第1期《教务杂志》(*The Chinese Recorder and Missionary Journal*)在刊文评论这部字典时对字典中的注解仅有这15页表示遗憾，文中还指出："我们更希望能看到这样的注解能扩充到20倍之多，因为我们认为此类注解不管对汉语学习者还是对所有想了解中国生活和习俗的人来说都是异常有用的。"(223)

《字汇》在1877年通过上海美华书馆得以扩充再版，其页码增加了十多页。1898年，这部字典经加拿大长老会差会传教士季理斐的修订推出第三版，其内容已有了相当多的扩充。季理斐撰写了长达三页的修订说明，其中指出："这实际上就是一部常用语手册。第一栏是大约4 500个汉字的西文注音，其中95%的汉字后跟多字词语，亦即官话或文理中的短语或词组。"(MacGillivray, 1898: v)在这部字典的插页广告中，季理斐列举了新版字典的五大特色，它们分别是：增加了5 000条有用的短语；短语的编排更为合理；删除了很多无用的信息；充分参考卫三畏、翟理斯等人的辞书；音调和释文更加确切。季理斐修订的这部字典在1907年第2版时已改名为《华英成语合璧字集》(*A Mandarin-Romanized Dictionary of Chinese*)，1911年再版时又将书名改为《英华成语合璧字集》。季氏字典之后还经过多次修订，比如1918年的第4版、1922年的第6版等。

《字汇》自出版后颇受好评，在近20年中一直畅销不衰。1872年第1期《教务杂志》刊登了这样的评论："这部字典非常精致，它是我们所看到的最为简洁明了的汉英字典。我们恭喜司登得编出了一部在编排上令人耳目一新的字典，同时也恭喜上海的海关出版社能印出这样一部字典。"(222)季理斐的修订使这部字典重新流行起来。1905年4月的《教务杂志》在评论季氏字典时指出："[……]季理斐在自己学习中使用了《字汇》，觉得这部字典比较有用,于是经修订推出了新的版本,以期别人也能像他一样从中受益。新版本的受欢迎程度要比之前的版本大得多。"(203)1917年出版的《中国百科全书》(*The Encyclopaedia Sinica*)也提到了这部字典,并认为"当时最为畅销的字典之一便是由司登得编写的《字汇》,而这部字典的流行在很大程度上应该归因于字典中对两字和三字词组清晰明了的编排"(303)。

三、《汉英袖珍字典》

1874年,司登得通过上海的 Kelly & Co[①] 出版了《汉英袖珍字典》(*Chinese and English Pocket Dictionary*)。在此之前,《中国评论》在1873年9月就曾介绍过这部字典:"据《上海通信晚报》的报道,司登得先生即将出版的《汉英袖珍字典》将是'司登得先生一年前出版的《字汇》的节选本。与人们想象的一样,《字汇》卖得非常好,据说到现在为止已售罄'。这部袖珍字典的风格有点像约翰逊博士的《英语袖珍词典》[……]"(127)司登得在字典序言中解释了编写这部字典的原因:"《字汇》在短时间内的售罄,再加上很多朋友的索书要求,可以算是我出版这个小册子的原因。我深信编写这样一部字典对学习汉语的外国学生有很大作用。"这部字典收词规模相对较小,只收录了3 500个常用汉字。字典正文也只有236页,另附有14页的部首索引表。在词目的编排方面,《汉英袖珍字典》与《字汇》有明显的不同:《汉英袖珍字典》已不再按照西文注音排列,取而代之的是先汉字部首后注音的排列方法,如图1-15所示。

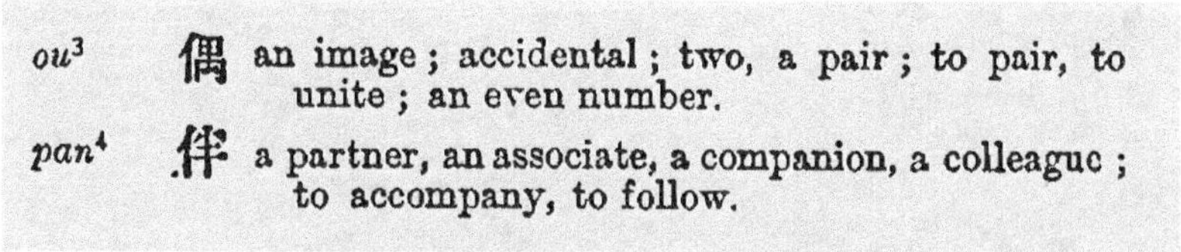

> ou^3　偶　an image; accidental; two, a pair; to pair, to unite; an even number.
>
> pan^4　伴　a partner, an associate, a companion, a colleague; to accompany, to follow.

图1-15　《汉英袖珍字典》的样条

[①] 1876年,该洋行与 F. & C. Walsh 合并构成了 Kelly & Walsh(即别发洋行)。

《汉英袖珍字典》在出版之后也得到了好评。1874年2月的《中国评论》上刊载了如下评介信息:"这部作品有可能会畅销,尽管我们看不出先部首后注音的编排方式有什么好处[……]所收录的汉字比较有用,尤其是对学习北方口语的学生而言。我们应该恭喜司登得先生编写出了这么一部小巧的字典。"(255)

司登得所编写的字典,沿袭了诸如马礼逊、麦都思、卫三畏等人开创的传教士字典的许多做法,同时又在词条编排、词目注音标调、语料取材等方面力求创新。尽管这些字典在篇幅上比同时期的字典要小一些,但它们轻便小巧的特征也在很大程度上增加了字典受欢迎的程度。季理斐的修订工作更是延续了司氏字典的生命。从某种意义上来说,司登得的字典在汉英词典编纂史上起到了一个过渡作用,即从晚清阶段到民国阶段的过渡。由此我们可以说,司登得的字典在汉英词典史上的作用是不容忽视的。

第六章
卢公明的《英华萃林韵府》

一、卢公明的生平及著作

卢公明（Justus Doolittle），1824年6月23日出生于美国纽约州杰斐逊县拉特兰镇，1842年9月进入纽约州的汉密尔顿学院（Hamilton College）学习，并于1846年7月毕业。同年9月，卢公明进入奥本神学院（Auburn Theological Seminary）学习，并于1849年6月20日毕业。毕业当晚，卢公明不仅被委任为传教士，而且还与索菲娅·A. 汉密尔顿（Sophia A. Hamilton）小姐结了婚。同年11月22日，卢公明受公理会（American Board of Commissioners for Foreign Missions，又译作美部会）指派，携妻子由波士顿出发，于次年4月10日抵达香港，并于5月31日最终抵达福州，由此开始了在华20余年的传教生涯。据《在华传教志》（The China Mission Hand-book）的记载，在19世纪50年代，卢公明牧师就因在南台郊区的街道上成功售卖书籍和传教册子而出名（1896: 152）。据季理斐编辑的《新教在华传教百年史》的记载，卢公明在1853年创建了当地的第一所男童寄宿学校①，次年其妻也创建了一所女子学校②（MacGillivray, 1907a: 258）。1856年6月21日，卢公明的妻子因病去世。1859年1月11日，卢公明在上海再婚，娶了露西·E. 米尔斯小姐（Lucy E. Mills）。1862年，卢公明曾经转到天津传教，次年年初又回到福州。后来，卢公明患上了失音症。

---

① 即福音精舍，后改名为格致书院（Foochow College），亦即现在福州格致中学的前身。
② 即美部会妇女学校，后改名为文山女子学校，亦即现在福州第八中学的前身。

1864年2月,卢公明被迫返回美国休养。次年8月,卢公明的妻子又离开了人世。1866年2月,卢公明在美国伊利诺伊州盖尔斯堡娶了路易莎·贾德森(Louisa Judson)小姐为妻,同年4月一起启程前往天津。据林立强的考证,卢公明曾一度弃教从商,在1869年至1890年期间担任美商琼记洋行(Augustine Heard & Co.)的茶商翻译(2005:112)。1869年6月,卢公明与美以美会(American Methodist Episcopal Mission)的保灵牧师(S. L. Baldwin)携手,一同主编由后者发起、当时已在福州发行的《教务杂志》(*The Chinese Recorder and Missionary Journal*)①。自1870年6月的第三册开始,卢公明就单独主编这份杂志。从1872年6月起,该杂志暂时停刊。同年,卢公明转而开始为美国长老会(the Presbyterian Board)工作,并于9月举家北迁至上海。1873年1月,卢公明突然患病,等到5月份病情略有好转后就回到美国。1880年6月15日,卢公明在纽约州克林顿病逝。

伟烈亚力在《来华新教传教士纪念集》一书中列举了卢公明的27部作品,其中中文26部,英文1部。中文作品绝大多数都是传教小册子,如《劝戒鸦片论》《悔罪信耶稣论》《赌博明论》《祈祷式文》《异端辩论》等。卢公明的英文作品便是他最为著名的《中国人的社会生活》(*Social Life of the Chinese: With Some Account of Their Religious, Governmental, Educational, and Business Customs and Opinions*)。这部两卷本著作是卢公明在美养病期间整理而成,于1865年在纽约出版,全书共949页②,附有150张插图。根据卢公明在序言中的介绍,该书三分之二的内容在1861年至1864年间已发表在香港《中国邮报》(*China Mail*)的专栏"Jottings about the Chinese"(中国人摘记)上。卢公明根据自己在福州14年的生活观察,对当时福州人社会生活的方方面面作了较为翔实的叙述。尽管卢公明的叙述相当细致,然而在细节描写中存在着不少错误。1879年第7卷第5期的《中国评论》③在其"新书通讯与文学信息"专栏中

---

① 该杂志始于1868年5月,4年后停刊;自1874年1月起,该杂志转至上海的美华书馆印刷,1886年从双月刊改为月刊,1941年停刊。
② 1878年该书得以再版,两卷本合为一本,全书共900页,并附有一个较为完整的索引。
③ 又名《远东释疑》,英文全名为 *The China Review, or Notes & Queries on the Far East*, 1872年7月创刊于香港,1901年6月停刊。

刊载了对该书新版的评介:"书中所记载的所有社会习俗和宗教仪式实系道听途说,而未能追根溯源,将现代社会和宗教现象与《礼记》和历史文献结合起来,因而全书在确切性和历史解读方面存在着缺憾。"(1879:336)

卢公明另一重要的作品就是1872年出版的《英华萃林韵府》(*Vocabulary and Hand-book of the Chinese Language, Romanized in the Mandarin Dialect*)。

二、《英华萃林韵府》

《英华萃林韵府》分上下两卷,由位于福州的Rozario, Marcal and Company出版。上卷即第一部分,共548页,另附两页勘误;下卷包括第二和第三部分,共688页,另附7页勘误。根据卢公明最初的想法,这部书计划以单卷本形式发行。然而,一则由于词典印刷被耽搁了6个月,再则因为收到较多可融入第二和第三部分的内容,所以只好放弃了原计划。1872年1月份的《教务杂志》刊登了有关正在印刷中的《英华萃林韵府》的插页广告。卢公明在广告中对词典作了简单的介绍,当时计划上下卷各550页左右。然而,由于印刷工人未能按期印制下卷,下卷的内容也因而有所增删。卢公明在同年5月份的《教务杂志》又登载广告,不仅对此作了说明,同时还说"下卷的内容较之前向公众介绍的要丰富得多,而且更具实用价值"。词典中的两个序言也说明了出版计划的变化,上卷中的序言是在1872年1月1日写于福州,而下卷中的序言则要晚一些,在同年12月25日写于上海南门。卢公明在下卷的序言中还这么写道:"当我9月搬到上海时,这部书在福州只印了480页,余下部分是在上海美华书馆印刷的。这也说明了为什么481页开始的字体与之前的有所不同。"(Doolittle, 1872: II)

(一)内容和特点

从词典的英语标题可以看出,这部词典不能算是一部彻头彻尾的英汉词典,它更侧重于对汉语词汇的收录。给汉语对应词注音更加说明了这一性质。事实上,之前传教士所编写的英汉词典(如马礼逊的《华英字典》第三部、麦都思的《英华字典》、罗存德的《英华字典》等),无一例外地给汉语词汇标上了读音，由此我们可以看出这类英汉词典的性质实为帮助外国人学习汉语。卢公明在上卷的序言中只提到所用汉字数（175 000）和词语数（66 000），只字未提列在词头的英文词目数。据笔者的估算，第一部分的收词数不足两万，还不到比它早4年出版的罗存德《英华字典》的一半。在这部分中，每个典型词条包括词目、英文释文或提示、汉语对应词、对应词的官话注音、例证、例证译文及其注音，试看图1-16。

```
Atom, 塵埃 'chên yai, 極微之物 chi wei
    chih wu.
Atone, 贖罪 shu tsui; 10,000 deaths will not 萬
    死莫贖 wan ssŭ mo shu; for crime by merit,
    將功折罪 chiang kung chê tsui; for offen-
    ces fines are levied, 金作贖刑 chin tso shu
    hsing.
Atonement, 代贖之事 tai shu chih shih.
Atrocious, 兇惡 hsiung ê, 兇暴 hsiung pao.
Atrocity, 極惡之事 chi ê chih shih, 殘忍的
    事 'tsan jên ti shih.
Atrophy, 肌肉瘦 chi jou sou.
Attach, 聯合 lien 'ho, 貼近 'tieh chin; people's
    hearts, 收拾民心 shou shih min hsin; to
    one's person, 佔人之愛 chan jên chih ai.
```

图1-16 《英华萃林韵府》的样条

第一部分内容中除了序言、正文、勘误外，还包含其他两部分内容——两页的注音说明和两页的音节表。这两部分内容均摘选自威妥玛的三卷本著作《语言自迩集》[①]，前者选自该书的第一卷，后者则选自第三卷中的附录"北京话音节表"（Peking Syllabary）。作为整部词典最主要的内容，第一部分有着如下五个特点。

第一，词典中给英文词目通常提供了多个汉语对应词，如"cause 故，缘故，由，原由，因由，缘由，所以然""courage 勇敢，胆，胆大，大胆，胆量，勇气"

---

① 1867年初版；1886年第2版，系威妥玛和禧在明合编而成。

"dumb 哑,哑吧,哑吧子,哑口,瘂口,哑人,哑子,不能言,不出声,不响""I 我,予,余,吾,昝,喀,俺,小弟""idea 意,意思,意见,念头,心所见,想像""perjure 谎誓,背誓,发假誓,诬证,枉誓,启发虚誓""poor 贫,穷,空乏,无钱,贫穷,贫寒""porter 门公,看门的,看门者,门子,看门公,门上"等。

第二,一些名词条目通常以复数形式出现,如 ashes(灰,火灰)、brocades(扯花布)、corpuscles(微物,微尘)、exorcists(赶鬼者,道士)、granaries(仓库)、odes(诗,诗歌)、prawns(明虾,银虾)、quarrels(隙怨)等。有时采用复数形式是为了体现短语或习语的用法,如"Grains, the five 五谷""Grasses, all kinds of flowers and 百样花草""Hearts, to buy up people's 买弄人心,买人心""Lips parched and cracked 口唇燥裂""Pains, thrown away 白效劳"等。

第三,有的词目或例证是根据所要体现的汉语对应词而设立的,如:

Ceasing, *the four seasons roll around without* 四时运不穷

Corpses were heaped like mountains 尸如山积

Fortunate! *fortunate!* 难得难得

Forty, 四十; *I was without doubts at* 四十不惑

Gates, *the god of doors and* 门官土地,门楼土地

Plod *or toil in study* 学而时习之

Pour oil on the fire 火上添油

Pursuing the wind and catching at a shadow 捕风捉影

第四,词条例证有时也包含一些由词头构成的复合词,如:clear(清)条下的"clearheaded 精通";clock 条下的"alarm clock 闹钟";heart 条下的"heartache 心痛";milk 条下的"milk name[①] 乳名";queen 条下的"queen mother 太后";star 条下的"star aniseed 大茴,八角";steam 条下的"steam engine 蒸气机,火轮船";thunder 条下的"thunderbolt 雷石";等等。

[①] milk name 一词源于汉语,1836年首次出现在德庇时(John Francis Davis)所著的《中华帝国及其居民概论》(*The Chinese: A General Description of the Empire of China and Its Inhabitants*)之中。

第五，卢公明为多义词提供了英语释义或提示词，以显示词义的区分，如：cling条下的“affectionately to one依恋”和“firmly揽紧不放”；founder条下的“of a dynasty创立君，开国始君”和“as a ship治沉落水”；hem条下的“of a garment衣裳的贴边”和“shout aloud扬声”；recreate条下的“stroll about游玩”和“make anew再造”；shrew条下的“brawling woman恶癖之妇”和“mouse臊鼠”；thrush条下的“disease小儿口疮”和“singing乌屎吉”；等等。

第六，一些词条后面设置了较为详细的注解，以提供相当实用的补充信息，如：constellation（星宿）之后的“二十八宿”；pharmacy（制药法）之后所列的13种方法；proverb（谚语）之后的“谚语实例”；sail（帆，篷）之后的9种桅杆名称；等等。

第二部分内容共174页，收录了1万个英语句子及其中文译文，总共所涉及的汉字超过75 000个，同时绝大多数中文译文所包含的字数不少于5个。这一部分中典型条目依次包含词头、词头所在的句子或短语、中文译文，试看图1–17。

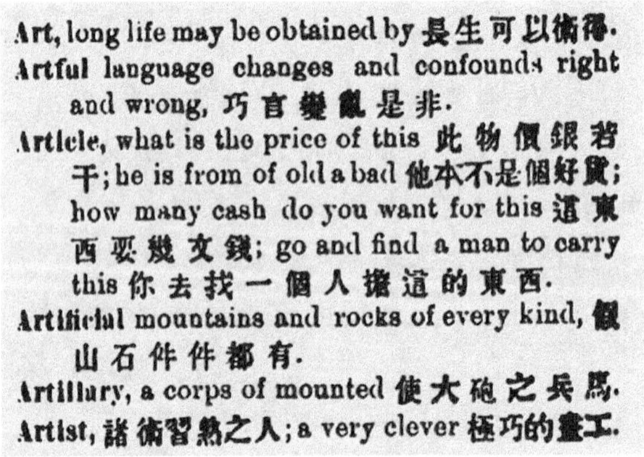
Art, long life may be obtained by 長生可以術得.
Artful language changes and confounds right and wrong, 巧言變亂是非.
Article, what is the price of this 此物價銀若干; he is from of old a bad 他本不是個好貨; how many cash do you want for this 這東西要幾文錢; go and find a man to carry this 你去找一個人擔這的東西.
Artificial mountains and rocks of every kind, 假山石件件都有.
Artillary, a corps of mounted 使大砲之兵馬.
Artist, 諸術習熟之人; a very clever 極巧的畫工.

图1–17 《英华萃林韵府》中的例证

在这一部分中，卢公明还补收了第一部分漏收的一些词条，如abolition（废弛不行之事）、cartridge（火药包单子之纸袋）、diocesan（法官所领的地方）、embrocate（以药水抹病）、Englishman（英吉利国人）、hydrophobia（狂犬咬令人癫）、polytheism（奉拜五帝百神之事）、scintillation（火星出来之貌）、web-footed（脚指间有幕）等。

第三部分内容并非完全由卢公明自己所编写,绝大部分内容选自当时生活在中国的外国人所编写的书籍或直接由驻华外籍人士提供。在所有的85项资料中,至少有11项是卢公明自己整理而成的,如"200对对句""茶叶名""格言警句"①"《中国人的社会生活》词语录""计量单位""花果名录""中国姓名实例""船运和航海术语""茶叶和茶业术语""福州、上海和天津谚语"等。其他资料涉及的内容五花八门,既有自然科学又有人文学科,如伟烈亚力的"力学术语""数学和天文学术语"和"恒星名录"、摩怜(C. C. Baldwin)的"400条谚语和普通或隐喻词语"、丁韪良(W. A. P. Martin)的"外交和官方交流用语"、艾约瑟(J. Edkins)的"佛教用语"和"占卜术语"、湛约翰(John Chalmers)的"道教用语"、梅辉立(William Frederick Mayers)的"中国历史年表"、嘉约翰(J. G. Kerr)的"化学术语"、合信(Benjamin Hobson)的"解剖和生理学术语"、山嘉利(C. A. Stanley)的"地理术语"、卫三畏的"南方方言音节表和字表"等。在这一部分中,汉语短语或句子的数量超过26 500个,所用到的汉字超过151 000个。

(二) 不足之处

《英华萃林韵府》由三部分内容组成,它最大的不足之处在于各个部分之间或每个部分中的内容缺乏系统性,其中最为明显的不足可体现为以下两点。

第一是第一部分与第二部分虽可起到互补的作用,但这两部分所收录的词目时常出现重复累赘的现象,如gossip(谈论人之长短)、mineralogist(究金石先生)等。更有甚者,重复词目的汉语对应词经常出现不一致的现象,试看表1-14。

表1-14 《英华萃林韵府》中译名前后不一的词语

词 目	第 一 部 分	第 二 部 分
aborigine	土人,土番,本地人	一地方之原本的人
abstemious	节用,闲食,禁口,忌口,戒食	所食的係淡薄

---

① 节选自德庇时的《贤文书》。

续 表

词 目	第 一 部 分	第 二 部 分
cathedral	大庙	主教督理之礼拜堂
circumcision	损割之礼,周割之礼	去阳物前皮之法
fratricide	杀兄弟之罪	残背兄弟之事
legislator	设立法律者,立定条规者	设立律法者
lisp	说话不明,利根短,含糊说话,短舌根	结结疤疤说话
morality	德,善道,善德	整风修行的箴规
necromancer	觋婆,用邪法之人	与邪魔交通者
perpetuity	永远常存	长在不息之势
quinsy	喉咙痛,生鹅喉	喉左右核生炎
swindler	拐子,光棍,光脚	诈欺取人财物者

第二是第三部分中各种资料的排列不仅缺乏条理性,而且资料之间还有内容重叠的现象。例如,这一部分包含了多种谚语资料,如:由卢公明自己汇集的"福州、上海和天津谚语";摩怜的"400条谚语和普通或隐喻词语";慕雅德(Arthur E. Moule)的"200多条宁波谚语";"五种语言的谚语与短语"(第42项);"天津谚语"(第48项);"中英谚语"(第53项);"法中英谚语"(第54项);"牧师用经书短语和谚语"(第55项);等等。如此杂乱无章的编排势必导致内容的重复。美国公理会传教士明恩溥(Arthur H. Smith)在其《汉语谚语俗语集》(*Proverbs and Common Sayings from the Chinese*)的序言中指出:"[……]卢公明《英华萃林韵府》所收录的谚语,与其说是一个汇集,还不如说是一堆散乱的资料。所有的词典资料被分成85项,而谚语、对句、短语和格言犹如遭遇了一场文学沙尘暴,散落在12项内容中。"(1902:9)

另一处较为明显的不足在于词条或语言资料的收录标准不一,缺乏严谨性。在收词方面,《英华萃林韵府》采用了较为松散的标准,由此收录了几类不该作为词目收录的词语或表达,如拉丁语学名("Ipomea maritana鸎籐"

"Nandina domestica 天竹""Poinciana pulcherrima 金凤花""Solanum indicum 黄茄花"等)、动词的分词形式("coiled up 盘曲""deducted 除了""forsaken 舍弃了""scandalized 羞愧"等)、应作例证的表达("abbreviated character 省字""brother's son 姪""ensiform cartilage 胸下脆骨""pigeon's eggs 鸽子蛋""puerperal disease 产妇之病"等)、短句("gain at the gaming tables 赌博赢钱""looked upon contemptuously by other, to be 被人看破""knives, to pass over the bridge of 过刀桥"等),等等。不严谨的问题同样也出现在第三部分的语言资料中。其中的"中法英三语版《太上感应篇》""中德英三语《三字经》""用四种语言表达的100个短语""中拉植物名鉴""法中英三语机械和航海术语"等内容在一部英汉双语词典中显得有些格格不入。

在翻译方面,《英华萃林韵府》也存在着较大的不足,大致可归纳为四点。一是所提供的多个同义译名时常出现释义的偏差或与词目词性不符的现象,如"cataract 绿水灌瞳神,目反睛,绿水灌瞳仁,睛珠变质不明""halo 云①,云霞,汞,晕,红霞""gossip 闲谈,谈谈,谣言,闻风捉影,谈论人之长短""catarrh 伤寒,感冒,伤风②"等。二是译文有时出现误译或错译,如误将"eavesdropper③"(偷听者,窃听者)当作动词解释为"潜听,窥探,偷听"、把"esophagus"(食道,食管)错译为"喉咙④"、husband 中把"mother of husband"(公婆)错译成"岳母"、mantis 条中把"praying mantis"(螳螂)误译成"螽斯"。三是通过音译手段翻译词目时采用的标准相对松散,如"America 亚美理驾,亚墨利加,亚默利加⑤""Europe 欧罗巴,友罗巴⑥""Germany 阿理曼国,日耳曼国⑦"等。四是形容词条目的对应词处理不一,以至于"的"的使用没有统一的标准,如"distinct

---

① 该词典中的 cloud 条早已有"云"的对应词。
② 1858年合信的《医学英华字释》(*Medical Vocabulary in English and Chinese*)在 catarrh 条中只提供了一个对应词,即"伤风"。
③ 该词典第二部分也收录了这个词,并将其译作"簷前窥探者"。
④ 该词典中 throat 条已有"喉咙"这一译名;早几年出版的罗存德的《英华字典》(1867)采用了相似的译名——"软喉,喉咙"。
⑤ 麦都思在其《英华字典》(1847)中给出的音译词是"亚默利加",而罗存德的《英华字典》提供的则是当时较为广泛使用的"亚美利加"。
⑥ 此译法可能源自麦都思的《英华字典》,而罗存德的《英华字典》只有"欧罗巴"一个音译词。
⑦ 罗存德的《英华字典》虽然未收录 Germany,但收了 German(日耳曼国的)。

清白的,分明的,明朗,清楚,清楚楚""effeminate如柔婉的,女子之样,女子形,妇女之貌""godly似神的,畏天主,敬上帝"等。

《英华萃林韵府》中的英文例证时常出现表达不妥或错误的现象。这样的问题大致有三类。一是表达不符合英文习惯,如"how many compute 数过多少"(似应改为"how many times have you computed")、"Morning was clear 起早天晴"(不如"It was clear in the morning"地道)、"My son, do you sit down and be a companion to the gentlemen 我儿你陪相公坐了"(do you 最好改为 would you)、"Prices, not two 不二价"(不如"uniform price"地道)等。二是冠词或代词的遗漏,如"father this year is 69 家父今年六十九"(缺了my)、"Injury to the people is very great 其害于民为大"、"the tea from the terraces on the hill side is best 岩茶为上品"、"Slave accusing his master should be beheaded 奴告主者斩"等。三是时态不一致,如"tea runs out at the bottom of the chest 茶漏下箱底""poisoned a man so that he will die 毒死人"等。

在词典微观结构的编排方面,《英华萃林韵府》存在着多处不足。首先,例证中不排印词头使得查阅比较费劲,有时需要有一定英语基础的人才能看懂,如:clever(贤,巧,通,伶俐)条下的"at talk 伶牙俐齿; and cunning 伶俐乖巧; and ingenious 巧妙; extremely 十分伶俐; and fond of learning 敏而好学; in business 精乖, 精伶, 巧手"; wheat(麦)条下的"not yet cut 麦子没割; straw 麦茎; a grain of 一颗麦; harvest 麦秋";等等。其次,一些名词形容词兼用的词条未能区分不同词性的义项,如"mortal 会死的,能死,凡胎""spend-thrift or prodigal 浪费的,浪子,侈靡"等。最后,词典提供的英文释义或提示词中,有些词并未出现在词典中,因而犯了词典学的一大忌,如解释 maker(造者)的同义词"manufacturer"、thoughts 后的"cessation"、与 partaker(有分的人)同义的"participater"等。

尽管两册《英华萃林韵府》均附有勘误表,但词典中实有的印刷错误还不止这些。这些错误不仅出现在词目上(如 citizen 错拼成 citazen、hazle-nut 应改作 hazel-nut 等),也有出现在译文或例证中的(如"cider 平菓酒"中的"平"应改为"苹""drink broth 渴汤"中的"渴"应改为"喝"等)。

（三）作用和影响

《英华萃林韵府》出版之后影响并非很大，因而之后并没有推出很多的版本，只是1890年在上海重印了一次。词典的销售情况并不太乐观，到1907年的时候这部词典还有库存销售。1907年1月的《教务杂志》就刊登了美华书馆的售书广告："对于那些渴望增加自己的汉语知识或对中国古物或古玩等感兴趣的人来说，卢公明的《英华萃林韵府》必将让你受益匪浅。全册五元，单册三元。"不过，卢公明利用其作为《教务杂志》编辑的身份，在该杂志上做了不少的宣传。在1872年5月的《教务杂志》中，卢公明甚至还刊载了读者对词典上卷的一些评价。理雅各（James Legge）是这么评价的："页面太挤了，印刷的字迹深浅不一，但你编辑的那部分内容非常有价值。"时任同文馆总教习的丁韪良是这么说的："这本词典非常有用，我给我的学生们买了十本。"广州的一位传教士还做出了这样的评价："就现有用以帮助英语国家的人学习汉语的工具书而言，这部词典是一个非常有用的补充。当然它对想学习英语的中国人也同样适用。"《中国评论》在1873年2月刊登了对《英华萃林韵府》第二册的简短书评，其中指出："在这个独特且非常实用的大杂烩中，各类学生将会找到最为有用的信息。不管是想查阅'植物名鉴'或'婚礼用语'，还是'佛教和道教用语'或'解剖学术语'，《英华萃林韵府》均能提供必要的帮助。"(269)

与早几年由罗存德所编写的《英华字典》相比，卢公明的《英华萃林韵府》在收词、配例等方面要逊色不少，然而它也与前者一样漂洋过海，对日本的词典编纂事业起到了一定的推动作用。1881年，日本人矢田堀鸿节略翻译了《英华萃林韵府》，并将书名改为《英华学艺词林》。由于《英华萃林韵府》中的不少内容涉及各学科的术语，因而它为日本引入了多个学科的相关术语。《英华萃林韵府》的另一大影响在于它在现代汉语词汇形成过程中起到的作用。作为一种历史文本，《英华萃林韵府》在研究汉语词汇的确立方面有较大的参考价值。

第七章

翟理斯的《华英字典》

一、翟理斯的生平和著作

翟理斯(Herbert Allen Giles),1845年12月8日生于英国牛津,其父约翰·艾伦·贾尔斯(John Allen Giles)是英国圣公会牧师和牛津大学基督圣体学院研究员。翟理斯曾在查特豪斯公学就读4年,1867年毕业后他通过了英国外交部的选拔考试,远赴重洋,来到北京,成为英国驻华使馆的一名翻译生。在《贾尔斯日记和回忆录》收录的一封由翟理斯写给其父的信中,他介绍了自己在华学习汉语的情况:"每个人得准备一册威妥玛①的《语言自迩集》和一套马礼逊的《华英字典》,这两套书总共22美元,在翻译学生中非常流行。政府为每位学生配备了一名教师,他就住在使馆中,因而从早上8点到晚上10点,我们随叫随到。"(2000,376)之后,他历任天津、宁波、汉口、广州等地英国领事馆翻译,以及汕头、厦门、福州②、上海、淡水③、宁波等地英国领事馆代领事、副领事、领事等职。1893年10月,翟理斯以健康状况不佳为由辞职返英。1897年12月,他成了剑桥大学的汉语教授,而上一任教授就是已于两年前去

---

① 威妥玛爵士(Sir Thomas Francis Wade),英国外交家,曾任驻华公使,著有《北京话音节表》(The Peking Syllabary: Being a Collection of the Characters Representing the Dialect of Peking)、《语言自迩集》(Yü-yen Tzu-erh Chi: A Progressive Course Designed to Assist the Student of Colloquial Chinese)等。
② 1880年2月25日,翟理斯被任命为位于福州马尾的罗星塔(Pagoda Island)英国领事馆副领事。
③ 1885年至1891年期间,翟理斯在淡水红毛城(Fort San Domingo)英国领事馆先后任副领事和领事。

世的自己的老上司和对手——威妥玛。在担任35年教授之后,翟理斯在1932年最终从剑桥大学退休。1935年2月13日,他在剑桥的家中病逝,终年90岁。

作为著名的汉学家,翟理斯著作甚丰,其作品大致可以分为四大类,即语言教材、工具书、译著以及汉学著作。

1872年,翟理斯通过上海望益纸馆(A. H. de Carvalho, Printer & Stationer)出版了《汉言无师自通》(Chinese Without a Teacher, Being a Collection of Easy and Useful Sentences in the Mandarin Dialect)[①],该教程主要分两部分:第一部分包含了14课,每课包括一页或数页的常用句子及其汉译;第二部分是常用词汇的英汉对照表,其中的汉语部分并非用汉字表示,而是用其读音来标示。次年,翟理斯又在上海出版了一部汉语学习教材——《语学举隅》(A Dictionary of Colloquial Idioms in the Mandarin Dialect)[②]。虽说这本书冠以dictionary的名称,其实它是一本按内容字母顺序排列的英汉对照教程。1874年,翟理斯还通过上海望益纸馆出版了《字学举隅》(Synoptical Studies in Chinese Character)。从其内容的编排来看,这是一部简单的汉英字典,总共收录了1 316个汉字,每个汉字不仅标注了读音,而且还设置了英译。1877年,翟理斯还出版了一部《汕头方言手册》(Handbook of the Swatow Dialect)。翟理斯在1919年和1922年还编写了旨在帮助外国人学习汉字的《如何开始学汉语:百个最佳汉字》(How to Begin Chinese: The Hundred Best Characters)和《如何开始学汉语:百个最佳汉字(二)》(How to Begin Chinese: The Second Hundred Best Characters)。

1878年,翟理斯出版了《远东事务参照词汇表》(A Glossary of Reference on Subjects Connected with the Far East)一书,该书事实上是一部半英汉双解名词词典,收录了东亚国家的一些特有事物和概念、地名及其他专名,如amah(阿妈)、censor(御史或都老爷)、the Eight Banners(八旗)、oolong(乌龙)等。次年,翟理斯通过厦门的马萨尔印刷所(A. A. Marçal)印制了一个40来页

[①] 该书在当时应该比较畅销,别发洋行在1901年出版了该书的第5版修订版,后来到了1922年,该书的第8版仍在出版。

[②] 1873年第3期《中国评论》在"书讯"中介绍了此书,并把它称为"迄今为止出现了最有用的汉语学习用书,它满足了大家公认的一种学习需求"。

的小册子，名为《论〈汉英韵府〉的翻译和误译》(*On Some Translations and Mistranslations in Dr. Williams' Syllabic Dictionary of the Chinese Language*)，罗列了卫三畏字典中的近300处翻译问题，并提出了自己的改进意见。1892年，位于伦敦的伯纳德·夸里奇公司和位于上海等地的别发洋行出版了翟理斯的《华英字典》(*A Chinese-English Dictionary*)。1898年，翟理斯还出版了收录2 579条中国历代名人条目的汉英人名词典——《古今姓氏族谱》(*A Chinese Biographical Dictionary*)，为此他还获得了法兰西学院颁发的汉学奖项——儒莲奖。

  作为一名出色的译者，翟理斯的译著也不少。1873年，上海望益纸馆出版了由翟理斯翻译的《〈三字经〉和〈千字文〉》(*The San-Tzu-Ching, or Three Character Classic, and the Ch'ien-Tzu-Wen or Thousand Character Essay*)。次年，翟理斯又翻译了《闺训千字文》(*A Thousand-Character Essay for Girls*)①。1877年，翟理斯把法显的《佛国记》②翻译成了英语，其书名为 *Record of the Buddhistic Kingdoms*。1880年，翟理斯又将蒲松龄的《聊斋志异》翻成英文(*Strange Stories from a Chinese Studio*)，并分上下两卷在伦敦出版了这部译著。1884年，由翟理斯翻译的《古文选珍》(*Gems of Chinese Literature*)③在伦敦出版，该书按朝代顺序收集了数十篇历代名家的散文和作品节选。1887年，翟理斯以 *The Remains of Lao Tsze* 为书名翻译了老子的著作④。1889年，伯纳德·夸里奇公司出版了由翟理斯翻译的《庄子：神秘主义者、道德改革家与社会改革家》(*Chuang Tzu: Mystic, Moralist, and Social Reformer*)⑤。1898年10月，翟理斯又出版了一本诗歌选译集——《古今诗选》(*Chinese Poetry*

---

① 《中国评论》在1873年第3期就刊载了由翟理斯翻译的"A Thousand Character Essay"一文。
② 该书此前至少已有两种译本，即法国汉学家雷慕沙(Jean Pierre Abel Rémusat)1836年的法文版和英国传教士毕尔(Samuel Beal)1869年的英文版；英国汉学家理雅各(James Legge)在1886年也翻译了此书。
③ 英国汉学家克兰默-宾(L. Cranmer-Byng)在1902年出版了以 *Never-Ending Wrong* 为书名的诗歌译著，书中收集的均为翟理斯翻译的诗歌。
④ 理雅各在1888年第4期《中国评论》(*The China Review: Or Notes and Queries on the Far East*)发表了题为"A Critical Notice of 'The Remains of Lao Tsze, Retranslated'"的评论文章。
⑤ 1906年，翟理斯之子翟林奈(Lionel Giles)根据该译著出版了《一个中国神秘主义者的沉思：庄子哲学选读》(*Musings of a Chinese Mystic: Selections from the Philosophy of Chuang Tzu*)。

in English Verse)。1900年,别发洋行出版了单行本《三字经》(*The San Tzu Ching, or Three-Character Classic*)。1911年,翟理斯还编译了《中国神话故事》(*Chinese Fairy Tales*),这本只有42页的译著收录了12篇简短的神话故事。1924年,翟理斯翻译出版了法医学专书《洗冤录》(*Hsi Yuan Lu, or Instructions to Coroners*)。1925年,翟理斯将《笑林广记》中的242则笑话译成英文,并将译著称作《中国笑话选》(*Quips from a Chinese Jest-book*)。

翟理斯的另一类著作大多与汉学相关,以介绍中国文化、文学、历史、传统习俗、宗教等内容为主,如1876年的《中国札记》(*Chinese Sketches*)、1878年的《鼓浪屿简史》(*A Short History of Koolangsu*)、1881年的《中国历史及其他概述》(*Historic China and Other Sketches*)、1901年的《中国文学史》(*A History of Chinese Literature*)、1902年的演讲集《中国和中国人》(*China and the Chinese*)①、1905年的《中国绘画史简介》(*An Introduction to the History of Chinese Pictorial Art*)和《中国古代宗教》(*Religions of Ancient China*)、1911年的《中国文明》(*The Civilization of China*)、1912年的《中国和满人》(*China and the Manchus*)以及1914年的《儒家学说及其反对派》(*Confucianism and Its Rivals*)等。

除了上述四类作品之外,翟理斯还写有旅途见闻录《汕广纪行》(*From Swatow to Canton: Overland*, 1877)、学术札记集《翟山笔记》(*Adversaria Sinica*, 1905—1914)以及宗教论文集《世界各大宗教》(*Great Religions of the World*, 1901)②等。

二、《华英字典》

翟理斯在1892年出版了花费18年编写完成的《华英字典》,全书共1 460页,其中前言9页,语言论文37页,正文部分1 354页,附录部分31页,部首表1页,部首索引25页,难检字表3页。附录包括官职等级表、姓氏表、中国朝代

---

① 此演讲集为翟理斯在美国哥伦比亚大学演讲的汇集。美国长老会传教士倪维思(John L. Nevius)也曾在1869年著有 *China and the Chinese* 一书。
② 翟理斯只为该部收有11篇论文的文集撰写了其中的第一篇论文——《19世纪的儒家思想》("Confucianism in the Nineteenth Century")。

表、地名表、历法表以及杂表。《华英字典》总共收录了 13 848 个汉字[①],每个汉字均标注有一个与之对应的数字,而这些数字可在正文后面的部首索引中查找。这些汉字均是按照音序排列,同音字则根据其所对应的数字的顺序排列。汉字的注音则是采用了威妥玛在《语言自迩集》中所创造的方法。以翟理斯之见,这种方法"从科学角度上来看绝对不是精确的。从一些方面来看,它显得比较累赘;而从其他方面看,它又显得前后不一"(Giles, 1892: vi)。但由于该字典潜在的读者群是使用《语言自迩集》来汉语入门等原因,翟理斯还是选用了这种注音方法。翟理斯在序言中提到了编写此字典的目的:"在过去的几年中,各方都呼吁有人能编出一部新的字典。至于本字典是否能填补这种空缺,并能在多长的时间内满足读者的需求,这样的问题我不敢造次回答。不管怎样,这是我竭尽所能完成的一项工作。"(Giles, 1892: xiii)在编写这部字典时,翟理斯参考了大量文献:字典中的动植物词条大多选自默伦多夫(O. F. von Moellendorff)、贝勒医生(Bretschneider)、韩尔礼(Augustine Henry)等人的著作;《康熙字典》中的最佳例句也被融入其中;理雅各的译著以及与翟理斯同时代的人的作品均得到充分利用。

《华英字典》中的典型词条包括汉语词目及其对应数字和声调、英文释义、合成词条及其英译,试看图 1-18。

图 1-18 《华英字典》的样条

---

① 其中的 10 859 个汉字为主要的词条,其余的汉字多为简笔字、难检字等。

在图1-18的例条中,词目下面的信息均与其读音相关:R.代表同韵词,此信息根据《佩文韵府》提供;其他字母则分别代表词目在多种方言等中的读音,如C.代表粤语,H.代表客家话,P.代表北京方言[①],J.代表日语,等等。对于多音字,《华英字典》都将它们置于同一条下,然后依次对它们做出解释,并列出由它们构成的合成词条。例如,在"朝"字条中,它表示"早晨"的义项被排列在前面,其译名为"The dawn; the morning; early",然后是诸如"朝晖""朝夕""明朝"等词条,表示"朝廷"的义项则被排在后面,译作"The Court, so called because audiences are given in the early morning. A dynasty. To visit a father, or an elder. Towards; facing",此义项下的合成词条包括"朝廷""上朝""清朝""天朝"等。

(一) 收词

《华英字典》在每个单字条下设置了较为丰富的合成词条、多字词条甚至例句,如:"啊"字条下的"你好啊""喝茶啊"和"你用心听啊";"蹉"字条下的"蹉跌""将寿补蹉跎""命运蹉跎""中坂蹉跎""见事当办,无得蹉跎"和"宾客不得蹉";"哲"字条下的"明哲""哲人""或哲或谋""世有哲王""濬哲""圣哲"和"哲夫成城哲妇倾城";"罕"字条下的"游于罕之縠中,中央者,中地也""一雀适罕,罕必得之"和"天下皆罕";等等。

就这些词条的排序而言,《华英字典》并没有采用一定的排列顺序,因而显得有点杂乱无章:以字目开头的词语并没有完全排列在一起,它们中间经常混杂着一些其他含字目的合成条目。例如,"丘"字条下的合成词条依次是"丘中有麻、止于丘隅、旄丘、丘陵、一丘地、九丘、丘里、圆丘方丘、营丘、丘起棺材、丘子、三丘"。又如,"臊"字条下收录的合成词或例证包括"臊肉、腥臊、臊气、臊狐、臊鼠、臊闹子、害臊、没羞没臊、臊一鼻子灰、臊死、害臊、别臊我了"。

字典中有不少多字词条或例句其实是为了昭显合成词条的用法,如:"国"字条下的"国体""大失国体"和"其亏国体为以甚";"道"字条下的"道

[①] 翟理斯在词典序言中提到这一方言的注音主要参考了英国外交官、汉学家庄延龄(E. H. Parker)提供的内容。

遥""河上乎逍遥""逍遥游""逍遥乎寝卧其下"和"逍遥自在";"心"字条下的"心眼""呆子无心眼"和"小心眼儿";等等。

如先前大多数汉英字典一样,《华英字典》同样也收录了诸如人名、地名等专有名词条目。

在人名方面,国内的历史名人大多被收录其中,如"孔夫子/孔子 K'ung the Master, — latinised by the Jesuits into Confucius""宗喀巴 Tsongkhaba, — the great 15th-century reformer of Buddhism in Tibet, and founder of the yellow, as opposed to the red, school""杜甫 Tu Fu, telling of a dream in which his friend 李太白 Li T'ai-po appeared to him very vividly. Now used for 'thinking of absent ones'""韩非子 a philosopher of the 3rd century B.C.""比干 a relative of the tyrant 纣辛 Chou Hsin (12th cent. B.C.) by whom he was disembowelled for outspokenness"等。

就地名而言,翟理斯不仅收录了国名,如"瑙威 Norway""布路斯国 or 布国 Prussia""新金山 Australia""新加坡 Singapore""古巴 Cuba""越南 Annam""朝鲜国 Korea""狮子国 Ceylon"等,同时也收录了国内外的各类地名,如"北京 the northern capital, — Peking[①]""汉诺威 Hanover; Hanoverian""汉谢城 the Hanse towns in Germany""吧国 Java""巴地 Batavia""巴理 Paris""柳州府 a Prefecture in Kuangsi""墩煌 name of a place at the western extremity of the Great Wall, in Kansuh""新疆南路 Kashgaria""邛崃山 a peak in Ssuch'uan""琉璃厂 the name of a famous book-street in Peking""屯溪 name of a market-town in Anhui, whence comes the green tea known as 'Twankay'""洞庭湖 the Tung-t'ing lake in Hunan"等。

其他专名也收录了不少,如"好逑传 title of a Chinese novel translated by Sir John Davis as 'The Fortune Union'""红楼梦 Hung-lou-meng, — the name of a famous novel, known to foreigners as 'The Dream of the Red Chamber'""哥老会 Ko-lao Hui, — name of a famous secret society""同文馆 a college in Peking (and at Canton) where foreign languages, etc. are taught""粤海关部 the Customs' Superintendent, or Hoppo, at Canton""阿房宫 name of a famous Pleasaunce, built by 始皇帝 B.C. 212, and greatly added to by his successor""花旗 the Flowery Banner, —

---

① 翟理斯在词典序言中曾指出,"Peking"的条目不下60条。

the Stars and Stripes; the United States" "古尔阿尼 the Koran" "运河 Grand Canal" "百家姓 the *Family Names*,—a collection of some four hundred of the surnames in most common use" "申报 the *Shen Pao* or *Shun-pau*,—the first Chinese newspaper published in Shanghai, so called from 申江 an old name for the river Whangpoo" 等。

　　《华英字典》在大多数词条中除收录合成词条外，还记载了不少多字条目的用法，而这些条目其实就是一些例证，并且有相当一部分都摘自我国历代的经典作品，如："求"字条下的"不知我者谓我何求 those who do not know me, what will they pray for on my behalf?"（摘自《诗经》）;"为"字条下的"君子之所为，众人固不识也 what the superior man does, the masses do not understand"（摘自《孟子》）;"畏"字条下的"君子有三畏 the superior man respects three things,—God, the teachings of the sages, and worthy men"（摘自《论语》）;"臣"字条下的"主者天道也，臣者人道也 that which rules is the Tao of God, that which serves is the Tao of man; or, the Tao of God is fundamental, the Tao of man accidental"（摘自《庄子》）;"独"字条下的"君子必慎其独也 the superior man must be watchful of himself when alone"（摘自《礼记》）;"推"字条下的"推亡固存，邦乃其昌 by investigating the ruin of these and strengthening the existence of those, the States will all flourish"（摘自《尚书》）;"知"字条下的"知己知彼，百战百胜 he who rightly estimates himself and his adversary will be victorious in all his fights"（摘自《孙子》）;"利"字条下的"天下熙熙皆为利来 of the crowds of people who come, all are for gain"和"天下攘攘皆为利往 of the myriads who go, all are for gain"（均摘自《史记》）;"臆"字条下的"事不目见耳闻而臆断其有无可乎 shall a man decide about things he has neither seen nor heard of"（摘自《石钟山记》）;"肋"字条下的"左右肋骨，男子各十二条，八条长四条短，妇人各十四条 or ribs on the right and left sides, men have twelve, eight long and four short; women have fourteen"（摘自《洗冤集录》）;"自"字条下的"成人不自在，自在不成人 to succeed, you must not take it easy; take it easy, and you will not succeed"（摘自《鹤林玉露》）;"报"字条下的"不是不报，日子未到 it is not that there is no retribution, but that the day for it has not yet come"（摘自《增广贤文》）;"短"字条下的"浑家李氏却有些短见薄视 his wife, nee

Li, was a woman of some small experience"（摘自《初刻拍案惊奇》）；等等。

《华英字典》同时也注重口语体词汇的收录。

首先，这部字典收录了大量的俗语和歇后语，如："耗"字条下的"我是耗子尾巴上长疮 I am but a pimple on a tat's tail, — of no authority"；"屁"字条下的"女婿哭丈母，驴子放屁 a son-in-law mourning for his wife's mother is like a donkey breaking wind, — his grief is short and fitful"；"矮"字条下的"当着矬人别说矮话 don't talk small to a dwarf. [Don't talk of ropes in the family of a man who was hanged]"；"裤"字条下的"头上穿套裤，脸上下不来 like a man with his leggings over his head, he can't show his face, — for shame"；"瓜"字条下的"卖瓜的说瓜甜 the melon-seller says his melons are sweet, — he does not cry 'stinking fish'"；"骡"字条下的"山西骡子学马叫 a Shansi mule trying to neigh like a horse, — 南腔北调 a southern accent and a northern dialect"；"豁"字条下的"豁嘴子吹灯 like a hare-lipped person blowing out a lamp, — all one hears is 非非非 fei, fei, fei, wrong, wrong, wrong"；等等。

其次，《华英字典》收录了相当数量的"的"类词。以"的"结尾的词条大致可以分成三个小类。第一小类是用作形容词"的"，如："哈"字条下的"哈儿吗的 careless; slovenly"；"糊"字条下的"糊哩吗哩的 reckless; off hand"；"邋"字条下的"邋里邋遢的 dirty; slovenly"；"棱"字条下的"棱棱角角的 rough; unpolished"；"泼"字条下的"活泼泼的 elegant; graceful; neat"；等等。第二小类是用作名词"的"，如："包"字条下的"包月的 monthly contractors, — a name given to the headmen of the beggars in Peking"；"狐"字条下的"狐狸精似的 a smart man; a cunning fellow"；"黄"字条下的"黄门儿的 members of the Imperial clan"；"拍"字条下的"拍花的 kidnappers of small boys and girls"；"同"字条下的"同事的 colleagues"；"的"字条下的"写字的 the person who writes; the writer"；"溜"字条下的"溜门子的 a shoplifter"；等等。第三小类是用于词组或句子之中"的"，如："办"字条下的"都是预办下的 all these things had been got ready beforehand"；"果"字条下的"这老贼果係有妖法的 then this old rascal has really got supernatural power!"；"赖"字条下的"这等话要赖我的了 then you mean to repudiate liability to me"；"落"字条下的"打个落花流水的 to knock into smithereens"；等等。

《华英字典》收录了当时汉语中使用的新词语或词义,如"新闻纸 a newspaper""自来水 water laid on to a house""新洋药 Benares opium""公司 a company. Formerly, the Company, — the East India Company""有限公司 a limited company""牛奶饼 cheese""复进口 to re-import, — as native goods from another Treaty port""复进口半税 coast-trade duty""红单 the modern name for 'port clearance', as issued by the Customs to show that all duties have been paid""发电 to send a telegram""入口货 imports""洋枪队 foreign-armed troops"等。

《华英字典》同时也收录了为数不多的音译词,其中有不少还是当时刚开始在汉语中使用的,如:"吧"字条下的"吧尔萨吗 balsam";"风"字条下的"德律风 telephone";"办"字条下的"办士 an imitation of 'pence'";"芙"字条下的"阿芙蓉 an imitation of the Arabic word *Afiyun*, — opium";"先"字条下的"先令 an imitation of 'shilling'"和"先时 or 先士 a cent";"婆"字条下的"婆那裟 the jackfruit. Sanskrit: panasa";"来"字条下的"来福洋枪 rifles";"洛"字条下的"洛叉 or 洛沙 a lakh; 100,000";等等。

先前的汉英字典受粤语等方言的影响比较明显,而在《华英字典》中,方言词汇的数量已明显减少,只有为数不多的几个粤语词,如:"哈"字条下的"哈沙 Cantonese-Manchu for *cash*";"栌"字条下的"栌橘 the loquat";"番"字条下的"番摊 fantan, — the famous gambling game of Macao and south China [...]";"山"字条下的"山竹果 Cantonese name for the mangosteen";"佬"字条下的"番鬼佬 a foreign devil"和"剃头佬 a barber";等等。

在《华英字典》中,同义词一般被设置在同一词条下,它们之间用 or 来连接,如:"偏"字条下的"偏值 or 偏生 or 偏会 or 偏遇 or 偏巧 or 偏又 or 偏只 it so happened that; as luck would have it";"讣"字条下的"讣音 or 讣闻 or 讣报 an announcement of death; a billet de part";"偶"字条下的"木偶 or 偶儡子 puppets; marionettes";"运"字条下的"入运 or 交运 a turning-point in one's luck";"缅"字条下的"缅思 or 缅想 or 缅怀 to think fondly upon";"白"字条下的"白人 or 白衣人 or 白身 or 白丁 or 白徒 a commoner; a non-official";等等。相关词条有时也被设置在同一词条下,它们之间则用 and 来连接,如:"火"字条下的"文火 and 武火 a slow and a quick fire, respectively";"还"字条下的"大还 and 小还 the sun reaching 女纪 and 鸟次, — the summer and winter solstices"; "花"字条下的"大花脸 and 二 (and 三) 花脸 are actors of male characters of various types"; "狭"字条下的"巫峡 and 三狭 noted gorges in Ssuch'uan"; 等等。

尽管《华英字典》在收词规模上要远胜先前的汉英字典一筹, 但翟理斯偶尔也遗漏了一些较为常用的词条。"狼狈"就是一个典型的例词。在"狈"字条下, 翟理斯只收录了"狼狈为奸"和"狼狈折札之命"。奥地利外交官和汉学家沙谔文(E. von Zach)在1899年第5期《中国评论》撰文评介《华英字典》时就建议增收"狼狈"一词, 并提议将其译作"(1) destroyed, broken down, in ruins (2) ill at ease"。其他被沙谔文以及其他评论者[①]所提议增收的词语包括"折回 to come back when in middle of a journey""百折 all sorts of difficulties""按兵不动 armistice; keep in one's entrenchments""部落 people, nation""借宾定主 to effect one's object indirectly"等。常见义项的遗漏在《华英字典》中也时常出现, 如"乖乖"只收录了"a kiss"的意思, 却没有"亲昵的称呼""嘴巴""顺从"等义项; "光棍"被解释为"a bare pole, — a swindler; a scoundrel", 却遗漏了较为常见的"a bachelor"; "揭贴"条下只收录"a placard, — usually of a libelous or seditious character", 而并未收录"an accusation"的义项。

(二) 释文翻译

无论是词目还是合成词条, 翟理斯尽可能地提供了较为地道甚至词义与之完全对等的英语, 如: "丑"字条下的"家丑 a disgrace to the family; a black sheep"; "空"字条下的"空中楼阁 castles in the air"; "寸"字条下的"一寸光阴, 一寸金 time is money"; "菩"字条下的"土菩萨过江, 自身难保 when a clay god crosses a river, it's as much as he can do to save his own bacon"; "喉"字条下的"令人喉舌 to make people talk about you; to set tongues wagging"; "棒"字条下的"棒头出孝子 out of the stick comes the filial one, — spare the rod and spoil the child"; 等等。

在很多词条的翻译方面, 翟理斯还是传承了先前传教士编纂词典时开

---

① 英国外交官法磊斯(E. H. Fraser)同样也在《中国评论》上撰文, 对《华英字典》提出了增补和修订意见。

创的传统，即先字面直译后意译的方法，如："浪"字条下的"麦浪 corn waves, — the undulations of growing grain caused by the wind"；"拙"字条下的"拙荆 my stupid thorn, sc. my wife"；"凤"字条下的"凤凰蛋 a phoenix egg — a son who is the sole support of his aged parents"；"乱"字条下的"乱伦 to confuse the relationships, — to commit incest"；"驴"字条下的"驴皮 donkey-skin, — tough; obstinate; mulish"；等等。这种方法在翻译文化局限词的时候使用尤为频繁，如："罗"字条下的"赐红罗 to bestow red silk, — to give permission to commit suicide, as is sometimes done by the Emperor in the case of Mandarins whom he is willing to spare the disgrace of a public execution"；"红"字条下的"红带子 red girdle, — a distinctive badge worn by members of the collateral branches of the present Imperial family for ever, dating from the Manchu chieftain known as 天命, A.D. 1616"；"仙"字条下的"八仙桌 the eight-immortal table, — a square table to seat; eight diners, so called from the eight Immortals, below"；"三"字条下的"三寸小金莲 three-inch golden lilies, — very small feet"；等等。

就成语的翻译而言，翟理斯显然将先字面直译后意译的方法发挥得淋漓尽致，试看表 1-15。

表 1-15　《华英字典》中成语的翻译

成　语	译　　文
水落石出	(until) the water falls and the stones are seen, — until the truth is arrived at
画饼充饥	to draw a cake to satisfy hunger, — to "cloy the hungry edge of appetite by bare imagination of a feast"
赴汤蹈火	to get into hot water and walk on fire, — for any one's sake; to go through fire and water
高谈阔论	to talk high and discuss broad, — to be an eloquent talker
插柳成荫	to plant a willow so as to get its shade, — i.e. to work for future rather than immediate benefit
集狐腋而成裘	to put together the "arm-pits" of foxes and make a robe; many a little makes a micklo

续 表

成 语	译 文
口是心非	the mouth positive, the heart negative, — as when outwardly agreeing but inwardly disagreeing
鹤立鸡群	a crane among chickens, — a Triton among the minnows
海底捞针	to fish up a needle from the bottom of the sea, — to look for a needle in a bundle of hay
方以类聚	to classify by assembling groups; to classify according to affinity, — birds of a feather flock together

或许是为了与先前的汉英字典有所不同，翟理斯在一些文化局限词的翻译上没有一味地照搬马礼逊等传教士的做法，而是采用解释性词语来翻译。例如，在"风"字条下，翟理斯先是将"风水"字面直译为"wind and water, — that which cannot be seen and that which cannot be grasped"，然后花了较大的篇幅对此作了解释——"The geomantic system of the Chinese, by the science of which it is possible to determine the desirability of sites for tombs, houses, or cities, from the configuration of such natural objects as rivers, trees, and hills, and to foretell with certainty the fortunes of any family, community, or individual [...]"，但并没有像马礼逊等人那样进行音译。又如，在"饼"字条下，翟理斯把"月饼"（或"中秋饼"）解释为"cakes made specially for the 15th of the 8th moon"，而没有采用在当时已使用较多的moon-cake[①]一词。

《华英字典》中的释文同时还呈现出四个特点。

第一，多义词词条下用";"来分隔不同的义项，如："公"字条下的"相公 a young gentleman; the 'young master' of a household; a catamite"；"小"字条下的"小子 children; young men; comrades; my son; I, the sovereign"；"都"字条下的"京都 the capital; the metropolis; Peking"；"东"字条下的"东道主 the one

---

[①] 马礼逊在《五车韵府》中就将"月饼"译作"moon cakes, cakes made like the moon, used at a term in the 8th moon"，而《牛津英语大词典》却把moon cake的首现年份确定在1866年，其最早例证选自卢公明所著的《中国人的社会生活》。

who stands treat; the host; a caterer; a manager";"后"字条下的"然后after that; accordingly; subsequently";"子"字下的"赤子a baby; the people";"虎"字条下的"雌老虎tigress; a virago; a shrew";"华"字条下的"入华to enter China; to invade China";等等。

第二,释文中常附有词源解释,如:"公"字条下的"公主the daughter of an Emperor; an Imperial princess. So called because the Emperor could not 主 conduct the marriage of a princess, but was obliged to do so through a feudal lord of the same surname";"白"字条下的"白毫茶Pekoe tea, — so called from its downy white leaves";"玻"字条下的"玻璃glass, first manufactured in China A.D. 424. The term *po-li* has been identified with the Turkish *billure*, with polish, and with *belor* or *bolor*, meaning glass or crystal in several Asiatic languages"; "喝"字条下的"喝墨水to drink ink-water, — to study; from the habit of putting the brush into the mouth";"瓯"字条下的"金瓯覆名the golden bowl covering the name, — to be named Minister of State; from the story of an Emperor who appointed a Minister in this way";"胶"字条下的"阿胶a medicinal glue, named from 东阿县 Tung-o Hsien in Shantung, where there is a 胶井 glue well, from the water of which a tonic is made by boiling an ass's skin in it for seven days. Used for dysmenorrhoea";等等。除此之外,释文中有时也提供了有关词目的其他语言信息,如:"蚯"字条下的"蚯蚓the common worm. It is called 歌女 the singing-girl, from the belief that it sings underground at night";"国"字条下的"外国outside nations, — a disrespectful term applied by Chinese to all foreign nations";"斩"字条下的"立斩 or 斩立决 decapitation without delay, — when the provincial authorities have the power to carry the sentence into execution without referring to Peking";"琉"字条下的"琉球物Lewchew goods, — used in a contemptuous sense of things which are not durable";"花"字条下的"花鼓戏flower-drum plays, — so called because, contrary to custom, the female parts are played by women, and a drum is beaten at the entrance";等等。

第三,英文释文中偶尔夹杂着汉字词语,而这些词语有的没有简单的对应词,有的则没有任何解释,俨然成了另一种形式的参见,如:"八"字条下的"八分书 an intermediate style of writing between the 小篆 and the 隶书, sometimes used for the latter only";"国"字条下"天国 the divine dynasty, a term adopted by the 太平 T'aip'ing rebels; also used by missionaries for the 'kingdom of heaven'"和"国色 a famous beauty, — one whose beauty can 倾国 upset a kingdom";"小"字条下的"小马儿 petty attendants or coolies in some of the Peking *yamens*, whose duty it is to assist the 仵作 corpse-examiners";"猴"字条下的"孙猴子 the famous monkey character in the 西游记 *Hsi-yu-chi*";"柳"字条下的"柳谷 the valley where the sun sets, — said to be identical with the 昧谷 of the 书经 Canon of History";"熊"字条下的"熊掌 bear's paws, — one of the 八珍";等等。有时词目的反义词也是通过这种方式显示的,如:"土"字条下的"土话 *patois* or local dialect which cannot be written down, as opposed to 字眼的话 speech for which characters exist";"后"字条下的"后生 after-born; descendants; a youth, as opposed to 先生, used respectfully for 'I' or 'me'";"子"字条下的"子弟 young fellows; apprentices, as opposed to 父兄 the master workman";等等。

第四,翟理斯在翻译部分词条时,通常用引号来标示不太确定的译名或生造对应词,如:"虎"字条下的"老虎 a tiger; a 'ganger' or one who looks after workmen to see that they do not idle";"鲤"字条下的"鲤鱼 the carp; the 'messenger fish', from the legend of a man who found a letter from a friend in the belly of a carp";"汗"字条下的"汗衫 a 'sweater'; a shirt";"市"字条下的"市标 'Mexicans', — cotton piece goods";"还"字条下的"还魂茶 'resurrection' tea";等等。翟理斯在翻译时还大胆尝试使用英语中新近出现的汉语外来词,如:"北河口 a *lekin* station on the Yang-tsze"中的 *lekin*(亦作 *likin*[①],源于"厘金");"凉拌豆腐 cold bean-curd, — eaten with soy, etc."中的 bean-curd[②];"把他揿起来 raise him up, — of a person making a kotow"中的 kotow[③];等等。

尽管翟理斯当时在汉语方面已颇有造诣,但中国文化博大精深,汉语词汇

---

① 《牛津英语大词典》收录了此词形,为其提供的最早例证出现在1876年。
② 《牛津英语大词典》提供的最早例证出现在1909年,这显然落后于《华英字典》近20年。
③ 《牛津英语大词典》虽然把"磕头"的音译词的首现年份确定为1804年,但其记录的主要词形是 kowtow。

错综复杂,这就导致了《华英字典》中存在着不少的翻译问题。这些问题可归纳为以下八类。

第一,偶尔出现错译或误译。例如,在"宫"字条下,表示"色情画面"的"春宫"一词被译作了"the vagina";又如,成语"破镜重圆"的意思是"夫妻离散或决裂后重又团聚或和好",然而翟理斯却把它译成了"the broken mirror is round again, — he has married a second wife"。类似的例子还包括"匕首 a spoon"(应改为 a dagger)、"罗汉果 the mangosteen"(可改为 monk fruit)、"肛门 the rectum"(应改为 anus)、"原告 prosecutor"(应改为 plaintiff)、"喜筵 wine drunk in congratulation"(应改为 a celebratory banquet)、"芭蕉 the banana; the plantain"(应删去 the banana)、"蝙蝠 or 蝠鼠 the bat; the flying squirrel"(可将词条一分为二)、"虎将 a brave soldier"(应改为 a brave general)、"云母石 tale"(应改为 mica)、"壁宫 or 壁虎 the Japanese gecko"(应改为 gecko)、"商榷 to ridicule"(应改为 to deliberate upon)、"颠沛流离 a sudden crash or disruption; a cataclysm; a crisis; an emergency"(应改为 drift from place to place)等。

第二,释文体现的词性不对等。例如:"薄"字条下的"人丁单薄 very few descendants";"汉"字条下的"壮汉 strong; lusty; brave";"消"字条下的"to waste; wasteful";"奋"字条下的"奋勇 to put forth one's courage; with great bravery"和"奋发 to burst forth; enthusiasm";"好"字条下的"好强 to be fond of athletics; manlike";"糊"字条下的"糊里糊涂的 stupidly; without due care";"小"字条下的"小人乍富 a nouveau riche";"酷"字条下的"酷好 or 酷爱 or 酷喜 fond of; devoted to";"吵"字条下的"大吵一场 a great hubbub";"途"字条下的"半途而废 to fail when half way; abortive";"寒"字条下的"伤寒 to catch cold";"波"字条下的"奔波 hurrying to and fro; from pillar to post";"辟"字条下的"辟邪 a talisman";"卧"字条下的"卧床不起 dangerously ill";"性"字条下的"天性 nature; natural gifts; innate";"瘦"字条下的"瘦肉 thin; wasted";"昭"字条下的"昭雪 satisfactory settlement; satisfaction in full";"六"字条下的"六根不全 cripples; persons defective in one of their senses";"突"字条下的"唐突 to be brusque or rude";"阵"字条下的"迷魂阵 infatuated with, or under the pernicious influence of, — a woman";等等。

第三，同一词条译名前后不一致。"小人"的翻译就比较典型。在"小"字条中，"小人"单列时被解释为"a small man; the people, the masses; common soldiers. Also, the mean man, as opposed to 君子 the perfect superior man"，而在"以小人之心度君子之腹 to measure the feelings of a gentleman by the sentiments of a cad"中，它却被译成了"cad"（下流男子）。类似译名前后不一的词条详见表1-16。

表1-16　《华英字典》中译名前后不一的词语

词条	所在词目	释　文
来历	来	antecedents; basis; origin; foundation
	历	antecedents
八字	八	the character "eight"; the eight nativity characters exchanged at betrothal
	庚①	the eight characters which express the year, moon, day, and hour, of a person's birth
发票	发	to issue a warrant
	票	an invoice
皮蛋	皮	eggs preserved in lime, served without the shell and cut up into slices
	蛋	eggs preserved in lime
命运	命	fortune; fate; destiny
	运	luck; fortune
先天	先	one's natural physical endowments
	天	nature; constitution; intrinsicality
红萝卜	红	carrots; radishes
	萝	a carrot
奉天承运	奉	entrusted by God with the care of, — the empire
	运	to succeed under God's orders to the throne

---

① 出现在"年庚八字"条中。

第四，部分词条的释文只提供了其字面意思，而缺乏引申意思。例如，在"蓝"字条下，"青出于蓝胜于蓝"被直译作"azure springs from blue, but is bluer still"，但其引申意思并未被提供，而在其参见的"冰"下，与之同义的"冰出于水而寒于水"的解释显然要完整得多——"ice comes from water but is colder than water, — the pupil excels his teacher"。同样的问题也出现在以下词条中："壁"字下的"家徒四壁 a family with nothing but four walls"；"拍"字条下的"一巴掌拍不响 you can't clap with one hand"；"挥"字条下的"挥金如土 to scatter money like dirt"；"男"字条下的"男盗女娼 may your sons be robbers and your daughters harlots!"；"虎"字条下的"羊落虎口 the sheep falls into the tiger's mouth"；"舌"字条下的"吃人家的舌短 those who eat at the expense of others will find themselves short of tongue"；"平"字条下的"平天下 tranquilise the empire"；等等。

第五，译名不太确切。这一问题集中体现在释义中使用"a kind of""a species of"等格式，如："八"字条下的"八宝菜 a kind of preserved vegetable"；"布"字条下的"昆布 a kind of seaweed (*Laminaria saccharina*, Lam.), used for food"；"小"字条下的"小花鹅 a species of swan"和"小花皂雕 a species of eagle"；"天"字条下的"天狗 a species of kingfisher"；"茼"字条下的"茼蒿菜 an edible plant like celery"；"狸"字条下的"果子狸 a kind of badger"；等等。

第六，在翻译一些词条时，翟理斯使用字面直译、汉语拼音等方式来表示。例如："八"字条下的"八宝枪 lances ornamented with the *pa pao*"；"喝"字条下的"喝哑巴酒 to sit mumchance drinking wine, — as when not playing 'guess-fingers', etc."；"魂"字条下的"魂上天, 魄入渊 the *hun* goes up to heaven, the *p'o* enters the abyss"；"饼"字条下的"饼金 cake-money, — presents to servants"；"盒"字条下的"盒钱 box-money, — given to the servants who bring presents"；"天"字条下的"皇天菩萨在上 Almighty P'u-sa, which art in heaven!"；等等。使用外来语也是导致释文出问题的一个原因，这在翻译动植物名称时体现得尤为突出。例如，在"覆"字条下，尽管英语中表示"覆盆子"的 raspberry 一词早在1616年就开始使用了，但翟理斯只用其拉丁学名 *Rubus coreanus, Miq.* 来对应。类似的情况也出现在如下词条中："冬"字条下的"天门冬 *Asparagus lucidus*,

Ldl""麦门冬 *Ophiopogon spicatus*, Gawl"和"冬叶 *Phrynium capitatum*, Willd";"洗"字条下的"洗澡花 *Mirabilis jalapa*, L, — so called because the flowers open in the evening, when the Chinese usually bathe";"茨"字条下的"茨姑 *Sagittaria sagittifolia*, L";"男"字条下的"男阴 the *membrum virile*";"估"字条下的"照估价 *ad valorem*";等等。

第七,名词条目单复数形式使用不一致。名词条目一般应以单数形式呈现出来,而在《华英字典》中,单复数混用的现象相对比较常见,有时甚至出现在同一词条下。例如,在"夫"字条下,"厨夫 a cook"用了单数,而"车夫 carters""马夫 grooms"和"农夫 agricultural labourers"都用了复数。类似的例子还包括"步从人 attendants""鸽子 domestic pigeons""新房 apartments of a newly-married couple""哈密瓜 gourds from Hamil""小官人 the young master (in a family); the clients of a brothel"等。

第八,动词短语条目中的动词有时用过去式表示或由一些毫无必要的人称代词引导。例如:"呵"字条下的"呵呵大笑 roared with laughter";"行"字条下的"大行其道 widely carried out the principles";"裘"字条下的"着裘服者 one who wore a long robe";"奋"字条下的"不能奋飞 I cannot spread my wings and fly away";"勃"字条下的"勃然大怒 he suddenly became very angry";"拍"字条下的"拍掌大笑 he clapped his hands and laughed loudly";等等。

(三)参见系统

在《华英字典》中,翟理斯为了在词条间建立语义、词源等方面的联系而设置了三种参见系统,具体如下。

第一种是单向参见。这种参见主要体现为三种形式。一是在次词条(或主词条)下设置参见,通过此参见,可查询到主词条(或次词条),如在"敲"字条下的"敲木鱼 to strike the wooden fish, — as is done at intervals during the night in all Buddhist temples. *See* No. 13510"中,"*See* No. 13510"就表明本条目可参见"木"字条下的"木鱼 a hollow wooden fish, the emblem of sleeplessness, used in temples for beating the night-watches, etc."。二是合成词条分别单列在其构成词的词条下,然后在一处设立参见,如"红粉"一词在"粉"字条下提供

了释文——"red powder; red and white; womenkind",而在"红"字条下设立了参见"see No. 3519"。三是同义词条的单向参见,如在"坠胎 falling of the womb. See No. 11335"下的参见指向"堕胎 a miscarriage"。

第二种是双向参见。这种参见主要为同义词和反义词词条设置。例如,在"手"字条下,"洁手"被解释为"a euphemism for going to the w.c. used by men",并参见至指代"更"字的 No. 5990,而此条下的"更衣 to change one's clothes. Used euphemistically by women for going to the w.c."中也设置了与"手"字条的参见。又如,在"君子"条下写有"as opposed to 小人, see No. 4294",而在"小人"条下同样设立了反义参见——"as opposed to 君子 the perfect or superior man; see No. 3269"。

第三种是词条内前后参见。这种参见主要是将前后排列的词条联系起来。例如,"佛"字条下收有"佛脏"和"盗佛脏",后者的释文是"to steal the above",这样的做法显然省去了不少篇幅。又如,在"桐"字条下,翟理斯先后收录了"桐子树""桐子"和"桐油",而后两个词条的释文分别是"seeds of the above"和"wood-oil made from the above seeds",从而建立了三个词条间的联系。

1912年,翟理斯修订了《华英字典》,将字典篇幅从原来的1 461页扩充到1 711页。翟理斯不仅改进了原先采用的威妥玛注音方式,而且还增收了不少词语。在第2版的序言中,翟理斯列表比较了该字典与先前的多部字典在收词方面的差别,试看图1-19。

翟理斯同时还对一些词条作了修订,改进了许多词条的释文[①],如"安息日 the Jewish Sabbath; the Christian Sunday"(原译作"the Christian Sunday")、"平地 level ground; the 'ground' of anything carved in rilievo"(原译作"level ground")、"人事不省 to be unconscious"(原译作"to be insensible")、"千里马 a thousand-li horse, — used figuratively for a loyal and able statesman"(原译作"a thousand-li horse, — an able statesman")、"摔跤 to wrestle; to have a fall"(原译作"to wrestle")等。

---

① 在第2版序言中,翟理斯特意提到了沙谭文、霍格(C. F. Hogg)等人在《中国评论》为第1版词典所提出的各类错误。

	MORRISON, 1819 English	MEDHURST, 1843 English	WILLIAMS, 1874 American	GILES, 1892 English	GILES, 1912 English
神 spiritual	18	26	37	74	102
酒 wine	14	12	21	72	89
道 path, doctrine	11	13	33	246	261
色 colour	25	19	29	57	86
世 generation	23	12	32	55	75
文 ornament	18	20	22	91	125
笔 pen	12	12	21	58	84
画 pictures	4	1	24	42	75
事 affairs	28	9	23	51	69
气 vapour	16	18	38	98	126
天 God, heaven	41	31	34	159	183
眼 eye	7	11	26	128	157

图1-19 《华英字典》第2版和其他词典的收词对比

（四）作用和影响

《华英字典》出版后备受各界的关注，当时汉学界有多位来华人士在《中国评论》等杂志上撰文评介该字典，主要指出该字典在收词、注音、翻译等方面所存在的一些问题，同时还提议增收一些被翟理斯漏收的词条和义项。尽管《华英字典》在一些方面仍存在不少问题，比如合成词和多字词条的排列，但它可以堪称汉英词典编纂史上的一部巨著，它起到的作用体现在如下三个方面。

首先，《华英字典》收词量大，释文总体质量上乘，在当时堪称汉英词典的典范。由翟理斯开创的译法、字典的检索方式以及附录等都值得后人参考和借鉴，因而成为后来国人编写汉英词典的重要参考工具。商务印书馆出版的第一部汉英词典——《汉英辞典》(1912)的编者张在新在词典序言中写道："是编采用诸书以贾哀尔大字典卫廉士汉英韵府为最多次为日本人所著之和英大辞典及本馆之英华大辞典志所不敢掠美也。"

其次，《华英字典》收录了大量涉及中国传统文化的条目，这些词条大多解释详细，信息丰富，如"正月 the first moon or month of the year [...]""十戒 ten rules or 'commandments' for Buddhist priests [...]""风水 wind and water, — that cannot be seen and that which cannot be grasped [...]""不孝有三 there are three unfilial acts [...]""八卦 the Eight Diagrams [...]"等。这样的词条无疑能在传播

中国文化方面起到重要的桥梁作用,同时也能为当时学习汉语的外国人提供很好的帮助。

最后,《华英字典》作为语言记载的工具,较为全面地记载了19世纪末汉语的使用情况,是后人了解现代词语词汇构成的一部不可或缺的参考书。

第八章

鲍康宁的《汉英分解字典》

一、鲍康宁的生平和著作

鲍康宁(Frederick William Baller),1852年11月21日生于英国切尔西。由于父亲是一名木匠,鲍康宁早年就跟随父亲做些木工活。17岁时鲍康宁皈依基督教,后来曾就读于由福音布道家亨利·格拉顿·吉尼斯(Henry Grattan Guinness)创办的伦敦东区传教士学院(East London Missionary Training Institute),而且还是该校第一批学生中的一员。后来鲍康宁被中国内地会(China Inland Mission)[①]录用,成为一名赴华传教士。1873年9月3日,鲍康宁从利物浦出发离开英格兰前往中国,同行者包括祝名扬(Charles Henry Judd)夫妇、女教师包玛莉(Mary Bowyer)[②]以及戴亨利(Henry Taylor)。他们于同年11月5日抵达上海。不久鲍康宁被戴德生(James Hudson Taylor)带到南京受训,其间开始学习汉语,并开始了解中国的习俗。1874年9月17日,鲍康宁与比他年长多岁的包玛莉在上海结了婚。来华的前几年,鲍康宁一直在安徽[③]、江苏一带传教,并被任命为两省传教的负责人。后来他的足迹遍布中国内地,到1881年底,他去过了浙江、江西、山西、陕西、湖北、湖南、贵州、四川等

---

① 1865年由英国传教士戴德生(James Hudson Taylor)创办,1964年后已改名为"海外基督使团"。
② 根据《戴德生——挚爱中华》一书的描述,包玛莉最初是在1866年就随戴德生等人来到中国。
③ 内地会月刊《亿万华民》在1876年5月刊登了鲍康宁撰写的一篇文章——《安徽省的福音工作》("Evangelic Work in Gan-Hwuy Province")。

省份。期间的传教经历在内地会月刊《亿万华民》(China's Millions)上通过摘录的书信、日记等资料被记录了下来。例如1878年4月27日,鲍康宁在给戴德生的信中提到,由于妻子的健康原因,自己正在安排妻子和孩子回国,同时还说自己希望能去陕西的饥荒区。事实上,鲍康宁早在1876年8月就曾与金辅仁(George King)牧师去过陕西,而且是最早进入该省的新教传教士①。1881年4月,由于身体原因,鲍康宁夫妇从武昌被调到烟台,负责内地会在当地创办的疗养院。根据《亿万华民》在1882年的记载,鲍康宁在1881年年底离开中国回到英国休养,并参加一些教务活动②,1882年8月16日离开英国,8月20日经法国马赛于9月30日抵达上海。在之后的几年中,鲍康宁一直待在烟台,并在新建的传教士子女学校帮忙。1885年,鲍康宁护送"剑桥七杰"(Cambridge Seven)③中的三名学生去了天津和北京。自1886年开始,鲍康宁的工作重点从传教转为培训新的传教士以及文学创作。同年,鲍康宁被任命为内地会在安庆用以培训男传教士的"训练之家"的校长。1896年,鲍康宁曾返回英格兰,不过两年后又回到了上海。包玛莉于1909年去世,鲍康宁在1912年再婚,娶了来自澳大利亚的传教士弗莱明(H. B. Fleming)小姐。从1900年到1918年,鲍康宁作为圣经修订委员会的成员,参与《圣经》中文译本"和合本"的翻译、编辑工作。1907年,鲍康宁参加了在上海举行的"传教士百年大会"(Centenary Missionary Conference),并代表圣经修订委员会发了言④。由于圣经修订委员会的工作需要,作为秘书的鲍康宁之后有5年是在北京度过的。根据内地会传教士海思波(Marshall Broomhall)在《鲍康宁:一位杰出的作家》(F. W. Baller: A Master of the Pencil)一书的记载(1923:47),1914年,鲍康宁因内耳发炎导致听力受损,并影响到面部神经,后来曾到朝鲜休养。1919年

---

① 《内地会在中国》(The Story of the China Inland Mission)一书曾提到过此事。
② 1882年3月15日,海班明(Benjamin Broomhall)曾搜集各传教士禁烟言论,汇为一册名为《在华宣教士禁烟言论集》(The Truth about Opium Smoking)。
③ 指1885年决定来中国传教的七名剑桥大学学生。
④ 由美国福音传单协会(American Tract Society)出版的《中国传教士百年大会记录》(China Centenary Missionary Conference Records)一书对此有所记载。鲍康宁在会议期间的一个演说"展望未来:新任务和新希望"(The Outlook for the Future: New Tasks and New Hopes)被收录进由卫理公会书局出版的《公众和祈祷会演说》(Addresses, Public and Devotional)一书。

初,鲍康宁夫妇前往澳大利亚休假,直到第二年4月才回到上海。1922年8月12日,鲍康宁逝世于上海,并葬于静安寺公墓。

鲍康宁一生著述颇丰。除《汉英分解字典》之外,他最为有名的作品是《英华合璧》(The Mandarin Primer)①。《英华合璧》最初是在1887年年底出版②。根据鲍康宁在序言中的介绍,这部专门为内地会青年传教士准备的教材"包含了简单的课文和练习,所涉及的话题是每位年轻的传教士在工作或日常生活中需要知道的内容,另附与学习、旅行、租房、礼仪、治家相关的词汇表"(Baller, 1894: iii)。这部教材自出版后经过了多次修订(如1891年的第2版、1894年的第3版、1911年的第8版、1921年的第12版等),而且有些版本的修订幅度较大。到鲍康宁去世时,《英华合璧》已出了12个版本。1926年,该书还出了第14版③。由此我们不难看出这部教材在当时的受欢迎程度。海思波在1915年出版的《中国内地会五十年》(The Jubilee Story of the China Inland Mission)一书中曾这么介绍道:"这部很有用的教材至少被重写了三次,8个版本共计8千册已售罄,第9版正在印刷之中。一本初级读本有如此大的销量足以证明汉语学习的广泛程度。"(Broomhall, 1915: 300)阿尔文·奥斯汀(Alvyn Austin)在《中国民众:内地会与晚清社会,1832—1905》(China's Millions: The China Inland Mission and Late Qing Society, 1832–1905)一书中也提到了这本书:"第二次世界战争爆发之前,亚太地区的大多数语言学校都使用鲍康宁的《英华合璧》。这本初级读本对'初学者最有帮助',因为它包含的词语'根据科学方法安排','阐明语言的基本元素,并在中国教师和外国学生之间建立起较为实用的沟通渠道'。"(2007: 228)内地会牧师马守真(R. H. Mathews)在1938年出版的《英华合璧》(Kuoyü Primer)就是根据鲍康宁教材的编排原则编写而成的。

---

① 该书最早的一些版本只有英文书名,"英华合璧"的中文书名是在后来的版本添加的。
② 在1911年出版的第8版《英华合璧》的序言中有这样一句话——"自从这本书的第一版在1878年出版以来,中华大地发生了天翻地覆的变化"。其中的"1878年"显然与史实不符,为"1887年"之误。
③ 内地会在1926还出版了与《英华合璧》配套、总共只有26页的《字迹分析》(Character Analysis)。

鲍康宁在语言教学方面的其他著作还包括1892年的《圣谕广训》(*The Sacred Edict with a Translation of the Colloquial Rendering*)①和《圣谕字汇》(*A Vocabulary of the Colloquial Rendering of the Sacred Edict*)、1893年的《新约分解字汇》(*An Analytical Vocabulary of the New Testament*)②、1912年的《华文释义》(*Lessons in Elementary Wen-Li*)、1913年的《笔画入门》(*The A.B.C. of Chinese Writing*)以及1920年的《日日新》(*An Idiom a Lesson*)③等。

1904年，鲍康宁编辑出版了英文版《好逑传》(*The Fortunate Union*)。《好逑传》原著系清代中篇小说，作者名教中人，它是第一部被译成欧洲语言的中国小说。此前，休·珀西（Huge Percy）和德庇时都曾翻译过这部小说。而鲍康宁的 *The Fortunate Union* 与众不同，它只是一部注解本小说。鲍康宁在序言中这么写道:"我出版这部关于铁中玉和水冰心的故事，目的是帮助那些学习汉语的人。这部小说浓缩了最典型的日常对话，而且是选自受教育阶层的那种。"(Baller, 1904: Preface)鲍康宁只是给其中的部分词语注解，例如第一回的标题"省凤城侠怜鸳侣苦"就有三个注解，即"省 Read *sing*. Used for 省亲, a visit to parents""凤城 Phoenix City－Peking"和"鸳 The drake of the mandarin duck"。1911年，鲍康宁还修订了这部小说，并增添了不少注解。与此同时，鲍康宁还撰写了多部传记，如《慕勒传》(*The Life of George Müller*)、《司布真传记》(*The Life of C. H. Spurgeon*)、《席胜魔传》(*The Life of Pastor Hsi*)以及《戴德生传》(*The Life of Hudson Taylor*)。除此之外，鲍康宁还编写（或编译）了多部与传教相关的书籍或小册子，如收录了训练新传教士所用的演讲稿《一位老传教士给他侄子的信》(*Letters from an Old Missionary to His Nephew*, 1907)、《诗篇精意》(*A Metrical Version of the Psalms*, 1908)、《五祭》(*The Five Offerings*, 出版年份不详)等。

---

① 1907年6月，鲍康宁在烟台修订了其中的一些翻译，后来该书还推出多个版本（如1917年的第4版）。
② 该书在1907年得以再版。
③ 该书扉页上的中文书名却是"日新"，不过1921年第2版的书名已作修改。

二、《汉英分解字典》

1900年，鲍康宁编写的《汉英分解字典》(*An Analytical Chinese-English Dictionary*)由内地会和上海美华书馆出版。这部字典为16开本，共637页，外加两页序言和一页西文注音说明。字典正文部分为547页，后附214个部首（两页）、部首索引（31页）、难检字表（5页）以及两个附录。其中附录A是长达44页的四书和四书朱熹集注选录①，附录B则是8类表格，包含中国历史年表②、十二天干、十二地支、二十八宿、二十四节气、官衔徽章等内容。鲍康宁在序言中说明了编写这部字典的目的，即"既满足人们对便于携带的便宜字典的需求，又能在收词规模上满足一个普通学习者的需要"（Baller, 1900: iii）。《汉英分解字典》共收字6 000个。至于为什么采用这样的收字规模，鲍康宁也在序言中作了说明："根据翟理斯的说法，6 000个汉字足以提供一份中文报纸所需的铅字；这个数字，用翟理斯的话来说，'足以满足任何学者的文字需求'。"（Baller, 1900: iii）

（一）词目编排与收词

在词目的编排上，鲍康宁效仿翟理斯的《华英字典》中的做法，亦即依次给每个汉字词目标上数字，如"阿1""啊2""哀3""睚4""碍5"等。这样一来既有利于构建字典中词条的参见系统，又能方便学习者对汉字偏旁部首的掌握，如在"按"字后的"From Nos. 4769; 23"说明"按"是由"手4769"和"安23"构成。词目均按音序排列，所注之音均为官话注音。倘若方言中的读音与此有异，则对方言读音做出说明。例如，"岸"的读音"AN"后有着这样的说明——"Commonly read NGAN in West and West Central China"（即在中国西部③和中西部④通常读作NGAN）。词目的右上角还标明了读音的声调，如"哀¹""矮³"

---

① 这部分内容由在云南传教的柏格理（Samuel Pollard）负责编写。
② 这部分内容选自英国外交官、汉学家梅辉立（William Frederick Mayers）所著的《中国辞汇》(*Chinese Reader's Manual*, 1874)。
③ "西部"指云南和四川，两地的注音分别由柏格理和韦尔（J. Vale）两位牧师提供。
④ "中西部"指江西九江至四川万县之间的区域。由于鲍康宁曾在这个区域传过教，这一区域的注音想必由他自己负责。

"爱⁴"等。鲍康宁之前的汉英字典,既有按偏旁部首排列的(如马礼逊的《华英字典》、麦都思的《华英字典》等),也有按音序排列的(如司登得的《汉英合璧相连字汇》、卫三畏的《汉英韵府》、翟理斯的《华英字典》等)。而就后一类字典而言,大多采用先声调后笔画的原则,然而这样的原则也并非始终如一地贯彻下来,因而词目的排列就显得有些杂乱无章。鲍康宁的字典也不例外。例如,在"ai"音下,各字目是按"哀、碍、隘、矮、爱、艾、唉、挨"顺序排列的。

就多字词目而言,《汉英分解字典》总共收录了40 000条。就像鲍康宁在序言中介绍的那样,"所有的短语和句子均收录在第一个字下。这样既节省时间,又免去了参见例中首字的麻烦"(Baller, 1900: iii)。这样的编排清晰明了,显然要胜翟理斯的《华英字典》一筹。这是因为《华英字典》的多字词目只要包含词目即可,所以像"哀"字条下就收录了诸如"可哀""悲哀""母死儿为哀子""举起哀来""今此下民亦孔之哀"等条目。这样一来,词目的排序有点混乱,而且不同词目下还会出现重复。在《汉英分解字典》中,两字词目排在前面,紧接着是三字词目、四字词目等。这些词目大致分以下五个类别。

第一,词语条目。如"喜轿 a bridal sedan-chair""熨斗 a flat-iron""面条 dough strips""硝强水 nitric acid""香料 spices; perfumery""夏枯草 a labiate plant which dries up in the summer""犀牛 the rhinoceros"等。字典中既收有文绉绉的成语(如"枵腹从公 to serve others without any salary""秽德彰闻 its rank odour reeks to heaven""衣绣夜行 to wear embroidered robes and go by night — hidden talent""偃武修文 to leave the army for the civil service""瑰意琦行 just ideas and admirable actions"等),又有口语味很重的词语(如"副管事的 an assistant manager""昏沉沉 dull; stupid; misty""混账东西 you...! you scoundrel!""戏戏哈哈的 horse-play; a loud manner"等)。

第二,地名、国名、人名等专名条目。如"埃及国 Egypt①""安南国 Annam or Cochin-China""闸河 a name given to the Grand Canal above 清江浦""直隶省 Chihli province""江海关 the Shanghai Customs""杭州府 the capital of

---

① 翟理斯的《华英字典》(包括1912年的第2版)并未收录"埃及国",而是收了"挨及国"。

the province of Chehkiang""洪武 the first Emperor of the Ming dynasty""胡人 the Tartars""朱熹 name of the expositor of the Confucian Canon. A. D. 1130-1200""京报 the Peking Gazette"等。

第三，摘自中国传统经典书籍（尤其是四书五经）的条目。如"郊社之礼所以事上帝也 the ceremonial of the sacrifices to the Heaven and Earth is the worship of Shangti""狷者有所不为也 there are some things which the cautious man will not do""瑕不谓矣 what have you not told me?""移风易俗莫善于乐 for improving public morals nothing is better than music""易地则皆然 it will be the same if you change your location""隐恶而扬善 to conceal the evil and make known the good""忧民之忧者，民亦忧其忧 if a ruler grieve over the sorrows of his people, they will also grieve at his sorrows""绠短不可汲深 if the rope be short, it cannot draw the deep water"等。

第四，宣扬宗教思想或涉及基督教的条目。鲍康宁在序言的最后一段毫不修饰地指出，"用于传授基督教真理的短语或术语也被收入字典之中，以期能对传教士和教师有所帮助。对于这一做法，无须提供任何道歉［……］"（Baller, 1900: iii）。这样的条目数量也不少，如"暗暗的指点耶稣 to contain a hidden allusion to Jesus""相交的礼 the ceremony of intercourse — the act of receiving church members""耶稣是万人的救主 Jesus is the Saviour of all men""感谢他替死的恩情 to be thankful for His grace in dying for us""靠父名来 to come in the Father's name""埋了三天就复活过来 having been buried for three days He came to life""信了耶稣可以得救 if you believe in Jesus you may be saved""菩萨是假的 idols are false""投奔救主 fly to the Saviour""应验在耶稣的身上 fulfilled in the person of Jesus"等。

第五，白话文句子条目。如"跟着又是雨 following this, there was more rain""给我买个箱子 buy a box for me""就手替我做一下子 do it for me while you are about it""一五一十说出来 he told the whole story""脚底下几位兄弟 how many brothers younger than you?""找他三百个钱 a balance due to him of 300 cash""吃过饭吗 have you had your rice? — i.e. Are you well? How do you do?""姓高的是他的朋友 the person named Kao is his friend"等。

(二) 词目译名

《汉英分解字典》中词目翻译的质量总体尚可。在词语（尤其是文化局限词）的翻译方面，还呈现出三个特点。

第一是时常采用字面直译和意译结合的方法，如"茶米油盐 firewood, rice, oil and salt — the necessities of life""鲤鱼跳龙门 the carp has become a dragon, or has leaped the dragon's gate — success at the public examination""大器晚成 great vessels are long in reaching completion — talent matures slowly""踹西瓜皮 to tread on a melon skin — to be deceived""黄马褂 the Yellow Riding Jacket — given as a mark of special honour""谷雨 grain rain — one of the twenty-four solar terms""风水① 'wind and water' — the geomantic system of the Chinese""去声 the 'departing tone,' one of the Chinese tones"等。

第二是有时不提供对应词，而是采用解释的方法，如"阿房宫 a famous place built by 秦始皇 B.C. 212""獒 a large dog""道德经② name of a Taoist classic""莽草 a poisonous plant""牡丹茶 a large variety of the camellia""糯米酒 a kind of sweet spirit""燕雀 a Peking species of gray finch"等。

第三是偶尔采用音译（加注解）的原则，如"贝勒 *beileh*, a Manchu title bestowed on the sons of the Imperial princes of China""胸罗武库 he carries an *u-k'u* (i.e., an arsenal) in his breast — of a skilful general""除三觔包 take off three *kin* tare""槐花黄举子忙 when the *huai* flowers, students are very busy — with the autumnal examination""雍徹 to sing the 'Iong' ode when the sacrificial vessels were being removed""釐金 a tax; the *likin*③, or 'war tax'""炉坑 the draft and coal-hole in a *k'ang*""烧酒 *samshoo* — spirits that will burn"等。

(三) 不足之处

在释文的提供方面，《汉英分解字典》还存在不少缺陷，这大致可归纳为

---

① 鲍康宁在"改风水"和"明公"条中使用了 feng-shui 一词，即"to alter the *feng-shui* — with a view to improve one's luck"和"a master of an art or science; a professor of *feng-shui*; a term of respect"。
② 像理雅各（James Legge）之类的学者通常用 *Tao Teh King* 来表示《道德经》。
③ 翟理斯的《华英字典》中有两种拼法，即 *likin* 和 *lekin*。

如下七点。

第一是有时出现词语误译或译文不当的现象。吴景荣先生就曾指出"豪举"被错误地译成"bullies; ruffians"的例子(徐式谷,2002:131)。事实上,类似的例子不下数十个,如"鳌 a huge fish"(应作 a huge legendary green sea-turtle)、"凤仙花 China balsam"(应作 touch-me-not 或 garden balsam)、"鸿雁 the wild goose"(应作 swan goose)、"蝈蝈 a large kind of cicada"(应作 katydid)、"麻子油 hemp-seed oil[①]"和"蔴油 hemp oil"(应作 sesame oil)、"牛肉 mutton"(应作 beef)、"膝盖骨 the knee joint"(应作 kneecap 或 patella)等。有时字典中也出现释文翻译不确切的现象,如把"鲍鱼"译成"shell-fish; dried fish"(应将 shell-fish 改为 abalone)、把"大头菜"翻成"salted turnips"(应将 turnip 改为 rutabaga 或 swede)等。

第二是释文的时态出现错误,如"戒断瘾 quite cured of the opium habit""喇喇不休 always chattering""鞠躬尽瘁 he gave himself entirely to the public service""幸灾乐祸 pleased at the calamity of others""舍掉 parted with; given up""上瘾 besotted by; habituated to — as the opium habit""逗留 loitering about"等。

第三是所提供的对应词与词目词类不同,如"鞍前马后 officious""小气 a small vessel — a small-minded person""泪汪汪的 to weep bitterly""雷霆之怒 thundering mad"等。

第四是单义条目中出现表示不同词类的释文,如"互相关照 to screen each other; mutual collusion, as in a ring""狐狸精 an elfin; bewitching""过年 to pass from the old year into the new; New Year's time""口是心非 to say one thing and to mean another; hypocrisy""高升 advancement; exalted; to rise high""彰显 manifested; evident; to show forth""娈童 a catamite; effeminate"等。

第五是释文出现前后不一的现象。例如,"馒头"一词在字典中出现了四个不同的译法,即"馒头"条下的"bread"和"steamed bread"、"烝馒头"条下的"native bread"以及"烤馒头"条下的"toast"。又如,"马头"和"码头"为同义词条,并设置参见,然而两处的释文却有所不同,分别为"a landing-place;

---

① 英文中的确有 hemp-seed oil 或 hemp oil 一说,但那是由大麻仁榨的油。

a jetty; a mart"和"a jetty; a wharf; a mart"。

第六是释文中出现了非英文词语,如"廪生 a salaried Licentiate — a 秀才 who receives a grant from the public funds""半夏 Penella tuberifera — used as a medicine""谳员 the magistrate of the Mixed Court, Shanghai; a presiding deputy over the 狱局 or secondary court""探花 the title of the third graduate on the list at the final examination which follows the selection of 进士""桂花 the *Olea fragrans*"等。

第七是释文中偶尔出现拼写错误[①],如"甲兵 military equipments""香房 womens' apartments""柚 the pumelo""旅店 an hotel"等。

(四) 作用和影响

《汉英分解字典》自出版后受到了各界的好评。到1915年时,这部字典总共售出了两千册。海思波在《中国内地会五十年》一书中提到一则趣事:"[……]有一件事可以证明这部字典的价值,那就是有一家中国商行觉得盗版发行这部字典有钱可赚。"(Broomhall, 1915: 301)同是内地会传教士的马守真在他的《麦氏汉英大辞典》(1931)的序言中也提到了鲍康宁的字典,称"现已绝版的鲍氏字典最早印于1900年。它起到了很大的作用,许多汉语学习者从中受惠,因而深怀感激"(Mathews, 1931: vi)。马守真字典虽然不是鲍氏字典的修订版,但编写原则和目的却与后者如出一辙。吴景荣先生曾说过:"这一百多年里,这些西方的'词典学家'统治了中国汉英词典这个领域。由于他们对汉语还只是一知半解,失误较多,而且他们不懂得词典学的基本原则,不知道如何收词立条,不理解释义的严肃性和重要性,望文生义,以讹传讹。"(1992: 57)显然,鲍康宁及其所编的《汉英分解字典》也在此列。然而,《汉英分解字典》作为一个历史文本,对研究汉英词典编纂史、现代汉语词汇的形成等均具有一定的参考借鉴价值。

---

① 字典的封底虽设有"勘误"一栏,但只罗列了6处错误。

第九章
其他英汉汉英词典

除了上述的英汉汉英词典之外,清朝后期还出现了其他多部收词规模较小、影响力不大的双语词典,甚至也包括个别的手稿词典。例如,哈佛燕京图书馆收藏了一部编写年份不详(大概在1875年至1911年期间)的汉英手稿字典。该字典正文部分应该有242页,但编者未能按计划为232页后的汉字提供英译。本章将依次论述江德(Ira Miller Condit)的《英华字典》、富善(Chauncey Goodrich)的《汉英袖珍字典》、富世德夫人(Mrs. Arnold Foster)的《英华字典》、布列地(P. Poletti)的《华英万字典》、苏慧廉(William Edward Soothill)的《四千字学生袖珍字典》以及季理斐(Donald MacGillivray)的《英华成语合璧字集》。

一、江德的《英华字典》

江德(Ira Miller Condit),1833年生于美国宾夕法尼亚州,早年就读于杰弗逊学院和西部神学院。1860年,江德受美国长老会海外传道会委派携新婚妻子一起前往中国传教,并于同年8月抵达香港,后又马上转至广州。1865年,因妻子健康原因,江德回到美国加州。次年,在其妻去世后,江德回到老家宾州,后又返回加州,开始在当地的华人社区传教。1915年,江德在伯克利去世。

伟烈亚力(Wylie, 1867: 261)在其书中记载了江德在华期间编写的著作,即《辟奉偶像解》《福音之言》《耶稣之言》和《地理问答》。返美后江德还先后出版了《英语入门》(*English and Chinese Reader*, 1882)、《英华字典》(*English and Chinese Dictionary*, 1882）以及《50年传教记》（*The Chinaman as We See Him and Fifty Years of Work for Him*, 1900）。

《英华字典》实为一部英汉袖珍词典，全书正文部分只有124页，另设中英文序言各一个。江德在简短的中文序言中对词典内容作了较好的概括——“兹集英字六千余条成字典内又有千五百余句为随释字中之意最属切要习英文者须熟读方能接口而应此六千余字乃是择其要用者故凡英俗之常谈及英文之当行者大半被采纳焉间有未被采纳者亦可即此卷中指其近似者参考而旁通矣卷内所写之英语字尾多从简略或见他书所载有语意与此卷相同而字尾独略异者均可无疑盖字略异而用一也”（Condit, 1882: Preface）。《英华字典》中的典型词条包括英文词目、中文译名以及例证及其翻译，试看图1–20。

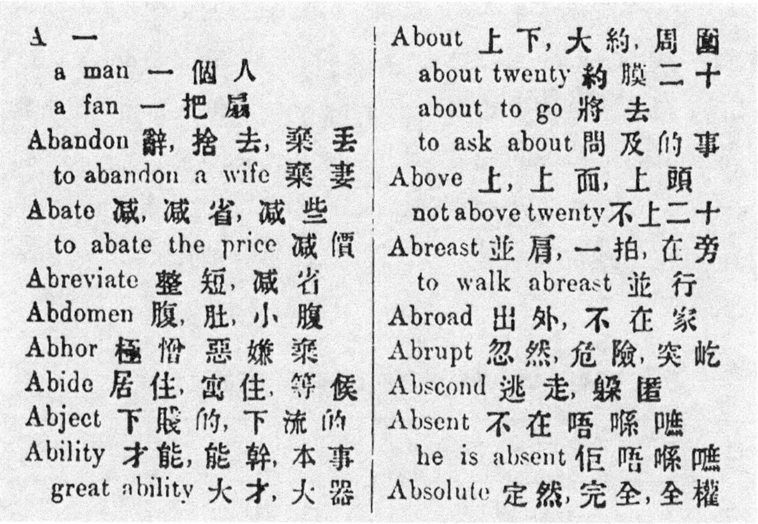
A 一
a man 一個人
a fan 一把扇
Abandon 辭，捨去，棄丟
to abandon a wife 棄妻
Abate 減，減省，減些
to abate the price 減價
Abreviate 整短，減省
Abdomen 腹，肚，小腹
Abhor 極惱惡嫌棄
Abide 居住，寓住，等候
Abject 下賤的，下流的
Ability 才能，能幹，本事
great ability 大才，大器
About 上下，大約，周圍
about twenty 約膜二十
about to go 將去
to ask about 問及的事
Above 上，上面，上頭
not above twenty 不上二十
Abreast 並肩，一拍，在旁
to walk abreast 並行
Abroad 出外，不在家
Abrupt 忽然，危險，突屹
Abscond 逃走，躲匿
Absent 不在唔喺嗻
he is absent 佢唔喺嗻
Absolute 定然，完全，全權

图1–20 《英华字典》的样条

《英华字典》所收词条均为英语中最为常用的一些词语，如able（会能，力足，会做）、desert（荒野，沙漠）、eloquent（口才，口给）、famine（饥荒）、modern（新的，今时的）、newspaper（新闻纸）、philosophy（性理之学）、sofa（睡椅）等。江德为绝大多数词目提供的译名都比较简短，一般只有一两个对应词，因而大部分词条均只占一行，如“cloth布，绒布”“dinner大餐”“hook钩”“moment顷刻,须臾""new 新,新鲜""shoe 鞋,履"等。《英华字典》在译名方面还存在一个较为明显的特征,即受粤语的影响较大。由于江德本人所学方言为粤语,再加上他在加州的教众多为广东移民,因而粤语方言词汇在江德所提供的词目译名和例证翻译中均有体现,如"child 细蚊仔,童子""cow 牛母""his 佢嘅,他的""homely 唔好样""a gamble house 番摊馆,赌博馆""he had a bad cold 佢大伤风病""I have a high opinion of him 我睇高佢"等。

从词典的编排及微观结构来看,江德的《英华字典》在很大程度上参考了邝其照的《字典集成》第2版。一方面,江德在一些词条中提供的译名与邝其照的完全一致,如 chocolate(知咕辣,甘豆饼)、custard(牛乳交蛋之糕)、desert(舍弃,离去,违背)、fortnight(两个礼拜耐)、itch(癞疮,痒)、photograph(影的相)、sex(男女分别之处)等。另一方面,江德有时也照搬邝其照所设置的例证及其翻译,如:abandon(辞,舍去,弃丢)条下的"to abandon a wife 弃妻";abate(减,减省,减些)条下的"to abate the price 减价";amount(总数,共计)条下的"what does it amount to? 共计几多呢?";clear(清,澄清,明白)条下的"let him clearly himself 许佢告诉";keep(守,留下,约束)条下的"he keeps his word 佢有口齿,佢践言";等等。与此同时,江德也力求做到与先前词典译名有差异,试看表1-17。

表1-17 邝氏词典和江氏词典译名的对比

词 目	邝 氏 词 典	江 氏 词 典
abdomen	腹,肚,小腹,丹田	腹,肚,小腹
capital	至大,京都,做生意之本钱	京城,本钱,妙
girl	女儿,童女,小女	女仔,女儿,儿童
law	律例,国法,法度	法律,国法,法度
seminary	中书院	学校,各等馆
shelter	蔽,躲身之处,保护	遮荫,庇护,掩蔽
tumor	疮,瘤	疮毒,肉瘤

二、富善的《汉英袖珍字典》

富善（Chauncey Goodrich），1836年生于美国马萨诸塞州，早年毕业于威廉斯学院，后来进入纽约协和神学院和安多弗神学院学习。1865年，富善受美部会派遣，与妻子一起从纽约启程前往中国传教。次年，富善来到通州传教。1873年，他受美国公理会的委派，到华北大学和通州神学院任教。自19世纪90年代起，富善作为圣经翻译委员会委员着手《圣经》（官话和合本）的翻译工作，并在1908年接替狄考文担任翻译委员会主席。1891年，富善出版了《汉英袖珍字典》[*A Pocket Dictionary (Chinese-English) and Pekingese Syllabary*]。两年后，富善单独出版了这部词典的部首索引，即 *Radical Index to Pocket Dictionary and Pekingese Syllabary*。1916年，富善通过上海美华书馆修订出版了他早在1898就已完成的《官话萃珍》（*A Character Study in Mandarin Colloquial*）①。1919年，《官话和合本新旧约全书》正式出版面世。1925年，富善在北京去世。

《汉英袖珍字典》正文部分237页，另设4页引言。这部词典总共10 587个汉字（包括异体字）。所有汉字按音序排列，字头右上角标有1、2、3、4以标明它们的声调（即上平、下平、上声和去声）。每个词条分四栏排列：第一栏为汉字字头及其声调；第二栏为此词典的一大特色，即列出字头所含的部首；第三栏为该字头在卫三畏《汉英韵府》中的页码；第四栏则是英文译名、例证及其英译或其他标注，试看图1-21。

《汉英袖珍字典》所提供的英译相对比较简洁。对于多义词和多类词的各个义项，富善尽量在有限的篇幅中加以体现，各个义项之间均用逗号隔开，如"凡 all, common, usual, generally, the world, earthly, human""寒 cold, poor, my, mine""花 flowers, ornament, vice""贿 to bribe, hush money""奕 great, fine, play chess""然 certainly, yes, but""高 high, eminent, noble, old, fine quality""峭 cliff, stern, dangerous""杰 hero, eminent""乾 heaven, male, father"等。

---

① 第2版收录了4 210个汉字，每个汉字下设置了多个合成词或例句。

```
久³  ノ    413, A long time, long since.      鴛¹ 鳥  1001 A long legged bird.
玖³  玉    413, Smoky quartz (?)              鱪¹ 魚  1001 Eel, lizard, 海│
救⁴  攴    415, To save, help.                鰍¹ 魚       immense sea dragon.
就⁴  尤    999, Towards, then, at once.       丘¹ 一  416 ; Hillock, C ; mou³.
傲⁴  人    1000 To hire, employ.              垢¹ 土  416, Do. do., mound, tem-
殀⁴  广    1000 Shrivel and heal.             邱¹ 邑       porary interment.
鷔¹  鳥    1000 Condor, rapacious.            虹¹ 虫  416 Tumulus, S.
究⁴  穴    415, 講│ Explain, discuss ; 1.     蚯¹ 虫  416 Earth worm.
臼⁴  臼    414, A mortar.                     烟¹ 火  1001 Scorch, roast, dry.
柏⁴  木    414, Tallow tree.                  緧¹ 糸  1001 Crupper, put on crupper.
                                              遒¹ 辵  999 Urge, finish, firm, strong.
```

图1-21 《汉英袖珍字典》的样条

虽然《汉英袖珍字典》编排比较紧凑,大多数词条都只有一行,但富善还是设法在一些词条中设置了以合成词为主的例证。例证的设置可分为两种情况。一是在先提供字头的英文译名之后,如:君(king)字条下的"君子人 a royal man";船(ship, boat)字条下的"上船go on board"和"下船go ashore";创(carve, invent, create)字条下的"开创to found, originate";笑(to laugh, smile, laugh at, glad)字条下的"可笑laughable";脩(dried meat)字条下的"束脩teachers wages";苡(a plant)字条下的"苡仁米pearl barley";口(mouth, hole, pass in mt., port of trade)字条下的"牲口domestic animal";梦(dream, visionary, phantasm, obscure)字条下的"梦见to dream about"和"梦兆a prophetic dream";等等。二是并没有为字头提供任何英文译名,而是通过合成词来体现,如:"骯"字条下的"骯髒dirty, filthy";"鹌"字条下的"鹌鹑quail";"桢"字条下的"女桢wax tree";"稽"字条下的"稽首to kotow";"俏"字条下的"俊俏pretty";"挈"字条下的"提挈to aid";"恶"字条下的"恶心nauseated";"翡"字条下的"翡翠chrysoprase";"翹"字条下的"高翹stills";"荞"字条下的"荞麦buckwheat";"齷"字条下的"齷齪small minded, mean";等等。

富善在其词典中采用了多种标签和标注。首先,他将"文"和"俗"用作语用标签,分别表示较为书面的文字和口语中常用的词语。例如,标有"俗"

的条目包括"眨巴眼儿to wink""漆黑pitch dark""阻阻他stop him""笤帚broom""洽suitable, exactly""鹊jackdaw, jay etc"等。其次,富善在英文译名后标注了S(为surname之略)和C(为classifier之略),分别表示姓氏和量词。例如,可用作姓氏的汉字包括"薛a marsh grass, S""湛to sink, soak, S""邱tumulus, S""易to change, easy, S""戈spear, lance, S""寇to rob, a pirate, S"等。最后,对于多音字,富善在词条的最后用数字加以标注,如"宜² reasonable, right, proper, ought; 4""冠¹ cap, crown, crest; 4""呕¹ to vomit, retch; 3, 4""壁³ next door, close by; 4""旋⁴ whirlwind, dizzy; 2""矢³ arrow, arrange; 4"等。

《汉英袖珍字典》中偶尔也出现合成词被错译的现象。例如,在"芙"字条下,富善将"芙蓉花"译成了"mimosa",而这个词在"蓉"字条下的译名则是"hibiscus"①,前者显然是误译。又如,富善把鹅(goose)字条下的"天鹅"译作"crane",而此错误或许是因为参考了马礼逊的《华英字典》,卫三畏在其《英华韵府历阶》中已将crane译作"鹳、鹤"、swan译作"天鹅,鸿鹄"。同样存在错译的词条包括"鲍pickled fish""佛心pitiful""肛the large intestine",以及"荤meat, onions, etc."中的onions等。在翻译方面存在的另一问题是译名不确切。例如,富善把"羚"解释为"deer like a sheep",殊不知与"羚羊"对应的antelope一词早已出现在麦都思的《英华字典》中。类似的例子包括"山楂a sour red fruit""薯plants with tubers""鲦a small white fish""茼蒿菜an artemisia"等。

《汉英袖珍字典》出版后颇受欢迎,之后陆续推出多个版本。其中,1909年的版本在词典正文后设置了一个27页的部首索引(Radical Index)。

三、富世德夫人的《英华字典》

富世德夫人(Mrs. Arnold Foster)是伦敦会传教士富世德(Arnold Foster)②

---

① hibiscus最早出现在麦都思的《英华字典》中,当时麦都思把它译作"芙蓉"。
② 1846—1919,1871年来到汉口,在华传教长达42年,曾担任《教务杂志》编委会委员,著有《华文初阶》(Elementary Lessons in Chinese, 1887)、《基督教在中国的发展》(Christian Progress in China, 1889)、《地方伦理》(Municipal Ethics, 1914)以及《回忆录和作品选集》(Memoir, Selected Writings etc., 1921)。

的妻子，长期居住在汉口。她曾于1897年在武汉创办懿训书院，并先后出版《英华字典》(*An English and Chinese Pocket Dictionary in the Mandarin Dialect*, 1893)和《扬子江流域见闻录》(*In the Valley of the Yangtse*, 1899)，同时撰写了研究汉字的《汉字入门》(*An Easy Introduction to the Fascinating Study of Chinese Characters*, 1910)"[①]。

《英华字典》是一部旨在帮助外国人学习汉语的英汉袖珍词典。词典正文部分只有166页，另设有1页勘误和5页序言。富世德夫人在序言中对当时坊间已有的袖珍词典作了说明："从邝其照词典石印而成的袖珍词典——《华英字典》[②]——是更为便携的版本，但由于它混合收录了文绉绉的词语及多种方言中的口语表达，因而它不太适合学习汉语。再者，邝氏词典没有标注汉字读音，对初学者来说用处不大。"(Foster, 1893: v-vi)据编者在序言中的介绍，《英华字典》是在湛约翰的《英粤词典》[③]的基础上编写而成的，词典中汉字的注音则参考了卫三畏的《汉英韵府》。

《英华字典》中的典型词条包括英文词头、汉译及其注音，试看图1-22。

```
Moment 片時 p'ien', ,shi, 一展眼 yih, 'chen
  'yen.
Monastery (Bud.) 寺 sz', (Tao.) 觀 ,kwan, (Rom.
  Cath.) 修道院 ,siu tao' yüen'.
Monday 禮拜一 'li pai' yih,
Money 錢 ,ts'ien, 銀子錢 ,yin 'tsz ,ts'ien.
Mongol 蒙古 ,Mung 'ku.
Monkey 猴子 ,heu 'tsz.
Month 月 yüeh,
Monument 石碑 shih, ,péi, 牌坊 ,p'ai ,fang.
Moon 月 yüeh, 月亮 yüeh, liang'.
Mop (s.) 洗把 'si 'pa.
```

图1-22 《英华字典》的样条

---

① 徐家汇藏书楼收藏的版本实为一小册子，总共只有21页，其主体部分为汉英对照表，提供了400个汉语常见字的英译。
② 此处指上海点石斋(Tien Shih Chai)在1879年缩印的邝其照词典。
③ 这部词典最初于1859年出版，之后又推出多个版本，如1862年的第2版和1891年的第6版。

《英华字典》收录的词语多为英语中的常用词，不过偶尔也收录了一些专有名词，如 England（大英国）、India（印度国，天竺国）、Macao（澳门）、Manchu（满洲）、Manila（小吕宋）、Mencius（孟子）、Pacific Ocean（太平洋）、Portugal（西洋国）等。

这部词典在收词方面存在着两大问题。一是立目不严谨。导致这一问题的主要原因是编者竭力为汉语中的已有表达提供英文对应词，殊不知所提供的对应词从严格意义上来说并非独立的词目，如"invitation-card 请帖""oyster-shell windows 亮瓦""printing office 印书馆""screw steamer 暗轮船""sedan poles 轿杆""stove bed 炕""tea taster 茶师""toilet table 梳粧台""undertaker's shop 寿木作坊""watering pot 淋花壶，烹壶"等。二是收词不太平衡。这一问题主要涉及派生词和同类词，如：收了"kidnapper 拐子"却无 kidnap；收了"patience 忍耐"却无 patient；收了"quantity 数量"却漏收了 quality；收了"satisfied 足心"却无其动词原形 satisfy；收了"tranquility 安宁，太平"却无其形容词 tranquil；收了"write 写字"却遗漏了同样常用的 writer；等等。

《英华字典》沿袭了先前传教士词典时而设置英文释义或提示词的做法，在一部分词条中为词头提供了简短的同义词释文或者多义词的义项提示词，如："engaged (occupied) 有事"；iron（铁）条下的"(for clothes) 熨斗"；kidney（内肾）条下的"(of animals) 腰子"；kill（杀）条下的"(of animals) 宰"；"mint (the herb) 薄荷"；"miss (a young lady) 小姐，姑娘"；"nature (disposition) 性"；"palm (of the hand) 手掌"；"piles (haemorrhoids) 痔"；"profession (calling) 事业"；等等。

富世德夫人在词典中所提供的译名相对而言比较简洁，一般都只有一两个汉字，如 before（先，前）、brave（勇）、longevity（寿）、mysterious（奥妙）、pious（虔心）、plant（种，栽）、refrain（戒）、slender（细）、visitor（客）等。但过于简短的译名也会导致异词同译的现象，如："anger 怒，气"和"passion 怒"；"deer 鹿"和"stag 鹿"；"gourd 瓜"和"melon 瓜"；"flesh 肉"和"meat 肉"；"language 话，口音"和"pronunciation 口音"；"lotus 莲花"和"water-lily 莲花"；"marriage 婚姻"和"wedding 婚姻"；"martial 武"和"military 武"；等等。

词典中也存在译名不妥的现象。例如，富世德夫人将 oats 译作"大麦"，而罗存德则把这个词译作"雀麦,燕麦,玲珰麦"。又如,lemon被译作"柠檬,香橼",而根据麦都思的《英华字典》,与"香橼"对应的英文单词应该是citron。

《英华字典》虽然篇幅有限但也设置了一些例证,这些例证主要是为了显示英文词头的典型用法、搭配等信息,如:abate(减少)条下的"abate the price 减价";broom(扫把,笤帚)条下的"feather broom 鸡毛帚";falsehood(谎言)条下的"to tell a falsehood 撒谎";fever(热病)条下的"to have fever 发烧";girl(女儿,姑娘)条下的"girl servant 丫头";hit(打)条下的"hit the mark 中了";infectious(会染)条下的"infectious disease 过人的病";law(律法)条下的"to go to law 打官司";lesson(课)条下的"to recite lessons 背书";measles(麻症)条下的"to have measles 出麻子";等等。有些词条中的例证则是包含了词头的复合词,如:boat(划子,船)条下的"a ferry boat 渡船";cake(饼子)条下的"sponge-cake 鸡蛋糕";nail(钉子)条下的"fingernail 指甲";potato(荷兰薯,洋薯)条下的"sweet potato 红薯";等等。

与之前的各类英汉词典相比,《英华字典》最大的一个创新之处在于词性标注的添加。对于名动兼用的多类词词条,富世德夫人在英文词头后面分别用"(s.)"[亦用"(a)",表示可数名词]和"(v.)"(即 verb 之略)来加以区分,如:"present (s.) 礼物"和"present (v.) 送";"rain (s.) 雨"和"rain (v.) 落雨,下雨";"reason (s.) 缘故"和"reason (v.) 辩论";"sacrifice (s.) 祭物"和"sacrifice (v.) 献祭";"stroke (a) 一画"和"stroke (v.) 摩";"study (v.) 学,读书"和"study (s.) 书房";"tax (s.) 税"和"tax (v.) 收税";"train (s.) 火轮车"和"train (v.) 养教";等等。动词标注有时也单独出现,如 faint(发昏)、fall(跌倒,踢倒)、gape(张口,打呵欠)、hunt(打猎)、lease(租,租字)、leaven(发酵)等。其他词性的标注也偶尔出现在词典中,如"like (adv.) 好像,如同"和"warm (adj.) 暖和"。

《英华字典》在之后陆续推出了多个版本,如1903年的第3版、1909年的第4版、1916年的第5版等。

四、布列地的《华英万字典》

布列地(P. Poletti)①,意大利人,1876年进入中国海关工作,曾担任税务员一职。1880年,布列地在汕头出版了《华英字录》(Analytic Index of Chinese Characters: A List of Chinese Words, with the Concise Meaning in English),并经由别发洋行②发售。1880年第二期《中国评论》③对该书作了评介。1896年,他通过上海美华书馆出版了《华英万字典》(A Chinese and English Dictionary, Arranged According to Radicals and Sub-radicals)。根据其扉页中的说明,《华英万字典》总共收录汉字12 650个,词典中北京话的发音参照了威妥玛的系统,而官话中的发音则参照了卫三畏的体系。词典中的词条按照部首排序,相同部首的词语则根据代表其次部(sub-radical)的序号排列。此种排序方式非常利于读者的查询,因而1905年版《华英万字典》中所附的一则广告作出了如下介绍:"布列地所著之华英万字典,系字典中查字最简速之一种。因书中字数之排列,不但用首部之成法,而亦用次部之新法。"

《华英万字典》正文部分307页,前设1页序言和多达106页的音序检字表(Index of Characters Arranged in Alphabetical Order)④,后附1页罗列了214个部首的部首表和1页难检字表。词典中的每个典型词条包括汉字字头、北京话和官话中的读音以及字头的英译,每个字头前标有便于检索的序号,试看图1-23。

尽管《华英万字典》从篇幅上看属于袖珍词典的范畴,但它所收录的词义并不比先前出版的汉英词典逊色。试比较布列地和马礼逊提供的释文:

---

① 后来在中国海关工作还有一位与其同姓的人,即巴立地(F. Poletti)。巴立地在1919年出版了《邮政语句辑要》(A Glossary of the Principal Terms and Words Occurring in Postal Documents),该书基于费克森编写的《邮政成语辑要》修订而成。
② 位于天津的新海关书信馆在同年也出版了该书。
③ 1882年12月的《教务杂志》也在"最新书讯"(Notices of Recent Publications)栏目对这个汉英对照表作了简单的介绍。
④ 上海美华书馆在同年还出版了这一索引,并给其冠以书名《华英万字录》(Alphabetical Index to 12,650 Chinese Characters)。

11	瑜	syü² a grave; the tumulus raised over it.
12	垾 基	chü⁴ kü³ an embankment to restrain water from overflowing; a town; a shore. chi· ki a foundation of a wall; a dyke or bank; basis, beginning; patrimony, possession; an ante-room.
13	墁 坰	ma³ man to overlay with earth; iron rust. chiung³ 'k'iüng a wild, remote from towns; the edge of a forest, a desert, a border prairie, the remotest bounds of civilization.
14	墁 塚	mi⁴ mih, to plaster a wall; to white-wash it. 'chung³ a tomb, a grave, a hillock; a sepulchre.
28	墋	ch'ên³ 'ch'ăn dirty, dusty; turbid; obscure.
29	圣 坂 堅 壑	k'u¹ k'uh, to toil in farming, to hoe and dig with the utmost strength; a contraction of shing² 聖 holy. 'fan³ a declivity, a hill-side; a bank; a dyke. hsü⁴ sü³ to pile up earth, to make a wall of earth; a pile of dirt. ho⁴ hoh, a ditch, a pit, a pond, a moat; a valley; a bed of a torrent.
30	坷 堝 垢	'k'o¹ uneven, rough land; unfor-tunate, not getting on. kuo¹ kwo a clay crucible used by goldsmiths. kou⁴ keu filth, dirt, impurity; scurf; sordid, disgraceful; immorality; a stain, a reproach.

图 1-23 《华英万字典》的样条

表 1-18 马氏词典和布氏词典的释文对比

字头	《华英字典》	《华英万字典》
如	as; according to; like, seeming as if; manner; to go towards; the second lunar month	if, as, like, according to; perhaps; and, also; seeming; to permit
句	words marked off by a pause or stop in writing; a period; a sentence; an expression; a phrase; a term; a word; a line of a verse	a sentence, a term, a word, a line, a full period; a phrase; a line in verse; to write or compose
含	to hold in the mouth; to contain; to restrain; to endure	to check; to speak indistinctly; to put a gem or coin in a corpse's mouth; full; to contain; to cherish; to suffer; to tolerate; to restrain; incomplete
孺	an infant at the breast; attached to as a child to its parent; to be attached or pertain to. A surname	a child still at the breast, a suckling; a tender or weaned child; attached to or dependant, as a child; intimate with
柿	a red fleshed fruit; the Diospyrus	the persimmon; the tomato

布列地在一些词条中收录了汉字的方言用法，如"梗 in Cantonese: fixed, finished, certainly so""樆 in Cantonese: the mango fruit""干 in Shanghai: a child""抨 in Cantonese: to arrange, to compare""党 in Fukchow: a classifier of packages""咄 in Pekingese: an interjection of displeasure"等。

就每个多义词或兼类词词条而言，布列地用分号隔开各个义项，如"字 to cover; to shelter; extensive; the canopy of heaven; to reward, to countenance; wide, vast; territory; to choose a site""效 like; to imitate; to copy; to learn; according to; to verify; to require; to give to; exertions; merits; effects, results; efficacious""生 to produce; to bear; life; unripe; new, unpolished; raw; to arise, to grow, to beget""疹 the measles; eruptions, pimples; sore lips or fever sores""纯 silk thread; pure, unspotted; fine, best; simple, honest; great; ripe; whole, sincere; to be decided; determinedly"等。

布列地在词典中设置了两种参见系统：第一种涉及同义词和异体字，如"万 same as 萬 140.114.""个 same as 個 9.31.""么 same as 幺 52.""傭 same as 雇 172.63.""儿 same as the radical 人 9""坏 same as 坯""坟 same as 墳 32.154.""陞 same as 170. 32."等；第二种涉及的词语与上一种相仿，唯一的不同在于措辞方式的差异，如"塢 see 196.32; also 32.86.""姁 a synonym of 妪 a mother""樱 used for 脱""桄 used for 碗 a bowl""归 contracted form of 77.50.""枱 a contraction of 檯 table""枻 used for 榧 the hazel nut"等。

《北华捷报》在1897年3月5日刊载文章评论这部词典，其中指出："布列地先生再次证明他是一位辛勤耕耘的作者。这部他先前出版的字汇表的扩充版反映出他辛劳的工作和精心的编纂：先前词典编纂者的成果都被充分利用，这一做法在行内很通行——伟大的翟理斯先生也不是采取了这种方法吗？"后来在1902年12月24日，该报在一篇文章中顺便又提到了这部词典："目前出现了一种让中国人能像西方人一样无须数笔画就能迅速检索部首的方法。这种方法只需四元，花四小时便能学会。这种方法叫做'布列地华英万字典'，上海美华书馆有售。"《华英万字典》在出版之后经历了多次重印。在1905年的版本中，原有的音序检字表已被删除，词条的版式也得以更改。

五、苏慧廉的《四千字学生袖珍字典》

苏慧廉(William Edward Soothill),1861年生于英格兰约克郡,早年就读于伦敦大学,1882年受英国偕我会委派前往中国温州传教。1907年,苏慧廉出任山西大学堂校长,后来在1920年被聘为牛津大学汉学教授。苏慧廉著作颇丰,先后出版了《四千字学生袖珍字典》(*The Student's Four Thousand 字 and General Pocket Dictionary*, 1899)、《中国传教纪事》(*A Mission in China*, 1907)、《论语》(*The Analects of Confucius*, 1910)、《儒释道三教》(*The Three Religions of China*, 1913)、《李提摩太传》(*Timothy Richard of China*, 1924)等著作。1935年,苏慧廉在牛津去世。

《四千字学生袖珍字典》(以下简称《学生字典》)是一部小型汉英字典,它由两部分内容构成:第一部分供学习所用,第二部分作为参考,两部分总共收字10 200个。全书①正文部分共计358页,文前部分包括3页序言、5页部首表以及21页语音表,附录部分则包括包含年代表,省份名录,二十四节气、天干地支等内容,54页部首索引以及1页勘误。在序言中,苏慧廉对这部词典的编纂作了简短的说明:"这本书试图以袖珍字典的方式向学生说明对其有价值的汉字,换言之,什么词汇对其最有益处。作者最初编写此书是供自己所用,所以以手稿形式存在。但考虑到编写工作耗时耗力,只有让学习这门复杂语言的学生得到印刷版才能尽其所用。"(Soothill, 1900: iii)

《学生字典》第一部分的排序原则是所谓的"语音"(phonetics):词条分组排列,每组中所收词条是以组名为部首或与其有一定的关系。例如,这一部分的前八组分别以"一""丁""工""十""寸""千""乎""干"为名,其中"丁"组收录的字头包括"丁""顶""打""亭""停""行""衡""竹"等。每个典型词条均包括了汉字字头及其注音和音译,以及包含汉字字头的复合词或词组,试看图1-24。

---

① 由于目前该字典的首版难以寻觅,故以次年出版的第2版为参考蓝本。

```
傢   ,,     Tools, furniture. ｜伙,｜器.
嫁   Chia⁴.  GIVE IN MARRIAGE. 娶｜;｜女,出｜,｜粧,｜資.
稼   ,,     To sow. ｜穡之艱難, CROPS, 莊｜,禾｜.
287. 彖  T'uan⁴.  A hog running; the "definitions" of the 易經.
篆   Chuan⁴. "SEAL" character.｜字,｜文,大｜,小｜. A seal,
                ｜章,接｜響. To curve.
椽   Ch'uan². RAFTERS.｜料,排｜,采｜,欲煩筆｜.
緣   Yüan². CAUSE.｜故,｜起,｜何,｜此,無｜無故. AFFINITY,
         有｜,無｜,｜分. DESTINY,｜分,前｜,後｜,
         天｜湊巧,其｜,投｜.
喙   Hui⁴.   Mouth. 雖有百｜,聚歎百,息｜: To pant,｜息.
```

图1-24 《学生字典》第一部分的样条

《学生字典》绝大多数词条只有一两行。苏慧廉为大多数字头提供的译名比较简洁，一般都在三个词以内，如衔（horse's bit, control, rank）、诬（false charges, malicious）、讨（ask for, beg, seek）、并（abreast, together, all）、先（fore, before, first）、推（push; decline, shirk）、弄（play with, make, do）、仰（look up, respectful）等。苏慧廉对多义词作了区分。例如，在"御"字条下，该字的四个义项被逐一列出，并分别配有复合词或短语，如"drive, manage 御车，御马，御驶，御万若一""imperial 御地，御名，御赐、御笔，御前，御驾""censor 御史"以及"wait on 侍御"。

《学生字典》第二部分中的词条按音序排列，每个典型词条均包括了汉语字头及其声调、英文译名以及复合词，试看图1-25。

```
榧³ 榧³ Species of yew, assist.        衯² 馩² Fragrant.
篚³ Basket. 筐｜.                      黺³ Embroidered court robes.
腓² Calf of leg, protect, decay.       黻¹ Kind of mole.
蜚¹ Injurious insect, cockroach.       僨² Overthrow, spoil.
誹³ To slander.                        疿² Pimples, boils.
霏¹ Driving sleet.                     墳² Large; m'tain or river spirit.
馡¹ Fragrant.                          賁¹ Abundant.｜實.
騑¹ Advance rapidly.                   豮² Gelded boar.
菲⁴ Shady. Fu⁴⁴. Sacrificial knee [cover.
朏² Moon five days old.                糞 98. 分吩忿氛粉紛芬 395.
浝⁴ Diverging streams.｜泉.            填坎憤 417. 焚 492. 奮 809.
```

图1-25 《学生字典》第二部分的样条

第二部分收录的大多数词头均未出现在第一部分,如倩(dimples, pretty; hire, instead)、靓(to ornament, paint face)、焖(hot, clear, severe)、岨(rugged, irregular)、杭(boat, to ferry, Hangchow)、娌(a brother's wife)、嫚(despise, insult)、眯(blind with dust, nightmare)、蒿(Artemisia, celery; jungle)、晞(dry in sun, dawn)等。而对于第一部分已收录的词语,苏慧廉在每个读音结束部分将它们罗列出来,并为它们设置了参见。

尽管《学生字典》存在着一些明显的劣势,如篇幅较小、复合词未提供译名等,但它的实用性毋庸置疑。自出版后陆续推出了新的版本,如1900年的第2版、1903年的第3版、1908年的第6版等,后来到了1934年,该词典还出了第14版。

六、季理斐的《英华成语合璧字集》

季理斐(Donald MacGillivray),1862年生于加拿大安大略省,早年就读于多伦多大学和诺克斯神学院。1888年,季理斐受加拿大长老会委派来到中国河南传教。后来,1899年受到广学会(Christian Literature Society)总干事李提摩太(Timothy Richard)的邀请加入该会,开始专门从事基督教的文字出版工作。1919年至1929年,季理斐出任广学会总干事一职。1931年5月,他在英格兰去世。

季理斐一生多与文字打交道,是一名多产的作者和译者。早在1898年,季理斐就修订出版了司登得于1871年编写的《汉英合璧相连字汇》。1907年,季理斐以该词典为蓝本编写出版《英华成语合璧字集》(*A Mandarin-Romanized Dictionary of Chinese*,以下简称《合璧字集》)。1910年至1915年,季理斐连续6年编辑出版《中国基督教年鉴》(*The China Mission Year Book*)。他同时著有《基督教在华传教百年史》(*A Century of Protestant Missionaries in China*, 1907)、《圣经词典》(*Chinese Hastings' "Dictionary of the Bible"*, 1916,与瑞思义[①]合著)、《犹太人在河南》(*The Jews of Honan*, 1928)等书籍。作为

---

① W. Hopkyn Rees(1859—1924),伦敦会传教士。

一名译者,季理斐出版过许多译著,其中包括《晦极明生世纪》(1901)、《庚子教会受难记》(1903)、《真道结果实证》(1915)、《基督教会纲领》(1917)、《大英圣书会史略》(1924)、《基督模范》(1924)等。

《合璧字集》正文部分共计924页,文前部分包括3页词典使用指南、1页司登得传略以及4页注音对照表,附录部分包括8页部首表、27页汉字索引、14页注解以及3页各类列表(包含历代朝代列表、18个省份表和官职表)。《合璧字集》中词条均按音序排列,同一词头下的条目亦是如此。每个词条一般占一行,分三列排列,第一列为汉语注音,中间列为汉字词条,英译则被置于第三列,试看图1-26。

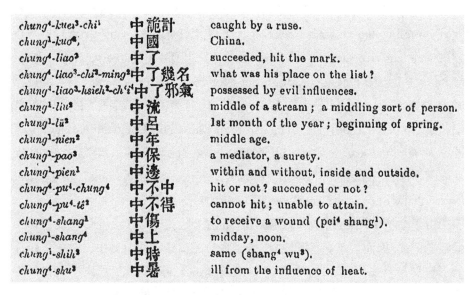

图1-26 《英华成语合璧字集》的样条

单字条目的设置与复字条目有所不同:每个条目中除标注了部首之外,还标明该字在翟理斯的《华英字典》和卫三畏的《汉英韵府》中的对应数字及其位置。例如,在"站"字条中,字头左侧标明了该字的部首(即"立"),其右侧则注明了21b和13a,它们分别表示"站"在《华英字典》和《汉英韵府》中所在的位置。

《合璧字集》收录的词语大多为当时较为常用的各类语词,如阿妈(a nurse;

mother)、冤大头(a spendthrift)、硝石(a stony kind of nitre)、云片糕(a sort of cake)、苋菜(spinach)、陨石(an aerolite)、法官(a priest exorcist)、战船(a war junk)、竹夫人(bed leg-rest in hot weather)、翻筋斗(to turn somersaults)、花旗(the American flag)、译官(an official interpreter)等。季理斐在词典中也收录了当时汉语中的一些新词。试以"救生船 a life-boat"为例，lifeboat 最早出现在罗存德的《英华字典》中，其译名为"保命艇"，直到 1899 年才被邝其照的《华英字典集成》译作"救人艇，救生船"。季理斐同时也收录了许多汉语成语，如济世安民(to help the age and pacify the people)、棋逢对手(the chess-player meeting his match; well-matched)、假公济私(helping one's self under pretence of public spirit)、安居乐业(to live tranquilly and prosperously)、按部就班(to follow the prescribed order)、千方百计(by hook or by crook)、酒囊饭袋("wine bag, rice sack," a worthless person)、九死一生(a very narrow escape of one's life)、缘木求鱼(to climb trees for fish. fig. impossible)等。与此同时，《合璧字集》还收录了诸如人名、地名、国名等的专有名词条目，如"九江 Kiukiang (opened 1858)""舟山 the island of Chusan off Chekiang province""朱子家训 'family instruction' by Chu Fu tzu3""西游记 Travels in the West (popular novel)""仲尼 Confucius""越南国 Annam""安南国 Cochin China""合众国 the United States of America (mei3 kuo2)"(即美国)等。

　　由于《合璧字集》是在《相连字汇》的基础上修订而成，而后者注重口语词汇的记载，因而《合璧字集》也收录了大量的口语表达。其中，以"的"结尾的形容词最为显眼，如"轻生生的""黑暗暗的""哼唧唧的""希拉拉的""香喷喷的""笑眯眯的""净干干的""重巴巴的""直巴巴的"等。

　　《合璧字集》中的绝大多数词条均为一行。季理斐提供的词条译名大多比较简洁，一般只有寥寥的几个字，如"家具 household effects""阿嚏 to sneeze""按摩 to shampoo""爱戴高帽 fond of praise (fig.)""让人 to politely invite a person; to excuse""缄默 to keep silence""恐怕 I fear, lest, probably""国法 the laws of the state""咆哮公堂 disorderly behaviour in court""烧纸 to burn paper at funerals, etc.; to mourn"等。在翻译一些词条时，编者也采用之前传教士词典中较为常见的先字面直译后意译的方式，如"闲人 'leisure man,' vagrants, idlers, etc.""番

鬼'foreign devil,' a foreigner""飞笔'flying pencil,' quick writing""云雨'clouds and rain,' sexual intercourse""鸳鸯枕'mandarin duck's pillows,' conjugal fidelity""擎天柱 a pillar of the sky－a statesman"等。

季理斐在词典中设置了词条参见，其原则主要涉及同义、反义或语义相关的条目，如"执照 a passport (hu^4 chao^4)"（即护照）、"妓家 prostitutes (ch'ang^1 chi^4)"（即娼妓）、"长处 good qualities (tuan^3 ch'u^3)"（即短处）、"长生果 ground-nuts, pea-nuts (lo^4 hua^1 sheng^1)"（即落花生）、"小小的 very small (wei^1)"（即微）、"小遗 urine, to pass urine (niao^4)"（即尿）、"庵 a cottage; a Buddhist nunnery or convent (ni^2 ku^1 an^1)"（即尼姑庵）、"懈怠 indolent, lazy (lan^3 to^4)"（即懒惰）、"家丁 a domestic, a slave（chia1 p'u^2)"（即家仆）等。

《合璧字集》的主要问题涉及词条的翻译。就普通的语词来说，最大的翻译问题就是误译。例如，"厚颜"条下列有三个译名（即 shameless, brazen-faced; good-looking），而根据《汉语大词典》的解释，该词的意思为"厚脸皮，不知羞耻"和"惭愧，难为情"，因而"good-looking"显然是错误的译名。同样存在此类问题的词条包括"穷酸 the poor man's garlic (i.e. cheap food)""小人 a blackguard; common people; a youth""局面 elegant, genteel"等。成语的翻译同样存在着问题，其中最为突出的就是季理斐只提供了成语的字面意思却未提供其意译，如"鱼龙混杂 fishes and dragons confusedly mixing""鱼目混珠 mixing gems with fish-eyes""犬马之劳 services rendered by dog and horse""暗箭难防 the secret arrow cannot be guarded against""斩草除根 cut off the grass and remove the root""抛砖引玉 to cast a brick and get jade (fig.)"等。成语翻译中的另一问题则是译名的不确切，如"兢兢业业 very careful""远走高飞 an extravagant""冤家路窄 a difficulty, a dilemma""津津有味 I like it more and more""指桑骂槐'point at mulberry, abuse ash,' to talk to a person""赤手空拳'naked hand, empty fist,' empty-handed""鞍前马后 bustling, busy, officious""家长里短 gossip"等。

1911年再版时，季理斐将书名改为《英华成语合璧字集》。这部词典在之后还经过了多次修订，比如1918年的第4版、1922年的第6版等。1930年，该词典仍在印刷出版。

第二部分

英汉汉英专科词典

自19世纪20年代以来,随着外国来华传教士的增多,英汉两种语言接触得更为频繁。为了促进语言和文化的交流,马礼逊等传教士编写出版了普通的语词词典,随后也陆续出现了多部专科词典,如涉及商业术语和医学用语的词典。19世纪60年代,随着晚清洋务运动的兴起,西方相对先进的科学知识通过翻译的书籍被不断引入中国,旨在促进或规范学科术语的专科词典相继出版,在一定程度上推动了西学东渐的进程。虽然英汉或汉英专科词典在普及程度和影响力方面不能与普通语词词典相提并论,但它们在很大程度上反映出清朝后期社会发展的一个侧面,并见证了现代汉语术语体系的发展。由来华人士编写的各类英汉汉英专科词典有20余部[①],它们不仅有涉及语言文字、百科、人名地名、商业等领域的,而且有收录科技术语的。

一、德庇时的《商贸字汇》

英国人德庇时(John Francis Davis, 1795—1890),又译戴维斯、爹核士等,1813年抵达中国广州,曾任东印度公司书记员、英国驻华商务总监、香港第二任总督等,先后出版《三与楼》(*Three Dedicated Rooms*, 1815)、《鸟声喧》(*An Heir in His Old Age*, 1817)、《中国小说选》(*Chinese Novels*, 1822)、《贤文书》(*Chinese Moral Maxims*, 1823)、《商贸字汇》(*A Commercial Vocabulary, Containing Chinese Words and Phrases Peculiar to Canton and Macao, and to the Trade of Those Places*, 1824)、《好逑传》(*The Fortunate Union*, 1829)、《汉文诗解》(*Poesis Sinicae Commentarii*, 1834)、《中华帝国及其居民概论》(*The Chinese: A General Description of the Empire of China and Its Inhabitants*,又译作

[①] 欧德理在1870年编著了《中国佛教手册》(*Handbook of Chinese Buddhism, Being a Sanskrit-Chinese Dictionary with Vocabulary of Buddhist Terms*),但它实际上是一部梵汉英三语词典,故不在本章论述范围之内。

《崩溃前的大清帝国》,1836)、《中国见闻录》(Sketches of China, 1841)等作品。

《商贸字汇》由位于澳门的东印度公司印刷所出版,这是一部收录广州和澳门两地特有用语的小册子。早在1815年,德庇时就在澳门编写完成了一部手稿汉英字典,收录5 000个汉字,如请(to ask, request)、尘(dust)、纸(paper)、发(hair)、胃(stomach)、憨(foolish, a fool)、荒(famine, a barren year)、慧(perspicacious, clever)等。而《商贸字汇》是我国词典史上第一部英汉专科词典,所收词汇大多与商贸相关,其目的是帮助外国人用汉语通信或进行对话。

这部只有77页的英汉词典在正文之前附有一个简短的注解,就汉字的注音作了说明:为了统一起见,编者采用了马礼逊所编的《华英字典》中的注音法。词典中的典型词条包含英文词目、汉语译名及其注音、例证及其译名和注音等,试看图2-1。

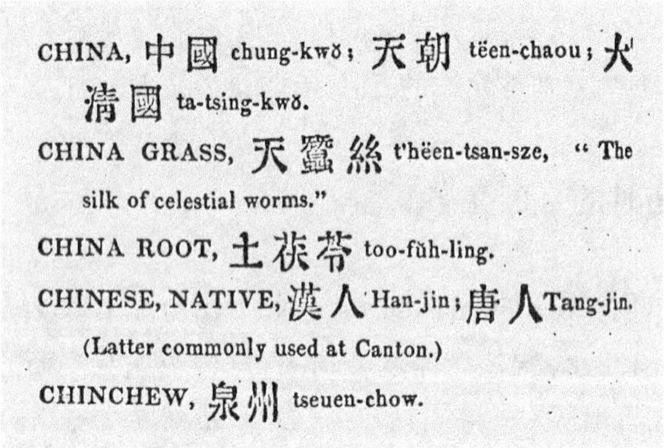

```
CHINA, 中國 chung-kwǒ; 天朝 tëen-chaou; 大
清國 ta-tsing-kwǒ.
CHINA GRASS, 天鷺絲 t'hëen-tsan-sze, "The
silk of celestial worms."
CHINA ROOT, 土茯苓 too-fŭh-ling.
CHINESE, NATIVE, 漢人 Han-jin; 唐人 Tang-jin.
(Latter commonly used at Canton.)
CHINCHEW, 泉州 tseuen-chow.
```

图2-1 《商贸字汇》的样条

《商贸字汇》收词相对较少,总数还不足一千条。这些条目大多为名词,如bread(面头;面包)、flints(火石)、ginseng(人参)、hurricane(飓风;大风)、interpreter(通事)、magic lantern(玻璃影画镜)、medicines(药材)、orange(温柑)、potatoe(荷兰薯)、steward(管事的)等。

《商贸字汇》中所收的四类词条充分说明它作为商贸词典的特性:第一类是商品类词汇,如arrack(亚叻酒)、arrow root(莲粉;马蹄粉;珍珠粉)、beaver skins(海骝皮)、blankets(洋白毡)、Bohea tea(大茶)、chillies(花椒)、

congo tea（功夫茶）、damask（大彩缎）、grass cloth（夏布）、hyson tea（熙春茶；正茶）、oatmeal（谷麦粉）、raw silk（湖丝）、segar（孖姑烟）等；第二类是当时商贸领域中所用的套语或术语，如"fair price 公平价钱""hong merchant 洋行商""middling sort 中等的""permit for goods 照票""retail trade 零星买卖""select committee 主事列位""stagnation of trade 货物滞销"等；第三类是与船运相关的词语，如 cable（船缆）、cargo（船货）、freight（水脚）、harbour（海口；港口）、hatches（舱门）、junk（白艚船）、low water（潮退；水落）、mast（船桅）、measurage（船钞银）、pilot（引水人）等；第四类是各类地名词条，如 Batavia（咖喇吧）、Boca Tigris（虎门）、Cambodia（暹罗国）①、E-Lee（伊犁）、Europe（友罗巴；祖家；大西洋）、Fa-Tee（花地）、France（佛兰西）、Lan-tao Passage（牛头门）、Macao（澳门）、Malacca（嘛六甲；甲地）等。除此之外，这部词典还收录了一些反映当时社会的特有名词，并用汉语拼音作为词头，如"an-cha-see 按擦使""Hoppo 海关大人"②"kwong-heep 广协""poo-ching-sze 布政司""ty-tok 提督大人""wei-yuan 委员""yew-foo 游府"等。

  尽管词典收词数量有限，德庇时仍在一些词条中设置了例证，主要是为了体现词目的确切用法并显示其复合词，如：anniseed（小茴）条下的"star anniseed 八角"；boat（艇）条下的"chop boat 西瓜扁艇"和"small boat 三板"；cap（帽子）条下的"summer cap 凉帽"和"winter cap 暖帽"；cotton（棉花）条下的"cotton cloth 棉布"和"cotton stockings 面纱袜"；ivory（象牙）条下的"ivory fans 牙扇"；market（市头）条下的"bad market 不能行销"；pawn（当；按当）条下的"pawnshop 当铺"；quality（等）条下的"best quality 上等"和"middling quality 中等"；等等。与此同时，德庇时在一些词条中设置了内容相当丰富的相关信息，以增强词典的实用性。例如，在 button（钮；扣钮）条下，德庇时逐一介绍了一至九品官员的官帽品级；又如，在 factory（行）条下，德庇时罗列了诸

---

① 此处显然是误译，应改为"高棉"。"暹罗国"的英文名称为 Siam，该词在 1822 年马礼逊的《华英字典》第三部分中就已出现。
② 该词是当时为数不多被英语词典所吸收的汉语外来词。《牛津英语大词典》在其第 1 版时就收录该词，并将其首现年份确定在 1711 年，同时将其解释为"The board of revenue or customs"（即"户部"或"海关监督"）。它的另一个用法与 Hoppo-man 相同，表示"海关大人"。

如广利行、会隆行、黄旗行、同孚行、吕宋行等十三行的名称。

二、合信的《医学英华字释》

合信（Benjamin Hobson），1816年生于英国北安普敦郡，早年就读于伦敦大学，攻读医学，后来被英国伦敦会接纳为传教士。作为一名医学传教士，他于1839年抵达澳门，并于1843年来到香港，之后又去过广州、上海等地。1847年，在第一任妻子去世之后，合信在英格兰娶了马礼逊的女儿为妻。1859年，合信离开上海回到英国，后于1873年去世。

根据伟烈亚力的记载（Wylie, 1867: 126），合信所著的中文著作主要与传教和医学相关，如1851年的《全体新论》、1853年的《约翰真经释解》、1855年的《博物新编》、1857年的《西医略论》、1858年的《妇婴新说》等。由其编著的英文著作只有三部：第一为1850年出版的《广州方言对话录》(Dialogues in the Canton Vernacular)；第二为1857年出版的《广州教会医院分年年报》(Annual Reports for Nine Years of the Missionary Hospital at Canton)；第三则是1858年出版的《医学英华字释》(A Medical Vocabulary in English and Chinese)①。

《医学英华字释》由上海墨海书馆（Shanghai Mission Press）出版，全书总共74页，词典中所收医学词汇涉及解剖、医学、药物学、自然科学等学科。王扬宗（1991: 11）认为该词典"汇集了合信翻译《西医五种》时所用的专门术语"。在词典中，合信将所收词汇具体分成多个大类，如"全体部位功用"（Anatomy and Physiology）、"外体名称"（Names of Eternal Parts）、"内部病证名目"（Terms Used in Medicine）、"外科名目"（Terms Used in Surgery）、"妇科名目"（Terms Used in Midwifery）、"药品名目"（Names of Medicine）、"博物之理"（Elements of Natural Science）等。其中"全体部位功用"所含内容在词典中超过三分之一，其下包括十多个方面的内容，如"全体之骨"（The Osseous System）、"各处肌肉"（The Muscles）、"运行血之器"（The Circulating Organs）、"脑体脑髓脑筋体用"

---

① 该词典的另一个英文名称为 Vocabulary of Terms Used in Anatomy, Medicine, Materia Medica, and Natural Philosophy, &c.。

(The Nervous System)、“眼官体用”(The Sense of Sight)、“耳官体用”(The Sense of Hearing)、“消化饮食之器”(The Organs of Digestion)、“胸背心肺部位”(The Thoracic Viscera)、“生溺生精之器”(The Urinary Apparatus)、“外体名称”(Names of External Parts)等,试看图2-2。

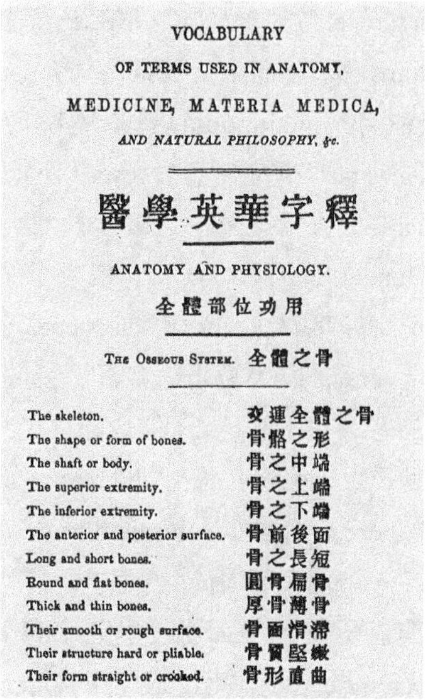
VOCABULARY
OF TERMS USED IN ANATOMY,
MEDICINE, MATERIA MEDICA,
AND NATURAL PHILOSOPHY, &c.

醫學英華字釋

ANATOMY AND PHYSIOLOGY.
全體部位功用

THE OSSEOUS SYSTEM. 全體之骨

The skeleton.	交連全體之骨
The shape or form of bones.	骨骼之形
The shaft or body.	骨之中端
The superior extremity.	骨之上端
The inferior extremity.	骨之下端
The anterior and posterior surface.	骨前後面
Long and short bones.	骨之長短
Round and flat bones.	圓骨扁骨
Thick and thin bones.	厚骨薄骨
Their smooth or rough surface.	骨面滑滞
Their structure hard or pliable.	骨質堅韌
Their form straight or crooked.	骨形直曲

图2-2 《医学英华字释》正文首页

由此,我们可以看出《医学英华字释》实际上就是一个分类词汇手册。从其宏观结构来看,这部手册所收的条目并非一般词典中的语词条目,这是因为它收录了不少短语甚至句子。例如,在“全体津液”(The Secretion of the Body)小类下,有一半左右的条目都是以短语的形式呈现出来,如“mucus of the nose鼻孔津液”“wax of the ear耳腊”“mucus of the alimentary canal食管至大小肠津液”“pancreatic juice甜肉汁”“serous fluid各胞膜津液如水”等。又如,在“血运行功用”(On the Circulation of the Blood)小类下,诸如blood、corpuscle、heart、serum、vein等词语均是通过句子的形式得以体现,如“in the blood are round particles called globules血中有圆物名血轮”“these corpuscles are very minute and numerous血轮极小而多”“the heart is the central organ of the circulation心为运血妙器”“the uncoagulated part is called serum不结者名为黄水”“the valves of the veins aid its upward movement回管门助血上不落”等。与此同时,《医学英华字释》中部分词条的设置是出于体现汉语词汇的目的。例如,词典中先后收录了central part of the upper lip和the prominent part of the throat,而与它们相对应的汉语分别是“人中”和“结喉”。

在收词方面,《医学英华字释》主要呈现出两个特点。第一,它收录了之前词典从未收录的医学词汇,如anaesthesia(迷蒙忘痛法)、aneurism(脉管跳血囊)、aphonia(失音)、cow-pox(种痘疮粒)、dyspepsia(未消化)、gastritis(胃炎)、

hydrocele（肾囊水疝）、influenza（时行伤风传染）、lithotomy（割膀胱石淋法）、loins（腰）、malaria（腐毒之气）、neuralgia（脑气筋痛）、pharynx（喉咙）、pancreas（甜肉）、pneumonia（肺本体炎）、sciatica（臀下脑气筋痛）、sternum（胸骨）、tenesmus（痢症裹急）、testis（外肾）等。第二，除收录医学相关词汇之外，该词典也收录了一些与医学并无直接关系的词语。例如，在"人之灵魂"（The Human Soul）小类下，合信收录了"the understanding 觉悟知识""the memory 记忆往事""the moral sentiments 五常之性""the passions 情欲""the moral sense or conscience 良心告语善恶"等词语。又如，在"博物之理"（Elements of Natural Science）类别下，合信收录了"the atmosphere 地球周围之气""the air-pump 抽风之器名气机箭""the barometer 风雨针""hydrogen or light gas 轻气""air-balloon 轻气球""solar light 日光"等其他学科的术语。

在词条的翻译方面，合信沿用了马礼逊《华英字典》、卫三畏《英华韵府历阶》、麦都思《华英字典》等词典中的原有译名，如 abscess（脓疮）、barometer（风雨针）、calf（脚囊）、cholera（霍乱）、kidney（内肾）、measles（痲症）、thermometer（寒暑针）等。此外，合信还改进了原有的译名，而且首次采纳了一些新的译名。例如，之前的三部英汉词典都收录了 chicken pox 一词，但其译名却截然不同，马礼逊将之译为"水泡"，卫三畏译为"水胞"，麦都思译为"水泡, 疹, 癔疹"，合信则将此译名改为"水痘"。又如，卫三畏在《英华韵府历阶》中将方言用语"生萝卜"作为 chilblain 的译名，而合信的译名则是汉语中早已使用的"冻疮"。合信在词条翻译方面的努力也可从表 2-1 中的译名得到印证。

表 2-1 《医学英华字释》和其他词典的译名对比

词典 译名 词目	马礼逊	卫三畏	麦都思	合信
axilla	肐肘窝；翼下	—	—	腋
calf	—	脚囊	脚后肚, 脚腓, 腓肠, 腨肠, 膂腨, 胻, 胫后肉, 蹲	腿囊
eyeball	眼睛珠	眼睛	目眶, 目眹, 目睛, 睍珠, 目眸, 眸子	眼球

· 190 ·

续 表

词目 \ 译名	马礼逊	卫三畏	麦都思	合信
eyelid	眼盖	—	目皮,盱,衡	眼胞
instep	—	脚背	跗,足上,足背	足掌
scrotum	卵包	卵囊	卵脬,肾囊	外肾囊
temple	—	—	额角,鬓邉,蟀谷,顉,头颒	太阳穴

合信在其词典中首创了一些音译词,用以指代当时尚未有汉语对应词的化学物质、药品等,如"ammonia 阿摩呢阿""aloe 哑啰""calomel 迦路米""cinchona 金鸡哪""colocynth 哥罗新""creasote 叽啊苏""ergot 耳卧达""iodine 挨阿颠""magnesia 嘧呢吵""morphia 嗼啡哑""soda 苏吖"等,试看图2-3。这些音译词不断被后来的词典编纂者所采纳,有些甚至一直沿用至今。

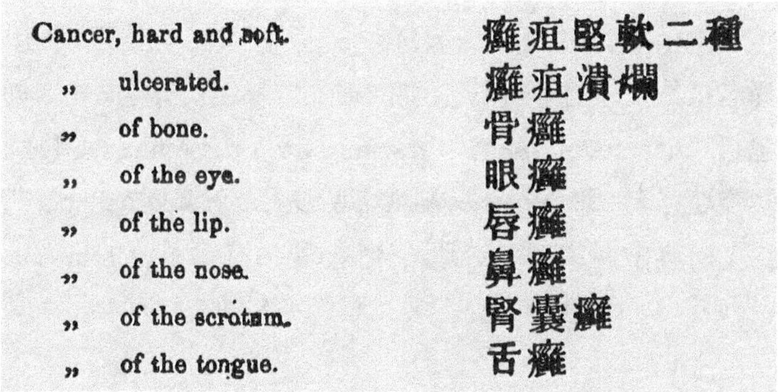

```
Cancer, hard and soft.     癌疽坚軟二種
    "   ulcerated.          癌疽潰爛
    "   of bone.            骨癌
    "   of the eye.         眼癌
    "   of the lip.         唇癌
    "   of the nose.        鼻癌
    "   of the scrotum.     肾囊癌
    "   of the tongue.      舌癌
```

图2-3 《医学英华字释》中的创造性译名

作为第一部双语医学词典,《医学英华字释》也不可避免地存在着一些问题,而这些问题主要涉及收词和翻译两个方面。

在收词方面,主要的问题集中在常用词语的漏收,这势必导致收词不平衡。这一问题主要表现为同类词汇偶尔出现常用词语的缺失。例如,在"外体名称"(Names of External Parts)部分,头部器官和部位的名称相对比较齐全，只可惜遗漏了古英语时期就开始使用的forehead（额头）。同样缺失的还有分别表示"肝炎"的hepatitis①和"膝盖骨"的patella②。所收词语的排列和归类同样也存在一些问题。合信有时将一些同类词语集中罗列，但有时也出现相关词语散落于其他地方的现象。例如，在"内部病证名目"（Terms Used in Medicine）下，合信收录了各种表示炎症的词语，如"inflammation of the viscera 脏腑炎""inflammation of the brain 脑炎""inflammation of the lungs 肺炎"等，而"inflammation of synovial membrane 交节胞膜生炎"却被列在"外科名目"（Terms Used in Surgery）之下。

在翻译方面，该词典存在的主要问题包括译名前后不一、译名不妥以及偶尔出现错译或误译。首先，词典中有时出现译名前后不一致的现象。例如，cancer of stomach在词典中出现了两次，可是它的译名却前后不一，分别是"胃痛"和"胃痈疽"。又如，diarrhea在词典中的一处被译作"腹痛泻泄"，而另一处则略作"泻泄"。其次，词典中有时也出现翻译不贴切的现象。试以asthma一词的翻译为例，之前的三部传教士词典均收有该词，不过它们的编者提供了不同的译名：马礼逊的"哮喘的病"、卫三畏的"哮喘"以及麦都思的三个义项（即"1. 欬嗽，痨病；2. 哮喘，瘟，痰；3. 急喘"）。合信提供的译名是"气喘"，这一译名虽然比较简短，但还不如之前的"哮喘"来得贴切。同样不太贴切的译名包括"diaphragm③ 膈肉""rescuing from poisoning 救鸦片信石毒法"以及不少解释性译名（如"diabetes 溺太多味变甜④""hydrophobia 狂犬咬令人癫"）。最后，词典中偶尔出现错译。例如，实为有毒植物的hellebore⑤（现通常译作"黑藜芦"）一词被译作"芦荟"，而"芦荟"的对应词aloe⑥却被音译为"哑啰"。

作为医学专科词典，合信的《医学英华字释》确立了许多术语的译名，促

---

① 该词首现于1751年，而合信在解释inflammation（炎）处已收有inflammation of the liver（肝炎）。
② 该词最初出现在1693年，而较之更为常用的kneecap一词要到1869年才首现于英语之中。
③ 麦都思提供的译名中就有现在通用的"膈膜"，其他两个译名分别是"膏肓之隔"和"胸中隔膜"。
④ 卫三畏和麦都思提供的译名分别是"发尿淋"和"尿瘰"。
⑤ 麦都思的词典收有此条，其译名为："葱管，藜芦，藜萝"。
⑥ 马礼逊在其《华英字典》为该词提供了多个译名，即"洋沉""芦荟"和"椅楠香"。

进了现代医学术语的形成,为后来的词典编纂者和医学从业人员提供了有用的参考,从而在一定程度上推进了中国现代医学的发展。高似兰在其词典的"历史沿革"(Historical Notes)部分,高度评价了合信在1850至1858年之间编译的医学教材和这部医学术语词典,认为它们"在很长一段时间中颇受欢迎"。

三、罗存德的《英华行箧便览》

1864年,罗存德在香港出版了《英华行箧便览》(*The Tourist's Guide and Merchants Manual*)。该书书名的副标题(Being an English-Chinese Vocabulary of Articles of Commerce and Domestic Use; Also, All the Known Names Connected with the Sciences of Natural History, Chemistry, Pharmacy, &c. &c. &c)比较具体,道明了该字汇的双语性质以及所收词条涉及的领域。该字汇内容比较简洁,只有2页序言、1页正音系统、1页目录和148页正文。在简短的序言中,罗存德阐明了该书的编写目的:"编者编写如下这部简明且收词广泛的字汇旨在填补空白,满足远足者、游览者、商人以及学生的需求。这几类人经常因无法描述迫切想看的东西或研究的对象而倍感困惑。"(Lobscheid, 1864b: Preface)从词典宏观结构来看,《英华行箧便览》有着分类词典的特征,即指代类别的条目下罗列了各种具体名词。目录显示,该书收录了19个大类的名词,具体见表2-2。

表2-2 《英华行箧便览》中的收词类别

类别	英文名	页码	类别	英文名	页码
兽类	animals (quadrupeds)	4-6	各样纱	gauze, varieties of	73-74
飞禽类	birds	12-18	虫类	insects	82-86
羽缎	camlets, varieties of	25	药材	medicines	94-102
颜色名	colors	33-37	金类	metals	103-104
棉花布	cotton, cotton cloth	38-39	玉石类	minerals	105-108
鱼类	fishes	50-53	百病类名目	nosology	112-116

续　表

类别	英文名	页码	类别	英文名	页码
花名	flowers, ornamental	54–56	百草类	plants, miscellaneous	121–123
植物类	food, articles of	56–62	外治法	surgery	135–136
乔木类	forest trees	63–66	禾菜类	vegetables & grains	142–146
果木类	fruit trees	67–72	—	—	—

就拿“兽类”条目而言，罗存德收录了从ant-eater, scaly（穿山甲）到yak（牦牛）的近40种动物。

从词条排列体系来看，《英华行箧便览》是一部严格按照字母排序的英汉词汇表，其中的典型词条包括英文词头、汉语译名及其广东话和官话注音，试看图2-4。

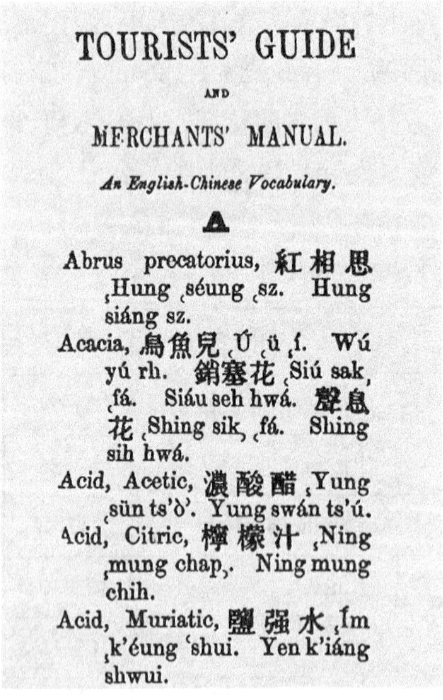
TOURISTS' GUIDE

AND

MERCHANTS' MANUAL.

An English-Chinese Vocabulary.

A

Abrus precatorius, 紅相思 ˏHung ˏséung ˏsz. Hung siáng sz.

Acacia, 烏魚兒 ˏÚ ˏü ˏí. Wú yú rh. 銷塞花 ˏSiú sak ˏfá. Siáu seh hwá. 聲息花 ˏShing sik ˏfá. Shing sih hwá.

Acid, Acetic, 濃酸醋 ˏYung ˏsün ts'ò'. Yung swán ts'ú.

Acid, Citric, 檸檬汁 ˏNing ˏmung chapˏ. Ning mung chih.

Acid, Muriatic, 鹽强水 ˏÍm ˏk'éung ˋshui. Yen k'iáng shwui.

图2-4　《英华行箧便览》的样条

在收词和译名方面，《英华行箧便览》呈现出一些明显的特征，具体如下：一是一些条目的设置完全依据汉语原有的表达，这与当初传教士词典旨在帮助外国人学习汉语的目的不无关系，如“artificial flowers 纸花”“asses' glue 阿胶”“bamboo shoots 竹笋”“basket-maker 竹器师傅”“duck, dried 腊鸭”“Board for preparing official documents 脩文馆”“light and heavy 轻重”“decoction of poppy 罂粟壳煮水”等；二是词典中收录了相当数量的学科术语，如“bill of exchange 会单”“agate, cornelian 玛瑙石”“alum 白矾”“echites 山羊角树”“gentian 黄连”“dung fly 大屎乌蝇”

"invoice 货单""land tax 地丁"等;三是词条译名中使用了不少广东方言用语,如"ram 羊公""sow 猪乸""auction room 夜冷馆""chicken 鸡仔""breakfast 早茶""brother, younger 细佬""cakes, meat 云吞""chocolate 揸古律;之古辣"等。

四、施维善的《华英专有名词典》

施维善(Frederick Porter Smith)①,1833年出生于英国,早年在伦敦就读医学院后获得医学学位。1864年,他受英国循道会(Wesleyan Mission)派遣来到汉口传教,并在那里开设普爱医院,为华中地区第一位医学传教士。1870年,施维善因健康原因离开汉口返回英国,并于1888年去世。施维善在华及回国之后编著了多部作品,如1869年的《中国之河流》(*The Rivers of China*)、1870年的《华英专有名词词典》(*A Vocabulary of Proper Names, in Chinese and English*)②、1871年的《本草纲目和博物学补充名录》(*Contributions Towards the Materia Medica and Natural History of China*)③以及1911年与师图尔(George Arthur Stuart)④合著的《本草纲目:植物部分》(*Chinese Materia Medica: Vegetable Kingdom*)。

由上海的美华书馆出版的《华英专有名词词典》(以下简称《专名词典》)的英文全称为 *A Vocabulary of Proper Names, in Chinese and English, of Places, Persons, Tribes, and Sects, in China, Japan, Corea, Annam, Siam, Burmah, the Straits and Adjacent Countries*。顾名思义,这部词典所收录的词典涉及中国、日本、朝鲜、安南、暹罗、缅甸等地的各类专有名词。施维善在扉页背后印有

---

① 伟烈亚力在其所著的《1867年以前来华基督教传教士列传及著作目录》(2011)中为 Frederick Porter Smith 提供的中文名字为"师惟善"。
② 刘欢楠等(2018)将该书译作《中英名称对照词典》,但因其标题有"proper names"两个词,故应译作"专有名词"为佳。
③ 该书实为一部英汉字汇,收录了许多药品、植物、食物等的名称,如 caraway(西茴香)、cocoa(果膏茶,哥哥)、dragon's bones(龙骨)、egg-flower(鸡蛋花)、foxglove(毛地黄,毛原)、nutgalls(五倍子)等。
④ 美以美会派遣来华的医学传教士(1859—1911),曾任汇文书院院长。

"This Vocabulary Is Respectfully Inscribed, by Permission, to S. Wells Williams, Esq., L. L.D. &c., &c., Secretary of the Legation of United States, Peking" 的字样，这显然表明作者欲将此书献给时任美国驻华公使馆秘书卫三畏。至于其中的缘由，施维善在序言中作了介绍，那就是他在开始编写这个汉英专名名录时还不知道之前已有一个收录类似地名的附录，即卫三畏所著的《中国总论》(Middle Kingdom)的附录(Smith, 1870: v)。施维善同时在序言中道出了编写此专名名录的目的——"作为对现有的尚未收录专名的汉语词典的有用的补充"。在编写过程中，施维善参考了当时大量的相关文献，并在序言中向杜赫德(Jean Baptiste du Halde)①、马礼逊、德庇时、卫三畏、理雅各、儒莲、鲍吉耶(Jean-Pierre Guillaume Pauthier)②、伟烈亚力、艾约瑟、梅辉立、韦廉臣(Alexander Williamson)③等作者致谢。

《专名词典》全书正文部分只有68页，外加两页序言和9页英文索引。这部词典的总词条数在1 200条左右，每个典型词条包括汉语词目、西文注音和英文译名或解释，试看图2-5。

梵　Fan, the country of Magadha. It also stands for the Pali and for the Sanscrit languages. Fan is said to be an abbreviation of *Fan-lan-mo*, or Brahma.
樊城　Fan ching. See Siang-ho.
梵僧　Fan-sang, the Bonzes, or Buddhist priests in China and Japan. These Chinese words are pronounced *Bonsu* in Japan, and were thence probably introduced by the Portuguese into China.
番都城　Fan-t'u ching, the capital city of Bokhara.
藩陽　Fan-yang, a name of Fung-t'ien fu or Shingking pun ching. It was one of the capitals of the Wei princes.
范陽　Fan-yang, the chief department and capital of the prefecture of Yu chau under T'sin Chi-hwang, answering to what is now Shun-I'hien and Ting-hing hien in Chihli.
番禺　Fan-yu, the capital of Kiau chau, one of the provinces of the Tsin dynasty.
浮屠　Fau-t'u, a name of Buddha, sometimes given to Buddhist priests.

图2-5　《专名词典》的样条

---

① 法国耶稣会士(1674—1743)，著有《中华帝国全志》。
② 法国汉学家(1801—1873)，著有《中国哲学简史》《大清帝国的历史、地理和文学》等书。
③ 苏格兰来华传教士(1829—1890)，曾任益智书会秘书、广学会总干事等职。

所有的词条均按西文注音的字母顺序排列，而不是像先前词典那样按汉字部首排列。例如，词典中收录了八个带"中"字的条目，即中州、中兴府、中华、中国、中山、中天竺、中都和中原，而由于"重庆"的注音为"Ch'ung-king"，因而正好排在中华（Chung Hwa）和中国（Chung kwoh）之间。各个词条的篇幅有长有短，有些长条目中提供了额外的背景信息。例如，"戈壁"（the Great Desert of Cobi or Gobi）条下的解释多达12行，施维善对其地理位置、构成原因等作了非常详细的介绍。许多其他条目中也包含了丰富的各类信息，如"波斯国"条下介绍了该国的树胶树脂和药材资源、"客家"条下介绍了客家人的分布及语言、"北京"条下罗列了它的多个名称、"东阿县"条下介绍了阿胶的具体做法，等等。施维善在一些词条中设置了参见，只不过参见系统按中文注音而非汉语词目排列，试看图2-6。

盛京本城 Shing-king pun ching, the "head garrison of Shingking," or Shingking. Its Chinese name is commonly put down as Fung-t'ien fu, and its Manchu name as *Moukden*. It lies in Lat. 41° 50′ 30″ N., and Long. 123° 37′ E. See Fan-yang.

蜀 Shuh, an ancient tribe in Ching-tu fu, which has given its name to Sech'uen. The Ta Kiang is sometimes called *Shuh kiang*, or the Sech'uen river.

寂昭 Shuh-chau, or Ziūku, a Buddhist priest who invented the Japanese syllabary of 48 syllables named after him. See Hungfah.

图2-6 《专名词典》中的参见信息

《专名词典》中的绝大部分条目与地名有关。就地名条目而言，它们主要涉及如下四个方面：一是中国的各类地名，大到首都小到城镇，无不涉及，如复州、奉天府、汉口、盖州城、喀什葛尔城、江宁、金门、南州、宁夏、北京等；二是各国的名称，如花旗国、黄旗国、意大理亚、高丽国、迦古罗国、美国、缅甸、安南国、俄罗斯、实斑牛（即Spain）；三是外国的各类地名，如富士山、恒河、红海、咖巴、麻六呷、默德那、槟榔、布鲁沙布罗、小吕宋等；四是亚洲各地山川河流的名称，如阿克但河、雅鲁藏布、扬子江、黄河、湄江、怒江、巴达克山、雪山（即喜马拉雅山）、天山等。

《专名词典》同时也收录了一些人名和部落名称的条目，但它们的数量相对较少。

人名词目主要是历史和宗教人物的名称,如弘法(the inventor of the Japanese syllabary)、忽必烈(Kublai Khan)、利玛窦(the Chinese name of Matteo Ricci)、母撒(the name for Moses)、南海观世音(Kwanyin, the Goddess of Mercy)、博罗(the Chinese name of Marco Polo)、如来佛(Tathagata)、释伽侔尼(Shakyamuni)等。

至于部落名称条目,像费雅喀(a hunting tribe on the Sagalien river)、扶鲁尔(a Mahommedan tribe)、学老(a name of the Hoklo people)、戎狄(tribes in Turfan)、科尔沁(a large tribe of Mongols)、老挝(the Laos tribes who live between Yunnan, Annam, and Siam)、布鲁特(a vagrant Mahommedan tribe)、党项(a tribe descended from the San Miau)、毛明安(a small tribe of Mongols)、侬人(an aboriginal tribe in Yunnan)等均被收录其中。

与此同时,《专名词典》不仅收录了各种各样的称呼或称谓用语,如"巴图鲁""波罗门""达赖喇麻""太官""单于""铁帽子王""天子"等,还记载了一些别称,如羊白头(a name for Albinoes)、武林(即杭州)、裙带路(即香港维多利亚城)、蓝帽回子(即犹太人)、孑鹰(即奥地利)、龟豆(即马尼拉)、阿丹(即亚当)、毗舍耶(即台湾)等。其他类别的专有名词也零星地散落在词典的各个字母下,如公司(the East India Company's factory at Canton)、希百来(即希伯来语)、本地、天河(the Milky Way)、同文馆等。

《专名词典》在收词、翻译等方面存在着一些问题。

就收词而言,常用词语的漏收是最为突出的问题。尽管这部词典收录了"大英国"(England),但当时它的另一个常用名称"英吉利国[①]"却付之阙如。

翻译方面存在的问题主要体现在英语词语用词不太贴切。例如,"那霸"被解释为"the port of the capital of the Liukiu islands",殊不知当时"琉球"的最常用译名是当时早已出现在之前英汉词典(如麦都思、罗存德等的《华英字典》)中的"Loo-choo"。用词前后不一则是另一类翻译问题。例如,在"舟山"(Chau shan, or "Boat Island," the largest island of the Chusan Archipelago. The district-town of Tinghai, lying on the southern side of the island, is the capital)条下,"舟山"分别

---

① 该词早就出现在麦都思在1847年至1848年编著的《英华字典》中。

被译作Chau shan和Chusan。该词典的不足之处还体现在同义词语之间缺少参见,如:均用来指代"Pacific Ocean"的"大明海""太平洋"和"深海";表示"Peking"的"北平""首善"和"大都";等等。

五、沙修道的《谚语丛话》①

沙修道(William Scarborough, 1841—1894)是英国循道会派遣来华的一名传教士。据伟烈亚力的记载,沙修道1865年3月抵达上海,4月3日到达汉口,并一直居住于此(Wylie, 1867: 273)。他在1875年编写出版了一部收录汉语谚语的双语词典,即《谚语丛话》(A Collection of Chinese Proverbs)。这部词典由上海美华书馆出版,正文部分465页,文前部分包括3页序言和33页引言,附录部分则包括10页索引以及3页勘误。在序言中,沙修道阐明了编写此词典的目的,即"谚语词典有其一席之地,一部这样的词典肯定会既实用又有趣"(Scarborough, 1875: i)。在编写该词典之前,编者对之前的相关作品做了研究,沙修道在序言中这么写道:"据我所知,由德庇时爵士于1823年编写出版的《贤文书》(Chinese Moral Maxims)只收录了200条格言警句,而现在早已绝版;还有一本是由法国传教士童保禄(Paul Hubert Perny)于1869年编写的、收有441条谚语的《中国俗语》(Proverbes Chinois),这两本书是至今出现的仅有的两部谚语词典。另外还有一些零散的谚语名录,尤其是在卢公明先生所著的《英华萃林韵府》之中。"(Scarborough, 1875: i)

《谚语丛话》收录汉语谚语、俗语条目总共2 720条,每个条目均配以序号,英文译文排列在先,接着就是中文谚语,每个中文字下面均标注了西文注音,试看图2-7。

《谚语丛话》中所收录的谚语按主题分类,一共有20个主题,如"动物"(animals)、"商业"(business)、"财富"(fortune)、"喜怒哀乐"(joys and sorrows)、"语言"(language)、"法律与政府"(law and government)、"礼仪"(manners)、"道

---

① 美国公理会传教士明恩溥(Arthur Henderson Smith)后来出版了一部名为《中国谚语和俗语》(Proverbs and Common Sayings from the Chinese, 1902)的著作,只不过书中所收录的近两千条谚语和俗语并非以词条的形式呈现出来。

```
——— 2679 ———
One family with plenty to eat and wear is the envy
  of a thousand other families; and half a life's-
  time's fame provokes the resentment of a hundred gene-
  rations.
         一 家 飽 煖 千 家 怨；
         Yi¹ chia¹ pao³ nuan³ ch'ien¹ chia¹ yüan⁴；
         半 世 功 名 百 世 冤
         pan⁴ shih⁴ kung¹ ming² pai³ shih⁴ yüan.¹
——— 2680 ———
Do not covet wealth on which you have no claim.
         勿 貪 意 外 之 財
         Wu⁴ t'an¹ i⁴ wai⁴ chih¹ ts'ai.²
——— 2681 ———
To grow rich by one's own sole endeavours.
         白 手 成 家
         Pai² shou³ ch'êng² chia.¹
```

图2-7 《谚语丛话》的样条

"德"(morals)、"宗教"(religion)等。每个主题下又设置多个副主题,如:"财富"主题下涵盖了"命运"(fate)、"运气"(luck)和"机遇"(opportunity)三个副主题;"语言"主题下设有"对话"(conversation)、"明喻"(similes)和"词语"(words)三个副主题;"道德"主题下含有"良心"(conscience)、"善举"(good works)、"责备和忠告"(reproof and good counsel)、"罪恶"(vices)、"善恶"(virtue and vice)、"美德"(virtues)六个副主题;等等。每个副主题下面收录的谚语数各不相同,有些下设几条谚语,而有些主题下设置的谚语则多达数十条。例如,在"家事"(domestic concerns)主题下有一个叫作"主仆"(masters and servants)的副主题下就设有45条谚语,如"起心人难留,留下结冤仇""怕你不嫁你,嫁你不怕你""长短是根棍,大小是个人""在家卫家,在国卫国""堂中无俊仆,必是好人家"等。可以说,这部词典的词条编排与童宝禄的《中国俗语》如出一辙,试比较这两部词典:

```
    I. SUR LE CIEL.
         1.
L'homme propose, le Ciel dispose.
    Homo proponit, Deus disponit.
   謀 事 在 人 * 成 事 在 天
   Môṅg sé tsáy jên, tchén sé tsáy Tiēn.

         2.
Si l'homme ne vous voit pas, le Ciel vous regarde.
   人 不 看 見 * 天 看 見
   Jên poǔ kán kién, Tiēn kán kién.
```

```
     CAUSE AND EFFECT.
         1
Every effect has its cause.  Lit.: Rivers have sources,
  trees have roots.
   水 有 源 頭。木 有 根
   Shui³ yu³ yüan² t'ou,² mu⁴ yu³ kên.¹
It thunders loudly, but rains very little.
   打 得 雷 大。落 得 雨 小
   Ta³ tê² lei⁴ ta,⁴ lo⁴ tê² yü³ hsiao.³
NOTE.— e. g. A trade is conducted with great bustle and show, but little
profit is made.
         3
Every thing must have a cause.
   凡 事 必 有 因
   Fan² shih⁴ pi⁴ yü³ yin.¹
```

图2-8 《谚语丛话》(左)和《中国俗语》(右)的对比

从收词角度来看,《谚语丛话》呈现出如下三大特点。

特点一是所收的谚语绝大多数为排比式或对偶句。如"天有不测风云,人有旦夕祸福"(The fortunes of men are as uncertain as the winds and clouds of Heaven)、"前人栽树,后人歇凉"(one generation plants the trees under whose cool shade another generation rests)、"少吃多餐,病好自安"(a little food taken again and again, will enable the sick new health to attain)、"家和万事兴,事不由人算"(everything prosper in a united family; though events do not happen according to men's calculations)、"一日不眠,十日不安"(the loss of one night's sleep entails ten days of discomfort)、"知恩不报,非为人也"(it is unmanly to be ungrateful for favours received)、"人有三分怕鬼,鬼有七分怕人"(ghosts fear men much more than men fear them)、"远水难救近火,远亲不如近邻"(Distant water will not quench a fire near; distant relations are not so good as near neighbours)等。沙修道在序言中也提到了这一特点:"在汉语谚语的构成形式方面首要且最为明显的规律就是排比式,大量的谚语以对句形式出现。"(Scarborough, 1875: ix)

特点二是收录了相当数量的成语条目。如"借刀杀人"(to murder by means of another's sword)、"落井下石"(to throw stones on a man in a well)、"助桀为虐"(to help the tyrant Chieh to tyrannize)、"羊落虎口"(the sheep drops into the tiger's jaws)、"乐极生悲"(sorrow is born of excessive joy)、"兔死狐悲"(the hare dies and the fox mourns)、"满面春风"(your whole face is reddened with the spring wind)、"骨瘦如柴"(as thin as a rail)、"探囊取物"(as easy as to take anything out of a purse)、"狐假虎威"(a fox assuming a tiger's terror)等。

特点三是收录了一些出自中国古代经典书籍等的各类名言警句。例如:摘自《三字经》的"幼不学,老何为"(If study be neglected in youth, what will you do in old age?)和"昔孟母择邻处"(Mencius's mother selected his neighbourhood);出自《汉书》的"福生有基,祸生有胎"(Happiness has its foundation, and misery its womb);摘自《列子》的"兵强则灭,木强则折"(The sturdiest army may be laid low; the axe may sever the sturdiest bough);等等。

沙修道虽然对谚语做了相对深入的研究,但他并没有对谚语的标准做出精确的划分。这可以从如下话语中得到印证——"这些定义没有一个能被认为是确切的,或者几近确切的,它们指的是中国人自己所称的'俗话'。然而,汉语谚语是几乎不能被定义的,假如不是完全不能被定义的话。"(Scarborough, 1875: v)因此,词典中难免收录一些"名不副实"的条目,如"愁锁眉尖"(grief knits the brows)、"苦不出头"(calamity cannot raise its head)、"发酒疯"(to be mad with wine)、"雷同"(as like as two claps of thunder)、"千里驹"(A wonderful child! Lit.: A swift colt!)、"木头人"(a wooden man)、"他死不闭眼"(he does not close his eyes in dying)等。更令人诧异的是,词典中所收的第1 747条,即"扯胡琴的事"(a fiddling business),并非地道的汉语表达,而是由英文短语翻译而来。

就词条的翻译而言,沙修道有其自己的见解。他在序言中这么写道:"说到翻译,有必要说一下在一些词条中谚语的粗俗性使我无法将它们逐字翻译,同时在许多条目下,我尽量不去从英语中找出与汉语谚语对等的表达,而是给它们提供字面的翻译,这样会显得更加有趣,再则这样也势必会让读者联想到英语、法语或其他语言中的对应表达。"(Scarborough, 1875: ii)

总体而言,《谚语丛话》在翻译方面呈现出如下两大特点。

特点一是广泛采用先意译后字面解释的方式。如"青出于蓝而胜于蓝"(The scholar has beaten his master. Lit.: The black dye succeeds the blue and is superior to it)、"先到为君,后到为臣"(First come first served. Lit.: Who comes first shall be prince; the next shall be minister)、"狗肉上不得正席"(Fools are unequal to great undertakings. Lit.: You cannot serve dog's flesh at a banquet)、"姜太公钓鱼愿者上钩"(To employ volunteers only. Lit.: Chiang T'ai Kung angling, catches only volunteers)、"隔行如隔山"(Every man to his calling. Lit.: Separate hongs are like separate hills)、"一人挑水吃,二人抬水吃,三人没得水吃"(The fewer servants the better served. Lit.: One man will carry two buckets of water for his own use; two will carry one for their joint use; but three will carry none for anybody's use)等。

特点二是沙修道通过设置注解来提供词源信息并补充说明词义。例如,"独占鳌头"被直译作"to stand alone on the sea-monster's head",而"注解"中则提供了该成语的意译——"The apparently uneviable position here indicated, stands for the very enviable one of coming out senior wrangler in any examination" 又如,"指鹿为马"的译文为"to point a stag out as a horse",而在其注解中沙修道不仅提供了该成语的词源信息,而且还提供了当时的常用意思,即"This was done by *Chao Kao* (赵高), a powerful but traitorous minister of the *Ch'in* (秦), to his master the emperor *Erh shih* (二世). Now the saying simply means to deceive"。

《谚语丛话》在翻译方面也存在着一些问题,其中最为突出的有以下两大问题。

问题一是许多词条中只提供字面翻译,而未能提供意译或所提供的意译并不太合适。例如:"屋漏更遭连夜雨,行船却被打头风"(The leaky house must encounter a succession of rainy nights; and the sailing ship must beat against unfavourable winds);"老鼠拖葫芦,大头仔后头"(when rats run off with gourds we find, the thick end always comes behind)条下的"This proverb is applicable in the case of gradual acquisition of wealth";"恨铁不成钢"(those who reject iron cannot make steel)条下的"the meaning of this is, that those who despise the effort to educate will not have educated children";"路遥知马力,事久见人心"(distance tests a horse's strength; long service reveals a man's character)条下的"For a long and interesting account of the origin of this proverb, see 'Notes and Queries on China and Japan,' vol iii, page 181";"跳得黄河洗不清"(one may leap into the Yellow River, and yet not be washed clean)条下的"The meaning is that one cannot clear one's-self of slander";等等。

问题二是一些词条的翻译不太贴切。如凿壁偷光(he bored through his wall to steal his neighbour's light)、班门弄斧(Foolish presumption. Lit.: To wield the axe before Pan's door)、猫头鼠眼(he has the head of a cat, the eyes of a rat)、肉眼无珠(One unable to distinguish between right and wrong. Lit.: A fleshy, pupil-less eye)、出人头地(may you beat all others)、一挥而就(yours is the pen of a ready writer)、打草惊蛇(To reprove one for another's warning. Lit.: To beat the grass to frighten the snake)等。

沙修道侧重直译的做法值得商榷,尤其是涉及能在译入语中找到确切对

· 203 ·

应词的谚语。例如,沙修道将"情人眼里出西施"译成"the lover's eye sees a Hsi-shih in his mistress",其中Hsi-shih(即西施)这个对西方人来说比较陌生的名字显然让人看后不知所云。若能用早在1630年就出现的英语谚语"beauty is in the eye of the beholder",那效果就截然不同了。

六、翟理斯的《远东事务参照词汇表》

1878年,翟理斯编写出版了《远东事务参照词汇表》(*A Glossary of Reference on Subjects Connected with the Far East*,以下简称《词汇表》)。《词汇表》收录了千余条与远东地区国家、民族、文化、宗教、食品、历史事件等相关的条目,其中涉及中国的条目最多,像abacus(算盘)、bamboo shoots(笋)、compradore(买办)、cue(辫)、Diagrams, the Eight(八卦)、Dragon Festival(端阳,端午)、Feast of Lanterns(灯节)、Grand Canal(运河)、Middle Kingdom(中国)、Pear-Garden, Pupils of the(梨园子弟)等。

就与中国相关的词条而言,它们主要通过如下四种形式呈现出来。

第一种最为简单,就是以音译的方式用西文字母来对应汉语表达。如chaa-sze(茶师)、chai mui(猜枚)、chang(丈)、chin-shih(进士)、chuang yuan(状元)、colao(阁老)、fa-kee(花旗)、fanqui(番鬼)、hoo-sze(湖师)、ma-kwa(马褂)等。翟理斯所提供的音译词中也不乏一些当时已被或即将被英语吸收的汉语外来词,如fantan(番摊,1878年)、ginseng(人参,1654年)、oolong(乌龙,1850年)、pekoe(白毫,1712年)、pongee(本机,1711年)、souchong(小种,1760年)、taipan(大班,1834年)等。

第二种则是以字面直译的方式用英文单词来一一对应汉语词语。如almond eyes(杏眼)、birds'-nests(燕窝)、brick tea(茶砖)、dragon boats(龙船)、flower-boat(花艇)、moth eyebrows(蛾眉)、nimble lads(筷子)、shrimp boats(虾狗艇)、tadpole character(蝌蚪字)、vermilion pencil(朱笔)等。

第三种就是利用英语中的现有词汇来突出它们与中国的密切关系。如amber(琥珀)、anaesthetics(迷蒙药)、bezoar(牛黄)、chrysanthemum(菊花)、cock-fighting(斗鸡)、enamel(发蓝,珐琅)、galangal(良姜)、geomancy(堪舆)、

linguists（通事）、musk（麝香）、persimmon（柿子）等。翟理斯同时也记载了几个与中国相关的旧词新义。例如，作为名词的squeeze被翟理斯定义为"the commission which Chinese servants, fully in accordance with Chinese custom, charged their European masters on all articles purchases"（即中国仆人的购物佣金），而此义如今也并未被《牛津英语大词典》所记载。

第四种是在洋泾浜英语（pidgin English）中体现出的一些词语。如China soda（矾；明矾）、China strawberry（藤地莓）、joss-house men（传教士）、lally-lung（剌戾龙，即小偷）等。

从其英文书名可以看出，《词汇表》收录的词条以专有名词为主，涉及远东地区国家中的人名、称呼或别称、地名、组织名等，试看表2-3。

表2-3 《词汇表》中的专名类别

人　名	Chikamatsu Monzayemon（近松门左卫门）、Choo He（朱熹）、Fa Hsien（法显）、Kublai Khan（忽必烈汗）、Lin, Commissioner（林则徐）、Marco Polo（博罗）、Prester John（祭司王约翰）、Xavier, St. Francois（圣方济各·沙勿略）、Yeh, Governor（叶明琛）
称呼/别称	Crimson Eyebrows（赤眉）、Empress Dowager（慈禧皇太后）、Ever Victorious Army（常胜军）、First Emperor（始皇帝）、Koxinga（国姓爷）、Queen of Heaven（天后）、Shang Ti（上帝）、the Throneless King（素王）
地　名	Amoy（厦门）、Banian City, The（榕城）、Fusan（釜山）、Genshan（朝鲜元山）、Happy Valley, the（黄泥涌）、Pearl River（珠江）、P'ing-yang（平壤）、Yang-king-pang（洋泾浜）、Yokohama（横滨）
组织名	East India Company（东印度公司）、Golden Orchid Society（金兰会）、Ko-lao Society（哥老会）、Nieh-fei（捻匪）、Reform Party（保国会）、Small Knife Rebels（小刀会）、Triad Society（三合会）、Vegetarians（在礼）、White Lily Sect（白莲教）
其他专名	Changes, Book of（易经）、Earth, Temple of（地坛）、Heaven, Temple of（天坛）、Hung-lou-meng（红楼梦）、Porcelain Power（报恩寺）、Pun-ts'ao（本草纲目）、Peach-orchard Confederation（桃园之义）、Shun-pao（申报）

在一些专名条目下，翟理斯提供了较为翔实的词源信息。例如，在An-hui（安徽）条下，翟理斯先用字面的"Peace and Beauty"来与之对应，接着将其解

释为"One of the Eighteen Provinces"（即"18个行省之一"），最后又提供了词源解释——"So called from the first characters in the names of its two largest cities, 安庆府 An-ch'ing Fu the capital, and 徽州府 Hui-chou Fu"。又如，在 Confucius（孔子）条下，翟理斯提供的释文多达三页，不仅介绍了该词的词源信息，而且引用了多位外国人对孔子的评价，最后还从诗歌、伦理道德等方面作了简洁的介绍。

《词汇表》在收词方面还表现出如下三大特征：第一是收录了大量的日语词汇，如 hara kiri（腹切）、hiragana（平假字）、jo-ro（女郎）、kakke（脚气）、keibu（警部）、mate-mate（等等）、nakodo（红娘）、netsuke（根附）、norimon（乘物）、ri（里）、ronin（浪人）、saibansho（裁判所）等；第二是收录了不少源自其他语言的词语，如马来语中的 attap（聂帕桐叶）和 mangosteen（倒碾子，山竹）①、阿拉伯语中的 monsoon（季风）②和 tamasha（文娱演出）、印地语中的 coolie（苦力）、波斯语中的 bazaar（集市）和 tiffin（午餐）、源于葡萄牙语的 amah（阿妈）和 lorcha（划艇）等；第三是收录了相当数量的佛教词汇，如 bhikshu（比丘）、bo tree（菩提树）、dhyana（禅定）、Diamond Sutra（金刚经）、living buddha（活佛）、lohan（罗汉）、Maitreya Buddha（弥勒佛）、nirvana（泥洹；涅盘）、ometo fo（阿弥陀佛）、shaman（沙门）、Tathagata（如来佛）等。

由于翟理斯并未给所有词条都提供汉语对应词，因而《词汇表》不能算是一部彻头彻尾的双语词典。那些未被提供汉语译名的词条主要可分为如下三种。

一是提供主题性词条，并由此展开用以介绍更多的相关内容，如 colours（颜色）、etiquette（礼节）、examinations, competitive（科举考试）、festivals, Chinese（中国节日）、fingers（指头）、opium（鸦片）、temples（寺庙）、theatre（戏剧）等条目。在"Protestant missionaries"（新教传教士）条目下，翟理斯逐一介绍了马士曼、马礼逊、米怜、麦都思及其主要作品，并提及了诸如裨治文、理雅各、艾约瑟、菲姑娘等其他著名的来华传教士。

---

① 之前罗存德的《英华字典》和卢公明的《英华萃林韵府》均已收录该词，并分别给出译名"茫姑生，茫栗"和"茫姑生，山竹果"。
② 卫三畏的《英华韵府历阶》将其译作"熏风"，而罗存德提供的译名则是"时风"。

二是只提供相对简短的英文解释，如"Eurasian. The offspring of a European father [and] an Asiatic mother. There is a Eurasian school in Shanghai""foreign dirt. A name for opium borrowed from the Chinese use of the word 土 earth""Forest of Pencils. A name applied by foreigners to the Han-lin College, being a literal rendering of the Chinese characters""sing-song. The pidgin-English term for Chinese theatricals, which consist chiefly of recitative""Tagal or Tagalo. One of the dialects of the Philippine Islands""tic-a-tac. A kind of Chinese boat"等。

> BUND. The common term in China for a quay, such as those along the banks of the Seine in Paris, less the parapet. The part alone of the *bund* at Shanghai which fronts the British Settlement is some 3,500 feet in length by sixty-five in breadth. Is the same Persian word which appears in *Cummerbund (q.v.)*, and is common all over India.

图2-9 《词汇表》中的纯英文词条

三是用以解释外来词语的条目，如：马来语中分别表示"blow-pipe"和"a river"的sumpitan（毒矢吹管）和sungei（河流）①；印地语中分别表示"a one-storeyed, thatched house"和"deceiver"的bungalow（孟加拉国式平房）和thug（恶棍，暴徒）；泰米尔语中表示"drummer"的pariah（贱民）；梵语中表示"lime"的chunam（石灰）；葡萄牙语中表示"the Flemish ell"的covid（十寸）；波斯语中的cummerbund（宽腰带）；等等。

为了能更好地体现词语的用法，翟理斯还在一些词条中设置例证，如：例证摘自《天津条约》的extra-territoriality（治外法权）；例证选自《中国邮报》（*China Mail*）的kyfong（街坊，见图2-10）；例证选自《晋源报》（*Shanghai Courier*）的jingal（老式大口径短枪）；例证摘自《失乐园》的Sericana（中国的旧称）；等等。

---

① 该词到目前为止未被《牛津英语大词典》所收录。

> KYFONG: 街方——neighbourhood. Any portion of a Chinese town, even the whole of it, as in Hongkong, may be called a *Kyfong*.
> "A Kyfong meeting took place to-day."——*China Mail*, 16 Jan. 1878.

图2-10 《词汇表》中的配例词条

从词典学角度来看,《词汇表》在收词、翻译、参见等方面也暴露出一些问题,具体有如下五点。

第一,偶尔出现常用词语的漏收。例如,翟理斯收录了"龙眼"的音译词lungan(或lung-ngan),却漏收了最为常见的词形longan,而像马礼逊、卫三畏、罗存德等人编写的词典早已收录这个词。

第二,未能提供一些本该提供的译名。例如,翟理斯将mango译作"芒果"或"檬果",而mangosteen条下却没有译名,殊不知罗存德和卢公明的词典中早已给出译名,即"茫姑生,茫栗"和"茫姑生,山竹果"。又如,源于南京的nankeen一词在1755年首现于英语中,马礼逊及其后的传教士词典均收有该词,并把它还原译作"紫花布,赤布",而翟理斯却未提供任何译名。

第三,源于汉语的音译词收录过多过杂,有些似显多余,如ki-li-ssu-tang(基利斯当)、lama miao(喇嘛庙)①、lo-ti shui(落地税)、mafoo(马夫)、munshang(门上)、nai-mah(奶妈)②、pao tah(宝塔)、pow(跑)、seen-sang(先生)等。

第四,部分词条存在译名不妥的现象。例如,翟理斯将loquat译作"卢橘",尽管该词源于粤语,其字面意思为"rush orange",但之前出现的英汉词典均已收录该词,并提供了诸如"枇杷果""枇杷""卢骨"等译名。

第五,参见系统不够完善,这尤其体现在同类词或同义词之间没有设置任何参见,如:均可指代"中国"的Cathay、Celestial Empire、China和Middle Kingdom;同样表示"黑龙江"的Amoor和Heh-lung-kiang;等等。

---

① 表示此义的lamasery已在1849年开始用于英语。
② 英语中与之对应的wet nurse早在1620年就已出现。

翟理斯的《词汇表》有着较广的学科覆盖面和较强的实用性，出版后受到了读者的欢迎。《中国评论》在1878年第5期对该书作出评介，其中指出"翟理斯先生已著有多部关于中国和汉语的著作，而如今他又新添了一部作品。这部新著不仅对汉语学习者颇有益处，而且有望有助于所有希望与东方人士建立联系的人。"翟理斯在1886年出版了《词汇表》第2版，到1900年还推出了第3版。

七、白挨底的《中国地名词典》

白挨底（George MacDonald Home Playfair, 1850—1917），出生于印度孟加拉，早年就读于乔汀汉学院和圣三一学院。1872年，白挨底成为英国驻华领事馆翻译生，先后任职于台湾、福州、北海、厦门、上海、台南、宁波等地。1879年，白挨底编写出版《中国地名词典》(The Cities and Towns of China: A Geographical Dictionary)。1886年，白挨底对梅辉立（William Frederick Mayers）于1877年撰写的《中国政府》(The Chinese Government: A Manual of Chinese Titles, Categorically Arranged and Explained, with an Appendix)[①]做了增补，为该书添加注解的同时还为其编写索引。后来到了1897年，他对该书作了修订。白挨底对中国多个方面有所研究，曾经常撰文发表于《中国评论》，他的其他作品包括1886年出版的《1892年至1911年英汉年历表》(An Anglo-Chinese Calendar for the Years 1892-1911)、1895年出版的《男傧相》(The Best Man: Comedietta in Two Scenes with Songs)等。

《中国地名词典》正文部分总共417页，文前部分设有3页英文序言、3页术语和略语解释以及两页历代纪元表，而附录部分包括27页清朝行政区划表、38页部首索引以及6页勘误。白挨底在序言中对词典的缘起做出了说明："以下作品主要是毕奥[②]于1842年编著的《中国城镇名称词典》(Dictionnaire

---

[①] 该书从某种意义上来说是一部汉英分类词典，对清政府和地方政府的官衔、东三省、军事组织、科举制度等的名称做出了详细的解释。白挨底在1878年第四期《中国评论》上曾撰文评论此书。

[②] 即Édouard Constant Biot（1803—1850），法国工程师和汉学家。

```
紅
2517  Hung 紅, (obs.) E. Han, H. in
      K. P'ei 沛 in Yü 豫 CHOU.
2518  Hung-ch'i | 旗, Y. near Luan-
      p'ing H., Chihli.
2519  Hung-ch'in | 泌, post-town
      near Sui-ning H., Kiangsu.
2520  Hung-hua-pu | 花埠, post-
      town near T'an-ch'êng H., Shan-
      tung.
2521  Hung-mei | 梅, ssŭ near Nan-
      hsiung C., Kuangtung.
2522  Hung-pu-chŭ | 卜苴, T-S. near
      Hui-li C., Ssŭch'uan.
2523  Hung-shan | 山, post-town near
      Ling C., Kansuh.
```

图2-11 《中国地名词典》的样条

des villes Chinoises)的修订版,在其基础上增补了一批大清帝国较为重要的小城镇的名称,并按字母顺序将它们插入合适的位置。"(Playfair, 1879: v)

《中国地名词典》属于汉英词典的范畴,其中的典型词条包括词条序号、词目注音、中文词目以及英文译名,试看图2-11。

词典中所收录的名称五花八门,古今兼收,既包括省份、州府、县以及城镇,又涉及河流、要塞、驿站等。白挨底使用多个缩略词来代替所收词条的类别,如:"C."代表"州";"chen"代表"镇";"H"指代"县";"Prov."代表"省";"Obs."表示"废旧";"R."指代"河流";等等。

对于在英语中已有约定俗成的对应词的地名,白挨底在其词目后提供了常用的译名,如"Hsia-men 厦门 Amoy""Huang-pu 黄埔 Whampoa""Sang-li 桑里 Sangri""Shan-t'ou 汕头 Swatow""Tan-shui 淡水 Tan-shwui or Tam-sui"等。

作为首部英汉地名词典,《中国地名词典》的实用性毋庸置疑。1910年别发洋行仍在发行该书。

八、《中国海关地名名录》

1882年,上海海关造册处受海关总税务司之命出版了一部地名名录,即《中国海关地名名录》(*Names of Places on the China Coast and the Yangtze River*)。这部名录只有16页,另附有4页附录,名为"广东地名注解"(Notes Concerning Places in the Canton Customs District or on the Coast of the Kwangtung Province

Referred to in the Foregoing List）。1904年，该名录出版了修订版，其篇幅增至70页。在修订说明中，负责修订工作的海务巡工司办事处（Coast Inspector's Office）表示："第2版内容从海务巡工司办事处所有的资料中编辑而成，虽然与第1版相比，此版已有显著改进，但它仍然收词不够全面，并且毫无疑问还存在一些错误。"

《中国海关地名名录》以英语字母为顺序排列，每个地名条目包含四栏内容：第一栏是英文名称及其对应地名，第二栏、第三栏和第四栏分别是所属海关名、州府名和县名，试看图2-12。

Name of Place.	Customs District.	Prefecture.	Sub-Prefecture.
Cone Hill（鳥陵山）……	Ningpo……	甯波府	鎮海縣
Cone Island（元寶山）……	〃 ……	台州府	甯海縣
Cone Island（連灣山）……	Canton……	廣州府	香山縣
Cone Island（蟻洲）……	〃 ……	叉	叉
Cone Peak（大羅山）……	Ningpo……	甯波府	鎮海縣
Cone Rock（飯礁）……	〃 ……	叉	象山縣
Conic Island（長短嘴）……	Canton……	廣州府	新安縣
Conical Hill Island or Chu-mor-dong（走馬塘）……	Ningpo……	甯波府	定海縣
Consular Bluff（銀山）……	Chinkiang……	鎮江府	丹徒縣

图2-12 《中国海关地名名录》的样条

《中国海关地名名录》收录的均为中国海关所辖的各类地名，且大多位于沿海地区和长江流域，如上海的 Bush Island（布什洲）、广州的 Bushy Hill（大石山）、福州的 East Brothers（白塔）、温州的 Flask Island（瓶岛）、九江的 Lay Island（扁担洲）等。

从其英文词目来看，这部名录呈现出四大收词方式，具体如下：一是纯注音的方式，如 A-dan San（鸭蛋山）、Cheuza（川沙）、Nao-tao-mun（牛头山）、Songmen（松门卫）、Tsung Pao Sha（崇宝沙）、Yaumati（油麻地）等；二是纯意译的方式，如 Ape Hill（打狗山或打鼓山）、Forty-ninth Point（太尾）、Napier Island（二沙）、Port Island（赤洲）、Rambler Mount（卧龙山）、Thornton Mountain（小蓬莱）、Volcano Islands（恒山）、White Rocks（三排牙）等；三是双名并用，即包含两个名称，且名称之间用 or（或）来连接，如 Bear Island or Dai-muk（大木山）、Conical Hill Island or Chu-mor-dong（走马塘）、Pylades Rock or Porzor（抛露礁）、Wang Mei Shan or Deadman Island（黄蟒山）、Yuen-su or Insular Point（杜泥嘴）、Yentai Hill or Tower Hill（烟台山）等；四是注音和意译结合的方式，如 Chinkiang Rock（七姊妹礁）、Fong Whang Island（凤凰山）、Hokin Island（重山）、Pwan Ma Island（龙王堂）、Soochow Creek（苏州河）、Tongsha Island（东沙山）等。

九、江南制造局的各类名目表

成立于1865年的江南制造局在1868年创设了翻译馆，任用徐寿、华蘅芳、徐建寅、傅兰雅、伟烈亚力等人翻译西文书籍，尤其是各个学科的经典著作，如《开煤要法》(1870)、《制火药法》(1870)、《地学浅释》(1871)、《克虏伯炮》(1874)等。到了19世纪80年代，翻译馆编写了多部由傅兰雅（John Fryer）翻译的中西名目表，旨在统一专业术语的译名，如《金石表》《化学材料中西名目表》《西药大成药品中西名目表》《汽机名目表》[①]等。

傅兰雅，1839年生于英格兰肯特郡，早年毕业于伦敦海布瑞学院。1863年至1865年间，傅兰雅担任北京同文馆的英语教习。从1868年起，傅兰雅受雇任上海江南制造局翻译馆译员，任职时间长达28年，由其负责翻译的科技书籍达一百多部[②]，如《化学鉴原》[③]《西药大成》《汽机必以》《通物电光》

---

① 翻译馆后来还编译了《中西药名表》(*Therapeutic Index: Diseases and Symptoms Appended to the Extra Pharmacopoea*)，不过该书并非严格意义上的词典，它所收的词条按照治疗疾病的名称分类排列。
② 贝内特把傅兰雅翻译的129部译著分为五大类，即自然科学、应用科学、军事和海军科学、历史以及社会科学(Bennett, 1967: 37)。
③ 原书由英国韦而司撰写，该译本于1871年出版，由傅兰雅口译、徐寿笔述，它奠定了近代化学元素译名的基础。

等。1885年,他在上海创办了格致书室。1896年,傅兰雅离开中国,前往美国担任加利福尼亚大学伯克利分校东方文学语言教授。1928年,傅兰雅在美去世。

(一)《金石中西名目表》

1883年,江南制造局出版了由傅兰雅编译的《金石中西名目表》(*Vocabulary of Mineralogical Terms*[①],以下简称《金石表》)。早在1868年,玛高温[②](D. J. Macgowan)博士翻译了由美国地质学家达纳(James Dwight Dana)编写的《金石识别》(*The Manual of Mineralogy*, 1848),而《金石表》是根据该译著编写而成的。

《金石表》总共收词在1 500条左右,其中主要收录化学和矿物学两大学科的术语。就化学术语而言,它们主要包括化学元素和化学物质的名称,如aluminum(铝)、arsenic(钾)、chromium(铬)、iridium(铱)、lithium(锂)、nitrogen(淡气)、platinum(铂)、tellurium(碲)等。词典中的绝大多数词条是各类矿石的名称,仅以表示"矿物"或"岩石"的后缀-ite结尾的词语就有数百个,如bustamite(步司他埋得)、datholite(大妥来得)、dolomite(多路美得)、Franklinite(福兰格林爱得)、gadolinite(加度里内得)、iberite(意卑来得)、malacolite(马拉哥来得)、Rutherfordite(鲁特佛耳台得)等。

傅兰雅在序言中道出了编写此书的目的:"化学、矿物学以及相关学科著作的译者由于没有任何词汇表可以参考,只能硬着头皮创造新的名词,由此引起的混乱局面着实令人烦恼。"(Fryer, 1883: 1)

就词目的翻译而言,《金石表》呈现出三大特点。

首先,傅兰雅确立了许多化学元素的规范译名,如barium(钡,原译作"贝而以恩")、bismuth(铋,原译作"别斯末斯")、bromine(溴,原译作"孛罗名")、calcium(钙,原译作"丐而西恩")、cobalt(钴,原译作"苦抱尔")、magnesium(镁,原译作"美合尼西恩")、manganese(锰,原译作"孟葛尼斯")、

[①] 傅兰雅在1895年出版的《中国教育名录》的附录中曾提及此书,只不过他将其出版年份写成了1873年。
[②] 又译麦高恩,为美国浸礼会传教医师。

molybdenum（钼，原译作"目力别迭能"）、palladium（钯，原译作"钯留底恩"）、sodium（钠，原译作"素地恩"）、thorium（钍，原译作"土里恩"）、tungsten（钨，原译作"东斯天"）、uranium（铀，原译作"由日尼恩"）等。虽然zinc的译名原先并非音译，而是自马礼逊以来的英汉词典中一直采用的译名——"白铅"，但傅兰雅将其改成了目前通用的"锌"。

其次，傅兰雅一改玛高温翻译不太严谨的做法，改进或确定了不少术语的译名。例如，玛高温将quartz音译作"科子"，殊不知这个词早已被先前的传教士词典（如马礼逊1822年的《华英字典》第三部分）所收录，而且它们大多都将其译作"白石英"，而傅兰雅则提供了一直沿用至今的"石英"作为译名。又如，玛高温根据传教士词典中的译法将sulphur译作"硫磺"，而傅兰雅则将其改为通用的"硫"。其他译名经历改进的词条包括emery（实砂，原译作"哀牟利"）、fluorine（弗气，原译作"夫罗而林"）、granite（花刚石，原译作"合拉尼脱"）、jade（玉，原译作"尼夫儿爱脱"）[①]、shale（泥板石，原译作"舍尔"）等。

最后，傅兰雅沿用玛高温等前人的"懒惰"做法，采用音译法为科技术语提供译名[②]。在玛高温所提供的所有译名中，音译词的比例高于80%。就连原本由常见的词语复合而成的词语竟然也被音译，如cherry-coal（七里可儿）等。据不完全统计，《金石表》所提供的音译词的数量已有所减少，大约在60%左右，如ankerite（安格来得）、cerite（昔来得）、diorite（台阿来得）、hyacinth（海耶辛得）、konlite（干来得）、maclurite（马格鲁来得）、okenite（哇艮爱得）等。

与玛高温的翻译相比，《金石表》从如下四个方面对原有译名作了改进。

第一，对原有的音译名作出改进，试看表2-4。

---

① 该词与nephrite列在同一词条下，且均被译作"玉"，这可能是参考罗存德的词典的结果，但事实上，后者应该被译作"软玉"。
② 文月娥（2018）指出，傅兰雅在科技译名方面"总结了三种译名方式：描述法、音译法、描述与音译结合法"。夏晶（2011）对傅兰雅和狄考文的译介态度作了研究，认为"在具体的翻译方法上，傅兰雅倾向于意译或是描述性的解释，而狄考文则倾向于简洁的直译或是音译法"，这一做法似乎与名目表中词条的翻译特征有所出入。

表 2-4　《金石表》中已改进的译名

词　目	玛高温译名	傅兰雅译名
azurite	爱如来脱	阿素来得
basalt	倍素脱	巴所得
bronzite	白狼是爱脱	布浪赛得
chlorite	客罗爱脱	格罗来得
euxenite	油层奈脱	由格西奈得
haydenite	海岱奈脱	亥敦爱得
Labrador feldspar	辣白里驮非而斯罢	拉把拉多非勒司巴耳
rutile	卢对尔	鲁的里

第二，将原有的音译改为意译，试看表 2-5。

表 2-5　《金石表》中的意译条目

词　目	玛高温译名	傅兰雅译名
fire opal	火阿背尔	转日石
granulite	合拉尼来脱	无云母之花岗石
maltha	每儿的	地黑油
nitre	奈脱	硝
resinite	腊的奈脱	松香石
saccharite	撒盖儿爱脱	糖形石
smalt	斯马儿	玻璃蓝色料
talc	台而客	肥皂石

第三，对原有意译作出改进，试看表 2-6。

表 2-6 《金石表》中已改进的意译名

词　目	玛高温译名	傅兰雅译名
hair salt	毛盐	毛形盐
impurities	杂质	异质
marble	灰石	云石
moonstone	月光石	月色石
porcelain clay	细磁之泥	作细瓷之泥
stalagmite	下丝带石	下成石钟乳

第四,将音译改为音译与意译相结合,试看表 2-7。

表 2-7 《金石表》中音译与意译相结合的条目

词　目	玛高温译名	傅兰雅译名
anatase	鸭奈台斯	安阿大西石
granulite	合拉尼来脱	无云母之花岗石
opal	阿背尔	哇巴勒石,含水石英
petalite	别堆爱脱	劈成瓣形石
topaz	土不尔斯	吐巴司石

《金石表》虽然保留了原有词表中的一些译名,但这些译名的数量少得可怜,如 amber(琥珀)、borax(硼砂)、carbon(炭)、chlorine(绿气)、diamond(金刚石)、flos ferri(铁花)、hydrogen(轻气)、kaolin(高陵泥)、pudding stone(合子石)、saline springs(盐水泉)、salt-petre(硝)、touchstone(试金石)等。对于玛高温遗漏译名的条目,傅兰雅则新添了译名,如 amphibole(安非蒲里石)、edelforsite(以弟勒福赛得)、flagging stones(成层作板之石)、humite(呼迷得)、jargon(乍耳艮石)、lithographic stone(石板印石)、mowenite(摩恩爱得)、speiss(司贝斯)等。与此同时,傅兰雅还删除了许多译名条目下似显多余的音译词,

如gypsum（石膏）条下的"绝不斯恩"、lava（火山流石）条下的"拉乏石"等。

不过，傅兰雅对部分译名的改进却值得商榷。例如，作为名词的acid最早被译作"醋"，之后在罗存德的词典中被译作"酸"，玛高温或许是沿袭了这一译名，将词典中复合词条下的acid均译作"酸"，可是傅兰雅却将它统一译作"养"。又如，玛高温给quicksilver提供的译名是"水银"，傅兰雅提供的则是"汞"，而这两者只是通称和学名的关系，并没有任何实质的差别，之前像卫三畏的《英汉韵府历阶》等词典都是将这两个译名同时收录。其他类似译名存疑的词条包括alum（白矾，原译作"明矾"）、graphite（笔铅，原译作"石墨"）、salt, common（钠绿，原译作"食盐"）、sulphuric acid（硫养，原译作"硫酸"）等。

（二）《化学材料中西名目表》

1885年，江南制造局出版了《化学材料中西名目表》（*Vocabulary of Names of Chemical Substances*[①]，以下简称《化学表》）。该名目表正文部分只有35页，另附1页中文小序和1页英文序言。在小序中，编者对编写目的做出了说明："是表于同治九年在江南制造总局翻译化学鉴原续编补编时所作，原意只将此表附于本书之后，但因陆续加入别种化学内之名目，冀其用处更觉宽广。各种化学材料，有中国尚未知者，有前翻译家尚未定名者，无奈必设公法特命新名。"

《化学表》实为非常简洁的英汉对照表，每个词条只包含英文词头和汉语译名，试看图2-13。

《化学表》收词1 800条左右，所收条目大多为化学及相关学科的物质的名称，如acid（酸质又配质）、amalgams（金类含汞之膏）、earthenware（瓷器）、Elemi resin（以里迷香）、meteoric iron（天降铁）、narcotine（那而故弟尼）、quick lime（生石灰）、soda（钠养）、sulphur（硫）、thorinum（钍）等。其中有一部分词语均未被之前出版的普通英汉词典所收录，如glycol（各里各哇里）、hyalite（海

[①] 在该名目正文部分的首页，其英文标题则为"Vocabulary of Names of Substances Occurring in Various Works of Chemistry; Chiefly in 'Bloxam's Chemistry,' First Edition"。

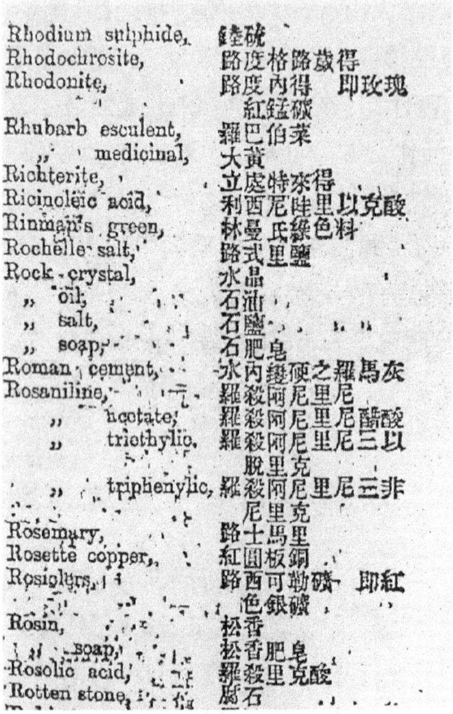
Rhodium sulphide, 錴硫
Rhodochrosite, 路度格路歲得
Rhodonite, 路度內得 即玫瑰紅錳礦
Rhubarb esculent, 羅巴伯菜
,, medicinal, 大黃
Richterite, 立虛特來得
Ricinoleic acid, 利西尼哇里以克酸
Rinman's green, 林曼氏綠色料
Rochelle salt, 路式里鹽
Rock-crystal, 水晶
,, oil, 石油
,, salt, 石鹽
,, soap, 石肥皂
Roman cement, 水內變硬之羅馬灰
Rosaniline, 羅裟阿尼里尼
,, acetate, 羅裟阿尼里尼醋酸
,, triethylic, 羅裟阿尼里尼三以脫里克
,, triphenylic, 羅裟阿尼里尼三非尼里克
Rosemary, 路士馬里
Rosette copper, 紅圓板銅
Rosiglers, 路西可勒礦 即紅色銀礦
Rosin, 松香
,, soap, 松香肥皂
Rosolic acid, 羅裟里克酸
Rotten stone, 腐石

图2-13 《化学表》的样条

耶来得，即玻璃色石）、lignite（木煤）、lithium（锂）、nicotine（尼古弟尼）、pectose（贝格土司）、soda water（钠養荷兰水）、zincite（辛盖得）等。

在词目的翻译方面，音译词显然在《化学表》中占有相当大的比例，但凡没有现成的译名，编译者就采用音译的方式，如albite（阿勒倍得）、cotarnine（哥他而尼尼）、hydrokinone（海得路几奴尼）、lavender（拉分打）、monradite（们拉台得）、quinine（鸡那以尼）、sucrose（苏格罗司）、thorite（土来得）、urea（由里阿）、zirconite（素告内得）等。编译者有时也采用音译和意译相结合的方式来提供译名，如arrack（阿剌格酒）、cod liver oil（各特鱼肝油）、curacoa（固拉梭酒）、ethylammonia（以脱里淡轻三）、gin（进酒）、sylvine（西勒非克酸）、toluic acid（朵路以克酸）、topaz（吐巴司石）、Venetian red（非尼司红料）等。

对于拥有两个甚至多个译名的词条，傅兰雅用“或”“即”“又名”“亦名”“西名”“俗名”等字样来表示，如carbon（炭，西名加耳波）、catechu（加的主，即儿茶）、French chalk（镁養硅養二石，又名法兰西白石粉）、glue（动物胶，西名哥路）、harmatome（哈马土密，即劈节石又名十字石）、jet（借得，即墨珀）、leucite（留昔得，即白色石）、oxalic acid（草酸，即阿格撒里克）、permanent white（不退色之白，俗名恒白）、sapphire（撒非耳，即蓝宝石）等。

《化学表》在创新和确定译名方面起到了一定的积极作用。例如，atom在先前的词典中曾被译作“极微之物”“丝毫”等名称，傅兰雅则将其译作“质点”，而此译名后来也被颜惠庆的《英华大辞典》采纳。但《化学表》的最大缺点在于它对音译的过度依赖，这势必导致译名不清晰，从而影响理解，如

"basalt 巴所得"(罗存德将其译作"以火镕成之石")、"creosote 格里亚苏特"(罗存德将其译作"烟油、止牙痛药")、"gelatine 直辣的尼"(卫三畏将其译作"胶")、"glucose 哥路哥司"(罗存德将其译作"菓糖")、"mucus 暮古司"(罗存德将其译作"涕")、"morphine 莫尔非尼"(罗存德将其译作"嗼啡哑,鸦片质")、"rosemary 路士马里"(麦都思将其译作"迷迭香")、"stucco 司得苟"(罗存德将其译作"油灰,白石灰,石羔灰,白云石灰")等。

(三)《西药大成药品中西名目表》

1887年,江南制造局出版了《西药大成药品中西名目表》(Vocabulary of Names of Materia Medica,以下简称《西药表》)。该名目表中所收词条皆源自英国植物学家来拉(John Forbes Royle)于1847年编著的《药物学手册》(Manual of Materia Medica and Therapeutics)。在该书的中文序言中,译者作了如下说明:"此表载英国医士来拉著西药大成一书内各种药品名目,并化学料与植物动物名,其中腊丁与英文俱依字母排列,便于用此书者查考,令其用处更广。[⋯⋯]初译此书兼造名目,自起手迄今,已逾十二载,祇为试作之意,故不免有弊,且其弊有试作者所预知,而比他人知之更详者,然如改其一弊,又恐有他弊由此而生,所以改弊之全法,以俟后之君子。"

益智书会书目[①]曾介绍过此名目表,并指出其收词总数在6 500条左右[②](Fryer, 1895: 14)。《西药表》所收词条中有相当数量为西药名称,如antacids(解酸药)、antidotes(解法,解毒药)、diuretics(利小便药)、emollients(柔软药)、haematics(补血药)、hydrastin tincture(海特拉司弟尼酒)、laxatives(微利药)、morphia(嗼啡哑)、myrrh(没药)、red cinchona(红色金鸡纳)等。由于药物学与化学之间的紧密关系,词表中也收录了大量的化学元素或物质的名称,如bismuth(铋)、cadmium(镉)、camphoric acid(看夫拉以克酸,樟脑酸)、cyanic acid(衰酸)、ether(以脱)、kinic acid(几尼克酸)、lithium(锂)、oleo resins(油松香类)、phenol(非尼哇里)、tannin(树皮酸质)等。与此同时,一些植物的名称

---

① 该书目为傅兰雅于1895年所著《中国教育名录》的附录。
② 这一名目表另附有人名地名两表(2 000余条),只不过笔者所收藏的版本并未有此附录。

也被收录其中,如 betel-nut palm(槟榔树)、elm(乌勒末,榆)、lettuce(拉杜司,莴苣)、myrtle(没尔他,长春树)、oleander(夹竹桃)、rhubarb(路巴伯,大黄)、shamrock(舍暮六克,酢浆草)、tarragon(太拉艮,青蒿)、upas(由巴司树)等。

《西药表》在收词方面的一大特点就是对拉丁学名的收录。这些名称具体可分为如下两类:一是泛指的类别名称,如 Aurantiaceae(哑兰替亚西依,橘科)、Daphenoideae(大福尼弟尼)、Gyrocarpeae(几路揩尔比依)、Hymenoptera(膜翅族,海门哇坡替拉)、Pisces(披西司,鱼部)、Strychneae(司脱立格尼依,木鳖子分科)、Tulipeae(丢里披依族,光菇族)、Xanthoxyleae(散特哑克西里依,花椒科)等;二是特指的具体名称,以复合名词为主,如 Artemisia maritima(海边阿替米西亚)、Calumbae extractum(高林布膏)、Cassia officinalis(药品加西耶)、Lactuca sativa(撒种拉克杜加,莴苣)、Oleum anthemidis(安替米司油,野菊花)、Sabineae unguentum(萨皮那油膏)等。

在词条的翻译方面,《西药表》中最为明显的一个特点就是音译词的大量使用。在相当数量的词条中,音译词通常是唯一的译名,如 acetone(阿西多尼)、acacia(阿揩西耶)、lavender(腊芬大)、parsley(怕而司里)[1]、pectine(贝格的尼)、quinine(鸡那以尼)等。《西药表》中还出现了音译与意译并存的现象,如 algae(阿勒奇依,海带科)、aconite(阿古尼低,草乌头)、aloes(哑啰,芦荟)、anise(阿尼司,茴香)、catechu(加的主,儿茶)、cumin(古米尼,马芹)、digitalis(弟其大里司,毛地黄)、elder(阿拉大,野黄杨)、ivy(爱肥,常春藤)、lactose(拉格的士,乳糖)等。此外,《西药表》也采用了其他的翻译手段(如字面直译、直译和音译相结合等),但它们的效果并不太理想,像 cod fish(各特鱼)[2]、dog rose(狗玫瑰花)[3]、fools parsley(痴人怕而司里)、horseradish(马萝卜)[4]等词条的翻译均值得商榷。

与之前出现的英汉词典相比,《西药表》在翻译方面尽量力求创新,其中的许多译名显然要比之前传教士词典中所提供的要更为确切或妥帖。试比较

---

[1] 该词最早被马礼逊收录在其《华英字典》中,其译名为"芹菜"。
[2] 罗存德将其译作"鳜魚"。
[3] 麦都思将其译作"山查花,月季花"。
[4] 罗存德提供的译名是"苦萝蔔"。

罗存德词典与《西药表》中的译名：

表 2-8　罗存德词典与《西药表》的译名对比

词　目	罗存德词典	《西药表》
champagne	三鞭酒	湘冰葡萄酒
cranberry	红莓苔子	克兰果,石南类之一
gooseberry	菓名	古司白离果,鹅果
mangosteen	茫姑生,茫栗	芒果司丁,茫栗
sassafras	药名	沙沙法拉司
whiskey	谷酒	灰司记酒

（四）《中西汽机名目表》

1889年，江南制造局出版了《中西汽机名目表》(Vocabulary of Terms Relating to the Steam Engine)。该名目表基于1868年由美以纳(Thomas J. Main)和白劳那(Thomas Brown)编写的《汽机发轫》(Manual of the Steam Engine)[①]的译本[②]。在《汽机名目表》的中文序言中，译者对编纂此书的缘由作了一番说明："是表以汽机发轫所定名目为主，因发轫译于同治十年，为汽机之第一书，后续译汽机必以汽机新制等书，名目亦逐渐增多。今拟译兵船汽机一书不，恐前后名目或有互异，故先将光绪十五年以前所有成书内已定汽机名目，辑成中西名目表。"

就严格意义的术语而言，《汽机名目表》收录的数量并不多，只有两三百条，如momentum（重速积）、mechanics（重学）、oscillation（摇动）、pinion（小齿轮）、planometers（直界尺）、quadrant（象限）、ratchet（簧闸）、sleeper（铁路横木座）、torsion（扭力或绞力）、turntables（转车之圆台架）等。名目表中收录最多

[①] 此处可能有误，因为 A Manual of the Steam Engine 通常指的是由苏格兰工程师和物理学家兰金（William John Macquorn Rankine）于1859年所著的 A Manual of the Steam Engine and Other Prime Movers，而美以纳等人所撰写的是 The Marine Steam Engine。

[②] 该书由伟烈亚力口译，徐寿笔述，1871年由江南制造局出版。

的则是分写复合词语、词组、短语等，如 adhesion of locomotive（车轮与铁路之滞力）、direct acting engine（直行汽机）、flexible tube valves（韧性管舌门）、helical motion（螺丝形动）、inner end of piston rod（挺杆内端）、metric system（枚量法）、overhung crank（外伸曲拐）、rolling cams（转凸轮）、surplus valve（余流舌门）、wrought iron bars（熟铁条）等。一些词条下设的复合词的数量多得惊人。例如，engine（机器或汽机）条下的复合词有近百个，如 electric engine（电气机器）、gas engine（煤气机器）、lever engine（边杆汽机）、engine room（汽机房）等。

就词条的翻译而言，《汽机名目表》一般只为一个词目提供一个译名，如 asbestos（不灰木）、crank（曲拐）、deflection（炉中倒火燃法）、governor（汽制）、jar（横震动）、matter（质体）、motor（使动之物）、oxidation（氧气侵物）、paddle（明轮翼）、slope（斜面）等。当词目有两个译名时，译者用"或"来加以体现，如 canal（水路或运河）、clack valve（舌门或球门）、dovetail（倒笋或鸽尾节）、feeder（添锅炉水器或进料器）、flues（锅炉火管或空箱）、money spanner（猴起子或活口起子）、mortise（凹凸节或接笋）、piston（鞲鞴或汽饼）、vacuum（真空或缩力）、winding engine（起重汽机或起矿汽机）等。《汽机名目表》同时也改进了之前英汉词典中一些术语的译名，试看表2-9。

表2-9　《汽机名目表》中已改进的译名

词目	先前的译名	现译名
air pump	抽风之罨	抽气筒
alloy	高低会镕	搀金类
anthracite	石炭	硬煤或白煤
buoyancy	水上钇之力	浮力
coefficient	协力并能	系数
cohesion	胶黏之情	黏力
crane	千斤称车	起重车

续 表

词 目	先前的译名	现 译 名
crow bar	动锹	义头铁杆
dynameter	度致物大之器	称力器
friction	相擦	磨阻力

梁启超对江南制造局的这些名目表作出了如下评价:"泰西专门之学,各有专门之字,条理繁多,非久于其业者,不能尽通而无谬误也,况于以中译西,方音淆舛,尤不可凭,豪厘千里,知难免矣。局译有《金识别表》《化学材料表》《汽机中西名目表》《西药大成药名表》等书,西字、译音,两者并列,最便查检,所定名目,亦切当简易。后有续译者,可踵而行之也。"①

十、夏德的《文件小字典》

夏德(Friedrich Hirth, 1845—1927),德国人,早年就读于莱比锡、柏林等地的大学,1870年进入大清海关工作,此后27年在中国各地海关任职,历任副税务司、税务司等职。1902年,夏德出任哥伦比亚大学首任中国语言文学教授。作为汉学家,夏德著作等身,其作品包括《新关文件录》(上下卷)(*Text Book of Documentary Chinese*, 1885—1888)、《大秦国全录》(*China and the Roman Orient*, 1885)、《文件字句入门》(*Notes on the Chinese Documentary Style*, 1888)、《文件小字典》(*A Vocabulary of the Text Book of Documentary Chinese*, 1888)、《中国古代瓷器》(*Ancient Porcelain: A Study in Chinese Medieval Industry and Trade*, 1888)、《收藏家笔记片断》(*Scraps from a Collector's Note Book*, 1905)、《中国古代史》(*The Ancient History of China*, 1908)、《中国绘画史史料》(*Native Sources for the History of Chinese Pictorial Art*, 1917)等②。

---

① 梁启超:《读西学书法》,光绪二十二年(1896年)铅印本。
② 夏德还用德语撰写了《论中国艺术的外来影响》(*Über fremde Einflüsse in der chinesischen Kunst*)。

《文件小字典》(以下简称《小字典》)系《新关文件录》配套的词汇表,它在收词方面呈现出的特点主要体现为如下四点。

一是收录了相当数量的专有名词。其中,相对较多的是地名条目,而这些条目主要涉及三个方面。首先是与中国有经商、文化等来往的国家的名称,如阿拉比国(Arabia)、挨及国(Egypt)、奥斯底里雅(Australia)、日斯巴尼亚国(Spain; Spanish)、印度国(India; Indian)、英国(England; Great Britain; British)、钮西兰(New Zealand)、布国(Prussia; Prussian)、哈外意国(Hawaii; Hawaiian)、大吕宋国(the kingdom of Spain)等。其次是在历史上与中国有联系的外国的地名,如汉诺威(Hanover; Hanoverian)、恰克图(Kiakhta)、瓜哇(Java)、呢廓来业福斯克(Nicolaievsk)、大浪山嘴(South Africa [Cape Colony])、檀香山(the Sandwich Islands)等。最后是中国国内的各类地名,如镇江(Chinkiang)、江苏(the province of Kiangsu)、黄埔河(the river Whangpo, at Shanghai)、鼓浪屿(the island of Kulangsu [Amoy])、琼州府(the prefecture of Kiungchow in Hainan)、湖广(the two provinces of Hupeh and Hunan)、闽江(the Min river)、沙市(Shashih, a port of call on the Yangtze)、淡水县(the district of Tan-shui [Tamsui])、东门小河(the East Gate Creek [Shanghai])等。其他类别的专有名词包括人名、报纸名、公司名、条约名等,如"京报the 'Peking Gazette'""长江统共章程the Revised Yangtze Trade Regulations""招商局the China Merchants' Steam Navigation Company""江宁定约the Treaty of Nanking""烟台条款the Chefoo Convention of 1876"等。

二是收录了许多商品的名称。如珍珠(real pearls)、四川黄丝(Szechwan yellow silk)、苏合油(rose maloes; liquid storax)、素红布(Turkey red clothes)、头白宝(pure sycee of the first class)、土染洋布(native-dyed foreign cottons)、土耳其洋药(Turkish opium)、外国烟(foreign tobacco)、印花布(printed cotton cloth; chintzes)、哈喇呢(Russian cloth)、小呢(cassimeres; narrow cloth)、白酒(white wine; sherry)、土布(native cotton cloth; nankeens)、白提花布(white figured, brocated, etc., shirtings; cotton brocades)等。

三是收录了政府公文、贸易信函等中经常使用的各类套语。如"鉴核赐教为祷I shall be thankful if you will consider the matter and let me know your opinion""敬请台安 with respectful kind inquiries""已有地方官给领船照 the local authorities having issued a ship's certificate""权属在该关 the power of ... rests with the said Custom House""希即酌量情形 please consider the circumstances and decide""附呈抄案清折 to append a fair copy of the correspondence in a case""按此即知 it may be known therefrom""照值百抽五例 according to the five per cent ad valorem principle""斟酌适中之论 to consult about a middle course; to strike an average""正在核办间 when just engaged in managing a case""其外另有他商 besides him there are other merchants"等。

四是就词条的翻译而言，夏德倾向于提供较为简洁的译名，因而绝大多数词条都只占了一行。如"招募 to enlist; to engage""陈明 to state""积劳成疾 to fall sick from overwork""惩治 to punish""结账 to settle an account""修厂 a dock""甘心 voluntarily""格外 outside the rule; extraordinary""拜帖 a visiting card""譬如 if, for instance"等。对于多义字词和兼类词，夏德一般通过分号将各个义项隔开，如"胭 the throat; rouge""医治 medical attendance; to cure""悦 to rejoice; pleased; delighted; gladly""调治 a cure; to cure""冤枉 an injustice; a grievance; to accuse falsely; to ill-use""允协 harmonious; perfect; effective""原本 original; the original value; origin; root""舞弊 to wink at a malpractice; hoodwinking; secret malpractices; irregularities""清楚 clear; distinct; to settle; to clear an account""全数 the whole amount; completely"等。在为数不多的词条中，夏德采用先字面直译后意译的方式提供译名，如鼓励（to "drum to exertion;" to encourage）、吉席（"the happy mat;" wedlock; marriage）、主旗（"the ruling flag;" a national ensign）、耳目（"ears and eyes;" spies）、来路（to come by a road, brought from abroad, like foreign goods; provenance; source; origin）、动手（to move hands; to go to work）等。有时夏德甚至创造一些英语词语或采用汉语拼音来提供对应词，如"云母壳器 mother-of-pearlware""玉器 jadestoneware""角器 hornware""竹器 bambooware""进士 the *Chin-shih* literary degree""大老爷 a *ta lao-yeh* (honorary title used in addressing officials of the fourth, fifth, or sixth grades)""大人 a *ta-jen* (honorary title used in addressing officials from the third rank upwards and members of the Censorate of the Han-lin College)""巴图鲁 a *baturu* (military title of honour)"等。

《小字典》在收词方面存在的不足主要体现为两个方面。一是同类词标准不一。例如,词典中只收录了"礼拜日 Sunday; on Sundays"和"礼拜五 Friday",而一周的其他几天却未被收录。二是立目标准不太严格,像"订问 to examine""骗往勉强胁从 to kidnap""有干未便 to be guilty of some disorder""冰河时 when the river is covered with ice""通商后 after the opening up of trade"等不太严谨的条目也被收录。义项收录不够完整也是《小字典》中的一个问题,如只收录用作形容词的"精神 healthy; in good physical condition"和用作名词的"处分 fines and other punishments imposed upon an official"。

《小字典》中的翻译问题主要表现在五个方面。

第一,时常有词语被误译。例如:"虾 crabs"中的 crabs 应改为 shrimps 或 prawns;"香水 fragrant water; perfumery"中的 perfumery 应改为 perfume;"海马 the sea-horse; the seal; the Hippocampus"中的 the seal 和"庄田 a farm; farm labourers"中的第一个义项应该删除;等等。类似需要彻底修改的词条详见表2-10。

表2-10 《小字典》中译名需修订的条目

词目	原 译 名	建 议 译 名
情义	disinterestedness	ties of friendship
负债	to turn the back on; to carry on the back	to incur debts
体恤	to befriend	to understand and sympathize with
想念	to consider; to reflect; to think	to miss
经历	a secretary	to experience
允许	to promise	to allow 或 permit
性情	personal conduct	disposition 或 temperament
赔礼	to return a call	to make an apology; to apologize
绅士	a scholar	a gentleman
礼体	one's moral and physical condition	etiquette

第二，用词不够地道。例如，夏德把"银匠"译作"experts in melting silver"，这样的翻译一则不能全面体现源词的含义，再则不如12世纪前就在英语中出现的silversmith①来得地道。又如，"桂圆"被译作"dried lung-ngans"，其实当时"龙眼"最为常用的音译词是longan，这个词甚至出现在马礼逊1822年的《华英字典》中。

第三，译名不太确切。如"佃户agricultural population"（tenant farmer更为确切）、"土匪local robbers"（bandits更为合适）、"租费expenditure on account of rent"（rent显得简洁易懂）、"家室husband and wife"（不如family来得贴切）等。

第四，译名词性与源词有所偏差。例如：当作名词的"糊口sustenance; a livelihood"；用作名词的"闹事a noisy disturbance; a quarrel"；用作动词的"错杂to mix up by mistake"；用作动词的"礼拜a week; to worship"；用作动词的"透测to be thoroughly acquainted with"；用作名词的"琐屑trifling (or vexatious) business"；用作名词的"犯罪to offend; offence; to commit a crime; criminal"；等等。

第五，收录了多余的义项。例如："慎重to carefully observe; to treat as important"中的动词义项；"水银quicksilver; money paid on account of the difference or fluctuation in the price of sycee silver"中的第二义项；"珍宝precious things; valuable"中的形容词义项；"机密secretly; with discretion; a secret motive"中的副词义项；"善后to make good what comes after; to make rules supplementary to a set of rules originally not complete"中的第二义项；等等。

十一、谭臣的《英华病名字汇》

谭臣（John C. Thomson）是一名由英国伦敦会派遣来华的医学传教士。1889年，他出任香港雅丽氏利济医院（Alice Memorial Hospital）首任院长，并长期在香港西医书院任教，曾担任该书院的名誉秘书。他在1890年编写完成

---

① 马礼逊在1822年出版的《华英字典》第三部分中就收录该词，并将其译作"银匠"。

《英华病名字汇》(*A Vocabulary of Diseases in English and Chinese*)[①]一书,由位于香港的机地士印字馆(Guedes & Co.)出版。同年他还编写出版了《来华医学传教士名录》(*List of Medical Missionaries to the Chinese*)。

谭臣在简短的序言中介绍了编写该字汇的目的:"本病名字汇是根据各类现有资料汇编而成,以期能对医学传教士群体有所帮助,并希望以此能促进英华医学术语词典的编成。一旦当地医生对疾病的性质有了更为确切的了解,字汇中所提供的一些译名显然会被更为贴切的名称所取代。嘉约翰医生不仅修订了本字汇的手稿,而且还监督了该书的出版印刷。"

确切地说,《英华病名字汇》就是一个简单的英汉对照表,每个词条只包含英语词目和汉语译名,试看图2-14。

Haemorrhoids	内痔
" bleeding ...	内痔流血
" external ...	外痔
Hare-lip	崩口
Headache	頭痛
" sick or billious	頭痛欲嘔
Heart, diseases of	心部之病
" hypertrophy of ...	心體變大
" palpitation of... ...	心跳

图2-14 《英华病名字汇》的样条

字汇中所收的词条大多为较常见的疾病名称,如blindness(眼盲)、cholera(霍乱,局呕)、malaria(霉毒气,瘴气)、paralysis(瘫)、plague(瘟疫)、small pox(出痘,天行)等。该字汇同时也收录了之前英汉词典尚未收录的词语,如acne(酒渣,酒淬,暗疮)、anaemia(血薄症)、empyema(肺胞膜生脓)、orchitis(肾子发炎)、ostalgia(骨痛症)、phimosis(小便包头)等。

[①] 1889年3月的一期《博医会报》(*The China Medical Missionary Journal*)曾提及嘉约翰和谭臣在合作编写一部英汉医学字汇,有可能是指这部词典。

谭臣提供的译名大多比较简洁,大多数词条只有一两个译名,如contusion(跌打瘀伤)、epidemic(时症瘟疫)、fracture(折骨)、gangrene(死肉,腐肉)、measles(出麻)、spasm(抽筋,扯筋)等。若与罗存德的词典相比,《英华病名字汇》显然是一大进步,试看表2-11。

表 2-11 罗存德词典与谭臣词典的译名对比

英文词目	罗存德词典译名	谭臣词典译名
abortion	小产,下胎,坠胎,落胎,流产,堕胎,漏产	小产,脱胎
asthma	气喘,瘘气,哮瘘,哮喘,气嘈,气紧,急喘,痰,扯瘘	哮喘,气喘
cataract	混浊眼公仔,绿水灌瞳人,睛珠变质不明	眼珠生膜
rheumatism	风湿,风湿症,风疾	风湿
ringworm	金钱癣,红云血癣	金钱癣
scurvy	疳症,血枯症,血坏症	牙肉浮肿

但是,这一字汇在翻译方面存在的一大问题就是有时未提供简短的对应词,而是给出解释性译名,如"asphyxia人不吸生气死""astigmatism眼视物之力不聚一处""bronchocele结喉之下核生大""locomotor ataxia脊髓变坏渐失行立之力""pyaemia毒脓入血患生脓疮"等。

十二、派嘉的《轮船类系图考》

1860年来华的英国人派嘉(J. H. P. Parker)①船长在1894年编写出版了《轮船类系图考》(*Anglo-Chinese Glossary of Terms Used in Shipbuilding, Marine Engineering, Rigging, etc.*)。该书实为一部配有插图的英汉分类词汇,全书总共197页,同时附有100张插图。全书设有两篇序言,第一篇是由派嘉自己撰写的英文序言,另一篇则是由时任湖北铁政局总办的蔡锡勇撰写。派嘉在其

---

① 全名为James Henry Partridge Parker,1842年生于英格兰德文郡,1924年在浙江莫干山去世。

序言中对编纂目的做出了解释:"编者将这本书呈现给读者,满怀信心地希望它的出现能填补存在已久的空白。近20年以来,中国造船业突飞猛进。从小火船的下水到最新的装甲舰,各类船只正逐渐散布于中华帝国的个个水道。海军工厂、码头以及海洋大国所需的其他设施正在各处如雨后春笋般地冒了出来。[……]然而,有助于了解造船业科学知识的工具书不仅少得可怜,而且又不太令人满意。"

《轮船类系图考》中的插图按8个类别依次排列,它们分别是Wooden vessels(木壳船目录,15页)、Iron or steel ship(铁钢船目录,25页)、Machinery(器械炉目录,23页)、Equipment(船上各式器具目录,9页)、Sailing vessels(夹板船目录,18页)、Steamers(火轮船目录,4页)、Masts, spars, standing-rigging, &c.(桅杆第二度帆杠目录,5页)以及Sails and sundries(帆杠巾里杠目录,7页)。派嘉根据插图上的具体内容依次列出表示图上部位、零件等的词语。例如,他在第23张插图的对应页列出了近20个术语,其中包括keelson(正里龙骨)、stemson(里龙骨前湾角)、apron(船头接膀端企柱)、stem(鳌头企柱)、gripe, or forefoot(外龙骨前湾角)、cutwater(破水柱)、independent piece(副鳌头)、filling chocks(鳌头前木枕)、lace piece(湾嘴)、gammoning piece(鳌头枕盖板)等。

船尾骨能	1	Keel.
龙骨尾	2	Skeg.
船尾脊骨下本枕	3	Dead-wood.
舵前企柱	4	Stern-post.
连脊骨木枕	5	Filling-chock.
船尾骨脊上木枕	6	Filling-transoms.
船尾脊骨两边木枕	7	Wing-transom.
舵头骨孔	8	Helm Port.
船尾湾尖脊骨	9	Counter-timbers; Lower Stern Timbers.

Stern view of a Wooden Vessel in Frame.
船尾斜看脊骨总图

图2-15 《轮船类系图考》的样条

十三、惠亨通的《体学名目》

惠亨通（Henry T. Whitney）是美部会在1877年派遣来中国福州的医学传教士。1889年，他对由柯为良（Dauphin W. Osgood）于1881年翻译的六卷本《全体阐微》（*Gray's Anatomy*）[①]做出了修订。次年，美华书馆出版了由惠亨通编写的《体学和性学英华字汇》（*A Vocabulary of Anatomical and Physiological Terms in English and Chinese*）[②]。该字汇只有56页，同年被编者作为附录附在《全体阐微》的修订版之后[③]。1890年3月出版的《博医会报》第4期对这一版本作了评介，其中指出："该版本所附的华英字汇罗列了需要谨慎考虑的重大修改，然而这些修改并未体现在该书的正文中，因而只是暂时提出而已。这一字汇是目前为止出版的最为齐全的术语表。"在同一期杂志上，惠亨通撰文探讨医学术语并指出："在期待一部标准医学字汇或一部英华医学词典的时候，我觉得很有必要尽早在指导原则方面提些建议，同时我认为现在通行的一些术语应该更为合适的词语所取代，一些冗长的术语亦应缩短。"

1904年，福州美部会出版了柯为良的译著，并将其更名为《体学新编》，其中卷三被称作《体学名目》（*A Glossary of Anatomical Terms in English and Chinese*）。1906年，惠亨通通过位于上海的美华书馆单独出版了《体学名目》（*A Glossary of English and Chinese Anatomical Terms According to the Old and New Medical Nomenclatures*），该字汇实际是在《体学和性学英华字汇》的基础上扩充而成。惠亨通在例言中对编写目的作了介绍："此卷特将体学中新选及自定诸名目，与旧名目列为两行，俾使读者较易明晰。惟名目新旧相同者，不必再注旧名，以免重复，亦有新名别增旧名，在旧名内未注者，是故旧名内未注之空白，半有旧名，与新名内所注相同。"

---

① 由惠亨通和夏查理组成的出版委员会在该书的序言中提道，由于柯为良不幸于1880年去世，该书后期的出版交由其他人负责完成。
② 最早的性学（生理学的旧称）术语名录出现在由传教士医生博恒理（Henry D. Porter）所译的《省身指掌》之中。
③ 在中国国家图书馆、上海图书馆、复旦大学图书馆等馆藏的版本中却并未包含此附录。

《体学名目》的正文部分只有70页，另设两页中文例言、两页刊讹字画以及两页英文序言。书中每一词条分三栏呈现：左栏为英文词头，中栏为新名，右栏则为旧名，试看表2-12。

表2-12 《体学名目》的样条

英文词目	新　名	旧　名
allantois	胎络带	衣袋囊
anatomy	体学	阐微
animal	牲,动物	兽
artery	㐲	脉
bursa	滑囊	动囊
cornea	瞭	眼明衣
epigastrium	腹上处	腹上部
genitals	阴阳具	育具
prepuce	阳茎包头	阳茎头包
retina	眼视衣	眼脑衣

《体学名目》收录了不少未被之前的英汉词典所收录的词语，如amnion（胎包膜）、cortex（外质）、dendron（脑胅支枝）、endosteum（骨内衣）、epiphysis（骺）、fimbria（脑旁房蟠带）、fibrinogen（生血丝腈）、flocculus（小脑小叶）等。名目中有相当一部分为复合词条，由诸如fascia（筋膜）、fibre（丝）、fissure（罅）、fossa（廉凹）、ganglion（结）、gland（腺）、nerve（系）、plexus（纲,罗）等常用术语与其他词语的结合。惠亨通在muscle（肌）设置的复合条目的数量竟然多达5页。

惠亨通在绝大多数词条中只设置了一个译名，而且非常简洁，一般不超过三个字，如abduct（展）、diaphragm（膈）、epimysium（肌衣）、ligament（筋）、placenta（胞）、periosteum（骨外衣）、saccule（耳螺囊）、viscera（脏腑）、vertebra

(脊骨)、vulva(阴门)等。与先前出版的英汉词典相比,惠亨通所提供的译名显然要更胜一筹,由其提供的许多译名陆续被之后的词典所沿用。例如,惠亨通将"alveolus"译作"窝",而此译名先后被颜惠庆、赫美玲等采纳,并一直沿用至今。

《体学名目》虽然收词篇幅不大,但它在医学类术语规范化方面起到了一定的积极作用。

十四、嘉约翰的《英汉疾病名录》

嘉约翰(John Glasgow Kerr, 1824—1901)是一位由美国长老会(American Presbyterian Mission)派遣来华的医学传教士。他生于美国俄亥俄州,早年毕业于位于费城的杰斐逊医学院。1854年,他作为医学传教士来到广州,先接管仁济医院,之后自建博济医院,并任院长,后来在1866年创办博济医学堂。1867年,嘉约翰通过罗存德在香港出版了《粤语短语精选》第2版①(Select Phrases in the Canton Dialect)。该书在之后二三十年中较受欢迎,在1888年别发洋行还出版了该书的第6版。1887年,嘉约翰成为中国博医会的首任会长。在行医的同时,嘉约翰还编译出版了许多医学著作,如《化学初阶》《西药略释》②《内科阐微》《皮肤新编》《内科全书》《割症全书》等。用梁碧莹(1996:125)的话来说,嘉约翰"成为影响西医学东渐的重要人物"。

1894年,嘉约翰通过美华书馆出版了《英汉疾病名录》(A Vocabulary of Diseases)。从该词典的英文标题可以看出,嘉约翰的词典是基于医学传教士谭臣的词汇表(即1890年的《英华医学字汇》)和惠亨通的解剖学术语(即1890年的《体学和性学英华字汇》)编写而成的。这个只有35页的小册子收词总数在600条左右,每个词条只包含英文词目和汉语译名,试看图2-16。

---

① 该书内容早在1864年就被融入由罗存德出版的《粤语短语精选和阅读课程》(Select Phrases and Reading Lessons in the Canton Dialect)一书中。
② 2015年出版的《广州大典》收录了光绪十二年重刊的《新增新药略释》,该书在其总论之前列有9张英汉医药术语对照表,其中罗列了alcohol(火酒)、ether(伊打酒)、magnesia(镁养)、pepsin(啤先)、sulphur(硫磺)、wine(菩提酒)等词语。

```
Ulcer, constitutional    身毒爛瘡
    ,,    specific       毒爛瘡
    ,,    simple         無毒爛瘡
Ulceration               潰爛瘡
Umbilical hernia         脐疝
Uraemia (Haematuria)     溺血
Urethritis               总溺脂炎
Urine, Chylous (Chy-
       luria)            白溺
    ,, incontinence of   遗溺
    ,, retention of      留溺
    ,, suppression of    閉溺
Urinary fistula          溺道瘡
    ,,    abscess        溺脹瘡
    ,,    deposits       溺底
Urticaria                風圈
```

图 2-16 《英汉疾病名录》的样条

对于许多包含同一关键词的复合词条，嘉约翰用双逗号来取代关键词。例如，在 fracture（骨折）条的后面设置了 4 个包含 fracture 的复合词语，即 compound fracture（穿外骨折）、comminuted fracture（骨折碎）、complicated fracture（多伤骨折）和 un-united fracture（无粘骨折）。

《英汉疾病名录》收录了不少未被之前英汉词典（如罗存德的《英华字典》）收录的医学术语，如 cretinism（瘿症）、haematemesis（吐血）、migraine（头偏痛）、molluscum（软瘤）、parotitis（腮核炎）、pleuritis（胁肺衣炎）、priapism（茎举症）、spina bifida（崩脊骨）、toxaemia（毒血症）、trichiniasis（肉虫症）、uraemia（溺血）等。在由颜惠庆主编的《英华大词典》（1908）中，有不少医学术语条目都是照搬或参考了《英汉疾病名录》中的条目，如 coryza（伤风, 鼻嚏）、febricula（轻热病）、impetigo（天泡疮）、myalgia（肌痛）、onychia（甲母炎）、otalgia（耳痛）、otitis（耳炎）、pemphigus（大水泡）、sycosis（须疮）、varicella（水痘）、xeroderma（皮燥）等。甚至 1916 年由赫美玲编著的《英汉口语词典》也参考借鉴了嘉约翰的一些词条，如 gonorrhoea（白浊）、haematuria（溺血，便血）、haematemesis（吐血）等。

《英汉疾病名录》所收的词条绝大多数都是疾病名称，这些疾病五花八门，其中较常用的有四类。第一类是包含诸如 disease、fever 等词语的复合词，如 Hodgkin's disease（吸核胀）、lardaceous disease（膏油病）、organic disease（质病）、septic disease（腐毒症）、sporadic disease（罕症）、spurious disease（假病）、traumatic fever（伤热症）、typhoid fever（肠热症）、yellow fever（黄热时症）、zymotic disease（毒传症，时行症）等。第二类是以词缀 -itis 结尾的炎症类疾病，如 adenitis（吸核炎）、blepharitis（眼胞炎）、chloroiditis（眼黑衣炎）、

duodenitis（肠上回炎）、hepatitis（肝炎）、laryngitis（声官炎）、lymphadenitis（吸核炎）、meningitis（脑膜炎）、metritis（子宫炎）、myelitis（脊根炎）等。第三类是以表示"瘤"的后缀-oma结尾的瘤类疾病，如adenoma（核瘤）、lipoma（脂瘤）、myeloma（髓毒瘤）、myxoma（涕瘤）、neuroma（脑筋瘤）、osteoma（骨瘤）、steatoma（粉袋瘤）、syphiloma（花柳瘤）等。第四类是分别由后缀-osis（表示"病变过程"）和-rrhoea（表示"流出"）构成的术语，如cirrhosis（缩实）、cystorrhoea（胱旧炎）、leucorrhoea（白带）、otorrhoea（耳脓，聤耳）、sclerosis（变硬）、seborrhoea（油多）、spermatorrhoea（遗精）、trichosis（发症）、tylosis（睫肿）等。

除了疾病名称之外，《英汉疾病名录》同时也收录了为数不多的非疾病类词语或相关学科的术语，如crazy（狂妄）、drowning（水淹）、idiosyncrasy（癖性）、idiot（呆人，呆子）、inebriety（醉酒）、malignant（险毒）、parasite（寄生）、pathology（病理，病学）、periodicity（应期）、tape-worm（扁带虫）等。

嘉约翰在提供词目译名时也沿袭了原先词典中的一些译名，但它们的数量并不多，如harelip（崩口，兔唇）、hydrocele（水疝）、odontalgia（牙痛）、ringworm（金钱癣）、scrofula（疬）等。在更多的词条中，嘉约翰对原有的译名做了大幅度的改进，试比较罗存德的《英华字典》和嘉约翰的《英汉疾病名录》中的译名：

表 2-13　罗存德词典与嘉约翰词典的译名对比

英文词目	罗存德词典译名	嘉约翰词典译名
arthritis	酒风疾，酒风脚	节炎
atrophy	肌肉廋，阴乾症，肉削症	消瘦
asphyxia	局气，呼吸之止，呼吸歇息，脉管止跳，脉伏不起	气绝
dementia	癫狂症	心疑
dyspepsia	唔消化，不消化，腹肚难消，痴瘕	胃滞，食滞
flatulence	肚风，伤食风	气胀
oedema	水瘇，湿瘇	虚肿
pityriasis	头枯皮	蛇皮癣

续　表

英文词目	罗存德词典译名	嘉约翰词典译名
rachitis	背脊火	软骨症
tetanus	口噤,牙关紧闭,牙铰紧	锁喉症

嘉约翰的《英汉疾病名录》不仅对之后的英汉词典起到了很好的参考借鉴作用,更是在医学术语译名的规范方面作出了表率,对后来的医学术语词典(尤其是高似兰1908年的《高氏医学辞汇》)产生了很大的影响。

十五、费克森的《邮政成语辑要》

1906年,荷兰籍在华海关职员费克森(Jan Willem Helenus Ferguson 或略作 J. W. H. Ferguson, 1881—1930①)编写出版了《邮政成语辑要》(*A Glossary of the Principal Chinese Expressions Occurring in Postal Documents*)一书,该书由位于上海的海关总税务司署统计科(Statistical Department of the Inspectorate General of Customs)出版。

据《近代来华外国人名辞典》的解释,费克森系驻华外交官费果荪(Jan Helenus Ferguson)的幼子,1898年进入中国海关。他先后在龙州、汉口、广州等地任职,后升至海关总税务司署统计科税务司。后来在1925年他又出版了用荷兰语编著的《荷兰人在华法律地位》(*De Rechtspositie van Nederlanders in China*)。

《邮政成语辑要》是一部正文部分只有30页的汉英字典。费克森在词典引言中一语道出编写此书的目的:"迄今为止尚未有人收集过经常在中文邮政出版物或邮件通信中出现的各类短语和术语,因而我觉得把这些邮政用语收集在一部袖珍的书籍中将非常有用。这样不仅能够促进各个口岸所使用的术语的统一,同时也能帮助邮政职员学习汉语时掌握邮政术语。"(Ferguson, 1906: Introduction)

---

① 《近代来华外国人名辞典》在"费克森"条下提供的生卒年份为1881—1923年。事实上,费克森于1881年2月16日生于香港,1930年8月18日逝世于海牙。

《邮政成语辑要》总共收录475个词条，每个词条前面均标注序号。所有词条按照音序排列，每个词条中依次设置了汉语词目的注音、汉语词目以及英文译名，试看图2-17。

```
1. An ch'ien tzǔ chia pei so      To demand double the defi-
   ch'ü: 按欠資加倍索取.             ciency in postage; to tax.

2. An hsi yu chang: 諳悉            Well versed in — thoroughly
   郵章.                            conversant with — postal
                                    regulations.

3. An jih têng chi ch'ing tan:     Inland Post Office Journal,
   按日登記清單.                     [I.—59].

4. An tzǔ: 岸資.                   "Steam-zone" postage. (Vide
                                    No. 206.)

5. Ch'a shou: 查收.                "To examine and receive"
                                    (a phrase often written on
                                    Chinese covers after name
                                    of addressee).

6. Ch'ai hsin: 拆信.               To open a letter.
```

图2-17 《邮政成语辑要》的样条

作为邮政领域的第一部专科词典，《邮政成语辑要》收录的绝大多数词条与邮政相关，而且有许多都是日常使用的词语，如"机密信a confidential letter""新闻纸newspaper""投交to deliver; to hand over""误投to misdeliver""邮票a postage stamp""跑差a courier""包裹a parcel""匿名信an anonymous letter""明信片postcard""封套an envelope; the cover of a letter"等。词典中有相当一部分词条并非严谨的词语条目，而是由词组或短语构成，但它们在当时也同样经常用于与邮政相关的文件中，如"寄递外国之邮件outward international mail matter""人力难施之事a case of force majeure""眼同拆看to open in the presence of a witness""投于信箱之内to throw into the letter-box; to post""交民局转寄to hand to a Native letter hong for further transmission""就地投送to deliver on the spot; local distribution""追查迟滞缘由to investigate the cause of delay""先行付足prepaid in full"等。

费克森在词典中提供的译名大多比较简洁，但有时会通过在括号内加注的方式加以解释，如"查收 'to examine and receive' (a phrase often written on Chinese covers after name of addressee)""当堂拆开 'to be opened in the hall, or public office' [an official desptach — as opposed to a private communication. Printed on official despatch covers (马封)]""虎头牌 tiger-head boards (wooden notice boards decorated with a tiger's head, used only by Government offices)""城信差 city letter-carrier (who distributes local correspondence)""海关验费 Customs fee (a fee of 10 cents formerly levied on all postal parcels passed through the Customs)""信力 fee for transmission of letters (e.g. the postage demanded by letter hongs)"等。

费克森在一些词条中设置了参见。确切地说，词典中设置了两种参见方式：一种是同义参见；另一种是相关词语或反义参见。例如，在"签押"条下，费克森并未提供译名，而是标注"same as No. 52"，序号为52的词条则是"签字 to sign; to affix one's signature"。费克森用拉丁语 Vide（即英文中的 See）来标明相关词语或反义参见。例如，在"补水 to make up the difference in silver"的译名后费克森标注了"(Vide No. 364)"，而序号为364的词条就是词义相近的"贴纹水 'exchange rates' — when issuing Money Orders (to make up the difference between good and inferior dollars)"。

在正文部分之后，费克森设置了一个13页的英文索引，这种做法与众不同。一般的英文索引均为单词的索引，而费克森提供的索引既有单词，又有词组和短语，这样一来更有利于读者的查询。试看图2-18。

```
Absent without leave, 306.              Annex, to, 122.
Accept responsibility, to, 191.         Annoy, to, 227.
Account book, 12.                       Anonymous letter, an, 268.
    Inland Office Stamp Account,        Appendix, 121.
    456.                                Application for Missing Domestic
    to bring to account, 308.               Mail Matter, 66.
Accountant, 332.                        Application for Redirection of
Accounts, 11.                               Correspondence, 69.
    to keep no accounts, 197.           Application to withdraw Mail
    to settle accounts, 65.                 Matter, 68.
                                        Appoint Postal Clerks, to, 55.
```

图2-18　《邮政成语辑要》中的英文索引

《邮政成语辑要》虽然只是一个汉英对照的小册子，但它起到的作用却不容小觑。像之后的文林士、赫美玲等人在编写各自词典的时候都在不同程度上参考了费格森的词典。《北华捷报》在1906年5月25日刊登了对该词典的书评，其中指出："这虽然是一本只有43页的小册子，但要是依此来评价它的价值那就大错特错。[……]我们眼前的这部作品无疑是非常有价值的海关用语工具书。"

十六、博医会的术语报告

博医会下属医学术语委员会（Committee on Medical Terminology）分别在1901年和1904年编辑出版了第一份和第二份术语报告（即 *Terms in Anatomy, Histology, Physiology, Pharmacology, Pharmacy* 和 *Terms in Pathology, Medicine, Surgery, Obstetrics, Gynecology*）。

第一份报告围绕解剖学、组织学、生理学、药物学以及药剂学展开，由惠亨通、高似兰、斯图尔①、聂会东②等医生审定，委员会主席嘉约翰和博恒理因故缺席。其引言部分详细介绍了术语审定的过程，并侧重论述了几类词语的命名原则。例如，在给表示各类骨头的词语命名时，委员会在卫三畏和翟理斯的词典以及《康熙字典》基础上确定给骨头名称配以骨字旁，如"ilium髂""patella髌""sacrum骶""scapula髆""tibia骭"等。就血液循环系统的术语而言，每个新造或借用的汉字均用血作为部首，如《康熙字典》中的"衁"字被用于指代静脉（vein）。此报告的内容比较简洁，为英汉对照的词表，即为英语术语提供非常简短的中文对应词。例如，在解剖学部分，术语委员会为大部分术语提供了包含1—3个字的对应词，如"abdomen腹""abduct展""anus肛门""axilla腋""bladder胱""bursa滑囊""embryo胚""ganglion结""genitals阴阳具"等。

第二份术语报告的主题是分别是病理学、医学、外科学、产科学以及妇科

---

① 即 George A. Stuart，美以美会传教医师，曾任中华基督教教育会和中华博医会会长，并主编《博医会报》。
② 即 J. B. Neal，美国基督教北长老会传教医师，曾任齐鲁大学校长。

学,由聂会东、纪立生[①]、高似兰等人审定。在该册的引言中,术语委员会表达了术语审定过程中的诸多遗憾,如细菌学术语、器官炎症和肿瘤类术语等的缺失、无机化学术语混乱的命名等。从词条编排来说,第二册与第一册基本相同,即为英语术语提供简短的译名。它们的不同之处主要体现为两个方面:一是一开始新设通用术语部分(general list),而非直接按类别罗列;二是译名中出现了一词二译或多译的现象,如"acquired disease 自得病,本病""anemia 血亏,血薄""facial paralysis 偏面瘫,半面瘫""flatulence 胃肠气胀,胃肠胀""pandemic disease 多国时症,多国疫,列国疫""prophylaxis 预防病法,防病法"等。

十七、由狄考文负责编写的《英华化学术语词典》和《英华科技术语词典》

狄考文(C. W. Mateer),1836年1月出生于美国宾夕法尼亚州,早年毕业于匹兹堡的西部神学院。1863年,狄考文受美国基督教北长老会派遣来到上海,次年年初前往芝罘(今烟台),之后去到登州。在那里,狄考文创办了中国境内第一所现代高等教育机构——文会馆(Tengchow College)。作为译经委员会主席,狄考文主持翻译了至今仍广为流传的圣经中文译本"和合本"。他编译的书籍多达数十部,同时著有《官话类编》(*A Course of Mandarin Lesson*, 1892)和《官话简明教程》(*A Short Course of Primary Lessons in Mandarin*, 1901)。作为益智书会(the Educational Association of China[②])的会长,狄考文还负责科技术语委员会[③]的工作,负责编写了《英华化学术语词典》[④]和《英华科技术语词典》。1908年,狄考文在山东青岛去世。

---

① 即 T. Gillison,英国苏格兰人,基督教伦敦会传教医生,曾任汉口仁济医院外科医生。
② 其前称为 the School and Text Book Series Committee。
③ 该委员会由狄考文担任主席,其成员包括潘慎文(A. P. Parker)和赫士(W. H. Hayes)。
④ 王扬宗(1991:15)指出益智书会统一科技术语的两项主要成果分别是1901年出版的《协定化学名目》和1904年的《术语辞汇》。前者据说于1899年编写完成,其英文书名为 *Chemical Names and Nomenclature*,但笔者手头的词典英文书名为 *Chemical Terms*,其出版年份为1902年。

(一)《英华化学术语词典》

1902年,美华书馆出版了由益智书会资助出版的《英华化学术语词典》(*A Glossary of Chemical Terms in English and Chinese*)。这部词典正文部分只有64页,文前部分包括3页序言和13页引言。狄考文的序言是这么开始的:"由益智书会委派的科技术语委员会与博医会委派的类似委员会一起合作,在辛勤的工作和频繁的沟通之后,最终确定了一个化学元素名称名录和一套化学术语命名体系。"(Mateer, 1902: iii)

在篇幅较长的引言中,狄考文首先对化学术语新体系作了介绍和解释,接着阐述了化学元素翻译的原则,如用单字代表每个元素、重要或常见元素的译名应具有意义、次要元素可音译等。在列出化学元素译名对照表(见图2-19)之后,狄考文对译名出现变化的元素一一作出解释。最后,狄考文分别就酸类(acids)、盐类(salts)和氧化物类(oxides)中术语的翻译作出了详细的说明。

据狄考文在序言中的介绍,每个词条内同一行中先设置化学元素或名称,接着标出其化学符号,最后提供其中文译名。在下一行中通常设置了其他同义的化学名称,之后列出其俗名和商品名,有时化学名称的拉丁语名称也被列在后面(Mateer, 1902: iv-v),试看图2-20。

在大多数词条中,狄考文提供的译名不止一个,首先提供的是公认的译名,之后列出的是其他著作中出现的译名:K代表嘉约翰(J. G. Kerr),F代表傅兰雅(John Fryer),B代表毕利干(Anatole Adrien Billequin)[①],H代表洪士提反(S. A. D. Hunter)[②]。例如,狄考文为carbon dioxide提供的译名为"碳氧强洽,碳氧双洽",傅兰雅则将其译作"炭氧二",毕利干和洪士提反又分别将其译作"炭强气"和"炭氧酸"。但遗憾的是,有些所谓公认的译名最后却显得不太规范,因而并未被后来的词典所沿用。例如,狄考文在gold条下提供的译名为"鏋,F黄金,金",而gold一词自马礼逊的《华英字典》开始就一直被译作"金;黄金"。

[①] 法国人,曾任同文馆化学教习。
[②] 美国长老会医学传教士,著有《万国药方》。

List of Elements.

Argon.	氬 Mr	Indium.	錮 F
Bromine.	溴 S	Iridium.	銥 Mr
Chlorine.	氯 K	Iron.	鐵
Fluorine.	氟 B	Lanthanum.	鑭 F
Helium.	氦 M	Lead.	鉛
Hydrogen.	氫 Mn	Lithium.	鋰 K
Iodine.	碘 H	Magnesium.	鎂 K
Oxygen.	氧 Mn	Manganese.	錳 Mr
Nitrogen.	氮 C	Mercury.	汞
		Molybdenum.	鉬 Mr
EARTHS.		Nickel.	鎳
Arsenic.	砒	Niobium.	鈮 F
Boron.	硼 Mn	Osmium.	鋨 Mr
Carbon.	碳	Palladium.	鈀 K
Phosphorus.	磷 B	Platinum.	鉑
Selenium.	硒 Mr	Potassium.	鉀 K
Silicon.	砂 B	Rhodium.	銠 Mr
Sulphur.	硫	Rubidium.	銣 F
Tellurium.	碲 Mr	Ruthenium.	鑥
		Samarium.	釤
METALS.		Scandium.	鎬 Mr
Aluminum.	鋁 Mr	Silver.	銀
Antimony.	銻 Mr	Sodium.	鈉 K
Barium.	鋇 K	Strontium.	鍶 P
Bismuth.	鉍 K	Tantalum.	鉭 F
Cadmium.	鎘 Mr	Thallium.	鉈 Mr
Cæsium.	銫	Thorium.	鉭
Calcium.	鈣 Mr	Tin.	錫
Cerium.	鈰 Mr	Titanium.	鈦 K
Chromium.	鉻 S	Tungsten.	鎢 Mr
Cobalt.	鈷 P	Terbium.	鋱 F
Copper.	銅	Uranium.	鈾 F
Didymium.	鍉 K	Vanadium.	釩 F
Erbium.	鉺 K	Ytterbium.	鐿 Mr
Gallium.	鎵 Mr	Yttrium.	釔
Germanium.	鍺 U	Zinc.	鋅 Mr
Glucinum.	鈹 Mr	Zirconium.	鋯 K
Gold.	鎕 Mr		

图2-19 《英华化学术语词典》中的化学元素表

Magnesium Arsenite Acid	MgHAsO³	鎂氫砒弱礬 F 鎂養砷養三
Magnesium Calcium Carbonate	MgCaCO³	鎂鈣碳強礬 K 鈣鎂(炭養三)二
Magnesium Borate *Magnesii Boras*	Mg³(BO³)²	鎂硼強礬 F 鎂養硼養三 B 鈣鹵硼強鹽
Magnesium Bromide *Magnesii Bromidum*	MgBr	鎂氯鹽 B 鈣鹵溴
Magnesium Bromate *Magnesii Bromas*	Mg(BrO³)²	鎂氫強礬
Magnesium Carbonate *Magnesii Carbonas*	MgCO³	鎂碳強礬 F 鎂養炭養 B 鈣鹵炭強鹽 K 鎂炭養三

图2-20 《英华化学术语词典》的样条

《英华化学术语词典》中所收录的词条主要分为两大类：第一类是化学元素；第二类是各类化合物的名称。狄考文在词典中收录了71个化学元素，其中只有一个译名的相对较少，只有carbon（碳）、copper（铜）、erbium（铒）、germanium（锗）、tantalum（钽）、tin（锡）、vanadium（钒）、ytterbium（鐿）、zirconium（鋯）等。在大多数化学元素词条中，狄考文提供了多个译名，其中后面的几个都是由傅兰雅、嘉约翰等人提供，如aluminium（钍，F铝，K钒）、cobalt（扣，F钴，B锖，K镐）、iron（铁，K铁，H铁质）、lithium（锂，B鉐，H锂质）、molybdenum（鉾，F钼，K锠）、potassium（鉌，F钾）、sulphur（硫，B磺，H硫磺）、selenium（硒，K&F硒）、sodium（鑪，F钠）、titanium（钛，F鐕，B鉢）、thorium（錔，F钍）、zinc（钲，F锌，K鍟）等。《英汉化学术语词典》中的绝大多数词条是各类化合物的名称，如carbonic acid（碳强酸）、cerous oxide（铈中锈）、nickelo-nickelic oxide（镍合锈）、potassium sulphide（鉌硫单洽，K鉌二磺）、stannic acid（锡强酸）、sulphuric acid（硫强酸，F硫养三）、thio-carbonic acid（硫碳强酸）、titanous oxide（钛弱锈）、uranic acid（铀强酸）、zinc arsenide（钲砒洽）等。

狄考文在《英汉化学术语词典》中设置了同义条目之间的参见系统，以方便读者的查询，如"acetylene, see hydrocarbon""alum, potash, see aluminium and potassium sulphate""microcosmic salt, see ammonium sodium phosphate""nickel hydroxides, see nickelous and nickelic hydroxides""potash compounds, see potassium compounds""strontia, see strontium monoxide""vermilion, see mercuric sulphide""wolfram, see tungsten"等。

《英华化学术语词典》中的译名与之前词典相比显然要规范得多。在罗存德的《英华字典》中，许多金属元素被笼统地译作"金类"，而狄考文提供了确切的译名，尽管有些译名在后来并未得以流行（如lanthanium银）。《英华化学术语词典》在规范化学术语译名方面的努力对后来的词典产生了深远的影响。颜惠庆主编的《英华大辞典》中不少化学元素的译名在很大程度上参考了狄考文所提供的译法。

（二）《英华科技术语词典》

1904年，上海美华书馆出版了由益智书会术语委员会负责编写的《英华科技术语词典》(*Technical Terms: English and Chinese*)。狄考文在序言中说明了编写此书的初衷："贴切的术语译名对于科学思想和研究非常重要。自然科学的多个分支给英语增添了成千上万的词汇。为了能成功地用汉语传授西方科学知识,确定相当数量的科学术语显得异常重要。"(Mateer, 1904: 8)

《科技词典》正文部分共有492页,后附有11页的专有名词表和9页的勘误表。这部词典收录了当时各门科学的术语,门类繁多。据狄考文在序言中的介绍,词典所收术语涉及50余个学科。表2-14罗列了词典中出现的主要学科中的一些术语。

表 2-14 《英华科技术语词典》中的学科分布

数学术语	coefficient(系数)、equation(方程)、formula(公式)、fraction(分儿)、function(函数)、inequality(偏方程)、integral(积分,积数)、logarithm(对数)、tangent(正切,切线)
化学术语	ethylene(以脱里尼)、iridium(镱)、kerosene(火油,石油)、lactose(乳糖)、lead(铅,黑铅)、magnesia(镁锈,马格尼西亚)
医学术语	enteritis(肠炎,肚肠炎)、flatulence(气胀,肚风,伤食风)、frost-bite(冻伤)、gastritis(胃炎,胃内皮发炎)、impetigo(天泡疮)、influenza(伤风时症)
物理术语	insulator(隔电物,绝电质,绝电之物)、magnetism(磁,磁气)、momentum(动力,重速积)、radiation(散热)、resistance(阻,阻力)、revolution(旋转)、solidification(结,凝)、sonometer(声表,准下十弦器)、spectroscope(光图镜,分光镜)
矿物术语	anatase(安阿大西石)、feldspar(非勒司巴耳,慈石英)、itacolumite(粒石英)、lazulite(天蓝玉)、lignite(木煤)、manganite(黑色镙矿)、marcasite(淡黄铁)
商业术语	exchange, bill of(汇票)、exports(出口之货)、financier(熟谙度支)、freight(运费)、interest on money(利,利息)、loan(贷款)、marine risk(水险)、mortgage(抵押,典质,胎借)
宗教用语	extreme unction(终傅)、Franciscans(方济会的人,派会僧)、Lent(春斋,大斋节)、Passover(逾越节)、Protestant Church(耶稣教,更正教)、Quaker(朋友会)、Roman Catholic(罗马天主教)
动物术语	Acanthopterygii(脊肚翅硬刺鱼属)、Hippopotamidae(河马类)、hyena(土狼类)、Insectivora(食蚁属)、lemur(木狗猴类)、Lepidoptera(鳞翅虫属)、lizards(蟾蛇属)、Raptores(食肉鸟属)

其他学科的一些常用词语也被收录其中，如 equator（赤道）、fibrin（血丝腥）、flannel（福兰绒）、Gemini（双子宿）、jib（船头三角帆）、meteor（流星，陨星，奔星）、molecule（合点，质点，微体）、nadir（天底，天底点）、nucleus（膛心，胚仁）、noun（名头言）、real estate（定产，田园，房宅）等。除收录术语之外，《科技词典》也广泛收录了各类学科的名称，如 algebra（代数学）、anatomy（体学）、biology（生物学）、geology（地学）、geometry（形学）、logic（名学，辩学）、mathematics（算法，几何学）、ornithology（鸟学）、psychology（性学，心灵学）、therapeutics（疗学）等。

《科技词典》中有相当一部分词条属于普通语词或社会科学领域的术语，如 altruism（公心，爱人之道）、ambition（好胜）、amnesty（豁免，大赦）、foreigners（客民）、fore-runner（先驱）、freedom（自由之能）、friendship（朋情）、learned（博学）、materialism（物质道，唯物论）、socialism（均富）等。与此同时，这部词典还收录了五花八门的专有名词，如 Academy, imperial（翰林院）、Andromeda（仙女）、Customs, Deputy Commissioner of（副税务司）、Department of Coinage（宝泉局）、Hercules（武仙，希尔古里）、Imperial Body Guard（侍卫处）、Jehovah（耶和华）、Koran（回经）、Monroe doctrine（护美洲之说）等。

《科技词典》将一些分写的复合词设置在主词下面，如"consul, general 总领事，总领事官""denominator, common 公母""engine, fire 减火水龙，救火水龙""gas, laughing 喜气，笑蒙药""finger, index 食指""kitchen, soup 粥厂""minister, prime 宰相，相国，首相""plague, black 黑瘟疫，黑眼瘟""school, normal 师范学堂""tax, stamp 印花税""ticket, lottery 发财票""value, market 时价"等。一些词条下设置的复合条目很多，如 crystal（晶，颗粒）条下有十几个，engine（机器，汽机）条下有二十几个，phosphorus（硔，磷，光药，鬼火，猛火油）条下也有十余个。《科技词典》同时也收录了一些词组，如"court, to go to 上朝""fill vacancy, to 补缺""flag, show a false 冒旗""power, to get 揽权""proof, to read 对书""register, to enter in 注记，登记""roll, to call the 点名""session, to open 开堂"等。词典中偶尔也出现了一些根据汉语的英语译名而设立的词条，如"ports, treaty 通商口岸""Prefect of chih li chou 直隶州""tutor, grand 太傅""uniform, a soldier's 号衣"等。

在词条的翻译方面,《科技词典》呈现了两大鲜明的特征。

一是普遍存在着一词多译的现象(试看表2-15)。这种现象在当时传教士编写的英汉词典中相对比较普遍。

表2-15 《英华科技术语词典》中的一词多译现象

词条	译名
angina pectoris	胸痛急症,心痛气咽,心疝,心痫,真心疼
epilepsy	痫,症,羊痫风,羊羔疯,羊癫风,发羊弔
epiphany	三王来朝瞻礼,显现节,来朝节,主显节
friction	摩阻,摩擦,摩揩,面阻力,磨阻力
gangrene	死肉,黑臭烂,骨肉腐烂,脱疽
mica	千层纸,银精石,金精石,银星石,金星石,青礞石,金礞石,银礞石
ovaritis	卵腺炎,蛋核炎,蛋核生炎,卵核发炎
rubeola	瘄热症,疹热症,麻症,麻子热症,麻子,时痧,痧子

二是音译词的广泛采用。在一些词条中,狄考文只提供了音译词,如kreosote(格里阿苏特)、lagoon(拉滚)、Laurentian(老林低安)、mezereum(米紫妊,美司士安)、naphtha(那普塔)、ohm(欧穆,欧木)、okonite(欧口奈)、paraldehydum(巴丫的歇)、salol(沙利理,萨拉)、shellac(舍雷克,舍来克)等。而更多的情况则是意译词和音译词并存的现象,如ergot(丫葛,耳卧达,霉麦)、lanolin(羊毛油,拦挪林)、opium(鸦片,阿芙蓉,藕宝)、ozone(臭氧,臭养气,阿纯)、paraffine(巴拉粉,石脑药,煤蜡,怕拉分)、quassia(瓜沙,苦白木)、salicinum(柳皮精,沙利先)、schist(喜司得,叶形石)、shale(舍勒石,泥板石,泥片石,端石)、siren(测音器,赛伦)等。

但是《科技词典》在翻译方面还存在着一些问题。

其中,最为突出的是异词同译现象。例如,obsidian被译作"玻璃石,玻璃",但确切地说,它是一种看似黑色玻璃的岩石,不能与glass(玻璃)等同起来。其他存在同类问题的词条还包括cadmium和nickel(译名中均包含"镉")、mica和

muscovite(均被译作"千层纸")、moon 和 satellite(译名中均含有"月")、musket 和 rifle(均被译作"洋鎗")、nitrogen 和 nitre(均被译作"硝")等。

另一大翻译问题就是同一词条多个音译词并存的现象,尤其是涉及一些常用术语的时候,如"ampere 安丕,安培,安比而""brandy 伯兰地酒,罢兰地酒,法国酒""cobalt 扣,钴,锖,镉""cocoa 叩哈粉,苟苟粉""coffee 哈非,加非""eucalyptus 郁加利盍,由揩里普""vanilla 发尼拉,伟尼喇""vaseline 发士苓,花士苓""volt 弗打,福尔"等。这种不严谨的译法势必影响词典的权威性,从而导致这部术语词典有时根本起不到其应有的规范作用。

涉及音译词的另一个问题就是同音不同译现象。例如,前后相连的milliliter(千分粒,埋里立特)和 millimeter(千分枚,米理枚)中的同一个前缀milli-分别被音译成"埋里"和"米理"。

十八、文林士的《海关语言必须》

文林士(C. A. S. Williams,全名为 Charles Alfred Speed Williams),1884年生于英国[1],1903年入职中国海关,曾任上海、天津等口帮办、副税务司、税务专门学校副校长等职。文林士著作颇丰,先后出版了《海关语言必须》(*A Dictionary of 3,000 Commonly Recurring Expressions*, 1908)、《汉语隐喻词典》(*A Manual of Chinese Metaphor*[2], 1920)、《中国艺术象征词典》(*Outlines of Chinese Symbolism and Art Motifs*[3], 1931)、《中国产物便览》(*Manual of Chinese Products*, 1933)、《中国人的贡金》(*Chinese Tribute*, 1969)等书籍,并于1925年获得儒莲奖。

《海关语言必须》由商务印书馆出版。就如文林士在副标题中指出的那样,该词典专门为中国海关总税务司所编,因而词典中所收词条大多与海关工

---

[1] 文林士的去世年份至今不明。《近代来华外国人名辞典》也未提供确切的年份。但根据其作品的出版情况来看,他可能去世于1969至1974年之间。
[2] 该书实为一部以英文关键词排序的汉英成语词典。瑞(P. Pelliot)曾撰文评价该书,认为"我们毫无保留地给予这部词典最高的评价,因为它满足了这一时代中不断增长的切实的需求[……]"(Pelliot, 1922: 338)。
[3] 该书后来经过了多次修订,其书名也被更改为 *Chinese Symbolism and Art Motifs*。

作相关。据文林士在引言中的介绍,他在编写这部词典的时候参考了各种各样的文献资料,如1905年由赫美玲修订的司登得词典、夏德的《新关文件录》、富格森的《邮政成语辑要》、宓吉(Alexander Michie)的《一得集》[①]、帛黎(A. Théophile Piry)的《铅椠汇存》以及各类海关文件。

《海关语言必须》正文部分只有105页,总共收词三千余条,每一条分三栏排列,左栏为英文词目,中栏为汉语译名,右栏则为汉语译名的西文注音,试看图2-21。

图2-21 《海关语言必须》的样条

文林士词典收词方面的一大特征是以旨在昭显用法的短语或短句居多,如"assisting in shipping clandestinely 帮同私下货物""bank, go to the customs 赴官银号""boarding steamer before arrival of Customs officer 于关员未到之前擅行上船""business transacted in the office 局内办公""certificate of cargo shipped under bond 给发具有保结洋商下货印照""Channels between Canton and West River, Passing through unrecognised 于西江内不准之河道行驶""obstructing fairway and refusing to obey Customs orders 阻碍行道不听关员指

---

① 该书系宓吉和陶绪合编,其英文书名为 *The I Tê Chi: A Kuan Hua Vocabulary of Native Customs Terms* [Foochow District]。这个只有56页的小册子并未标明出版年份,分类介绍了福州海关下属的地名、税务用语、货物名称等。

挥""substituting for re-export and drawback goods other than original imports将并非原进口之货假充复出口及冒领存票""washing away of river bank江岸坍塌""witness, to open in the presence of a眼同拆看"等。

就一般语词来说，文林士在词典中主要收录了三类词汇。第一类是与海关进出口相关的词语，尤其是各类商品的名称，如asparagus（龙须菜）、apricot seed（杏仁）、arrowroot flour（外国藕粉）、barley pearl（苡仁米）、brandy（巴兰地酒）、carambolas（杨桃）、cement（铁水泥）、macaroni（面丝）、margarine（假奶油）、opium（洋药；鸦片）等。第二类是与商业相关的词汇，如bonded warehouses（关栈）、brokerage（抽分）、certificate of balance（存款凭单）、counterfoil（存根）、embezzle（监守自盗）、money-draft（银单；银票）、percentage（抽分；值百抽几）、provenance（货物出产原处）、quotation（成价）、tariff（税则）等。第三类是与船运相关的词汇，如anchorage（停泊处）、cargo-boat（驳船）、compass（罗经；指南针）、convoy boat（护卫船）、guard boat（扒船；小哨）、harbourmaster（理船厅）、lorcha（鸭尾船；花艇）、mail steamer（邮会公司各船）、manifest（舱口单）、propeller（螺轮；暗轮）等。

除了普通语词之外，文林士也收录了一些专有名词，尤其是常见的中外国名和地名，如Amoy（厦门）、Australia（奥斯底里雅）、Chefoo（烟台）、Corea（高丽；朝鲜国）、Foochow（福州）、Holland（何兰国）、Indo-China（越南）、Kongmoon（江门）、Lappa（拱北）、Russia（俄国）等。与此同时，一些当时的政府部门、组织结构等名称也被文林士收录在内，如Council of State（军机处）、Court of Joint Investigation（会讯公堂）、Education, Ministry of（学部）、Educational Department（同文馆）、Factory of Munitions of War（军政局）等。

文林士在其词典中还创造性地收录了一些跟中国文化、概念、器皿等相关的词语，而这些词语中绝大多数在此之前均未出现在英汉词典之中。首先，文林士用注音或参考方言谐音的方式从汉语中照搬了几个词语，如chang（丈）、ch'ih（尺）、compoy（干贝）、huchao（护照）、shupan（书办）、tou（斗）等。其次，文林士按照字面直译的方式将一些中国的概念或物品译成英文，如fire bricks（火砖）、tribute rice（贡米）、white-nuts（白果）等。最后，文林士根据英语中的构词规律利用后缀-ware创造了一些指代器具的名词，如bambooware（竹器）、

ivoryware(象牙器)、rattanware(各样藤器)、woodware(木器)等。

《海关语言必须》在处理一些词条的译名的时候存在一定的问题。例如，文林士将tomatoes译作"茄子"，而在之前的英汉词典中，tomato一直被译作"西红柿"。又如，文林士把champagne笼统地译作"汽酒"，而这个词此前一直被音译成"三鞭酒"。

《海关语言必须》在当时具有很大的使用价值，对之后的一些词典起到了一定的参考作用。在赫美玲编著的《英汉口语词典》(1916)中，有不少词条或译名都是参考了《海关语言必须》，如上述"汽酒"的译名就被赫美玲参考使用。

1914年，文林士对《海关语言必须》作了几个方面的修订：首先，他将英语书名改为"An Anglo-Chinese Glossary for Customs and Commercial Use"；其次，他增添了1 000余个词条(如"alpacas 羽绸""arbitration 公断""congee 粥；糜粥""copyright 版权""foghorn 烟雾号筒"等)，对部分词条的译名作出了改进(如coolie的译名由原来的"打杂的"改为"苦工；挑夫；小工")，并在所有的词条前标上序号；最后，他在正文后面新增了一个部首索引。1933年，文林士又对该词典作了修订，并将书名更改为《海关商务华英新名词》。

十九、高似兰的《高氏医学辞汇》

高似兰(Philip B. Cousland)，1860年出生于苏格兰格拉斯哥的一个建筑师家庭。12岁时，他父亲去世，之后全家搬到爱丁堡。他早年在乔治·沃森学院学习，后来转至爱丁堡大学医学院学习，并于1882年获得医学学士学位。次年，高似兰受英国长老会(English Presbyterian Mission)派遣来中国潮州传教。1890年，在高似兰、嘉约翰等人的倡导下，博医会(Medical Missionary Association of China)成立了一个负责起草中文标准医学词汇的术语委员会。20世纪初，高似兰与人合作编译了多部医学教科书，如《哈氏体功学》[①]《欧氏内科学》[②]等。1908年，高似兰编写完成了《高氏医学辞汇》(An English-

---

① 即哈利伯顿(William Dobinson Halliburton)的《生理学手册》(Handbook of Physiology)。
② 即奥斯勒(William Osler)的《医学原理和实践》(Principles and Practice of Medicine)。

Chinese Lexicon of Medical Terms）。1910年，高似兰在汉口举行的博医会大会上被选为该会会长。1927年，高似兰因健康原因离开中国，三年后在加拿大不列颠哥伦比亚去世。

《高氏医学辞汇》是博医会委托高似兰编写的，博医会还设立了编写术语委员会加以指导。据高似兰在引言中的介绍，该术语委员会采用的编译原则有5条，即尽可能使用汉语名称、译出外来语的词义以使其既精练又清晰、利用《康熙字典》中的许多废弃或罕用字、通过音译的方式进行翻译以及创造新的汉字（Cousland, 1908: i–ii）。在编写这部词典时，他主要参考了由英国医生高德（George M. Gould）编写的《高德医学词典》（*Gould's Medical Dictionary*）以及大量的教科书（Cousland, 1908: i）。《医学词典》正文部分390页，文前部分包含7页引言（Introduction）、两页"历史沿革"（Historical Notes）以及一页"表格名录"（Tables and Lists），附录部分则包括10页"要字解释"（List of Special Characters, with Sound and Meaning）和17页增改内容（Corrections and Additions）。词典中每个词条均分为左右两栏，左栏为英语词目，右栏为中文译名，试看图2-22。

Digit,	指，趾
Digital,	指的，趾的
,, compression,	用指压
,, dilatation,	用指展张
,, examination,	用指诊察
Digitalein,	狄吉塔雷印，毛地黄丙精
Digitalinum (Digitalin),	狄吉塔林，毛地黄甲精
Digitalis (Foxglove),	毛地黄
Digitin,	狄吉汀，毛地黄丁精
Digitonin,	狄吉豆林，毛地黄戊精
Digitoxin,	狄吉豆新，毛地黄乙精

图2-22 《高氏医学辞汇》的样条

《高氏医学辞汇》所收录的条目绝大多数是医学和与医学相关学科的术语，如 appendicectomy（割取阑尾）、ankle（踝节）、cardiology（心学）、citric acid（柠酸）、colon（胴）、compound（合质；杂药）、fructose（左糖）、fumigation（熏烟法）、lobule（细叶）、malar（颧骨）、mydriatic（开瞳药）、nickel（镍）等。高似兰在不少常用词条中设置复合词，以体现词语的构词能力和用法。例如，在 eye（眼）条的后面，高似兰设置了 7 个复合条目，即 artificial eye（假眼）、eyeball（眼球）、eyebath（洗眼杯）、eyebrow（眉）、eyelashes（睫）、eyelid（睑）和 eyewash（洗眼药）。又如，编者在 finger（指）条下设置的复合词条或例证有 10 个，它们分别是 clubbed finger（指头变大）、index finger（食指）、little finger（小指）、middle finger（中指）、fingernail（指甲，指爪）、ring finger（无名指）、finger stall（指套）、thumb finger（拇）、supernumerary finger（枝指）和 fingertip（指尖）。有时高似兰也会在一些词条后面设置表格，将由词目衍生出的词语或与其相关的术语一一罗列。例如，在 vein（盇）条下，高似兰设置了数十个与 vein 搭配的词语，如 axillary（腋盇）、cardiac（心盇）、cerebral（大脑盇）、hepatic（肝盇）、lumbar（腰盇）等。

　　《高氏医学辞汇》收录了大量先前词典从未曾收录的医学术语，如 folliculitis（毛囊炎）、formic acid（蚁酸）、galactose（奶糖）、keratin（角素）、leptandrin（利炭大精）、lesion（伤损）、lithium（锂）、microbe（微生物，分菌）、myelin（系丝衣素，脑素）、myocarditis（心肌炎，心体炎，心脏炎）、nuclein（核素）、ozone（臭氧）、placebo（慰心药，姑息药）、synovitis（滑膜炎）等。与此同时，该词典收录了相当数量的学科或分支学科名称，如 bursalogy（滑囊学）、dentology（牙学）、dosiology（分剂药学）、embryology（胚学）、epidemiology（时症学）、helminthology（肠虫学）、teratology（畸形学）、toxicology（毒药学）等。

　　《高氏医学辞汇》主要收录名词条目，偶尔也收录诸如形容词、动词等条目。形容词的总数有几十条，如 gastric（胃的）、intestinal（肠的）、jugular（颈的）、lame（跛）、morbid（病属）、nervous（脑属）、pathogenic（致症，使症，成症）、postgraduate（毕业后）、pregnant（孕，受孕，有胎）、prenatal（未生产，生产之前）、pulmonary（肺属）等。而动词条目则更为稀少，只有寥寥的十几个，如 abduct（展）、dissolve（消融）、mitigate（减，减轻）、pasteurize（巴司徒氏减生法）、

proliferate（生多）、retract（牵缩，牵开，缩，缩短）、urinate（屙尿，小便，溲溺）等。

在设置词目时，高似兰有时也将同义的拉丁语名词与英语词目并列在一起，如"tabacum (tobacco)烟，烟草""tabellae (tablets)""taraxacum (dandelion)""tin, stannum 锡""Zingiber (ginger)姜"等。

《高氏医学辞汇》中的译名相对比较简短，大多只有一到两个对应词[①]，如 abortion（小产）、clitoris（阴茎）、conjunctivitis（眸炎）、dystocia（难产）、fission（分裂）、inocuation（种）、lactose（乳糖）、lecithin（卵黄素）、organ（经，经具）、pus（脓）等。对于那些难以找到对应词的词条，高似兰为它们提供了音译词，如 aniline（安呢林）、chinosol（杞奴琐）、chlorodyne（哥罗颠）、eucaine（犹肯）、gambier（咁嚟）、iodol（埃多）、kamala（卡玛拉）、metol（美多）、morphine（莫非）、tyrosin（台罗新）、vanilla（哗尼拉）、xylol（赛劳）等。在一些词条中，高似兰提供了两个音译词，如 canella（加拿里，看尼辣）、cinchona（辛寇拿，先告拿）、cocaine（寇卡，高加）等。高似兰有时则采用意译和音译结合的方式，即在一个词条中同时提供音译词和意译词，如 caraway（卡拉卫，大茴）、celluloid（火棉樟，色犹洛）、chenopodium（藜藿，芝奴裸）、Vaseline（软煤腊，花士苓）等。

高似兰编写此词典主要是为了确定并规范医学术语的译名。为达到此目的，他主要采用了改进译名和创造新汉字等方式。一方面，高似兰在沿袭之前词典的译法（如"gangrene死肉症""gastritis胃炎""penis阳茎"等）的同时，还对先前词典中的大量译名作了改进，如"fibrin血丝腥，血丝"（原译作"丝质"）、"glaucoma睩，青光眼"（原译作"绿水眼症"）、"glucose葡糖"（原译作"菓糖"）、"herpes癣"（原译作"癣"）、"hepatitis肝炎"（原译作"肝热"）、"ligament筋带"（原被译作"交节筋"）、"lithotomy胱石割取术"（原译作"割砂痳之事、割砂痳之艺"）、"molecule合点"（原译作"纤微之物，尘埃"）、"nerve系，脑腺"（原译作"筋"）、"sodium钠"（原译作"生盐"）、"ulcer疡"（原译作"疮"）等。另一方面，为推进术语译名的规范工作，高似兰在其词典中新造了不少汉字，用以指代化学元素、器官名称等。就化学元素而言，高似

[①] 高似兰只在为数不多的条目中提供了三个或三个以上的对应词，如"anaemia血亏，血薄，血负""cataphoresis透皮药法，通皮引药法，透皮疗法，透药电法""fracture折骨，骨折，断骨""Walcher's posture垂腿躺式，垂腿分娩形势，注且氏躺式"等。

兰利用金属旁与现有汉字的结合构成新的汉字,如"ammonium 铔"(颜惠庆将其音译作"阿摩呢阿底质")、"barium 钡"、"chromium 镴"、"lithium 锂"、"potassium 鈌"(原据罗存德造字)、"zinc 钲①"(原译作"白铅")等。此外,高似兰还利用血字旁创造了不少新字,尤其是涉及循环系统中的各个组成部分,试看图2-23。

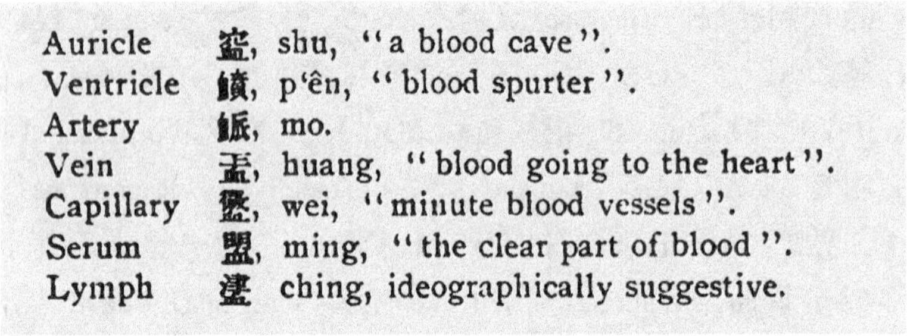

```
Auricle     衁, shu, "a blood cave".
Ventricle   衋, p'ên, "blood spurter".
Artery      衇, mo.
Vein        盂, huang, "blood going to the heart".
Capillary   衊, wei, "minute blood vessels".
Serum       盟, ming, "the clear part of blood".
Lymph       蘯, ching, ideographically suggestive.
```

图2-23 《高氏医学辞汇》中的创造性译名

在翻译方面,《高氏医学辞汇》存在着一些不足之处,具体体现为如下三点:一是部分造字、译名修改并未达到较为理想的效果,如"coffee 家非"(原译作"咖啡")、"influenza 瘁"(原译作"时行伤风、外感风寒")、"mole 色痣"(原译"痣")、"whisky 谷簌酒,灰司克"(原译作"威士忌酒")等;二是有些词毫无音译的必要,如"olive 婀利伐"(橄榄)、"quassia 瓜沙"(原译作"白木树")、"quinine 贵林"(原译作"金鸡纳霜")等;三是存在异词同译现象,如"quince 木瓜②"和"papaw 树瓜,巴巴,木瓜"、"venom 毒"和"virus 毒"等。

总体而言,《高氏医学辞汇》是一部影响深远的术语词典,它对规范医学术语的翻译起了很大的作用。自第1版出版之后,后来的词典大量参考借鉴了《高氏医学辞汇》中的译名。例如,1916年由赫美玲编写的《英汉官话词典和翻译手册》中许多术语译名就是直接照搬《高氏医学辞汇》,如balanitis(茎头炎)、cheloid(瘢瘤)、fibrinogen(生血丝睛)、lecithin(卵黄素)等。从1908到

---

① 同年出版的《英华大辞典》在zinc条下提供的译名是:"钲,锌,鍟,白铅,亚铅,钲锈"。
② 卫三畏在《英华韵府历阶》中将其译作"万寿果"。

1949年,《高氏医学辞汇》一共出了10版,被认为是"我国近代医学史上出版时间最长、影响最广泛的医学辞典。"(张大庆,2001:329)

二十、布鲁克的《英汉汉英军事术语词典》

英国来华陆军军官布鲁克上尉(N. P. Brooke)在1910年编写完成《英汉汉英军事术语词典》(*A Vocabulary of Military Terms: English-Chinese and Chinese English*,以下简称《军事术语词典》)一书,并于次年由位于天津的英国皇家工兵团的印刷所出版。在该词典的序言中,布鲁克不仅感谢多位向其提供帮助的人士〔如英国驻华使馆汉务参赞甘伯乐(C. W. Campbell)〕,而且还指出该词典主要基于卡尔斯罗普(E. F. Calthrop)①上尉所著的《日本军事术语词典》(*Dictionary of Japanese Military Terms*)、翟理斯的《华英字典》以及各类清政府官方出版物编写而成。英国驻华使馆陆军武官韦乐沛(M. E. Willoughby)对该词典后期的审稿、索引的编写等工作进行了说明。

《军事术语词典》在正文部分之前设置了分别只有一页的"补遗"(Addenda)和"勘误"(Corrigenda),其中的补遗表由两部分内容构成:英汉部分增收的词条包括aeroplane(飞艇)、aeronautic corps(飞艇队)、balance, point of(重点)、militia(团练)、police, civil(巡警)、provincial war board(都练公所)、saddle(鞍子)、volunteers(国民军)等;汉英部分收录了与之前英汉部分对应的多个词语,即"鞍子""重点""飞艇""飞艇队""巡警""国民团""都练公所""团练"等。

正文的英汉部分总共124页,每个词条分四栏排列:先是英文词头,接着是官话注音,然后是广东话注音,最后是汉语译名(所含汉字上面均标注有检索用的数字)。词典中所收词语均为与军事相关的常用词语,如adjutant(副官)、ammunition(子弹)、armistice(停战)、civil war(内乱)、detonator(电引)、engage(交战)、intelligence(情报)、range-finder(测准机)、telegraph(电线)、theatre of war(战地)等。在绝大多数词条中,布鲁克为英文词目提供的译名

---

① 1908年将《孙子兵法》译成英文,即 *The Book of War: The Military Classic of the Far East*。

比较简洁，一般只有一到两个对应词，如airship（空气船，飞船）、arms（军械）、deploy（展开）、deserter（逃兵，逃军）、hand to hand fight（白刃战，交手战）、non-combatant officer（军佐）、official title（功名，官衔）、telephone（得律风，电话）、telescope（单筒千里眼，单筒望远镜）、wound（伤）等。

汉英部分的篇幅略小于英汉部分，只有109页，其词条编排与后者相仿，亦是包含四栏内容，即官话注音、广东话注音、汉语词目以及英文译名。词典中所收词语均为当时汉语中的军事用语，如暗号（password）、炸弹（bomb; grenade）、炸药（bursting charge; an explosive）、战术（tactics; tactical）、征兵（conscript soldiers; to raise troops）、枪机子（trigger）、将军（general in charge of Provincial Manchu garrison）、国民军（national army）、子母弹（shrapnel）等。

《军事术语词典》后附由英国驻华海军情报官中尉（J. W. Seigne）编写的《海军术语表》（*A Glossary of Naval Terms*），收录了4页海军术语，如admiral（头等水师提督）、anchor（锚）、bridge（望台）、crew（水手）、cruiser（巡洋船）、destroyer（灭雷艇）、fleet（全军）、rigging（桅索）、submarine（潜水雷艇）、warrant officer（前锋）等词条。除此之外，附录部分还设置了汉字索引、部首表以及部首索引。

二十一、基德尔的《英汉商业单字集》

1911年，位于上海徐家汇的土山湾印书馆出版了一部由法国人基德尔（Leon de Giéter）编写的商业词典——《英汉商业单字集》（*An English-Chinese Handbook of Business Expressions*）①。基德尔当时在俄亚银行（Russo-Asiatic Bank）任职，在此之前他曾担任过京师大学堂、天津北洋大学、金陵方言学堂和金陵高等商业学堂的教习。

《商业单字集》的文前部分包括一个英文引言（Introduction）、一个中文序言和一个英文注意事项（Nota）。根据英文引言中的说法，基德尔在编写此书

---

① 基德尔在1913年还出版了该词典的姐妹篇——《汉英商业单字集》（*A Chinese-English Handbook of Business Expressions*）。

时不仅参考了文林士和费克森的专科词典,还利用了东湖先生(F. W. Eastlake)所编的《中英会话辞典》(*A Dictionary of English Conversation*)。在中文序言中,基德尔介绍了编写此书的背景:"近年以来,中国与泰西交际问题,日行发达。机器制造,通用语言,亦随之异样翻新,愈见推广。考中国语言之富,甲于天下,然近今之新法名词,尚无专书行世。"

《商业单字集》的正文部分只有67页,总收词数在1 000条左右。每个词条分三栏排列,左栏为英文词目,中栏为汉语译名,右栏为汉语注音。据基德尔在引言中的解释,词典中的注音方式采用了威妥玛的系统,汉字的声调则照搬了司登得词典中的体系。试看图2-24。

Consign, to — a ves- To — goods　　[sel	船倚行 寄货	ch'uan² i³ hang². chi¹ huo⁴.　　[jên².
Consignee	行家。收货人	hang² chia¹, shou¹ huo⁴
Consigner	送货主人	sung⁴ huo⁴ chu³ jên².
Consignment	委托。委托货物。 送货委托於贩 卖者	wei⁴ t'o¹, wei⁴ t'o¹ huo⁴ wu⁴, sung⁴ huo⁴ wei⁴ t'o¹ yü² fan⁴ mai⁴ cho².
Consols	偿还金。(公债)	ch'ang² huan² chin¹ (kung¹ chai⁴).[kuan¹
Consul	领事。领事官	ling³ shih⁴, ling³ shih⁴
— general	总领事	ts'ung³ ling³ shih⁴.
Acting —	代理领事	tai⁴ li³ ling³ shih⁴.
Vice —	副领事	fu⁴ ling³ shih⁴. [fei⁴
Consular fee	领事保证费	ling³ shih⁴ pao³ chêng⁴
— invoice	领事保证书	ling³ shih⁴ pao³ chêng⁴
Consulate	领事馆	ling³ shih⁴ kuan¹.[shu¹
Consumption	消费	hsiao¹ fei⁴.
Home —	本国消费	pen³ kuo² hsiao¹ fei⁴.

图2-24　《英汉商业单字集》的样条

词典中所收词条大多为商业术语,涉及银行、贸易、会计、证券、保险、船运、行政等领域,如annuity(年金)、bottomry(质船之借款)、consumption(消费)、debtor(债务者,欠债者)、drawer(出票人)、notary public(公证人)、

premium(贴水)、principal(本钱)、shareholders(股东)、shroff(看银的,银柜的)、speculator(买空卖空者)等。基德尔同时也收录了之前各类词典均未收录的新词语,如exchange rate(贴纹水)、trade union(职工组合)、typist(机器打字值事)等。

在一些条目下,基德尔在汉语译名之前提供了英文词目的同义词,如"care, precaution 注意""commerce, trade 贸易,生理""compromise, reconciliation 和解""document, bill 凭单""market, fair 市,市场""note, bill 票子""parcel, packet 小包""pedlar, hawker 小本买卖,负贩""profit, gain 利益,得利钱""rebate, reduction 减价"等。基德尔有时将词目放在特定的语境下,以显示它们的常用搭配或用法,如"boy, office — 细崽""breach of contract 失约""count, to — again 复算""crew, list of — 海员名簿""customary dues 规费""deficiency of funds 银项支""stop, to — payment of 停付支票""submit, to — a copy of 录折咨呈""weigh, to — with scales 对天平""worth, to be — 值"等。基德尔在其词典中确定了一些商业术语的译名。例如,他将bourse译作沿用至今的"交易所",而之前的词典给出的译名五花八门,如罗存德的"公所、商人公所"、邝其照的"商人公所"、颜惠庆的"商业公所、商会"等。

《商业单字集》在收词和翻译方面存在着一些问题。

就收词而言,常用词遗漏是最为突出的问题。例如,词典中收录了insurance(保险)和insure(报家),却漏收了insurer,而这个词早在1867年就被罗存德收录在其词典中,当时他提供的译名是"保险者;保险公司"。其他被遗漏的词语包括depot(货栈)①、employer(雇主、东家)、hong(行、商号)②、manufacturer(匠人、制造者)、subscribe(定购股票)等。

就词条的翻译而言,《商业单字集》存在的问题具体可分为两类。第一,基德尔提供的一些译名不够确切,如"applicant 请领走(下)货物准单之行"(似可改为"禀求人")、"bazaar 劝工场"(似可改为"市""市场")、"contract 约,立约,约定"(似可增加"合同""约书")、"fraud 包弊"(似应改为"欺骗、

---

① 马礼逊在1822年就收录该词,当时给出的译名是"聚货之区"。
② 该词自1844年起就被英汉词典所收录,后来还出现在1913年商务印书馆的《英华新词典》和1916年赫美玲的《英汉官话词典和翻译手册》。

·258·

诡诈")、"sale 消头"(似可改作"卖""出售")、"syndicate 商业大合同"(似可改作"大公司")等。第二,有时派生词与主词译名不一致,如:"smuggle 走饷""smuggler 运私货者"和"smuggling 透漏";"speculate 凸造化"和"speculation 买空卖空";等等。

清朝后期来华人士编写出版的专科词典还不止上述的26种[①]。但由于个别词典现已难觅其踪,因而未能在此加以论述。专科词典的出版与普通语词词典一样,也是一面镜子,能或多或少反映出词典编写所处时代的社会发展情况。而来华人士编写的这些专科词典在很大程度上推进了清朝后期社会发展的进程,勾勒出现代汉语术语的雏形。

[①] 黎难秋(1993)列举了数十种双语科技词典或词表,虽然文中已对其中的大多数术语词典或词表作了论述,但仍有个别书目尚未找到。梅晓娟等(2007)指出,"1890年之前出版的医学术语汇编,还包括英国传教士德贞(John Dudgeon)的六卷本《医学词汇》(1887)、传教医师汤姆逊(J. C. Thomson,国籍不详)的《英汉病名词汇》(1889)[……]",这一说法与史实不符,因为德贞并未编写过医学词典。

第三部分

英汉汉英方言词典

自雍正时期起,清政府禁止基督教在中国进行传教活动。马礼逊虽为伦敦会传教士,但他最初是以东印度公司翻译的身份来到广州。1844年,《中美望厦条约》和《中法黄埔条约》等条约签订后,清政府对基督教传教的禁令逐渐解除。之后,大批传教士涌入中国,开始在广州、福州、厦门、宁波、上海5个通商口岸设立教堂,随后陆续开始向中国人传教和招收信徒。1858年《天津条约》签署之后,清政府开始允许外国传教士到内地传教。

　　由于最初一批来华的外国人大多散居在通商口岸,他们一开始接触到的汉语大多是各地的方言,由此便出现了旨在帮助他们学习方言的教材和双语词典。黄卓越(2018)认为来华新教士的方言撰述大致包含两类,即用英文撰写的方言教材或辞典等,以及用各地方言转译、撰写的基督教义[①]。在伟烈亚力的《在华新教传教士纪念录》中,方言类的共有27种,而且基本上是南方各地的方言著述,另记载了5种官话著述。

　　就汉英或英汉词典而言,虽然像马礼逊的《华英字典》、卫三畏的《英华韵府历阶》、麦都思的《华英字典》和《英华字典》等属于普通语词词典的范畴,且都是为了帮助外国人学习汉语所编写,但它们无论在词条的收录、注音,还是译名方面都或多或少受到所住区域方言的影响。自19世纪20年代以来,来华传教士陆续推出了英汉或汉英方言词典。游汝杰(2002: 20)曾指出,"除了方言圣经译本之外,西洋传教士的其他方言学著作包括语音学论著、词典类著作、课本类著作和语法书四大类",他同时也指出这四大类书涉及吴、闽、赣[②]、粤、客五大方言。

　　根据笔者掌握的资料,清朝后期由来华人士编写的各类方言词典的总数已逾20部。按方言区域划分,大致可以分为如下四类:广东地区方言、福建地区方言、吴地区方言以及其他地区的方言。

[①] 宋莉华对19世纪传教士汉语方言小说作了综述,介绍了米怜的《张远两友相论》《天路历程》的多个方言版本等。

[②] 涉及赣语的词典实为建宁方言词典,由怀履光编著。

第一章
广东地区方言

由于许多来华传教士来到中国的第一站是南方地区,因而粤语经常是他们学会的第一种汉语方言。作为新教在中国传播的第一人的马礼逊,早在来华之前便开始学习汉语,他的中文老师是一位名叫容三德的广东人。1807年9月,马礼逊来到中国,他的第一站是广州,次年6月又来到澳门。也就是在1808年,马礼逊开始《华英字典》的前期准备工作。从1815年到1823年,这部六卷本词典陆续出齐。随后,马礼逊便开始着手编写一部方言词典,即《广东省土话字汇》。自1828年到20世纪初,各类涉及广东地区方言的双语词典多达十部,成为被传教士研究最多的区域方言。

一、马礼逊的《广东省土话字汇》

1828年,马礼逊编写完成《广东省土话字汇》(*A Vocabulary of the Canton Dialect*),这是最早的一部双语方言字典,同时也是较早出版用以辅助方言学习的著作。这部字汇全书584页,共分三个部分:第一部分是英汉部分(English and Chinese),第二部分是汉英部分(Chinese and English),第三部分是汉语词汇部分(Chinese Words and Phrases)。马礼逊编写这部词典的最初设想是"希望欧洲人能在不看汉字的情况下学习汉语"(Morrison, 1828: Introduction),但这种想法最终并未实现。

(一) 英汉部分

英汉部分有选择性地收录了英语中的一些常用词条,如able(能得)、barter(对换;以货换货;贸易)、carrot(红萝卜)、dollar(银钱)、export(装货出口)、fever(发烧病)、furniture(家伙)、gift(礼物)、grape(葡提子)、measles(麻症)等。与此同时,一些专有名词也被收录其中,如Chinchew(泉州)、Cochinchina(安南国)、Grandladrone Island(鲁万山)、Hong Kong(红江)、Japan(日本国)、Kee-ow-Point(歧澳)、Lantao(大澳)、Loochoo Islands(琉球国)等。这些词条的收录充分体现出词典的实用性,即主要为服务来华商人与当地人的沟通。

英汉部分中的每个典型词条通常包含英文词目、中文译名、译名的粤语注音、例证及其译文和注音(或者中文例证及其注音和英译),试看图3-1。

```
EXAMINE, investigate, 查察 Cha chat. To examine prisoners,
审问 Shum măn 审讯 Shum sun. To examine goods
as at a customhouse, 验货 Eem fo.
EXCELLENCY, Magnate, 大人 Tai yun.
EXCHANGE, one thing for another, 换过来 Oon kwo loe.
EXCLUSIVE of what you have received, how much is still owing,
除收外尚欠几多 Chu show goy sheong heem ke to.
EXECUTIONER, 杀手(人) Shat shăw (yun). The yun is
not used but to distinguish the term from, 杀首 Shat show;
食水关粮 Shik shuy kwan leong, A ferryman over a
Moat in the City is Executioner.
```

图3-1 《土话字汇》英汉部分的样条

在不少条目中,马礼逊先提供英文释义后提供中文译名,如"active, clever 伶俐;快手. Diligent, 勤""alter, change 更改""bayonet, a pointed weapon that may be compared to it 一枝铁枪""cautious, wary 小心""devil, wicked spirit 魔鬼""diversion, amusement 顽耍;则剧""pat, to strike lightly 拍""partner, companion or fellow servant 伙计""report, rumour 风闻;消息""secret, sign or

· 265 ·

word暗号"等。在更多的词条中，马礼逊则是在英文词目后面直接设置提示词或例证，以限定该词的词义或用法，如"**acrid** taste 辣味""**advance** of money as earnest, fixing a bargain 定银""**body** of living creature 身体""**branch** of a tree 树枝""**plot** rebellion 谋反""**property** in land and houses 家业；身家；产业""**quill** goose 鹅毛""**ruminate** as a cow 翻草""**stupid** boy 笨仔；愚蠢"等。

在提供译名的时候，马礼逊尽可能地体现出粤方言词汇的特色，频繁使用诸如"仔""佢""唔""咁""系""既"（即现今的"嘅"）等字，如author（作书既）、dirty（唔干净）、hare（兔仔）、he（佢）、penknife（刀仔）、schooner（船仔）、shoemaker（做鞋既人）、thus（咁）、unintentional（唔系故意）等。其他方言词汇也出现在一些词目的译名中，如barrel（呲吧桶）、ball（球；波球）、boy（细纹仔；细的仔）、cheese（支士）、locust（马郎扛）、thumb（大拇指）等。

马礼逊在词典中也设置了不少例证，用以体现词语的用法或搭配信息，如：bag（一个袋）条下的"a cloth bag 布袋. Shoe bag 鞋袋. Dollar bag 银袋"；ball（球；波球）条下的"to play at ball, or billiards 打波"；beard（须）条下的"to shave the beard 剃须"；iron（铁）条下的"iron bars 铁条"；pen（鹅毛笔）条下的"Bring that pen 攞个枝笔来"；paddee（禾；田禾；禾头）条下的"This year's paddee is good 今年禾头好"；share（一股；一份）条下的"One shop opened with ten shares 一铺开十份"；show（鬼戏）条下的"to exhibit a show 唱鬼戏"；等等。有时例证也被用来引出与词目相关的词语的信息，如：sheep（羊；棉羊）条下的"羊肉 sheep flesh, mutton"；shoulder（膊头）条下的"Carry on the shoulder 膊头担担. 小生意 small trade of those who carry their shop on their shoulders"；tomb（坟墓）条下的"In the spring at the term called 清明 this ceremony is performed throughout the Empire"；等等。

作为第一部双语方言词典，《土话字汇》的英汉部分在收词和翻译方面也存在着不少问题，具体体现如下。

第一，这一部分在收词方面存在的最大问题是常用词语的漏收，像ash、clear、economy、experience、failure、gradual、hunt、joy、maid等词语均付之阙如。涉及收词的另一个问题是收词标准的混乱，这导致了一些不太严谨的表达的收录，如"beaver skins 海骠皮""dragon's blood 血杰""glassbeads 玻璃珠"

"long cloth 洋布""long time 好耐""scarlet-cutting 碎纸""sea-otter skins 海虎皮""watch springs 时辰标发条"等。另一个问题则是同一词语的"双重身份"（即重复列条），如："enemy 仇敌，对头"和"enemy 敌人"；"complain 诉冤；诉苦"和"complain 告诉委曲"；"help 相帮"和"help 帮助"；等等。

第二，马礼逊采用的汉语译名再译的做法值得商榷。在一些词条中，马礼逊分别用意译与字面直译的方法提供汉语词语的两种译名，而直译的汉语译名经常既不地道也不必要，如："affectionate 厚情 Haw tsing, Thick affection"；"alarm 吓一惊 threatened one dread"；"blockhead 木头人 wooden headed man"；"salad 生菜 raw vegetables"；thoroughly 条下的"底细 Tei sei, Bottom, small. 备知底细 Pe che tei sei, Prepared know bottom small"；等等。

虽然这部分内容是按照英汉字典的形式呈现英语词目，但其目的与汉英字典相仿，都是为了体现更多汉语词语的词义和用法。

（二）汉英部分

汉英部分只有90页，收录的词条大多为普通的语词条目，如茶(tea)、鸦片(opium)、法令(laws)、樟木(camphor wood)、货船(merchant ship)、衙门(a public office; Mandarins hall)、伪善(hypocrisy)、欺负(to insult)、九品(the nine ranks, or degrees of official situation)、荷兰薯(Holland yams; potatoes)等。粤语中的一些特有词汇也被收录其中[①]，如屋企(house)、事仔(business boy; a servant)、蛋家(egg house; small covered Chinese boat in which poor people live)、俤仔(a servant boy)、三念(calambola)、猪尾龙(pig tail dragon — a loin of pork)、枫栗(chestnut)、香信(mushroom)、亚妹(a younger sister)、猪公(a board)等。汉英部分还收录了十多个专有名词，如浙江省(Chě-keang Province)、佛兰西国(France)、澳门(Macao)、沙角炮台(fort on the eastside of the Bogue passage)、四书(The Four Books of Confucius)、暹罗国(Siam)、英吉利公司(the English Factory, or Company)、厦门(Port of Amoy in Fokien Province)、加拉巴地方(Batavia — the

---

① 陈小明等(2009)对该书所收称谓语作了统计和分析，指出词典共收称谓词语318条，其中绝大多数为粤语中的典型用语。

region of)等。

汉英部分中的词条按音序排列,每个典型的词条依次包含汉语词目的西文注音、词目、英语译名、例证及其注音和翻译等信息,试看图3-2。

> A, 亞 As in shall; an appellative of poor and of young people;
> sometimes written, 阿 Ah, or Oh.
> A-cha, 了叉 Space between the fingers.
> A-ko, 亞哥 or 阿哥 O-ko, An elder Brother.
> A-kung, 亞公 A grand father.
> A-lik-tsăw, 亞叻酒 Arak; Arack spirit.
> A-mooy, 亞妹 A younger Sister.
> A-păk, 亞伯 A Father's elder Brother.
> A-peen, 鴉片 called Delicately, 洋烟 Yaong-een, Foreign smoke, that is Tobacco. In the slang of the trade it is called 墨貨 Hak-fo, The black commodity.

图3-2 《土话字汇》汉英部分的样条

对于绝大多数词条,马礼逊一般采用先逐字翻译后意译的方式提供译名,这样既可以让学习者了解各构成词语的意思,同时又知道词语的确切意思,如插嘴(to insert the lip, i.e. a word, or interfere in conversation)、珍珠粉(pearl flour; i.e. a substitute for arrow root, made of rice)、举人(elevated person, i.e. the title of the second literary or military degree; after obtaining which a man is eligible to office)、过头(over head; very, in a high degree)、来路货(come road goods; foreign goods)、背心(back-heart, a vest without sleeves; a waistcoat)、中衫(middle vest, a jacket)、火鸡(fire fowl, i.e. turkey)、火腿(fire thigh; i.e. ham)、眼镜(eye's mirror, spectacles)、刻薄(carve thin; a severe cruel disposition)等。这一做法显然沿袭自《华英字典》。但就具体的译名而言,《土话字汇》与《华英字典》还是存在着不少的差别。表3-1比较了这两部词典给一些条目提供的译名。

表 3–1 《土话字汇》和《华英字典》的释义对比

词条	《土话字汇》	《华英字典》
行商	A Hong merchant, i.e. a Chinese general merchant licensed to deal with Foreigners	A wholesale merchant; or one belonging to a company licensed by the government, such as those at Canton for foreign trade
本钱	Original money; capital	Original property possessed by a person; capital, principal, in contradistinction from interest
白毫	Pekoe tea	A name of tea
兵械	Weapons; arms	Military weapons; arms; military stores
不可	Not may or can; that which is not right or proper	Should or ought not
西瓜	The western Kwa; a water melon	The water melon
小心	Little heart; take care; be cautious	Be careful and attentive
上下	Above, below; i.e. nearly	Above or below; about; more or less

马礼逊在部分词条中也设置了例证，不过数量相对较少。确切地说，马礼逊所提供的例证（包含合成词）具体可以分为两类。第一类是为了显示词语的用法，如：年纪（age）条下的"你年纪几大 what age are you"；名声（character, reputation）条下的"个个人好名声 That man good reputation"；拿获（to apprehend, take into custody）条下的"拿获匪犯 to seize a bandit"；拜（to bow）条下的"拜人客 to pay visits"；真（true）条下的"真假 true, false；真话 true speech"；耳朵（the ear）条下的"你彼耳朵听 You give ear hear; i.e. listen"；见过（to have seen）条下的"你见过佢 Have you seen him"；唔曾（not yet）条下的"佢唔曾来 He has not yet arrived"；等等。第二类是提供与词目相关或词义相同或相反的词语的信息，如：鸦片（opium）条下的"鸦片泥 dirt；鸦片烟 smoke；鸦片屎 ordure"；晏画（noon; tiffin）条下的"早辰 morning；挨晚 evening"；橙（an orange）条下的"桔 the Mandarin orange"；严讯（to grind and examine; i.e. by torture）条下的"审讯 to try by simple interrogation without torture"；正妻（a wife）条下的"妾氏 a concubine"；

桃（a peach）条下的"樱嘴桃the ordinary peach；哈蜜桃the peach of Hami"；外头（outside, without）条下的"里头within, inside"；原告（the plaintiff）条下的"被告the defendant"；光阴似箭（time is swift as an arrow）条下的"日月如梭days and months pass swiftly as a weaver's shuttle"；等等。

汉英部分存在的主要问题是立目不太严谨以及部分翻译不够确切。

就词条的设置而言，马礼逊有时将三字或三字以上的词目单列成条，而这些词条充其量只能用作例证，如"论及官府既事speaking of or about Mandarin affairs""无任宕延not allow idle delay""你系边国人you are what nation's man, what country man""船载既货cargo brought in a ship""要唔要do you want it or not""不亦乐乎not also delightful""帮助人家to help; to assist""半个银钱half a dollar""写得好can write well""请食饭request eat rice; to invite to dinner"等。

在词目和例证的翻译方面，汉英部分有时做得不够到位，过于频繁地采用字面直译的方法，导致英文译名不地道甚至不符合语法习惯，如："诈伪false hypocritical"；"货贵goods dear"；"黄金yellow gold"；整坏（make spoil; to spoil or injure）条下的"你莫整坏个的野You not spoil that thing"；大多（too much）条下的"雨水大多rain too much"；点解（what meaning）条下的"呢个字点解呢this character what meaning, eh"；等等。

（三）汉语词汇部分

第三部分实为一部按类别罗列的词语、短语、熟语、常用句子等的汇集。它总共354页，分为24类，如世务类（Affairs of the World）、天文气候类（Astronomy, Times and Seasons）、疾病类（Diseases）、情分类（Feelings, Passions &c.）、鱼虫类（Fish, Insects &c.）、朋友类（Friendship）、笑谈类（Laughing and Jesting）、文字类（Letters）等。

第三部分中每个词条的微观结构与第二部分完全一样，即先提供粤语注音和汉语词目，再列出其英文译名（通常是以先字面直译后意译的方式），试看图3-3。

第三部分收录最多的内容是日常用语、名言警句、俗语、谚语等，如"讲得易做得难""满招损谦受益""一人计短二人计长""远亲不如近邻""人怕笑字怕

> Păt sam, păt sze, 不三不四 Not three, not four; said of a person who is irregular in his conduct; neither one thing nor another.
>
> Een sam, u sze, 言三語四 Say three, talk four; a person who talks wildly and irregularly.
>
> Tew he, shing kan, 調戲成姦 To seduce and jest and complete illicit connexion.
>
> Mok mow fat ke, 目無法紀 Eye no law; completely regardless of all law.

图3-3 《土话字汇》第三部分的样条

吊""日食荔枝三百颗不妨常作岭南人""远水唔救得近火"等。与此同时，不少成语也被收录其中，如"束手无策 hand-bound, without stratagem; — completely nonplussed""祸起萧墙 Calamity arising with in one's own walls; among one's own kindred""卧薪尝胆 Sleep on fuel, and eat gall — said by one who nurses in his bosom a desire of revenge""破釜沉舟 To break the boilers, and sink the ships — in order to render soldiers desperate; meaning that they must either conquer or perish; used to express being reduced to extremities""抛砖引玉 to throw a brick to induce a gem — to bestow a trifling good for the purpose of obtaining a greater — to give a sprat to catch a herring""水落石出 As the water falls the rocks arise — scrutiny elicits concealed truths""畏首畏尾 fear the head and fear the tail; panic struck"等。这些成语的翻译方式与《华英字典》中的如出一辙。有时合成词也被马礼逊放置在第三部分，这些词条有不少早已出现在汉英部分，如"戏言 play talk; jesting and ridicule""闲谈 leisure talk; idle chat""押监 to guard a prison""疲倦 wearied; languid""柠檬 the lime""牛肉 cow's flesh, beef""朋友 a friend, an intimate acquaintance""橙子 a coolie orange"等。

1840年，该词典的英汉部分在印度加尔各答再版，书中的汉字均被删除，但汉字注音都被保留，试看图3-4。

```
                    A
              VOCABULARY
                    OF
            THE CANTON DIALECT.
                   ———
                    A

A or An, are commonly made by Yat, one, with the
    appropriate numeral, Yat ko yun, a man.
Abaft, Shune hăw peen.
Able, (to do,) Năng tik.
Aboard, (a ship or boat,) Tsoy shune. He has gone
    aboard, Kuy ha shune. He has descended to the
    ship. To quit the ship and go on shore is express-
    ed by Sheong-shune, Ascending from the ship.
Above, Tsoy sheong. It is above your head. Tsoy ne
    tăw sheong. Above, or more than is expressed by
    Yăw ling, or leng; Yăw-ke; Yăw shing; Yăw u.
    Above 20 dollars, Ee shap ko găn tseen yăw leng.
Abuse, (or rail at,) Naou yun ka; Ma yun.
Accident, Accidental, Accidentally, Găw een. I met
    him by accident, or accidentally in the street, Go
    tsoy kai sheong găw een fong cheok kuy.
```

图3-4 1840年版《土话字汇》的样条

马礼逊的《广东省土话字汇》首次提供甚至确定了不少外来词语的译名，为近现代汉语词汇形成的研究提供了第一手的素材。由黄河清编著的《近现代词源》将该书列入参考书目之一，近现代汉语中的一些词语最早源于该书。例如，比喻"貌似强大而实际空虚无力的人或集团"的"纸老虎"一词（即"A paper tiger, a false pretext to frighten people"）最初就出现在《土话字汇》中。

二、高德的《潮州方言字典》

高德（Josiah Goddard），1813年10月生于美国马萨诸塞州，1835年毕业于布朗大学，三年后又从牛顿神学院获得学位。1939年，高德受美北浸礼会

(American Baptist Foreign Mission Society)派遣前往新加坡传教,并于次年转至泰国曼谷,开始向当地的华人传教。1848年,由于肺出血,高德为了换环境来到中国,在上海短暂逗留后前往宁波。1854年9月,高德在甬去世。

据伟烈亚力的记载(Wylie, 1867: 114),高德著有《潮州方言字典》(*A Chinese and English Vocabulary in the Tie-chiu Dialect* [①],1847)、《圣经旧遗诏创世传》(1849/1850)、《课幼百问》(1850)以及《圣经新遗诏全书》(1853)。

《潮州方言字典》是一部汉英词典,其正文部分共有174页,文前部分设有6页的引言,附录部分设置了5页的部首索引和57页的汉字索引。在引言中,高德介绍了词典中的切音方式和潮州话的发音。词典中的词条按音序排列,每条设置相对比较简洁,只包含汉字词头及其英文译文,试看图3-5。

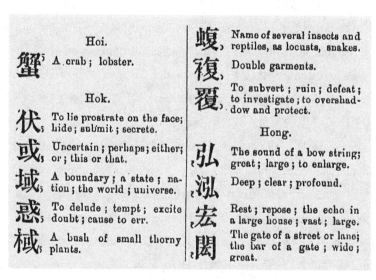

图3-5 《潮州方言字典》的样条

对于多义词和兼类词,高德并未加以明显的区分,而是用分号将不同词义或不同词类的用法隔开,如"恶 wicked; sin""壮 large; strong; affluent; manhood""澡 to wash; bathe""横 a cross-bar; cross-wise; perverse; unreasonable""恨 indignation;

---

① 1883年,上海美华书馆重印了这部词典,并给其标上 second edition(第2版)。

anger; regret; repentance""色 color; quality; lust; sexual pleasure; appearance""责 to reprove; chastise; to be wrong; to inquire; to sustain an office""狐 an animal possessed by demons; suspicious""吐 to spit out; vomit; reject; to utter; speak""省 to examine into; to watch; watchful; to diminish; a province or state"等。

在义项收录和翻译方面,《潮州方言字典》存在着一些不足,可具体归纳为五点。一是一些汉字最为常见的义项缺失,如:"野 wilderness; wide extended"的形容词义项;"王 to rule; govern as a king; to flourish"的名词义项;"喜 to be pleased; rejoice; to give joy to; to desire"的形容词用法;等等。二是一些词条中存在错译或误译,如:"蟹 a crab; lobster"中的 lobster;"蝠 a flying animal; a snake"中的 a snake;"梨 a pear; apple"中的 apple;"云 clouds; fog"中的 fog;"狸 a fox; wildcat"中的 wildcat;"溪 a stream; river"中的 river;等等。三是译名不太确切,尤其对于植物、动物等名称有时采用较为笼统的解释,如"棕 name of a tree""枫 name of a peculiar kind of wood""猩 a species of monkey; an ape""杨 name of a tree; a wide spreading tree""痔① ulcers about the anus; to corrode; gnaw""菊② name of a plant""鲸③ a large fish; a sea monster"等。四是为一些汉字提供了不太常用甚至比较牵强的释义,如"狼 a wolf; cruel; abundant""牢 a prison; place to confine animals; cattle""病 sickness; disease; defect; fault; to cause disease""脾 the internal membrane of the stomach; to stop""兵 soldiers; an army; weapons of war; to attack""影 shadow; proof; truth""羡 covetous; desire; to desire; ardently; excess; praise""的 a target; mark to shoot at; bright; true; real""瞳 pupil of the eye; to stare; a silly appearance""洞 a ravine; den; cavern; deep; to pass through"等。五是相关词条在词义或翻译方面前后不一,如:"四 four"和"三 three times; to repeat three times";"春 the season of spring"和"冬 winter; the close; end";"快 flow of soul; joy; cheerfulness; speed"和"慢 leisurely; easily; remissly; disrespectful; proud";等等。

《潮州方言字典》自出版后产生了一定的影响。1883年,上海美华书馆出版了该词典的第2版。

---

① 马礼逊在1822年的《华英字典》第三部分中早已将 piles 一词译作"痔疮"。
② 在马礼逊1822年的《华英字典》第三部分中,chrysanthemum 一词就被译作"菊花"。
③ 英语中与之对应的 whale 一词早在古英语时期就已出现。

三、邦尼的《广东话字汇和短语汇集》

邦尼(Samuel W. Bonney)①,1815年生于美国康涅狄格州的一个牧师家庭,早年曾受雇于韦氏词典的出版商——梅里亚姆公司②。后来他先后就读于纽约大学和位于俄亥俄州的莱恩神学院。1844年,邦尼接到美部会的指令前往印度传教,后因机缘巧合接受了马礼逊教育协会(Morrison Education)的教职转而前赴中国。次年3月,邦尼抵达香港,并在那里当了一年的教师。1846年,他开始在广州传教,直至1864年去世。

伟烈亚力(Wylie, 1867: 151)在其书中只记载了邦尼的两部著作:第一部是于1853年出版的《广东方言短语汇集》(*Phrases in the Canton Colloquial Dialect*),该书共98页,收录常用单词、短语和句子;第二部是1861年出版的《海员圣经选录》(*The Seaman's Compass and Chart*)。1854年,邦尼出版了《广东话字汇和短语汇集》(*A Vocabulary with Colloquial Phrases of the Canton Dialect*)。这部词典正文部分只有213页,另附3页勘误。虽然邦尼并未提供任何序言,但这部词典很有可能是在前一年出版的《广东方言短语汇集》的基础上修订而成。词典中的典型词条包括英文词头、中文译名、英文例证及其汉译和注音,试看图3–6。

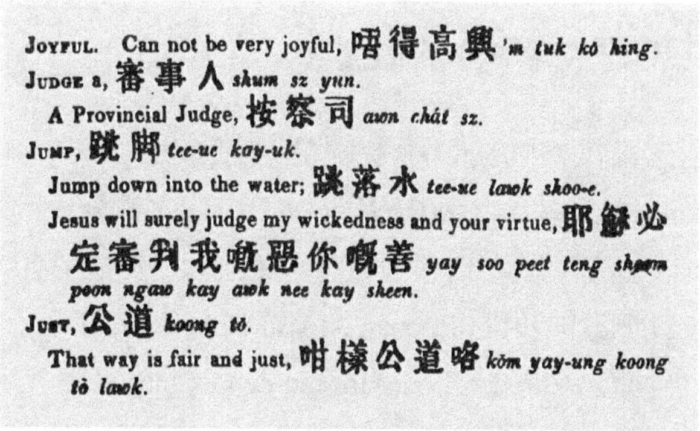
JOYFUL. Can not be very joyful, 唔得高興 *'m tuk kô hing.*
JUDGE a, 審事人 *shum sz yun.*
A Provincial Judge, 按察司 *aun chát sz.*
JUMP, 跳脚 *tee-ue kay-uk.*
Jump down into the water; 跳落水 *tee-ue lawk shoo-e.*
Jesus will surely judge my wickedness and your virtue, 耶穌必定審判我嘅惡你嘅善 *yay soo peet teng shum poon ngaw kay awk nee kay sheen.*
JUST, 公道 *koong tô.*
That way is fair and just, 咁樣公道咯 *kŏm yay-ung koong tô lawk.*

图3–6 《广东话字汇和短语汇集》的样条

① 伟烈亚力为其提供的中文姓名中的两个字均带口字旁,即"㖀呢"。
② 梅里亚姆–韦伯斯特公司的旧称。

值得注意的是，邦尼只是在一部分词条中直接为英文词头提供译名，如above（上高）、alter（更改）、boat（三板）、command（吩咐）、company（公会）、curse（咒骂）、embroidery（绣花）、extort（勒索）、fort（炮台）、make（整，作，做）、previous（先时）、telescope（千里镜）、trust（信，倚赖）、widow（寡妇）、wrist（手颈）等。

这部词典所侧重的则是常用的英语短语和句子，而这些均是根据汉语词语、句子等设置的，如：day条下的"day before yesterday前日""a good and suitable day好日子"和"I have friends to dine with me today我今日做酒"；wind条下的"a fair wind顺风""no wind blowing无风吹"和"the wind blows away the clouds风吹云散"；year条下的"the new year新年""This year the grain is good今年好禾"和"How many years have you read books? 你读书几多年"；等等。

《广东话字汇和短语汇集》的方言性质主要通过词目和例证的汉译来体现，像"佢""系""嘅""俾""唔""呢"等典型用字频繁出现在例证的翻译中，如"he cuffed me佢掴我""whose daughter are you你系乜人嘅女""He is young, and don't understand any thing后生唔晓乜事""He does not listen to his father's instruction佢唔听老头教""It is better not to give唔俾重好""the child cries very loud细纹仔太声喊""the whole of it is good advice一的都系劝谏嘅说话""here, the water is up to your chin呢处有你下耙咁深水"等。

四、卫三畏的《英华分韵撮要》

1856年，卫三畏花7年时间编写完成的《英华分韵撮要》（*Tonic Dictionary of the Chinese Language in the Canton Dialect*，以下简称《分韵撮要》）在广州出版。卫三畏在编写这部词典的时候大量参考了当时已出版的各类汉外词典，如马礼逊的《五车韵府》、江沙维（Joaquim Afonso Gonçalves，又名公神甫）的《华葡字典》（1833）、小德金（Chrétien-Louis-Joseph de Guignes）的《汉字西译》（1813）等。卫三畏对当时已出版的5部粤语书籍亦作了一番研究，即马礼逊的《广东省土话字汇》、1847年的《汉语启蒙》（*The Beginner's First Book in Chinese*）[①]、裨治

---

① 卫三畏并未标明著者信息，只说明这是一部粤方言教材。

文的《广东方言读本》(*A Chinese Chrestomathy in the Canton Dialect*)、卫三畏的《拾级大成》和邦尼的《广东话字汇和短语汇集》。卫三畏在序言中指出："前面两部作品现已绝版，而之后两部作品则包含一些学习汉语的指南和练习，以及关于粤方言发音的内容。"(Williams, 1856: vi)

这部厚达831页的汉英字典包括序言、引言、正文、百家姓、中国双姓人名表、部首表、汉字索引等内容。其引言部分长达36页，分别就广州方言、声调、词典计划三方面内容展开了详细的论述。附录部分还包括一个多达16页的"补遗与勘误"(Additions and Corrections)，其中增收了正文部分遗漏的一些义项和例证，如："局 Also an office or headquarters where people assemble to manage public affairs"；"看 Colloquially. To look after, to see to; aspect, meaning, similarity"；"合 Occurs as a classifier; a bout, as at boxing; a round, as in fighting; a turn, a time"；"行"字条下的"行营 a movable or flying camp"；"兰"字条下的"法兰西 France"；"芙"字条下的"阿芙蓉 the poppy"；等等。

《分韵撮要》正文部分有712页，共收录7 850个汉字，如"鸭""茶""真""合""空""姨""艳""乐""浪""常"等。这些汉字中也涉及了一些常见的缩略形式和异体字。词典中的词条均按音序排列，而同个音序下词条的排列则相对比较随意。每个典型的词条包括汉语词头、供参考之用的官话注音、英文译文、含词头的短语或例证的粤语注音及其译文，试看图3-7。

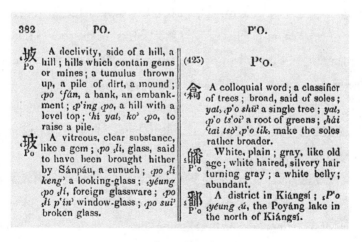

图3-7 《分韵撮要》的样条

由图3-7可以看出，词条中的复合词或短语并未用汉字标注，这显然是《分韵撮要》与之前出版的汉英词典最大的区别。虽然从现在词典学的角度来看，这一做法可能是该词典的一大缺陷，但从帮助外国人学习汉语方言的角度来说不失为一种创新的方式。

《分韵撮要》虽然在收字总数方面要逊色于之前的大多数词典，但它在义项收录方面却比较完整。例如，卫三畏给"小"字提供的义项多达十几个，即"small, little; pretty, mean, trifling; narrow, contracted; what belongs to one's self, my; inferior, in rank or quality; young; uneducated, vile, lowlive; subtle, minute; to disesteem, to think little of"。对于多义词词条，《分韵撮要》一般用分号加以区分，如"佛 contrary, unreasonable; to turn aside; Buddha""棺 that which closes all affairs for this world, a coffin; the inner one, when there are two; to encoffin, to close up""功 actions deserving praise, honor, reward, or merit; meritorious, virtuous, worthy; a good service, work, or affair; virtues of medicines""括 to inclose or embrace; to bundle-up, to tie up, to envelop; to infold, to comprehend; to arrive at""夸 to talk big, to boast; to vaunt, bragging, grandiloquence; conceited, arrogant; wide, ample — said of a dress""梦 to dream, to see visions; a dream; a vanity; obscure""杀 to pare off; to reduce; to descend; to clip or shear; to bend or come down in order to effect an object"等。对于那些能引申出喻义的词头或词条，卫三畏用"*met.*"（为 metaphorical 之略）作为标注，以引出新的意思，如"钗 a broad hair-pin; *met.* females""打斋鹤 storks for the soul to ride to heaven; *met.* a pander""荆钗 a thorn hair-pin, *met.* poverty""收拾 to put up and arrange, as baggage; *met.* to revenge""伥鬼 a lares eaten by a tiger, *met.* one who entices to evil courses""肘腋 arms and sides, *met.* ncar relatives""蝠蛇 a venomous serpent; *met.* malignant heart""葭莩 the white medullary lining of some sedges, *met.* related, distant connexions"等。

但在义项设置方面，《分韵撮要》也存在着不足之处，即一些词条中的义项过于繁杂，有的甚至比较生僻或多余，如："毗 continuous, as fields; clear, manifest; thick, substantial; cringing; kind, to treat kindly, liberal; to assist"中的"kind, to treat kindly, liberal"；"羡 to desire, to long for; to covet; an overplus, a remainder, an excess; to laud, to estimate higher than others; name of a fairy"中的"to laud, to estimate higher than others";"尤 extraordinary, remarkable, exceeding; singular, strange; odd, differing; an adverb of comparison, very, excessively, still more; to exceed, to surpass; to dislike, to resent"中的"to exceed, to surpass";"妈 mare; a mother; a maid-servant, a waiting-woman"中的"mare";"姓 a surname, name of the clan or family; a clan; to bear a son"中的"to bear a son";等等。

《分韵撮要》在许多词条下设置了复合词条或例证,如解梦(to interpret a dream)、流沙(moving sands)、袈裟(a priest's robe)、海参(beche-de-mer)、赤身(nude, naked)、拜神(to worship God or the gods)、山峰(a peak)、太极(the primum mobile, or cause of things, the ultimate immaterial principles of Chinese philosophers)、寿衣(grave clothes, a shroud)、毒蛇(a venomous snake)等。有一部分例证实为专名条目,尤其是地名,如北京(Peking)、厦门(Amoy)、望厦(the village of Wanghia near Macao)、澳门(Macao)、淇澳(the island of Kee-ow)、香港(Hongkong)、河套(the Bend in the Yellow river)、黄河(the Yellow River)、黄埔(Whampoa)等。但例证设置不平衡的问题在《分韵撮要》中也时常出现,像"洗""泛""组"等常用字条下的复合词条或例证就不太齐全。

《分韵撮要》在翻译方面的最大问题是译名的不确切和词语的误译,如"荠 vegetables resembling mustard, chives""瑕疵 a mistake, carelessness""木屐 wooden overshoes""故事 an old affair, an ancient story""杀手 a headsman; to throw up an affair""顽皮 fidgety, willful, as children""姿色 a beauty""媲美 alike pretty""美美 good tasted""娃 a beautiful woman; a pretty girl""冬瓜 a pumpkin[①]""两广 the two Broad provinces""iris 眼睛,乌睛"等。

1859年的《美国东方学会会刊》刊载了由咩士(William. A. Macy)撰写的评论文章,文中指出"在短语的选择方面(这是一部汉语字汇最为重要的部分),《分韵撮要》要远胜其他同类作品一筹,因为它的例证均选自古代典籍、常用的文体、谚语表达以及口语用法。令人遗憾的是由于缺乏合适的铅字,词典中的汉字无法被一一嵌入"(Macy, 1859: 569)。

---

① 在"瓜"字条下,"冬瓜"被译作"a large coarse squash"。

五、湛约翰的《英粤字典》

湛约翰(John Chalmers),1825年10月24日生于苏格兰阿伯丁郡,早年曾在阿伯丁大学学习数学。1852年,湛约翰被委任为牧师,并于同年受伦敦会委派前往中国。湛约翰在华传教40多年,最后于1899年在韩国仁川(时称Chemulpo)病逝。

湛约翰一生著作颇丰,其主要作品包括《英粤字典》(*An English and Cantonese Pocket-Dictionary*[①], 1859)、《中华源流》(*The Origin of the Chinese*, 1866)、《道德经》(*The Speculations on Metaphysics, Polity, and Morality, of the Old Philosopher, Lautsze*, 1868)、《术语简述》(*The Question of Terms Simplified*[②], 1876)、《康熙字典撮要》(*The Concise Kang Hi Dictionary*, 1877)、《汉字结构述解》(*An Account of the Structure of Chinese Characters under 300 Primary Forms*, 1882)等。

《英粤字典》可以算得上是英汉词典史上出版时间最长的一部方言词典。湛约翰在词典第1版出版之后陆续推出了修订版本,如1862年的第2版、1891年的第6版以及1907年的第7版[③]。经过多次修订,《英粤字典》的页码数从原先的159页增至第7版时的822页。《英粤字典》中的典型词条包括英文词目、中文译文以及译文的粤语注音,试看图3-8。

从词条编排来看,《英粤字典》总体而言显得比较简洁,这与卫三畏在1844年出版的《英华韵府历阶》非常相似,试看图3-9。

《英粤字典》中的最大特色就是粤语方言的体现:一方面是汉语译名后面标注的粤语发音,另一方面就是粤方言中特有词汇的频繁使用。就后者而言,像"嘅""唔""佬""仔""唔""咁"等粤方言用字时常出现在词目译名之中。例如,相当于"的"的"嘅"字,经常出现在形容词或名词词条的译名中,如acquaintance(熟识嘅人)、affectionate(深情嘅)、annual(每年嘅)、daring(大

---

① 从第2版开始该词典的英文标题被改为 *An English and Cantonese Dictionary*。
② 即对汉语中的 shan(神)、ling(灵)和 ti(帝)的意思作了简要的阐述。
③ 这个版本由香港皇仁书院的狄吏(Thomas Kirkman Dealy)花了三年时间完成修订。

Admit, 許進 hue'-tsuun', 許准 hue'-chuun.'
Ado, 事做 sze'-tso'.
Adopt, 立義子 laap-i'-tsze', 立螟蛉 laap-ming-ling.
Adorn, 文飾 mun-shik, 整飾 ching'-shik.
Adrift, 漂流 p'iu-lau.
Advance, 進 tsuun', (money) 預先交出 ue'-sin-kaau-ch'uut.
Advantage, 贏 yeng, 益 yik.
Affectionate, 深情嘅 shum-ts'ing-ke'.
Affinity, 姻親 yan-ts'an.
Affirm, 話係 wa'-hai'.
Afford, 供應 kuung-ying'.
Affront, 冲撞 ch'uung-chong', 頂頸 ting'-keng'.
Afloat, 浮 fau.
Aforesaid, 個的前言 koh'-tik-ts'in-in, 方纔所言 fong-ts'oi-shoh'-in.
Afraid, 恐怕 huung'-p'a'.

图3-8 《英粤字典》的样条

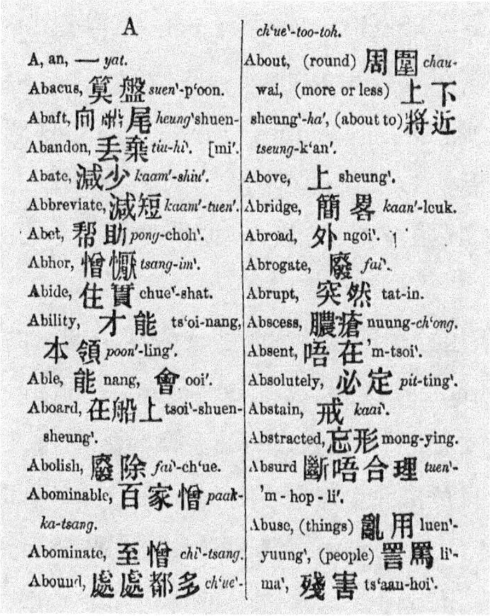

A

A, an, 一 yat.
Abacus, 算盤 suen'-p'oon.
Abaft, 向船尾 heung'shuen-mi'.
Abandon, 丟棄 tiu-hi'.
Abate, 減少 kaam'-shiu'.
Abbreviate, 減短 kaam'-tuen'.
Abet, 帮助 pong-choh'.
Abhor, 憎懨 tsang-im'.
Abide, 住實 chue'-shat.
Ability, 才能 ts'oi-nang, 本領 poon'-ling'.
Able, 能 nang, 會 ooi'.
Aboard, 在船上 tsoi'-shuen-sheung'.
Abolish, 廢除 fai'-ch'ue.
Abominable, 百家憎 paak-ka-tsang.
Abominate, 至憎 chi'-tsang.
Abound, 處處都多 ch'ue'-ch'ue'-too-toh.
About, (round) 周圍 chau-wai, (more or less) 上下 sheung'-ha', (about to) 将近 tseung-k'an'.
Above, 上 sheung'.
Abridge, 簡畧 kaan'-leuk.
Abroad, 外 ngoi'.
Abrogate, 廢 fai'.
Abrupt, 突然 tat-in.
Abscess, 膿瘡 nuung-ch'ong.
Absent, 唔在 'm-tsoi'.
Absolutely, 必定 pit-ting'.
Abstain, 戒 kaai'.
Abstracted, 忘形 mong-ying.
Absurd 斷唔合理 tuen'-'m-hop-li'.
Abuse, (things) 亂用 luen'-yuung', (people) 詈駡 li'-ma', 殘害 ts'aan-hoi'.

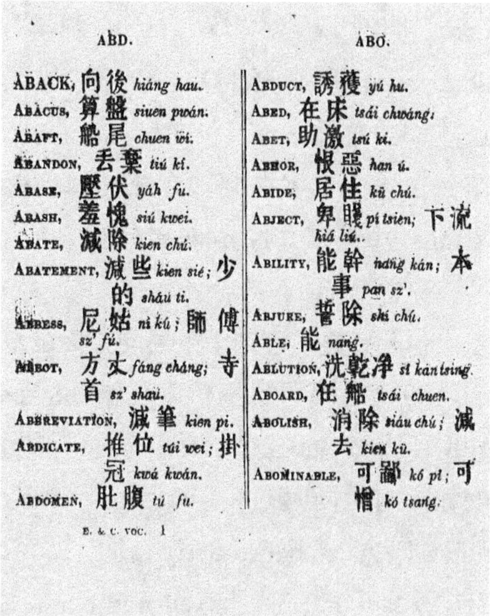

ABD. ABO.

ABACK, 向後 hiáng hau.
ABACUS, 算盤 siuen pwán.
ABAFT, 船尾 chuen wi.
ABANDON, 丟棄 tiú kí.
ABASE, 壓伏 yáh fu.
ABASH, 羞愧 siú kwei.
ABATE, 減除 kien chú.
ABATEMENT, 減些 kien sié; 少的 sháu ti.
ABBESS, 尼姑 ní kú; 師傅 sz' fú.
ABBOT, 方丈 fáng cháng; 寺首 sz' shau.
ABBREVIATION, 減筆 kien pi.
ABDICATE, 推位 túi wei; 掛冠 kwá kwán.
ABDOMEN, 肚腹 tú fu.
ABDUCT, 誘獲 yú hu.
ABED, 在床 tsái chwáng.
ABET, 助激 tsú ki.
ABHOR, 恨惡 han ú.
ABIDE, 居住 kü chú.
ABJECT, 卑賤 pí tsien; 下流 hiá liú.
ABILITY, 能幹 náng kán; 本事 pan sz'.
ABJURE, 誓除 shi chú.
ABLE, 能 náng.
ABLUTION, 洗乾淨 si kán tsing.
ABOARD, 在船 tsái chuen.
ABOLISH, 消除 siáu chú; 減去 kien kü.
ABOMINABLE, 可鄙 kó pí; 可憎 kó tsang.

E. & C. VOC. 1

《英粤字典》　　《英华韵府历阶》

图3-9 《英粤字典》和《英华韵府历阶》的词条对比

胆嘅)、elastic(韧嘅,韧力嘅)、future(将来嘅)、natural(天生嘅)等。粤语中一些特有词汇散落在许多词条中,如:brother 条下的"细佬";cactus 条下的"霸王";child 条下的"细蚊仔";cockroach 条下的"曱甴";freight 条下的"水脚";sister 条下的"亚姐";together 条下的"孖埋";toys 条下的"公仔";vermicelli 条下的"粉仔";yes 条下的"系略";等等。

湛约翰在多义词词条下设置引导或搭配词以区分不同的义项,如:blade 条下的"(of grass)草叶,(of a knife)刀口";bridge(桥)条下的"(of the nose)鼻梁";cataract 条下的"(water)瀑布水,(in the eye)睛珠变质不明";Chinese 条下的"(a)唐人,(language)唐话";common 条下的"(vulgar)俗,(usual)平常";degrade 条下的"(in rank)降级,(one's self)丢面";engage(任用)条下的"(to marry)定亲";exercise 条下的"(motion)行动,(practice)习练";fail(废)条下的"(become bankrupt)倒行";letter 条下的"(character)字,(epistle)封信,书信";等等。

就收词而言,《英粤字典》收录的大多数词条均为较常用的词条,如 careful (小心)、earth-worm(地龙,黄犬)、hinder(阻,拦阻)、graduate(绅士,秀才)、joke(讲笑,调笑,打诨)、lamb(绵羊仔,羔)、machine(机器)、nation(邦,国)、necessary(要紧,必要)、typhoon(风飓)等。它同时也收录一些专有名词,但这些词条总共只有十多个,如 America(亚墨利加)、Amoy(厦门)、Canton(广东)、England(英吉利国)、Europe(欧罗巴)、Japan(日本国)、Judea(犹太国)、Manila(小吕宋)、Nan-king(南京)、Portugal(西洋国)、Russia(鹅罗斯国)、Spain (吕宋)等。

但是《英粤字典》在收词方面的缺陷也比较明显,具体表现为常用词语的漏收和收词标准的不严谨。像 chicken、choice、chop、compete、crop、elephant、glow、grand、laughter、loss、mean、pick、pleasant、villager、villain 等词语均付之阙如。与此同时,一些词目的设置标准有待商榷,如"all-along 一路""cardinal points 四方""charter-party 合同""current money 通宝""curry-stuff 架厘材料""fishy smell 鱼腥""fixed-number 额数""harts-horn 鹿茸""horse-whip 马鞭""parade ground 较场""pith-paper 蓪纸""public spirit 公心"等。

就词语的翻译而言,《英粤字典》的一大特点就是译名非常简洁,一些词条中经常用单字作为词目的对应词,如affect(感)、animosity(恨)、bare(裸,赤,光)、bear(担;抬;生)、clear(澄,清,明)、covet(贪)、deprive(夺)、enact(设,作)、felicity(福)、fortunate(吉)、good(好,善)、language(话)、vulgar(俗)等。

翻译方面存在的问题主要体现为词语的漏译和异词同译。湛约翰在不少词条下用"(col.)"(为colloquial的缩略,表示"俗语"的意思)作为标注以取代未能译出的汉字,如basket、beat、come、contrary、coward、creak、disagree、exact、flighty、merely等。异词同译现象在词典中也时常出现,常见的例子包括:"China-aster 菊花"和"chrysanthemum 菊花";"discretionary 随便,孖孖夫"和"freely 随便,白白";"fable 寓言,小说"和"fiction 小说";"hip 大腿,大髀"和"thigh 大髀";"lemon 柠檬"和"lime 柠檬";"mortar 泥"和"mud 泥";等等。

到1891年的第6版时,《英粤字典》的正文部分已由原来的159页增至296页。通过之前的各次修订,湛约翰不断增加新词条,如abreast(并肩,一拍)、candy(结冰,冰糖)、chicken-hearted(小心小胆)、dahlia(芍药)、dangerous(险)、ear-ring(耳环)、fabric(织做之物)、fabricate(杜撰)、gambler(赌棍)、migratory(依时来往)等。与此同时,湛约翰也在不断努力改进译名,试看表3-2。

表3-2 《英粤词典》第1版和第6版的译名对比

词 目	第1版译名	第6版译名
ability	才能,本领	才能,本领,能干
dawn	天仅亮	天仅亮,懵亮
divorce	休绝,休弃,出	休弃,出,分妻
ecstasy	心神留注	注神,神游极
faint	昏迷,失魂	昏迷,失魂,软弱,力尽
garlic	青蒜,大蒜	青蒜,大蒜,蒜头
merit	功劳	功劳,功,应得,功劳应得
zest	好滋味	滋味

湛约翰的《英粤词典》自出版后频繁修订，足以说明该词典的实用性。《中国评论》在1878年第4期的书讯栏目中对该词典的第5版作了评介，其中指出"许多新词被收录进现在的版本，同时很多旧的义项也得到了修订。多年了，这部词典一直因为它的简明和准确而在学校中非常实用"。伦敦会传教士皮尧士（Thomas W. Pearce）在1899年第3期《中国评论》上撰文悼念湛约翰，他指出"我们现在依旧认为湛约翰博士的词典是学习粤语最为可靠的工具"。

六、卓威廉的《英汉汕头话词典》

卓威廉（William Duffus），1846年生于苏格兰，1869年受英国长老会委派来到汕头传教。1892年，由于健康原因，卓威廉辞去职务。两年后，他在爱丁堡去世。

1883年，卓威廉编写出版了《英汉汕头话词典》（*English-Chinese Vocabulary of the Vernacular or Spoken Language of Swatow*，以下简称《汕头话词典》）。这部词典的蓝本是巴色会（the Basel Mission）传教士黎力基（R. Lechler）[①]在30年前编写的手稿。由于这份手稿的蓝本是卫三畏的一部作品，因而黎力基和卫三畏均被列为合编者。《汕头话词典》正文部分有302页，另附两页序言、3页注音说明以及1页勘误。卓威廉在序言中对该词典作了说明："这部词典在各个方面并不力求做到'完美'或'全面'。大量的词语和成语被遗漏，相对而言只有极小部分词语被严格地定义和区分，因此使用涉及词义和用法的内容时务必要谨慎。只有多年的辛劳以及对非书面语言的彻底了解才能编出一部像样的词典，而编写此书时最大的困难就在于几乎没有任何关于汕头方言的汉语书籍。"《汕头词典》是一部没有汉字的词典，每个词条包括英语词目、中文对应词的汕头方言注音[②]、英文例证及其译文的汕头方言注音，试看图3-10。

[①] 又译利启勒，德国传教士，1847年来到香港传教，直至1898年退休。
[②] 马重奇（2014）对19世纪80年代四部传教士汕头方言著作中的音系作了比较，其中就包括卓威廉的词典（被译作《汕头白话英华对照词典》）、斐姑娘的词典（被译作《汕头方言音义字典》）以及两部方言教材。

```
abaft, the foremast, thâu-ûi-āu.
abandon, pàng-tiāu; kák-tiāu; sek-tiāu; lī-khui; màiⁿ.
abase, kàng-khip.
abash, sit-nâng kâi-thí-mīn. abashed, tshâm-khûi; kièn-
    siàu; siáu-lí; siu-chhí.
abate, kiám; chió. the price, sǹg-kiám; tṳ̂-kiám; khà-
    kiám; khà-tṳ̂; kiám--chē; chié--chē.
abbess (Buddhist), sṳ-hū; hûe-sië"-phûa; nî"-kou-phûa.
abbot (Buddhist), sṳ-hū; hûe-sië"-thâu; tang-ke.
abbreviation, sié-siá. a compendium, tāi-liák.
abdicate, siā-cheh; sî-kua". of a sovereign, siā-ūi; thò-ūi.
abdomen, tóu; tóu-pak.
abduct, kuái-tò; thau-kiau; thau-kǎng-tsáu.
abet, pang-tsǒ; pang-ak.
```

图3-10 《汕头话词典》的样条

《汕头话词典》所收词条大多为英语中较为常用的词语，如"**bed** tshng;min-tshng"（床；眠床）、"**birthday** seⁿ-jit"（生日）、"**brave** ióng-ká"（勇敢）、"**chaste** cheng-chiet"（贞洁）、"**dynasty** chhiau"（朝）、"**friend** pheng-iú"（朋友）、"**ginseng** jin-siam"（人参）、"**hospital** ui-kúan"（医馆）、"**liver** kuaⁿ"（肝）、"**machine** ki-khì"（机器）、"**pearl** tsu; chin-tsu"（珠；珍珠）、"**people** min;sú-min"（民，庶民）等。卓威廉在词典中也收录了一些科技术语，尤其是医学用语①，如dysentery（痢；痢疾；红痢；白痢）、dyspepsia（唔消化；不消化）、dyspnoea（喘；气喘）、dysury（小便不通）、gonorrhea（流白浊）等。与此同时，词典中收录了数十条百科条目，特别是地名条目，如America（亚美利加；美国；花旗国）、Bohea, hill（武夷山）、Britain（大英国）、China（中国；中原；中华）、Holland（荷兰国）、Hongkong（香港）、Japan（日本国；东洋）、Peking（北京）、Penang（槟榔屿）、Singapore（实叻；新加坡）等。

卓威廉在一些词条中设置了英文释义或释义提示词，如：acute条下的"sharp""ingenious"和"in discernment"；before条下的"in time"和"in place"；capacity条下的"ability"；character条下的"written""disposition"和"reputation"；crane条下的"for lifting weights"；flight条下的"of an army""of steps"和"of

---

① 卓威廉在词典序言中提到莱爱力（Alexander Lyall）医生为其修订了词典中的医学术语。

arrows"; palm 条下的 "of hand"; 等等。

卓威廉在不少词条中设置了例证,主要是为了体现与词头对应词相关的汉语词语的用法,如: abacus(算盘)条下的 "to work the abacus"(打算盘); flour(粉)条下的 "wheaten flour"(面粉)和 "potatoe flour"(薯粉); GOD(上帝)条下的 "to worship GOD"(拜上帝); love(爱)条下的 "love blindly and over-indulge"(溺爱); loyal(忠心)条下的 "loyal minister"(忠臣); old(故)条下的 "an old friend"(故友;老友); sword(刀;剑)条下的 "to draw a sword"(拔刀); 等等。例证中同时也包含了由词头构成的复合词和派生词,如: brush 条下的 "toothbrush"; child 条下的 "childhood" 和 "childless"; craft 条下的 "craftsman"; dread 条下的 "dreadful"; drugs 条下的 "druggist"; hay 条下的 "haystack"; jaw 条下的 "jawbones"; king 条下的 "kingfisher" 和 "kingdom"; patron 条下的 "patronise"; 等等。

《汕头话词典》虽然是一部英汉词典,但其编写目的是帮助外国人学习汕头话,因而它从其微观结构的多个方面体现出其学习汉语的特征,如译名的注音、提示词和例证的设置等。例如,卓威廉在 orange(柑)条下设置的多个提示词和例证旨以体现与"柑"相关的词语的用法,如 "common" "loose-skinned" "peel" "very small orange" 等。

七、斐姑娘的《汕头话音韵字典》

在各国词典编纂史上,女性编纂者可谓凤毛麟角。在中国的历史上,由女性编写的词典同样比较罕见。19世纪出现过两部由女性编著的双语词典:一部是由居住在武汉的富世德夫人编纂的《英华字典》(*An English and Chinese Pocket Dictionary, in the Mandarin Dialect*);另一部则是由一位叫作 A. M. Fielde 的女传教士编纂的方言字典。

A. M. Fielde,全名 Adele Marion Fielde,通常被译作斐姑娘或菲尔德,美国浸信会女传教士,1839年生于纽约州,早年就读于奥尔巴尼师范学院,1865年曾来到香港,次年转至曼谷传教,1873年抵达汕头传教。1883年,斐姑娘返回美国学习,两年后重返中国,直至1889年。1916年,斐姑娘在西雅图去世。据

《岭东浸会七十周年纪念大会特刊：传史之部》记载，"（西历1865年）斐姑娘由美莅暹［……］居诸迭运，不觉光阴六载，已而买舟回美，休息两年。［……］最奇者，天才卓越，学力优长，译著《圣经》杂册单张等，以资布道。编辑字典、辞源语学等，惠嘉后进"。

斐姑娘著作颇丰，先后出版了《汕头话初级教程》(*First Lessons in the Swatow Dialect*①, 1878)、《汕头话音韵字典》(*A Pronouncing and Defining Dictionary of the Swatow Dialect*, 1883)、《真光初临》(*Pagoda Shadows: Studies from Life in China*②, 1884)、《中国民间故事集》(*Chinese Nights' Entertainment: Forty Stories Told by Almond-Eyed Folk Actors in the Romance of The Strayed Arrow*③, 1893)、《中国一隅：在中国人之间生活的考察》(*A Corner of Cathay: Studies from Life Among the Chinese*④, 1894)等书。

《汕头话音韵字典》正文部分共617页，另附1页序言和15页引言。在简短的序言中，斐姑娘对这部字典的编写作了介绍："这部字典收录汉字5 442个，其编纂工作是在从事许多工作的同时完成的，总共花去4年时间。"斐姑娘在序言中还提及多位给予她帮助的人，如卫三畏、威廉·耶士摩（William Ashmore）⑤以及晏玛太（Matthew Tyson Yates）夫妇。在引言中，斐姑娘不仅介绍了字典中所采用的注音系统，而且还将214个部首一一列出，并用英文对它们作了解释。

在这部以音序为排列原则的字典中，每个典型词条包含汉字字头、汕头话中的读音⑥、字头在卫三畏所著《汉英韵府》中的页码、部首序号、部首之外的笔画数、例证注音及其英译，试看图3-11。

---

① 马重奇等（2016）对该教材中的潮汕方言音系作了分析，并与其他两部方言作品作了对比。
② 聂利（2018）撰文对该书中晚清潮州妇女形象作出剖析。
③ 该书在1912年出版第2版，其书名被改为 Chinese Fairy Tales: Forty Stories Told by Almond-Eyed Folk。
④ 斐姑娘的传记作者海伦·诺顿·斯蒂文斯（Helen Norton Stevens）在其书中还提到斐姑娘的其他作品，如50多篇中文传教短文、中文版《创世记》等。
⑤ 美国浸信会传教士，著有《汕头话口语语法基础教程》(*Primary Lessons in Swatow Grammar. Colloquial*)。
⑥ 季明雷（2018）以这部词典以及《马人到使徒》为基础分析了19世纪末潮汕方言罗马字文献拼音系统。

初 chọ 18 At the first; in the beginning.
91 5̄ úa tâng hụ̆ chọ-chọ cīⁿ kio
lụ́ tàⁿ; I told you so in the very beginning. lụ́
tng chọ cọ̈-nī tàⁿ? What did you say in the
beginning? chọ hwt; at the opening. chọ
lâi; the new comer. chọ ọh; the new scholar.
chọ seⁿ; the first born. chọ khui po-thâu; a
newly opened port. a chọ ko; this raw hand.
chọ nī; in the first years. chọ-thâu-ē; at the
commencement. kiaⁿ lêng cụ chọ; at the first
promulgation of the order.

草 chọ 140 Rough, hasty, careless; the
956 6̄ running hand; a rough copy
or original draft.
sía chọ jī; write the running hand. ló-chọ;
rough, careless, slight. tieh kang-hu cò, mài
ló-chọ; must do it neatly, and not slight it.
i kâi khang-khùe ló-chọ cải; his work is done
without pains. chọ kọ́; the rough draft.
jêng cúa khí chọ; the original draft of an
essay or document. cin chọ put hû; the copy
and the original do not agree. phah chọ;
make a rough draft.

銼 chọ 167 To file; to rasp; a file.
1004 7̄ khía ki chọ lâi chọ; take
a file and file it. chọ i kng; file it smooth.
chọ kàu pêⁿ-pêⁿ; file it down even. ĕng chọ
kiaⁿ chọ tǔng; file it in two with a thin file.
hó-cîh chọ; an oval file.

脞 chọ 180 Tender; friable.
1004 7̄ nêk chọ-chọ; the meat is
very tender. àu chọ; friable from decay. chọ
kio jūn tùi-mīn; friable is the opposite of tough.

糙 chọ 119 Paddy which is hulled but
956 11̄ not pounded; rude; rough.
chọ bí; unpounded rice. khah chọ; too rough
and rude. cho-chọ; coarse and crude. chọ
hùe; coarse goods.

挫 chọ 64 To humble; to take down one's
1004 7̄ pride; to break the spirit;
to cow.
chọ i kâi i kâi jŭe-khì; brought down his
bravado. cē chọ tieh jŭe-khì cū bố tàⁿ; as
soon as his courage is once outbraved, he will
no longer dare bully people.

图3-11 《汕头话音韵字典》的样条

《汕头话音韵字典》收录的汉字多为常用汉字，如"宫 a palace; a mansion; an ancestral temple""衣 clothes; garments; dress""忽 abruptly; to slight; the fifth place in decimals""婚 to marry a wife""祖 an ancestor""京 a capital or metropolis; excellent""益 to benefit; to advance the interests""灰 ashes; embers; dust; powder""售 to sell; to dispose of""雷 thunder"等。字典中同时也设有一些复字词条，它们大多为不能单独理解的汉字构成的复合词，如鸳鸯（mandarin ducks, which are patterns of conjugal fidelity）、幢幡（streamers; pendant screens; pendant scrolls of silk before a shrine）、踌躇（irresolute; undecided; unable to get on）、拮据（hampered; perplexed; embarrassed）、薏苡（pearl barley）、螳螂（an insect, the common mantis）、荸荠（an edible tuber, the waste chestnut, called also the "horse's hoof"）、锱铢（petty, trifling）、玛瑙（a general name for veined stones, such as opal, cornelian, agate, onyx and jasper）、颟顸（careless; remiss; slovenly; negligent; perfunctory; cursory）等。

就释义而言，斐姑娘尽可能多地列出汉字的常用义项。例如，在"目"字条下，她罗列的义项多达十余个，即"the eye; a principal man; a leader; an index; a list or summary; squares on a chess-board; meshes of a net; the mind, the perceptions; a look; to eye; to designate, to name; to particularize"。对于多类字和多义字,她将它们的用法一并列出,如"欲 to desire, to wish, to long for; about to, ready to, on the point of""隐 retired; screened; covered; in private life; to keep out of view""稳 firm, steady, stable, secure, immovable, well-placed; to rest in""安 tranquil; to put at ease; how""痛 heart-rending; distressing; with energy; extremely; painfully""闹 noisy wrangling; to make a disturbance; to embroil; strife for precedence""麻 hemp; plants furnishing textile fibers; hempen; sackcloth; mourning apparel""满 full; replete; stuffed; fullness; pride; to fill; to suffice; to complete; to finish a set time"等。

《汕头方言词典》的一大亮点是编者在许多词条下设置了大量的例证,其中包含复字条目、成语、俗语以及各种口语表达,如:"鸦"字条下的"**o-a**; a crow"(乌鸦);"呢"字条下的"**ni pò**; woolens"(呢布)和"**lam ni**; blue fannel"(蓝呢);"哀"字条下的"**ko ai cú**; an orphan"(孤哀子);"年"字条下的"**kim ni**; this year"(今年)和"**me^n ni**; next year"(明年);"魔"字条下的"**mo^n-kúi**; an evil spirit"(魔鬼);"坚"字条下的"**kien-kù**; steadfast"(坚固);"佳"字条下的"**kia-jin phùe chai-cú**; a beautiful lady matched with a talented man"(佳人配才子);"魂"字条下的"**sam hun chit phek**; the throw ghosts, and the seven spirits of man"(三魂七魄);"旗"字条下的"**ki-kua^n**; a flag staff"(旗杆)和"**ki-jin**; bannermen"(旗人);"警"字条下的"**suah cek kéng peh**; executing one deters a hundred"(杀一儆百);等等。

《汕头话音韵字典》也存在着一些不足之处,如:复字词条单列的不严谨(如"游玩 to roam for amusement or information""讥诮 to scoff at; to deride""我等 we, including the hearer""垢秽 dirty, filthy, soiled, foul""味道 savor; smack; flavor; taste""瞎眼 blind");词条的重复设置(如"捐"被列为两个词条——"**kien** to contribute at a call from government; to buy a title or office; a benevolence levied for a state exigency"和"**kǐen** to buy a title or office");等等。

八、波乃耶的《粤语速成字汇》

波乃耶(J. Dyer Ball)[①],1847年生于广州,早年就读于伦敦国王学院和位于利物浦的大学学院,后来到香港从事过教师、翻译等工作。从1881年起,波乃耶担任香港最高法院的首席译员,直到1909年退休。1919年,波乃耶在英格兰去世。

波乃耶在粤语、中国文化等方面颇有研究,他著作等身,先后出版了《粤语速成》(*Cantonese Made Easy*[②], 1883)、《英粤袖珍词典》(*An English-Cantonese Pocket Vocabulary*[③], 1886)、《粤语速成字汇》(*The Cantonese Made Easy Vocabulary*, 1886)、《粤语》(*How to Speak Cantonese*[④], 1889)、《西国品味求真》(*The English-Chinese Cookery Book*, 1890)、《中国风土人民事物记》(*Things Chinese*[⑤], 1892)、《澳门》(*Macao: The Holy City*, 1905)、《中华5000年》(*Five Thousand Years of John Chinaman*, 1906)、《中国人及其宗教》(*The Celestial and His Religions: Or the Religious Aspect in China*, 1906)、《在本土的中国人》(*The Chinese at Home, or the Man of Tong and His Land*, 1911)等书。

据波乃耶在序言中的介绍,《粤语速成字汇》原本计划用作几年前出版的粤语教材《粤语速成》一书的配套词汇表,但它并非只收录了这部教材中出现的词语。词典中的词条包含英语词头、词性标注、中文译文及其粤语读音、英文例证及其译文和粤语读音,试看图3-12。

词典中所收词条绝大多数是英语中较为常用的词语,如accident(意外嘅事)、cruel(凶恶,残忍)、fault(过失)、food(食物;伙食)、her(佢)、invent(制造)、jump(跳)、like(中意,欢喜)、morning(朝)、number(数;列)、restaurant(高楼馆;茶居)、shadow(影)等。

---

① 其父James Dyer Ball(1796—1866),美部会牧师,曾在香港、广东等地传教。
② 该书在1888年推出第2版。
③ 这是一本只有23页的小册子,不标任何汉字,也不注任何音调。
④ 该书后来在1902年和1904年分别推出第2版和第3版。
⑤ 该书在1900年和1903年都推出过新版本。后来到了1925年,别发洋行仍在重印这部书。

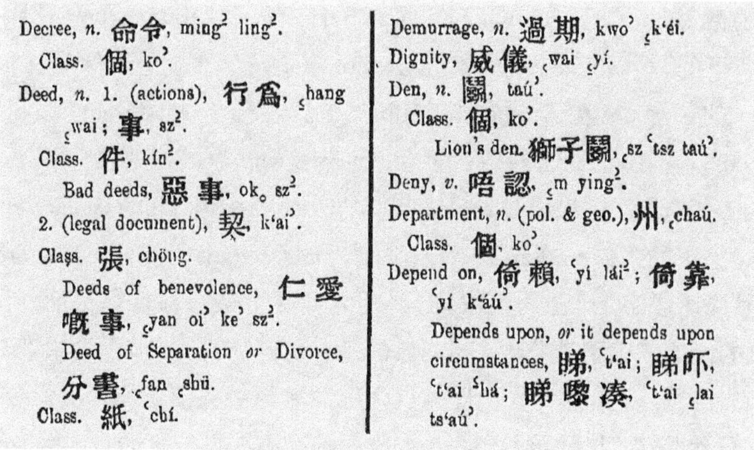
Decree, *n.* 命令, ming^{2} ling^{2}.
Class. 個, ko꜄.
Deed, *n.* 1. (actions), 行爲, ꜁hang ꜁wai; 事, sz^{2}.
Class. 件, kín^{2}.
Bad deeds, 惡事, ok꜆ sz^{2}.
2. (legal document), 契, k'ai꜄.
Class. 張, chöng.
Deeds of benevolence, 仁愛嘅事, ꜁yan oi꜄ ke꜄ sz^{2}.
Deed of Separation *or* Divorce, 分書, ꜀fan ꜀shü.
Class. 紙, ꜂chí.
Demurrage, *n.* 過期, kwo꜄ ꜁k'éi.
Dignity, 威儀, ꜀wai ꜁yí.
Den, *n.* 鬬, taú꜄.
Class. 個, ko꜄.
Lion's den. 獅子鬬, ꜀sz ꜂tsz taú꜄.
Deny, *v.* 唔認, ꜁m ying^{2}.
Department, *n.* (pol. & geo.), 州, ꜀chaú.
Class. 個, ko꜄.
Depend on, 倚賴, ꜂yí lái^{2}; 倚靠, ꜂yí k'áu꜄.
Depends upon, *or* it depends upon circumstances, 睇, ꜂t'ai; 睇吓, ꜂t'ai ꜃há; 睇嚟湊, ꜂t'ai ꜁lai ts'aú꜄.

图3-12 《粤语速成字汇》的样条

与之前的词典相比,《粤语速成字汇》有了两大进步：一是波乃耶为大多数词条标注了词性,如*n.*(名词)、*v.*(动词)、*adj.*(形容词)、*adv.*(副词)、*pro.*(代词)、*prep.*(连词)等；二是为多义词目分列义项,并用1、2、3等序号隔开,如：allow条下的"1. 准；由得；任从；俾 2. 容"；boy条下的"1. 仔 2. 男仔 3.事仔"；man条下的"1.人 2.男人"；等等。

《粤语速成字汇》最为与众不同之处在于大多数名词条目下均标注了"class."(classifier之略,即量词),从而方便汉语学习者掌握名词与量词的搭配,如:"B.A. 秀才"条下的"位,个";"bank notes银纸"条下的"张";"dining table大餐台"条下的"张";"dictionary字典"条下的"部";"door门"条下的"度";"duke公爷"条下的"位";"ginseng人参"条下的"支";"jewel珍宝；宝玉"条下的"(if small)粒；(if large)块；(if either large or small)件";"junction相交处"条下的"笪";"kiln窑"条下的"间";"liabilities欠项"条下的"单,欵";"lizard蛳蛇"条下的"条"；等等。

波乃耶在多义词条目下提供了释义提示词或简短的英文释义,用以对不同词义的区分,如：bank条下的"(of river)河边"和"(for money)银铺,银行"；dine条下的"(used of foreign meals)食大餐"和"(used of native meals)食晚饭"；diminish条下的"(to make small)整小""(in price)减小"和"(as strength)微";due 条下的 "(what ought to be)该当" 和 "(owing, as money)欠";insure 条下的 "(guarantee)保" 和 "(fire, etc.)买燕梳;保险;买保险";jar 条下的 "(to shake)震动" 和 "(to quarrel)相闹";leaf 条下的 "(of a tree)叶;树叶" 和 "(of a book)篇;书叶";marry 条下的 "(to marry a wife)娶,取;取心" 和 "(to marry a husband)嫁(老公);出门";napkin 条下的 "(table)枱巾" 和 "(sanitary towel)马布";sail 条下的 "(to employ sail)驶,驶风" 和 "(to start)行船,开身";等等。

《粤语速成字汇》虽为英汉词典,但它实际上是一部旨在帮助外国人学习粤语的词典,因而它拥有汉英词典的一些特点。首先,波乃耶沿袭之前传教士词典的做法,给词头和例证的汉译标注粤语中的读音。其次,一些词条的设置显然是受到汉语词语或表达的影响,如"assistant teacher 帮教""free school 义学""general merchants 南北行""hog hair brush 猪毛刷""house coolie 管店""invitation card 请帖""Mandarin language 官话""octagonal table 八仙枱""peacock feather 孔雀翎""ridge pole 正梁""rudiments of learning 小学""sedan-poles 轿升"等。最后,一些词条下多义项之所以分列,并非是因为它们在英语中是多义词,而是因为考虑到汉语的用法。例如,单义词 sausage 在词典中列有3个义项,即"1. (pork)猪肠 2. (dried)腊肠 3. (beef)牛肠"。

与此同时,作为学习粤语的词典《粤语速成字汇》,除了粤语注音特色之外,还存在着多个能体现其方言词典的特点。一是像"系""佢""嗽""嘅""唔""嚟"等粤语常用字在词典中随处可见。例如,"嘅"经常出现在名词和形容词词条的译名中,表示"的""的人"等义,如"consignee 收货嘅;庄口嘅""dreamer 发梦嘅""druggist 卖药材嘅""liar 讲大话嘅""manly 君子嘅""reformer 革命党嘅""supercargo 寄船嘅"等。二是一些粤语中特有的词汇被用于词条的译名中,如"baby 臊仔""boatman 蛋家;艇家;蛋家佬""sister-in-law 亚姨""tadpole 雷公鱼""tomato 金钱桔;西红柿""toast 哆士""twins 孖仔"等。

《粤语速成字汇》同样存在着一些问题,主要集中在收词方面。第一,一些常用词语被漏收,像 abandon、consign、consist、depart、dread、expand、health、oak、postal、scene 等词语均未被收录。第二,词典中部分词条的收词标准不太严谨,尤其是一些看似复合词条的词语被收录其中,如"cotton waste 粗棉纱"

"Lloyd's requirements 船务会章程""medical profession 医家""monetary matters 银口事""money loan association 会；义会""partnership book 股份部""produce of soil 土产""projecting stone 凸面石""quilted coat 绵衲；夹衲""stolen goods 贼赃"等。

另一类问题主要涉及词性标注。这方面的问题主要有两小类：第一小类是一些词条未被标注词性，如"harbourer 窝家""hideous 丑貌，丑怪""rockwork 石山古树；假石山""rocking-chair 摊椅""rogue 匪徒""woe 祸""whether 不论""yonder 个处"等；第二小类是一些条目的词性被标错，如"bankrupt n. 倒灶"（实为形容词或动词）、"ill n. 病；唔好"（实为形容词）、"incivility adj. 有礼"（实为名词）、"thousand adj. 千"（实为名词）、"uphold adj. 揸起"（实为动词）、"vexed adv. 烦闷"（实为形容词）、"watchful n. 谨慎"（实为形容词）等。

《粤语速成字汇》自出版后受到了各界的好评。当时香港的多份英文报纸曾刊载书讯或评论文章。例如，《孖剌西报》(Hongkong Daily Press)在1886年7月29日对这部词典做出了如下评论——"[……]编者不仅收录《粤语速成》中的所有词语，而且较为完整地列出词义的细微变化，从而防止初学者犯下在其他情形下很容易犯的错误。这部字汇似乎经过最为精心的编写，肯定会有助于学生（尤其是初学者）学习。"《粤语速成字汇》出版不久便已售罄，为此，波乃耶在1892年推出了第2版。《中国评论》在1892年第3期载文对第2版作出评论："在仔细研读之后，词典无论在音调和读音的标注而且在词义方面都显现出较高的精确性。"1908年，波乃耶推出了第3版，将词典正文部分增至294页。

九、欧德理的《汉英粤语字典》

欧德理（Ernst Johann Eitel 或 Ernest John Eitel），德国传教士，1838年生于德国符腾堡州，早年就读于巴伐利亚州的一所神学院，并于1860年获得图宾根大学的文学硕士学位①。两年后，欧德理受巴色会派遣来到广东传教，1865年

---

① 后来在1871年，欧德理被授予该校的名誉哲学博士。

转而效力于伦敦会。1870年，欧德理转至香港传教，之后担任过教育视学官、高等法院通事及翻译、港督轩尼诗参赞官等职。1896年，欧德理移居澳大利亚阿德莱德，次年开始担任阿德莱德大学德文兼职教师。1908年，欧德理在澳洲去世。

欧德理著作颇丰，著有《中国佛教手册》(*Handbook of Chinese Buddhism*[①]，1870)、《佛教三讲》(*Three Lectures on Buddhism*, 1871)、《风水》(*Feng-shui*, 1873)、《欧西于中土：从初期到1882年的香港历史》(*Europe in China: The History of Hong Kong from the Beginning to the Year 1882*, 1895)等书。他曾担任《中国评论》主编，并经常在该杂志上撰文，就中国的语言、文化、历史等话题发表自己的意见。例如，在1872年第1期上，他对理雅各1871年翻译的《诗经》作了较为翔实的评论。

1877年，欧德理编写出版了《汉英粤语字典》(*A Chinese-English Dictionary in the Cantonese Dialect*)[②]。这部正文部分厚达1 018页的字典设有两页的序言和29页的引言。欧德理在序言中说明了编写该字典的缘起，并指出"这部字典的书面词汇是基于《康熙字典》和理雅各博士所译中国经典书籍后附的词汇表，口语词汇则是基于卫三畏博士所编著的《英华分韵撮要》"(Eitel, 1877: v)。字典的引言分为4个部分，即"词典计划"(Plan of This Dictionary)、"粤语"(The Cantonese Dialect)、"引用的权威作品"(Authorities Quoted)和"略语表"(Abbreviations)。

《汉英粤语字典》中的典型词条包括汉语词目、粤语中的发音[③]、英文释义以及复合条目及其发音和英译，而汉语词目上面通常标注有数字，用以指代词头部首及剩余的笔画数，试看图3-13。

作为一部方言词典，《汉英粤语字典》主要通过三个方面来体现其方言性质。首先，欧德理基于裨治文的《广东方言读本》、卫三畏的《英华分韵撮

[①] 该书全称为 *Hand-book of Chinese Buddhism, Being a Sanskrit-Chinese Dictionary with Vocabularies of Buddhist Terms in Pali, Singhalese, Siamese, Burmese, Tibetan, Mongolian and Japanese*，它实为一部梵汉英佛教词典。1888年推出第2版，1904年由 K. Takakuwa 修订和增补。

[②] 黄文江(2006)曾撰文指出"这套字典的编撰工程颇为巨大，共分四册出版，分别于1877、1878、1881及1887年刊行"，这一说法显然与史实不符。

[③] 胡永利(2017)对该词典中的粤方言音系作了分析，罗列了其中的19个元音和74个韵母。

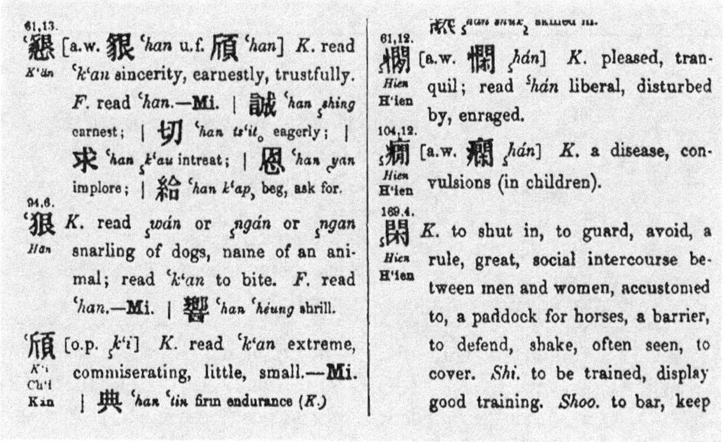

61,13.
ʿ懇 [a.w. 貇 ʿhan u.f. 頎 ʿhan] *K.* read ʿk'an sincerity, earnestly, trustfully. *F.* read ʿhan.—**Mi.** | 誠 ʿhan ꜀shing earnest; | 切 ʿhan ts'it꜀ eagerly; | 求 ʿhan ꜀k'au intreat; | 恩 ʿhan ꜀yan implore; | 給 ʿhan k'ap꜀ beg, ask for.
K'un

94,6.
ʿ狠 *K.* read ꜀wán or ꜀ngán or ꜀ngan snarling of dogs, name of an animal; read ʿk'an to bite. *F.* read ʿhan.—**Mi.** | 響 ʿhan ʿhéung shrill.
Han

ʿ頎 [o.p. ꜀k'i] *K.* read ʿk'an extreme, commiserating, little, small.—**Mi.** | 典 ʿhan ʿtin firm endurance (*K.*)
K'i Ch'i Kan

61,12.
꜀憪 [a.w. 憪 ꜀hán] *K.* pleased, tranquil; read ʿhán liberal, disturbed by, enraged.
Hien H'ien

104,12.
꜀癇 [a.w. 癇 ꜀hán] *K.* a disease, convulsions (in children).
Hien H'ien

169,4.
꜀閑 *K.* to shut in, to guard, avoid, a rule, great, social intercourse between men and women, accustomed to, a paddock for horses, a barrier, to defend, shake, often seen, to cover. *Shi.* to be trained, display good training. *Shoo.* to bar, keep
Hien H'ien

图3-13 《汉英粤语字典》的样条

要》等自创粤方言注音体系，对方言读音进行标注。其次，欧德理用Ca.（即Cantonese的缩略）作为标注，修饰粤方言中常用的汉字，如陒（to deceive, delude）、嚛（deceive）、艕（rudder）、滩（land below high water mark）、窦（nest, den）、仔（little）、斜（uneven）、造（lay by）、哙（able to）、饮（to dip）等。最后，欧德理在一些词条中设置了大量体现粤方言词语用法的复合词或例证，如："择"字条下的"你咁拣择you are so hard to suit"；"争"字条下的"争的捉倒佢all but caught him"；"值"字条下的"唔值一个钱not worth a farthing"；"照"字条下的"照见你嘅心肝I see through your designs"；"乞"字条下的"乞仔pray for children"；"兴"字条下的"呢处唔兴佢it is not in vogue here"；等等。

欧德理在编纂《汉英粤语字典》时博采众家之长，将《康熙字典》、理雅各英译作品等的复合词或例证收录其中，并采用一套缩略体系来加以区分，试看表3-3。

表3-3 《汉英粤语字典》中例词的出处

缩略	出处	例　　词
An	《论语》（理雅各译）	非礼勿视（look not at what is improper）、成名（render his name famous）、中门（stand in the gateway）、女乐（female musicians）、三思（thought thrice）

续 表

缩略	出处	例 词
K.	《康熙字典》	小殓/大殓(to enshroud within the house or on the steps)、模棱(to waver)、玲珑(the sound of metal or gems, perspicuous)、三老(three degrees of old age beyond eighty years)、眽睐(to look askance)
Me.	《孟子》(理雅各译)	有莘之野(the lands of the prince holding Sin)、世俗(the manners of the age)、其实(in reality, meritorious services)、商贾(merchants)、草尚之风(the grass when the wind is upon it)
Shi	《诗经》(理雅各译)	蛮貊(the wild tribes of the South and North, the wild hordes south of the Hwae)、人有民人[(of rank) had their smaller officers]、万邦(all the kingdom)、密交(close friendship)、有物有则(to every faculty and relationship its law is annexed)
Shoo	《书经》(理雅各译)	亚旅(the many subordinate officers)、作心膂(be as my heart and backbone)、六德(six out of the nine virtues)、车马(chariots and horses)、日月逾迈(days and months pass away)

欧德理对复合条目或例证进行分类，分别用Cl.(即classical之略)、Co.(即colloquial之略)和Mi.(即mixed之略)归类，试看表3-4。

表3-4 《汉英粤语字典》中不同文体的例词

缩略	语域	例 词
Cl.	文言文	亲结其缡(their mothers have tied their sashes i.e. they are going to be married)、不大声以色(not loudly proclaimed or portrayed)、根深柢固(deep-rooted, inveterate)、德之隅(an indication of virtue)、桎梏(fetters and hand-cuffs)、匹夫匹妇(a common man and woman)、燮理阴阳(to harmonize and regulate the operations of Heaven and Earth)、莅事(management of affairs)、聚敛(look out for imposts, extort)
Co.	口语体	丫头(a slave girl)、眨眼(to wink)、只可嗻喥(only thus it is proper)、臭亨亨(a vile stench)、小炒肉(fried hash and vegetables)、嗻等吓(wait and it shall be so)、蔗鸡(cane dipped in boiling sugar; sprouts on the cane joints)、打一巴掌(to slap one)、唔系大丈夫(unmanly)
Mi.	混合体	树丫(fork of a tree)、亚圣(sage of second rank, Mencius)、哽咽(convulsive sobbing)、画花押(write a monogram, devise, mark)、讹诈(extort)、放债(lend money)、侧室(a concubine)、痘疹(small-pox pustules)、站班(file off and salute)、烧肉串(a skewer)

在词条的翻译方面，欧德理沿袭了先前传教士词典编纂者惯用的先直译后意译的翻译手段，并用met.［即metaphorical（喻义）的缩略］连接直译和意译，如："靴"字条下的"瓦靴瞰硬as stiff as earthen boots, (met.) obstinate"；"海"字条下的"陆海the dry sea, (met.) fertile rich lands"和"苦海the sea of troubles, (met.) the world"；"汞"字条下的"烧丹炼汞smelt cinnabar and extract the quicksilver, (met.) do penance"；"池"字条下的"酒池肉林a tank of wine and a forest of meat, (met.) plenty"；"椎"字条下的"擂椎a triturating pestle, (met.) a working man's large fingers"；"覆"字条下的"马前覆水gather water poured before a horse, (met.) impossible"；"陷"字条下的"陷人坑fall into a man-trap, (met.) a risky affair, go to brothels"；"剑"字条下的"舌剑唇枪the tongue like a sword and the lips like spears, (met.) pointed sarcasm"；等等。这种方式对成语的翻译尤为适用，不少成语条目都是先提供了字面意思然后再意译，如"发尽指冠their hair bristling under their caps, (met.) horror-struck""豺狼当道a wolf stopping the road, (met.) a rapacious officer""耳目昭彰bright to eyes and ears, (met.) famous"等。但译名不确切的问题在《汉英粤语字典》中时有出现，像"哑口mute, sulky""涂鸦rough copy, my poor performance""河东狮吼the lion roars east of the river, (met.) a hen-pecked husband""矫揉造作to work straightening and bending, (met.) make everything subservient to one's own interest""自恃self-confident""视而不见look without seeing""装饰bedizened, specious""风流dissipation, smart"等条目都存在着一定的问题。此外，同一条目译名前后不一的现象在这部字典中同样存在。例如，"匹夫"一词在"匹"字条下被译作"a mean person"，而在"夫"字条下的译名则是"an ordinary person"。

欧德理对汉字词头作出了分析，在汉字上方标出两个数字，第一个数字表示该词的部首在《康熙字典》中所对应的部首序号，第二个数字则表示部首之外部分的笔画数，如"古30.2.""故66.5.""冥14.8.""奴38.2.""授64.8."等。英国人霍近拿（Alexander Falconer）在1877年第4期《中国评论》撰文评介欧德理的字典，他认为上述做法"给初学者带来了极大的便利。这一创新做法在之前的英汉双语词典中闻所未闻"。

1910年，德国礼贤会传教士叶道胜（Immanuel Gottlieb Genahr）对欧德理的字典进行了修订和扩充。这在一定程度上说明了《汉英粤语字典》的受欢迎程度。修订版分上下两册，分别在1910年和1911年出版，不仅增收了当时一些新近出现的词语，如炒屋（to speculate in houses）、火车头（a railway station）、微生物（bacteria; animalculae）、地之引力（the attraction of the earth）、时刻表（a time table）等，而且也补收了之前版本遗漏的词语，如哑佬食黄连（like a dumb man eating gentian, — keeping his troubles to himself）、骄奢淫佚（proud, extravagant, lustful, and lazy）、貌不惊人（countenance which does not inspire with awe, — of a man who has no weight）、眉来眼去（exchange of glances, — as between lovers）、自投罗网（he fell into his own snare）等。

十、纪多纳的《客英词典》

纪多纳（Donald MacIver, 1852—1910）是英国长老会差会派遣来华的传教士。他是苏格兰人，早年就读于阿伯丁大学，1879年来到潮汕地区传教。1904年，上海美华书馆出版了由纪多纳编写的《华英字典和汉英韵府之客家话索引》（A Hakka Index to the Chinese-English Dictionary of Herbert A. Giles, LL.D. and to the Syllabic Dictionary of Chinese of S. Wells Williams, LL.D.）。1905年，纪多纳编写出版了《客英词典》（A Chinese-English Dictionary: Hakka-Dialect as Spoken in Kwang-tung Province）。在粤东地区居住30年之后，纪多纳于1909年回国，并于次年去世。

《客英词典》正文部分1 216页，前设3页序言和5页引言，后附5页勘误。在序言中，纪多纳对编写目的和词典蓝本作了说明："本词典的主要目的是记录客家人所操的语言。该书基于一部由巴色会传教士[①]编写的半华英半华德的手稿词典。"（MacIver, 1905: i）。纪多纳同时还提到他在编写过程中得到了他以前的学生彭景高的帮助。在引言中，纪多纳分别对客家族的分布和客家方言作了较为详细的介绍。词典中的典型词条包括汉字字头、客家话读音

---

① 即韩山文（Theodor Hamberg）和派黎力基（Rudolf Lechler）。

以及汉字英译,每个字头下的合成词、成语等条目亦是按同样方式编排,试看图3-14。

```
法 Fap. Law, rule, regula-
    tions, method, means.
    Doctrine of Buddha.

律 |, lút f., law.
國 |, kwet f., law of the land.
| 度, f. thù, and | 則, f. tset, rules,
    regulations.
立 |, lip f., establish, institute laws.
方 |, fong f., method, means.
設 |, shet f., adopt methods.
無 |, máu f., no method of dealing
    with it; cannot be helped.
善 |, shèn f., a good method.
好 |, háu f., do.
照 |, cháu f., according to law.
變 |, pièn f., change the law.
守 |, shiú f., obey the laws.

罰 Fát. To punish, to fine.

刑 |, hìn f., to punish.
責 |, tsit f., do.
謫 |, tsak f., to correct.
賞善 | 惡, shóng shèn f. ok, reward
    the good and punish the wick-
    ed.
| 酒, f. tsiú, fine one a feast; also,
    fine him a glass of liquor, that
    is, compel him to drink it.
| 佢十張桌 (席), f. kì shíp chong
    tsok, fine him a feast of ten
    tables (for 80 guests).
```

图3-14 《客英词典》的样条

作为一部方言词典,《客英词典》试图体现客家话中各类表达的用法,其中就包括了许多无字词语。针对这些词语,纪多纳用注音的方式将它们单列,并加以解释,如 "*fon*, classifier of mats, quilts, sails, etc." "*fung*, empty, vacant" "*hiam*, stench, unpleasant odour" "*kak*, to test one's strength" "*khem*, to cough. To retch without vomiting" "*leu*, to bite or bore as insects do" "*lot*, to scrape off, as rice from the bottom of the pot" "*met*, to arrange, sort; put right, 'fix'. To play with"等。在一些字头下,纪多纳有时也只标注一些口语用词的读音。例如,在"阿"字条中,纪多纳收录了6个无字词,其中包括 "*a shap*, a small freckled fish kept in a bottle for fighting" 和 "*a the* (*thai*), a younger brother"。与此同时,纪多纳根据卫三畏的《汉英韵府》和翟里斯的《华英字典》为自己的词典添加了不少汉字,并大量参考了《华英字典》的释义。一些常见于广东省客家方言中的典型用语也被纪多纳收录其中,如 "系 to be is, etc. To connect with. Consequent upon""佢the third personal pronoun. He, she, it""唔no, not""佬large, great""亚姆mother, mamma""阿公grandfather""阿婆grandmother""食朝eat breakfast, eat 'the morning'""食昼to eat the mid-day meal""食用expenses for food; 'wages'""金瓜a pumpkin, a gilt bludgeon carried in procession""虾蚣a lobster, crab""火焰虫the firefly"等。

此外,《客英词典》收录了不少成语条目,如"祸不单行misfortunes never come singly""如虎添翼like adding wings to a tiger — increasing one's powers for mischief""老蚌生珠the old oyster has produced a pearl — the old man has got a son""明知故犯wilfully commit a crime""玉石俱焚good and bad together suffer""煮豆燃萁use the stalk to cook the beans (of brothers at strife)""举案齐眉to raise the bowl on a level with the eyebrows (mannerly), said of a good woman who reverenced her husband""安分守己mind one's own business"等。尽管旨在记载方言的用法,《客英词典》也收录了当时新近确定的一些名词,如矿物学（mineralogy）、植物学（botany）、动物学（zoology）、水雷（torpedo）、发票（an invoice）等。《客英词典》同时也记载了一些专有名词的用法,如"香港the fragrant harbour (lagoon) — Hongkong""地中海Mediterranean""高丽国Korea""琉球国the Loochoo Islands""洛阳ancient capital of China in Honan""日耳曼Germany""孟买Bombay""日本国Japan; the kingdom of the rising sun""朱熹The great philosopher and commentator (1130–1200)"等。

纪多纳为大多数词条提供的英文译名大多比较简洁,一般都为一两行,如"谦恭respectful, unassuming""百姓the hundred surnames; the people""八角octagonal; star aniseed""保险to insure against danger""司傅an artisan""应验to be efficacious; to be fulfilled""千里镜a telescope""牛肉冻potted beef"等。前后排列的合成词包含同一英译或实属同义词,纪多纳用表示"同上"之义的"do"[①]取而代之,如:"甘草licorice"和"甘草膏juice of do";"奸淫adultery, lewdness"和"行奸淫commit do";"竹篙a bamboo pole for punting boats"和"撑船篙do";"瘌痘measles"和"出痘have do";"牌匾a horizontal tablet"和

---

① 偶尔也用"as above"或"same as the last"来表示。

"匾额 do";"兴旺 to prosper, abundant, flourishing"和"兴盛 do";"学台 literary chancellor"和"学院 do";"戒食 be careful of one's diet, to fast"和"斋戒 do";等等。

在词条翻译方面,《客英词典》主要存在两个方面的问题。一是译名有误或不太确切,如"访问 to ask for""护身符 a charm for preserving the body""黄昏 getting dark""红包 a present[①]""香樟 the musk deer[②]""老成 experienced, trustworthy""礼义 civilization[③]""月亮 moonlight""风流 an idle spendthrift""名家 famous""神机妙算 a wonderful fortune teller""势必 conditions will require""买办 to buy wholesale[④]"等。二是一些成语词条只提供直译而缺失意译,如"海底捞针 dredge the bottom of the sea for a needle""安步当车 a gentle walk is as comfortable as a carriage drive""挥金如土 scatter money like dirt""入乡随俗 enter a village follow its customs""插翼难飞 with folded wings it is difficult to fly""弃邪归正 give up the false and turn to the true""势如破竹 even like splitting bamboo""暗箭伤人 to wound with a secret arrow"等。

《客英词典》在1926年经过英国长老会传教士玛坚绣(M. C. Mackenzie)的修订推出第2版,这一版本在1986年由台湾南天书局重印。玛坚绣不仅重新梳理了《客英词典》中的合成词条(即只有以字头为首字的合成词才被列在该字头下,其余词条重新调整至它们所属的首字词条中),而且还增收了不少词条。

[①] 该词自马礼逊的《华英字典》以来一直被译作"礼物"。
[②] 这个词最早见于卫三畏的《英华韵府历阶》,其对应词为"麝,香麝"。
[③] 最早见于罗存德的《英华字典》,其释文为"教化者,开化者"。
[④] 玛坚绣在修订版中将该译名改为"a house-steward; a compradore"。

第二章

福建地区方言

《南京条约》签署之后,厦门和福州成为通商口岸,由此福建也成了传教士等来华人士进入较早的省份之一。最早来福建的传教士包括美国归正会的雅裨理(David Abeel),美国圣公会的文惠廉(W. J. Boone),英国圣公会主教四美(George Smith),美部会的杨顺(Stephen Johnson)、摩怜与卢公明等。清朝后期由来华人士编写的福建方言词典共有七部[1],但由加拿大圣公会传教士怀履光(William C. White)[2]于1901年编著的《汉英建宁方言词典》(*A Chinese-English Dictionary of the Kien Ning Dialect*)目前已踪迹难觅,故只能对其他六部辞书作出评述。

一、麦都思的《福建方言字典》

1815年到南洋从事传教活动的麦都思在当地学习了汉语,1818年开始学习闽南语。1820年,麦都思编写了一部袖珍字汇,三年后将其扩充。1829年,在东印度公司的支持下,麦都思对原有词典进行了修订和扩充,并以一部叫作《十五音》[3]的福建方言词典为参考蓝本。1832年,位于澳门的东印度公司印刷所出版了当时还在巴达维亚(今印度尼西亚雅加达)的麦都思的《福建方

---

[1] 游汝杰(2002:143)曾提及打马字(John Van Nest Talmage,美国归正教传教士,1819—1892)所著的《厦门话新字典》(*New Dictionary in the Amoy Dialect*),该词典据信并未编写完成。
[2] 早期在福建传教,后来被圣公会任命为河南教区首任主教。
[3] 这是一部以漳州音为主的闽南语音韵学书籍。

言字典》(*A Dictionary of the Hok-keen Dialect of the Chinese Language*)。然而根据负责印刷的卫三畏在词典广告页中的介绍,这部词典1831年就开始在东印度公司印刷所印刷,然而由于种种原因印刷工作被耽搁了,1834年时才印至320页,后来在1835年12月又得以继续印刷,整部词典印刷完成的时间应该是1837年①。

《福建方言字典》正文部分758页,文前部分设置了7页序言、19页的福建省介绍以及32页的福建方言拼字法,附录部分则附有两页部首表以及100页汉字索引。麦都思在序言中不仅对官话和福建方言作了简短的介绍,同时也提到了当时方言词典的编写情况。他这么写道:"除了1828年的《广东省土话字汇》之外,之前的词典只限于用来解释官话的用法。据我所知,之前尚未有人尝试编写词典来解释福建方言或厦门方言的用法。"(Medhurst, 1831: v) 词典正文部分总共收录汉字12 000个,并按照音序排列。每个汉字均标注了读音和声调,绝大多数条目下同时也设置了例证及其译文,试看图3-15。

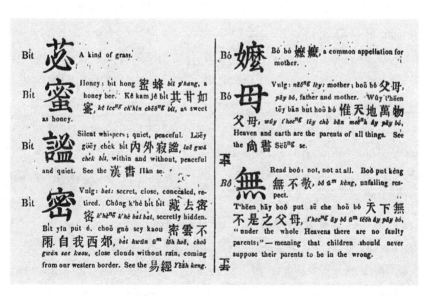

图3-15 《福建方言字典》的样条

---

① 苏精(2016)对该字典曲折的出版历程作了详细的论述。

就收词而言,《福建方言字典》收录的绝大多数词条为汉语中的常用词语①,如在、舟、手、操、玉、假、革、岚、隆、婆等。麦都思提供的英文释义相对比较简洁,如首(the head)、亲(near, to draw near; near relatives; to hold near and dear)、迎(to meet, to go out to meet)、杰(a hero)、起(to arise, to elevate, to raise up, to get up)、龙(a dragon, the chief of the lizard tribe; a surname)、布(cloth; to spread, to scatter; to disperse)、少(youthful, small, few in years)、底(the bottom of anything)、位(a station, a post, an office, a dignity; a place, a seat)等。

《福建方言字典》中的最大特色是麦都思所设置的例证。这些例证有相当一部分摘选自四书五经、正统史书等经典书籍,而且它们的出处也被一一标明,如:"极"字条下的"君子无所不用其极 the good man invariably adapts things to their best use; see the 大学";"隆"字条下的"道隆则从而隆,道污则从而污 when the principles are exalted, those who practice them will be exalted; and when the principles are corrupt, those who follow them will be corrupt also; see the 礼檀弓";"笼"字条下的"以天下为之笼则鸟雀无所逃 if we were to make a bird-cage of the empire, then even the birds and sparrows would not be able to escape; said by 庄子";"忍"字条下的"小不忍则乱大谋 a little impatience will confound great undertakings; see the 论语";"纶"字条下的"惟能经纶天下之大井 to be able to arrange the great concerns of the empire; see the 中庸";"蒿"字条下的"呦呦鹿鸣食野之蒿 he stags cry with the sound of yew yew, and eat the grass of the wilderness; see the 小雅";"王"字条下的"保民而王莫之能御也 when we aim at universal empire by protecting the people, none can oppose us; see 孟子";等等。

麦都思在例证部分同时也设置了一些常用的复字条目,如:"作"字条下的"细作 a spy";"赘"字条下的"附赘 a fleshy excrescence, a wart";"咳"字条下的"咳嗽 to have a cough";"坤"字条下的"乾坤 heaven and earth, the male and female principle, which the Chinese suppose produced all things";"贯"字条

---

① 马睿颖(2011)对该词典所收录的文化限定词作了研究,分析了麦都思在处理此类词语时所采用的几种翻译手段。

下的"钱贯 a string of cash"和"鱼贯而进 the fish bores through the water and gets forward";"厘"字条下的"毫厘 a down and an atom, the smallest particle of anything";"流"字条下的"流行 to flow along"和"流传 to hand down by tradition";"豉"字条下的"豆豉 a preparation of pickled pulse";等等。

《福建方言字典》存在的问题主要涉及词条的翻译,如译名的不确切("螳螂 a kind of cricket, or grasshopper"和"黄连 a refrigerant, a cooling medicine")、译名前后不一("琵琶"在"琵"和"琶"下的译名——"guitar, with 3 strings, used by the Tartars"和"a kind of guitar with three strings")等。

二、台约尔的《漳州话词典》

台约尔(Samuel Dyer),英国传教士,生于1804年,早年曾就读于剑桥大学,1827年被授予神职,同年受伦敦会委派前往南洋向华侨传教。到达槟城后,他除学习语言、传教之外,还设计和铸造了数千个金属汉字活字。台约尔后来转至马六甲、新加坡等地传教。根据伟烈亚力(Wylie, 1867: 51)在其书中的记载,台约尔著有5部作品,它们分别是1834年的《3 000汉语常用字》(A Selection of Three Thousand Characters Being the Most Important in the Chinese Language)、1835年的《论天》、1838年的《漳州话词典》(A Vocabulary of the Hok-këen Dialect as Spoken in the County of Tshëang-tshew)、1839年的《福音总论》以及1843年的闽南话版《伊索寓言》。1843年,台约尔在澳门病逝。

《漳州话词典》正文部分只有96页,文前部分包括4页引言和一篇36页的漳州方言语音论文,后附20页英文索引。台约尔在引言中指出:"本人试图用一种福建方言编纂一部字汇,这可被视为是一种试验。之前尚未有人尝试过在不提供汉字的情况下编纂字典。通过这种方式传播福建方言的知识能否成功,目前尚无定论。本人深信用罗马字为汉语方言注音将大大有助于欧洲学生的语言习得[……]。"(Dyer, 1838: 3)词典中的词条按音序组排列,每个音序组下包含不同数量的词条,每个词条包含音调对应数字、漳州话注音以及音译,试看图3-16。

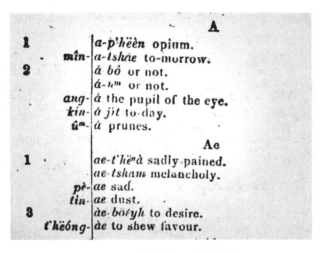

图3-16 《漳州话词典》的样条

《漳州话词典》收录的词语多为汉语中较为常用的词语,如"*c'hin-c'hek a relative*"(亲戚)、"*hó good*"(好)、"*hó-c'heò laughable*"(好笑)、"*bé rice*"(米)、"*bìt honey*"(蜜)、"*lòh hō to rain*"(落雨)、"*sèw hwa to embroider*"(绣花)、"*kay-ăh fowls and ducks*"(鸡鸭)、"*kwa a melon* 瓜""*p'ho-sat an idol*"(菩萨)等。

三、麦利和与摩怜的《榕腔注音词典》

1870年,美以美会传教士麦利和(Robert Samuel Maclay, 1824—1907)和美部会传教士摩怜(Caleb Cook Baldwin, 1820—1911)在福州合编出版了《榕腔注音词典》(*An Alphabetic Dictionary of the Chinese Language in the Foochow Dialect*)。麦利和,早年就读于狄金森学院,1847年受美以美会委派来到福州传教,23年后回到美国。其间,他编著了《生活在中国人中间》(*Life Among the Chinese: With Characteristic Sketches and Incidents of Missionary Operations and Prospects in China*, 1861)。之后在1873年前往日本传教,1887年退休后曾担任麦利和神学院院长。摩怜,又名摩嘉立,早年毕业于普林斯顿大学,1848年作为美部会传教士来到福州传教。在华传教47年之后,摩怜于1895年回到美国。摩怜另著有《榕腔初学撮要》(*Manual of the Foochow Dialect*, 1871)。

《榕腔注音词典》正文部分有1 010页,文前部分设置了4页序言、1页读音转换表以及18页引言,附录部分附有4页补遗、3页部首表、87页汉字索引以及3页勘误。据麦利和在序言中的介绍,这部词典1至631页的内容由他编写完成,但这一部分的审订工作由摩怜负责完成,632至1014页的内容以及词典的前言均出自摩怜之手。摩怜在引言中开门见山道出了编写这部词典的目的,即"帮助学生学习书面体和口语体的福州方言"(Maclay & Baldwin, 1870: vii)。与此同时,编者们也希望"这部作品不仅能够促进西方各国与中国的友好交往,而且更能推动基督教在中国人中的传教活动"。摩怜在引言中介绍了这部词典所采用的拼字法,即威廉·琼斯爵士(Sir William Jones)所创造的体系,同时对词典中所采用的福州话注音体系作出了详细的说明。

这部词典收录了928个读音,每个读音左侧都标注了序号。词典的汉字总数为9 390个,短语或词组的总数在30 000至35 000之间。这些短语或词组被分成三类:第一类是书面用语;第二类标有com.[即common(通用)之略],表示书面和口语中通用的词语;第三类标有"coll."[即colloquial(口语或土白)之略],表示口语中常用的词语。前两类词语在全书中占的比重在三分之二至四分之三之间。

在这部以音序为排列原则的词典中,每个典型的汉字词条包含两部分内容:一是汉字词头及其读音和英文译文;二是以读音表示的短语及其英文译文,短语的汉字形式则列在每页的下端。试看图3-17。

在许多标注有"coll."的词条中,有字头未标汉字的,也有在汉语中没有对应的词语的。例如,编者在"断"和"冻"之间设置了三个读作"tong"的词条,它们分别表示"the rising of tide""to indulge one, to permit wrongfully"以及"to buy, as piece-goods"。又如,在"女"字条下,编者设置的最后一个短语只标有注音和英译,即"*v mu kwo ching hu* the woman's (leprosy) can't pass over to her husband"。

《榕腔注音词典》在字头释义方面力求全面,无论是多义词还是兼类词,它们的许多义项均被逐一列出,并用分号隔开,相近词义通过英文同义词列在同一义项中,如"哀 pity, grief, sorrow; to pity, to lament, to bewail, to mourn; to compassionate, to feel for, to condole with; sad, pained, grieved; lamentable;

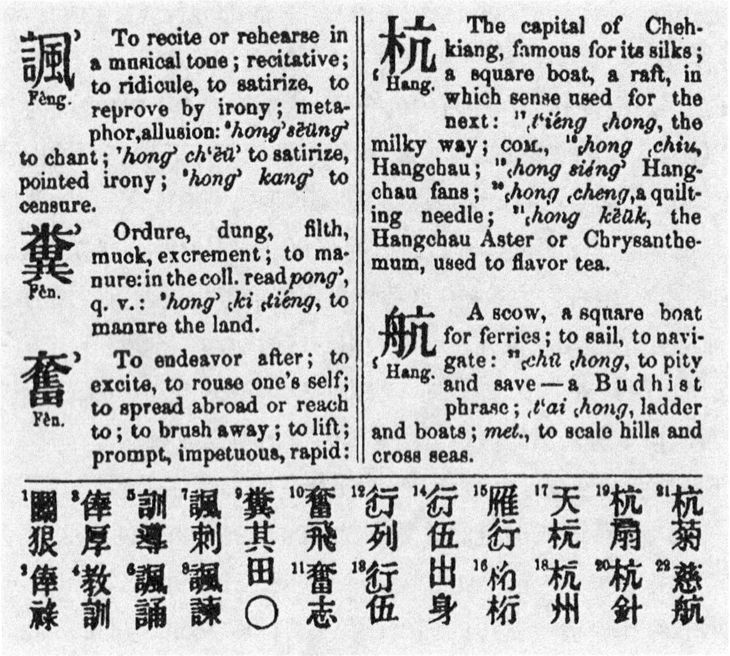

图3-17 《榕腔注音词典》的样条

urgently, heartily" "书 a book; a volume; a record, a letter, a writing; documents, dispatches; to write; style of writing" "嘴 the mouth, the beak, the bill of a bird; a spout, a nozzle; the edge of a knife, etc.; an aperture, an adit; to wrangle, to chatter, to talk much and impudently, to give lip" "取 to take, to lay hold on; to use; to exact; to seize on, to take away; to assume, to appropriate; to receive, to apply to one's use; to get, to induce, to bring upon; taken, applied, selected" "损 to diminish, to lessen; to injure, to damage; to wound; to lose; to reprove, to blame, as a critic does; detrimental; damage, bad luck; the 41st diagram" "突 abruptly, furiously; to rush out, to bolt; to offend, to insult; inconsiderate; to piece, to make a hole; blunt, bald; to guard a door; a vicious horse" 等。

在短语或词组的收录方面，麦利和与摩怜一般收录较为常用的词语，如："灾"字条下的"灾祸""灾难""火灾""遭灾""避灾""消灾"以及"禳灾"；"赃"字条下的"赃证""纳赃""贼赃""分赃""不明得赃"以及"满赃"；

"入"字条下的"入学""出入""入利""入声""入清"以及"入孝";"柳"字条下的"柳絮""插柳""花街柳巷""柳栳"以及"御柳";"颜"字条下的"颜容""颜色""颜料""颜回""颜子""尊颜"以及"颜色鲜笑";"霜"字条下的"节操冰霜""霜威""霜雪"以及"霜降";等等。与此同时,大量福州方言中的常用词语也被收录其中,如暗看(a spirit-seer, one about to see evil spirits, as in a sick room)、白面(a white face-prostitute)、败尾仔(a son who makes a final wreck, a spendthrift, scape-grace)、宝官(或宝二, the proprietors of a gambling establishment)、甲头[the head-man of porters (at a landing)]、瓜子面(a longish, oval face)、妈头亲(relatives of a paternal grandmother)、郎罢仔(father and child)等。

1897年,由摩怜、史荦伯①和力为廉②组成的修订小组修订出版了《榕腔注音词典》第2版。美部会驻福州传教士夏查理(Charles Hartwell)为新版作了序,其中指出修订任务主要涉及汉字注音方式的改变,即采纳由史荦伯创造的系统。1929年,黎天锡(Samuel H. Leger)对这部词典重新进行了修订,根据季理斐词典(即《英华成语合璧字集》)的编排原则对词条的排列做了彻底的改变。

四、杜嘉德的《厦英大辞典》

杜嘉德(Carstairs Douglas),1830年12月生于苏格兰,早年就读于格拉斯哥大学和爱丁堡的一所神学院,1855年被委任为牧师,同年受英国长老会派遣来华传教。1877年7月,杜嘉德在厦门死于霍乱。

1873年,杜嘉德出版了编纂多年的《厦英大辞典》(*Chinese-English Dictionary of the Vernacular or Spoken Language of Amoy, with the Principal Variations of the Chang-Chew and Chin-Chew Dialects*)。据杜嘉德在序言中的介绍,《厦英大辞典》的蓝本是一部由美国长老会卢壹(J. Lloyd)牧师编写的手稿字

---

① R. W. Stewart(1850—1895),英国圣公会传教士,1876年来华传教。
② W. H. Lacy(1858—1925),美国美以美会传教士,1887年来华传教。

汇。杜嘉德同时也参考了美部会传教士罗啻（Elihu Doty）的《翻译英华厦腔语汇》[①]、伦敦会传教士亚历山大·施敦力（Alexander Stronach）的手稿词典、麦都思《福建方言词典》的蓝本等。在序言中，杜嘉德还坦诚地道出了词典的几大不足，即汉字的缺失、动植物及医学条目的不足以及英汉部分的缺失。

《厦英大辞典》正文部分共605页，文前部分设有3页序言、7页引言、两页略语表以及1页勘误，后附6页附录。在该词典中，词目和例证均用厦门读音[②]标示，随后便是它们的英文译文，试看杜嘉德对"面"字条的处理（见图3-18）。

```
biēn [R. the face, = col. bīn], in many phrases has
the idea of prestige, respectability, or influence.
  chêng-biēn, character, as having influence or power
with another. toà--tióh i--ê chêng-biēn, out of
consideration for him, as doing a favour on his account
to a third party. khoàⁿ i--ê chêng-biēn, id.
  liám-biēn, prestige; reputation. pháiⁿ-liám-
biēn, condition of having little or no influence, so as
to be ashamed.
  thé-biēn, respectability; power or influence; prestige;
influential position. kò-thé-biēn, to take care of
one's respectability or prestige. sioh-thé-biēn, id.
bô-sioh thé-biēn, careless of one's own good name.
sit thé-biēn, to lose prestige, reputation, influence,
or good name. sià-thé-biēn, to make our superior
lose respectability or good name through our miscon-
duct. thé-biēn-ōe, exaggerated boastful talk about
one's self or one's connections.
```

图 3-18　《厦英大辞典》的样条

杜嘉德在词典中对词头做出了较为完整的解释，如"**bā**　to search or make inquiries for what is not know"（觅）、"**chēng**　pure; to cleanse"（净）、"**chèng**　a disease"（症）、"**chhéng**　to act in a bragging manner"（逞）、"**goā**　out; outside;

---

① 即 *Anglo Chinese Manual of the Amoy Dialect*，1853年在广州由卫三畏出版。
② 杜晓萍（2017）以《厦英大辞典》为基础对19世纪以来厦漳泉方言的语音演变及差异作了研究，并指出在该辞典中标注的泉州字音和词汇有三千余条，漳州字音和词汇则有两千余条。

besides; more than; expecting; by female side, of relations and connections"（外）、"**goán** to amuse one's self with"（玩）、"**hoà** to change, to renovate, to beg, as priests; to digest; luck of fortune"（化）、"**hún** powder; dust; flour; vermicelli; (some preparations like arrow-root); pigment or powder for the face; tender, as pig's liver well cooked"（粉）、"**kái** to separate a thing into its parts; to untie; to loose; to deliver from calamity; to compose a quarrel; to explain"（解）、"**kó** a stalk of grain or reed, including the ear; the rough draft of a composition"（稿）等。

《厦英大辞典》收录更多的则是复字条目，包含词头的词语均会被收录其中，如："bān"（慢）字条下的"tāi-bān to slight; to treat disrespectfully"（怠慢）; "bāng"（梦）字条下的"tsòe-bāng to dream"（做梦）; "i"（医）条下的"hèng-i to practice healing"（行医）和"i-seng a surgeon for falls and wounds"（医生）; "hó"（虎）字条下的"hó-kut tiger's bones"（虎骨）; "jú"（乳）字条下的"jú-bú a wet nurse"（乳母）; "kài"（界）字条下的"sè-kài the world"（世界）; "kò"（过）字条下的"tsōe-kò a crime"（罪过）; "koà"（卦）字条下的"pat-koà the eight diagrams of Fuh-hi, often worked as an octagonal figure"（八卦）; "koaⁿ"（肝）字条下的"sim-koaⁿ the heart and liver; the heart as the seat of thought and affections"（心肝）; 等等。

《厦英大辞典》出版后备受好评。1877 年出版的《杜嘉德纪念集》(*Memorials of Rev. Carstairs Douglas*)有这么一段评价："它［指《厦英大辞典》］被最权威的专家一致认为是一部收词最为齐全、经过缜密研究、释义精确的词典，它同时也充分体现出编者超人的能力和才干。"(Douglas, 1877: 61)《中国评论》在 1879 年第 4 期上载文提及该词典，其中指出："最近几年中在汉语研究方面最具价值的作品非杜嘉德的《厦英大辞典》莫属［……］这是一座语言宝藏，其搜集和调查所得的语言资料尚未出现在之前的汉语词典中。"(274)

1899 年，杜嘉德对初版词典中的部分内容进行了修订，同时也增补了两百多条新词条。1923 年，苏格兰传教士巴克礼（Thomas Barclay）对这部词典作了增补（*Supplement to Dictionary of the Amoy Colloquial Language*），在原词典正义后面补允了 271 页的内容，并一改杜嘉德的做法，在词典中填补用作词头的汉字。

五、麦高温的《英厦辞典》

麦高温（John Macgowan，又译作麦嘉湖、麦嘉温或马约翰），1835年生于北爱尔兰贝尔法斯特。1860年，他受英国伦敦会委派来到中国传教。他最初在上海传教，1863年转至厦门。次年9月，他由于妻子健康原因途经纽约返回英国，直到1866年6月才重返厦门。麦高温著作等身[1]，先后著有《上海方言短语集》(*A Collection of Phrases in the Shanghai Dialect*, 1862)、《英华口才集》(*A Manual of the Amoy Colloquial*[2], 1869)、《英厦辞典》(*English and Chinese Dictionary of the Amoy Dialect*, 1883)、《中国通史》(*A History of China from the Earliest Days Down to the Present*[3], 1897)、《华南写实》(*Pictures of Southern China*, 1897)、《西方传教士眼中的厦门》(*Christ or Confucius, Which? Or the Story of the Amoy Mission*, 1889)、《华人生活杂闻》(*Sidelights on Chinese Life*, 1907)、《中国人生活的明与暗》(*Lights and Shadows of Chinese Life*[4], 1909)、《中国民间故事》(*Chinese Folklore Tales*, 1910)、《与竹为邻》(*Beside the Bamboo*, 1914)等书。1922年，麦高温在英国去世。

麦高温在编写《英厦辞典》的过程中参考了当时的多部词典，如杜嘉德的《厦英大辞典》、卫三畏的《汉英韵府》和《英华韵府历阶》、卢公明的《英华萃林韵府》以及谭达轩的《英华字典汇集》[5]。在词典引言中，麦高温不仅介绍了词典中汉字的拼字法和读音，而且还提到了汉语中的复合元音、鼻音以及声调等内容。

《英厦辞典》的正文部分总共598页，前后附引言和附录各一个，词典中的

---

[1] 据伟烈亚力在《在华新教传教士纪念录》中的记载，麦高温在上海还出版了《中外杂志》(1862)、《英话正音》(1862)和《英字源流》(1863)。
[2] 麦高温在1898年还推出了该书的第4版。
[3] 该书在1906年再版时更名为《中华帝国史》(*The Imperial History of China*)。
[4] 该书在1912年再版时更名为《中国人的生活方式》(*Men and Manners of Modern China*, 又译作《多面中国人》)。
[5] 该词典出版于1875年，并于1884年推出修订版。

典型词条包含英文词目、汉语对应词以及厦门方言音①、英文例证及其译文和读音,试看图3-19。

```
Abandon, 放°却° pàng-sak, 棄却
  khì-sak, 拒絕 kù-tsoát, 棄絕 khì-
  tsoát.
Abandoned, (forsaken) 放°却° pàng-
  sak, (profligate) 放蕩 hòng-tōng.
Abase,      ⎫ 降下° kàng-kē.
Abasement, ⎭
Abash, 俾°人°歹°神氣 hō· lâng pháiⁿ
  sîn khì, 俾°人°無°局 hō· lâng bô
  kiók, 俾°人°置身無地 hō· lâng tì
  sin bú tē, 俾°人°無°意神 ho· lâng
  bô ì-sîn, 俾°伊無°心適 hō· i bô
  sim-sek.
Abashed, 無°意神 bô-ì-sîn, 無°局 bô
  kiók, 無°心適 bô-sim-sek.

Abbreviate,   ⎫ 簡省 kán-séng, 簡略
Abbreviation, ⎭ kán-liók.
Abdicate, (the throne) 讓 天°位
  niūⁿ-thiⁿ-ūi.
Abdomen, 腹°肚° pak-tó·
Abduct,    ⎫ 偷°㒚 thau-chhōa, 偷°
Abduction, ⎭ 㒚走 thau-chhōa-tsáu.
Abductor, 偷°㒚之°人° thau-chhōa
  ê lâng, 拐棍 koái-kùn.
Abed, 在°眠床°裡° tī-bîn-chhn̂g-nih.
Aberration, (of mind) 失心 sit sim.
Abet, 挑°唆 kiáu-so, 使°唆° sái-sō,
  擺弄 pái-lōng, 弄 lōng.
Abetter, 挑°唆者° kiáu-so-ê, 使°唆°
  者° sái-sō-ê.
```

图3-19 《英厦辞典》的样条

作为一部厦门方言词典,《英厦辞典》中的方言特色具体体现在两个方面。一方面,麦高温在《英华口才集》以及杜嘉德《厦英大辞典》中的切音方案的基础上推出了一套汉字注音体系,如用chh表示送气的ch、用ph表示送气的p、把ia用作复合元音(如"盐iam")等。另一方面,麦高温在许多词条的译名中使用了典型的方言用语,如basket-maker(作篮司阜)、bat(蜜婆,蝙蝠)、beau(缘投仔骨)、cookhouse(灶脚)、cottage(厝仔)、grandam(阿妈)、guava(篮仔拔,篮仔佛)、guest(人客)、habitation(厝,住处之所在,住家)、middle-aged(半老老,中年)、papa(父,阿爹,阿官)、shampoo(掠龙)、sorceress(尪姨)、squirrel(火鼠)等。词典中方言词汇同时还通过其他方式表现出来。例如,麦高温在许多名词条目中将用法类似后缀的"仔"用于译名之中,如chit(批仔)、barrow(车仔)、bead(珠仔)、doll(尪仔)、hillock(山仔)、painting(尪仔)、pond

---

① 马重奇(2015)对该词典所采用的声母、韵母、声调系统作了详细的分析。

(河仔,潭池)、scissors(剪刀,剪仔)、shrub(树仔)等。又如,在许多动词(或形容词)条目下,麦高温则将表示"使"之义的"俾"用于译名之中,如bedim(俾伊更暗,俾伊雾)、disgusting(俾人厌恶,恨神)、straiten(俾伊狭)等。

就收词而言,《英厦辞典》收录的词条绝大多数都是较为常用的英语词语,不过它同时也收录了一些专有名词条目,尤其是各类地名,如"Batavia咬留吧""Bombay蒙排,掸国""Bornea马神,渤泥""Namoa南澳""Peru大秘国""Pulo Condor昆仑""Rangoon仰岗""Shantung山东""Syria斯利亚""Yeddo江户"等。

这部词典在收词方面呈现出三个特点。第一,大概是出于节省篇幅的原因,《英厦辞典》中的许多同源词目经常被合并在一起,如"anxiety, anxious挂心,挂虑""brag, bragging夸诩,夸口""dire, direful凄惨""friendliness, friendly相好,亲厚""meek, meekness温柔,温纯,谦逊""mutual, mutually相,大家""predisposed, predisposition在先意爱,在先意向""presumptuous, presumptuously, presumptuousness自专""savage, savagely生番,未受教化""unanimous, unanimously同心""zeal, zealous热心,热管"等。第二,麦高温把形容词的比较级和最高级的形式单列成条,并为它们提供了译名,如:"dearer更贵""dearest尽贵";"deeper更深""deepest上深,第一深";"shallower较浅""shallowest上浅";等等。第三,许多原本分写的复合词被并在一起,如"bloodvessels血管""currystuff加里料""daylabour短工""drynurse母仔""highpriest祭祀长""sodawater荷兰西盐水"等。

词典中偶尔也出现立目不太严谨的现象,如"poor health弱,无康健""seafaring man驶船者,行船者""tepo[①]地保"等。

麦高温在一些词条中提供了中文词目的英文释义,如"hanky-panky, (an affair about which there is something suspicious) 有饷货""noticeable, (likely to attract attention) 较超脱,能看出""ominous, (inauspicious) 不吉""ostracise, (banish from society) 俾人拒绝""procurer, (a pimp) 乌龟,乌龟头""rueful, (expressing sorrow) 死歹,无神彩""stultify, (make a fool of a person) 设人"等。

---

① 这个根据谐音拼成的词语之前尚未出现在传教士编写的英汉词典中。

在一些多义词和兼类词词条中，麦高温有时通过提供英文释义或提示词加以区分，如"advocate, an (lawyer) 状师, (plead a cause) 替人分讼""batten, (fatten) 饲肥, (fasten down) 封""shift, (a chemise) 内衫, (a contrivance) 计智, 步数""thrive（兴旺）…… — as one's business 兴, — as a tree 旺"等。

麦高温在词典中设置了一些例证，用以体现词语的用法或搭配等信息，如：disease（症头，病痛）条下的"organic disease 脏腑本体之病"和"functional disease 脏腑公用之病"；memorize（读到能经念得）条下的"he will memorize the whole of the classics 经书伊皆要读到能念得"；mitigation（较轻）条下的"it is a mitigation of his offence, that he was led by others to commit it 伊行此项歹是别人引诱所以伊的罪较轻"；nay（无，不是，不）条下的"I wanted him to come with me, but he said nay 我欲得伊与我来去伊偏不"；placidly（平静；恬恬）条下的"he answered him very placidly 伊恬恬仔应伊"；population（百姓）条下的"dense population 人烟稠密"；proof（凭据，赃证）条下的"there was no proof that he stole the horse 伊偷牵马无证据"；等等。有时例证中包含了不少由词头构成的复合词，如：Adam（亚当）条下的"Adam apple 咙喉钟，项珠"；alley（苍仔）条下的"bowling alley 球间"；bone（骨）条下的"backbone 龙船骨"；bean（荳）条下的"beancurd 荳腐, 豆花, 荳干"；night（暝）条下的 tonight（今夜）和 nighttime（夜时）；root（根）字条下的"Chinaroot 茯苓"；snake（蛇）条下的"watersnake 水蛇"；等等。

与之前的英汉词典相比，麦高温的《英厦辞典》中的译名显得更为简洁，大多数词条中通常只设置一两个汉英译名，如 artifices（计智，奇巧）、brick（甓）、conduce（俾，助）、dignity（威仪，威风）、dinner（大餐）、exhilaration（畅乐）、gracious（恩典的）、grain（五谷）、manager（副绳，董事）、package（包）等。在为数不多的条目中，麦高温提供了三个或三个以上的译名，如 animated（飘逸，瓢泼，有神采，精神，活泼）、cautious（点称，谨慎，根蒂，恬节，有心事，小心，细腻，细心，仔细）、originally（本然，起底，原来）、pale（黄酸，青黄，青笋笋，面栗色）、ringleader（头人，做头的，虾头声者，声的，做大哥）、shabby（小局，鄙厘，鄙陋）、tyrannize（压人，暴虐，强挽）等。

就其翻译质量而言，《英厦辞典》显然要比早些年出版的英汉词典逊色一些。例如，麦高温把physiology译成了"生物学"，而罗存德为其提供的译名则是"性学，性功用学，性功用论"。试比较《英厦辞典》和罗存德所编《英华字典》的译名：

表 3–5 《英厦辞典》和《英华字典》的译名对比

词 条	《英厦辞典》译名	《英华字典》译名
Brazil	比利时	巴西国
cauliflower	菜花	花椰菜，皱叶菜
radicals, the	字母	部，字部
scapegoat	亚撒色之羊	担罪羊，负罪羊
sofa	禅床	睡椅
supercargo	出海	大班，客商
tomboy	不男不女	鲁莽女子，粗鲁女子
zoology	活物总论	生物之知，生物总论

总体来说，《英厦辞典》在翻译方面存在的问题并不少，具体体现在四个方面。一是有些词条的译名不太确切，从词类对等角度来说不太匹配，如diabetes（尿变酸）、picnic（去山顶食酒）、polygamy（娶不但一个妻）、souvenir（为记）等。二是词典中存在着异词同译现象，如："ditty 歌"和"song 歌，曲"；"granddaughter 查某孙"和"prostitute 婊，娼妓，查某孙"；"horse 马"和"pony 马"；"pool 池，河"和"river 河"；等等。三是一些同源词的译名出现前后不一的现象，如："hilarious 清心，清火"和"hilarity 清心，快乐"；"quaver 拖诗拔调"和"quavering 牵丝拔调"；"refined 幼秀"和"refinement 雅气，文理，秀气"；"righteous 有义"和"righteously 公道"；等等。四是由于一些词条在汉语中找不到任何对应词，因而麦高温并未提供汉译，而是将其在厦门方言中的读音标注出来，如ornamented和tortuous分别被标注了"hoe-hiet"和"oan-oat"的读音。其他没有汉译的词条包括morose、neigh、pettish、scour、sherry、shudder、slumber、smudge、snore、splutter、tamper、tremble等。

麦高温在一些词条的后面还设置了信息量较为丰富的同类或相关词语信息，如customs（海关用语）、dynasty（朝代）、diseases（疾病）、medicines（药品）、military ranks（兵之品级）、numerals（数目）、provinces（省份）、rank（官衔）、tea（茶叶）、weights（计量单位）等。例如，在diseases条后的附录中，麦高温收录的病名多达9页，像acne（鼻顶红点）、dyspepsia（心气痛）、impotence（倒阳）、menorrhagia（血崩）、trachitis（总气管发炎）、whooping cough（时气咳）等词语均被一一收录。麦高温在词典后面设置了同样较为实用的一个附录，即"病情问句"（A number of questions &c., on various diseases for the use of medical men）。在这个13页的附录中，麦高温列举了数百个寻医问诊过程中常用的问句，如"Do you smoke opium? 汝有食鸦片否？""What time of day do you get the ague fit? 汝甚么时候寒热到？""Have you lost weight lately? 汝近来有较瘦否？""How often has the boy these epileptic fits? 此个孩子又几久羊眩一次？"等。

六、亚当的《英华福州话词典》

1891年，来华医生亚当（T. B. Adam）①通过位于福州的美华书局（Methodist Episcopal Mission Press）出版了《英华福州话词典》（*An English-Chinese Dictionary of the Foochow Dialect*，以下简称《福州话词典》）。这部词典正文部分384页，文前部分设有两页的序言。在序言中，亚当对该词典的内容作了一番说明："这本小册子只算是摩怜所著的《榕腔初学撮要》的第七部分②的扩充。之所以要出版此书，是因为笔者相信，尽管本书存在许多不足之处，但它能满足一定的需求，并能对福州方言的学习者有所帮助。"词典中所采纳的注音体系主要借鉴了摩怜在其著作中所采用的方式，而不同之处只有两点，即元音a和e不加重音符号以及书中的符号"'"用he来替代。

《福州话词典》中的典型词条包含英文词头、方言注音、英文例证及其注音，试看图3-20。

---

① 曾工作于福州地方医馆及药房（Foochow Native Hospital & Dispensary，即后来的塔亭医院）。
② 即English and Chinese Vocabulary，总共37页。

> A, An, *siŏh; ék*.
> Abacus, *sáung-buàng*: to work the –, *páh sáung-buàng*.
> Abandon, *ké*: relinquish, *sia*: – one's self to lusts, *ŭng-cĕ̤ung sṳ̆-ŭk*.
> Abase, *áik giá; páh iéng-ciĕng*: degrade in rank, *gáung ngék*.
> Abate,– as rain, *ṳ̄ náh*: – as a flood, *cŭi tó̤i*: – as a fever, *tó̤i iĕk*;
> Abbot, *hùo-siòng tàu*.　　　　　　　　　　　　　　　　　　［*tó̤i hùo*.
> Abdicate, *niòng-ôi*.
> Abdomen, *bók-lō̤*.
> Abduct, *guāi; táu*.
> Abet, *bŏng-câe̤*.
> Abhor, *iéng-ké; hièng*.
> Abide, *déu; gṳ̆-cĕ̤u*.

图3-20　《英华福州话词典》的样条

与摩怜的英华词汇表相比，《福州话词典》中的词汇显然要充实不少。例如，前者所收的前12个词条分别是a, an（一）、abacus（算盘）、ability（本事）、able（能）、abominable（可恶）、above（崎顶，上）、absent（毛着礼）、accompany（齐去）、according to（凭，照）、account（数）、accuse（告）以及accustomed（惯，熟）。但若与邝其照的词典相比，《福州话词典》的收词则要逊色一些。例如，《福州话词典》在Q字母下只收录了47个词条，而邝其照词典收了近百个，像quadruped、quaff、quagmire、quarantine、quintessence、quotation、quotient、quiz等词语均未被前者收录。

尽管篇幅比较有限，亚当也设法对兼类词进行区分，即用词类标签加以标注，如N表示名词，V表示动词，adj表示形容词。像circular、fathom、hint、lead、liquid、press、probe、quilt等条目中均加以此类标注。在一些多义词词条中，亚当有时也提供词目的英文释义或提示词，如：beat条下的"strike"和"to cudgel"；bewail条下的"grieve for"；charge条下的"accuse"和"enjoin"；dispose条下的"arrange"和"get rid of"；leave条下的"permission"和"forsake"；等等。

《福州话词典》的最大特点就是词目的汉译并非是汉字而是其方言注音。这一做法显然是一把双刃剑。它在一定程度上有助于方言的学习，但汉字的缺失却不利于对书面文字的掌握。不过，通过所标注的读音，我们也不难发觉一些福州方言中的特有用法,如"afternoon *a tau*"(即"下罩")、"ague *bók-gàng*"(即"腹寒")、"apricot *chǎng-giāng*"(即"青仔")、"belly *bók-lō*"(即"腹老")、"boy *dòng buǒ giāng*"(即"唐晡仔")、"daughter *cú-nèng-giāng*"(即"诸娘仔")等。

《福州话词典》中也设置了一些简单的例证,如:age 条下的"what is your age?"和"to age fast";choose 条下的"choose as you please";company 条下的"a trading company"和"company of actors";do 条下的"will you do it or not?"和"will not do";hold 条下的"this room will hold one hundred persons";magistrate 条下的"deputy district magistrate"和"an upright magistrate";等等。一些例证中也包含了与词头相关的复合词,如:chair 条下的"armchair";chess 条下的"chessboard";dragon 条下的"dragon-boat";feather 条下的"feather-duster";purse 条下的"purse-proud";question 条下的"cross-question";race 条下的"human race";等等。

《福州话词典》出版后受到了读者的欢迎。后来,到了1905年,在一些使用福州方言的传教士和其他人士的强烈要求下,该书得以再版。

第三章

吴地区方言

上海、宁波开埠之后,外国传教士相继抵达。最早来沪传教的人士包括伦敦会的麦都思、雒魏林(William Lockhart)、慕维廉(William Muirhead)以及艾约瑟(Joseph Edkins),美国圣公会的文惠廉(William Jones Boone),美国监理会的秦佑(Benjamin Jenkins)等。这些传教士在掌握沪语之后陆续开始用这一方言来撰写宣教资料、教材等。钱乃荣在其《西方传教士上海方言著作研究》一书中罗列的上海方言著作有几十部之多,1911年之前出版的就有20多部,其中包括秦佑的《上海土白》(Lessons in the Shanghai Dialect, 1850)、艾约瑟的《上海方言口语语法》(A Grammar of Colloquial Chinese as Exhibited in the Shanghai Dialect, 1853)、麦高温的《上海方言短语集》(A Collection of Phrases in the Shanghai Dialect, 1862)以及薛思培(J. A. Silsby)的《上海土话学习指南》(Introduction to the Study of the Shanghai Vernacular, 1911)。就上海方言词典而言,1911年之前出版的只有三部,即艾约瑟的《上海话字汇》、台物史和薛思培的《上海话汉英字典》以及基督教上海话协会的《英汉上海话字汇》。

最早到达宁波传教的是美国浸礼会医生玛高温(Daniel Jerome Macgowan)。之后陆续抵达宁波的传教士包括美国长老会的麦嘉谛(Divie Bethune McCartee)、英国圣公会的禄赐(William Amstrong Russell)、美国长老会的丁韪良(William Alexander Parsons Martin)和兰显理(Henry V. Rankin)、英国福汉会的戴德生(James Hudson Taylor)等。但早期用宁波土白撰写的作品并不多,它们大多为宣教材料[①]，如《四福音书》《路加福音》等，而涉及宁波方言的词典则只有睦礼逊的《字语汇解》。

一、艾约瑟的《上海话字汇》

艾约瑟（Joseph Edkins），1823年12月19日生于英格兰格洛斯特郡。1847年，艾约瑟被委任为牧师，次年受英国伦敦会派遣前往中国，由此开启了长达57年的传教和旅居生涯。1905年4月23日，艾约瑟在上海去世。

艾约瑟著作等身，集汉学家、语言学家、翻译家于一身。作为汉学家，艾约瑟对中国佛教颇有研究，著有《中国的宗教》（Religion in China, 1878）、《中国的佛教》（Chinese Buddhism: A Volume of Sketches, Historical, Descriptive, and Critical, 1880）和《宗教在远东之早期传播》（Early Spread of Religious Ideas, Especially in the Far East, 1893）。艾约瑟在汉学领域的其他作品包括《中国建筑》（Chinese Architecture, 1890）、《现代中国》（Modern China, 1891）、《中国货币》（Chinese Currency, 1901）、《中国的财政与税收》（The Revenue and Taxation of the Chinese Empire, 1903）、《中国的银行与价格》（Banking and Prices in China, 1905）等。作为语言学家，艾约瑟先后编写出版了《上海方言口语语法》（A Grammar of Colloquial Chinese, 1853）、《汉语口语教程》（Progressive Lessons in the Chinese Spoken Language, 1862）、《汉语官话语法》（A Grammar of the Chinese Colloquial Language Commonly Called the Mandarin Dialect, 1864）、《汉语在语言学中之地位》（China's Place in Philology, 1871）、《汉字入门》（Introduction to the Study of the Chinese Characters, 1876）、《汉语的进化》（The Evolution of the Chinese Language, 1888）等书籍。在19世纪50年代，艾约瑟与李善兰、王韬等人合作翻译了许多西方科学著作，如《重学浅说》《格致新学提纲》《中西通书》《代数学》《植物学》等。1880年，艾约瑟辞去伦敦会的传教士工作，成为大清皇家海关的翻译。1898年，他负责翻译了

[①] 游汝杰（2002: 166）只列举了上海美华书馆出版的《宁波土话初学》（1896）、穆麟德（Paul Georg von Möllendorff）的《宁波方言便览》（The Ningbo Colloquial Handbook, 1910）等。

《西学启蒙十六种》。

1869年，艾约瑟编写出版了《上海话字汇》(*A Vocabulary of the Shanghai Dialect*)。艾约瑟在简短的序言中这么写道：“这本小册子计划作为新近出版的《上海方言口语语法》的姐妹篇。原本打算与语法书一起装订出版，但在出版商的要求之下还是单独发行了。”(Edkins, 1869: Preface)《上海话字汇》中的典型词条包含英文词目、汉语译名及其注音、例证及其翻译和注音，试看图3-21。

A VOCABULARY

OF THE

SHANGHAI DIALECT.

A, An, 一個 ih kú‘, (or kuh).

Abacus, 算盤 sûn‘ bén.

Abandon, 棄脫 k'í‘ t'eh, 廢 fí‘ t'eh, 甩 hwáh t'eh, 丟 tieu t'eh, 摜 gwan‘ t'eh.

Abate, 減少 'kan 'sau, 減輕 'kan k'iung.

Ability, 才情 dzé dzing, 才具 dzé gü‘, 天才 t'ien dzé, 本事 'pun zz‘.

Able, 能 nung (power), 會 wó‘ (skill).

Abolish, 除脫 dzû t'eh, 廢脫 fí‘ t'eh.

Abominable, 可惡 'k'ó ú‘, 可恨 'k'ó hung‘, (or ng‘).

About, (round) 周圍 tseu wé, (adv.) 差勿多 ts'ó veh tú, 頭 teu, 約規 yáh kwó, 約酌 yáh tsáh, 巴 pó, 光景 kwong 'kiun.

Above, 上頭 'zong deu.

Abridge, 減省 'kan 'sang, 減脫 'kan t'eh.

Abroad, 外頭 ngá‘ deu.

Abscess, 膿瘡 núng t'song, 爛洞 lan‘ dúng‘.

Absent, 勿嘞拉 veh leh 'lá, 出門者 t'seh mun 'tsé.

Absolutely, 必定 pih ding‘, 斷斷乎 tön‘ tön‘ hú, 斷然 tön‘ zén, 決勿 kiöh veh.

Abstain, 戒 ká‘, (from opium) 戒煙 ká‘ yien.

Absurd, 勿合情理 veh heh dzing 'lí, 勿是理 veh 'zz 'lí.

Abuse, 妄用 vong‘ yúng‘ (of things), 罵人 mó‘ niun (of persons).

Accept, 收納 seu neh, 受 'zeu, 收領 seu ling.

Accidentally, 偶然 'ngeu zén.

Accompany, 一淘去 ih dau k'í‘.

Accomplish, 成功 zung kúng, 做成功 tsú‘ zung kúng, 做好 tsú‘ 'hau.

Account, 賬 tsang‘, 賬目 tsang móh, (draw up an) 開賬 k'é tsang‘.

Accountable, (you are) 要問儂 yau‘ mun‘ núng‘, 要話儂 yau‘ wó‘ núng‘.

Accountant, 管賬個 'kwén tsang‘ kú‘.

图3-21 《上海话字汇》的样条

艾约瑟有时会在词条中提供英文提示词,引导出新的义项、相关或同类的条目,如:nurse条下的"(to a baby) 抱小囡"和"(a sick person) 服事,须张";orange(橘子)条下的"cumquat for preserves 金橘";science(格致之学)条下的"(of astronomy) 天文,(of numbers) 数学";servant(底下人)条下的"chair coolies 轿班"和"gardener 看花园个";rent(租,钱)条下的"(of house) 房租";seal(打印,盖印)条下的"seal up a door 封门";sole条下的"(a fish) 比目鱼"和"(of a shoe) 鞋底";spring条下的"(season) 春"和"(of watch) 发条";survey(观看)条下的"(land) 量田地";uncle条下的"(on father's side, elder) 伯"和"(younger) uncle 亚叔";等等。在为数不多的一些词条中,艾约瑟尽可能多地提供了同类词。例如,在tea(茶)条下,艾约瑟罗列了诸如soochong(小种)、bohea(武彝)、pekoe(白毫)、young hyson(雨前)、oolong(乌龙)、hyson(熙春)、twankay(屯溪)、brick tea(砖茶)等茶叶词汇。

在一些词条中,艾约瑟并未直接提供词目的译名,而是通过提供的例证来体现词义或其用法,如"embrace, (him round the neck) 抱着伊个颈骨个""foiled, (his plan) 破脱之伊个计""hemisphere, (northern) 北半球""incur, (his displeasure) 惹伊动气""journey, (go a long) 出一个远门""lay, (a wager with you) 搭侬相睹""popular, (he is) 百姓全爱伊""propagate, (a religion) 传教""saying, (common) 俗话"等。

就词目的中文译文而言,上海方言的特征较明显,像"伊""勿""个""侬"等字的频用便是充分的体现。例如,"个"主要用于名词和形容词词条的译名中,分别表示"的人"和"的":前者包括"gardener 管花园个;种花个""misanthropist 恨人个""musician 奏乐个,吹手""neophyte 新进教个""partners 同做生意个""pedestrian 步行个""proselyte 奉教个,进教个""soldier 兵丁,当兵个"等词;后者则包括"lost 矢脱拉个""luminous 发光个,明亮""natural 自然,天生个""nutritious 可以养命个""opaque 勿透光个""own 自家个""peaked 尖个""powerful 有能干个;有力量个"等词。上海方言中一些典型词汇也时常出现在一些词条的译名中,如:amusement条下的"孛相";apparatus条下的"家生";disciple条下的"学生子";food条下的"吃个物事";end条下的"末末脚""gain 赚铜钱""him 伊,是其""how 那能""in 勒拉""Indian, (corn) 珍珠米"

"monkey活狲"和"present勒拉";steal(偷)条下的"steal children拐小囡""swine猪鲁";等等。

上海方言在词典中的另一种体现就是较为冗长的解释性译文。从词性角度来看,这种译文有些虽然不能与源语匹配,但却是地地道道的方言表达,如"disinherit勿拨伊接着家业""donation捐拉个银子""embarrassed勿晓得那能做""imaginary朊影朊响个事体""incommunicable勿能分拉别人个""jurisdiction该管个地面""manufactures人工做出来个物事""nonsense朊没意思个说话""obvious勿用辩咾自然晓得""scandal叫人惹厌咾勿服个事体""sensualist拨拉酒色财气迷惑个人""swoon心里发悟咾跌倒下来"等。

艾约瑟在不少条目下设置了例证,以体现词语的用法,如:age(世,代)条下的"what is your age几许年纪,贵庚,高寿";apple(平果)条下的"a small apple花红";deviation(差处)条下的"not the least deviation一眼勿差";fair(美丽)条下的"just fair公道"和"fair wind顺风";face(面孔)条下的"a human face but a beast's heart人面兽心";fall(落,跌)条下的"if you do not fly high you will not be hurt in falling飞勿高跌勿伤";exhort(劝,勉,解)条下的"exhort men to be good劝人为善";however(然,倒)条下的"I however do not fear我倒勿怕";link(相连)条下的"link one's self with others for bad purposes勾串别人做恶事";meet(遇着,碰,会)条下的"meeting with misfortune临着之苦恼";opportunely(恰好,幸亏)条下的"you have come opportunely侬来之正合着我个意思";等等。

在一些例证中,艾约瑟将复合词置于其中,如:gunpowder(火药)条下的"gunpower tea珠芝茶";hand(手)条下的"hand-stove手炉";minister(朝臣)条下的"prime minister宰相,丞,大学士,阁老,中堂";office(职分)条下的"foreign office总理各国事务衙门";otter(獭)条下的"sea-otter水獭";powder(粉)条下的"gunpowder火药";rule(法度,规矩)条下的"foot-rule尺";sauce(酱,调料)条下的"saucepan调菜个罐头";stomach(胃)条下的"stomachache肚子痛";等等。

有不少词条或一些例证为汉语词语、成语、俗语等翻译而来,如:heaven(天)条下的"son of heaven天子";hide(隐藏,抗拢)条下的"his laugh hides a sword 笑里藏刀"; history 条下的 "Twenty one histories 廿一史"; modern 条下的 "modern times not equal to ancient 今不如古"; obscure(昏昧勿明)条下的 "dark heaven and black earth 昏天黑地"; open(开,打)条下的 "suddenly to open men's dark minds 顿开茅塞"; other(别)条下的 "what you do not wish your self do not give or do to others 己所不欲勿施于人"; plum(李)条下的 "in a field of melons do not adjust your shoe, not under a plum tree your hat 瓜田不纳履李下不正冠"; possess(有)条下的 "so rich as to possess the four seas and so honourable as to be the emperor 富有四海贵"; recall(追回来)条下的 "a word once spoken is difficult to recall even with four horses 一言既出四马难追"; recompense(报应)条下的 "good actions have a good recompense and evil actions an evil recompense 善有善报恶有恶报"; spindle(梭)条下的 "light and darkness come and go like arrows and days and months like a spindle 光阴似箭日月如梭"; 等等。

与先前出版的英汉词典相比,《上海话字汇》总体呈现出简洁的特征, 具体体现在两个方面。一是艾约瑟提供的大多数译名更为简短, 如 buy(买)、cheap(强, 贱)、detect(看破)、large(大)、lodge(寓, 宿, 住)、mistake(错)、music(乐, 音)、narrow(狭, 窄)、nice(细软)、rule(管, 治理, 主掌)等。二是译名中省略之前译名中出现的字, 而该译名的注音则完整地被注上, 如: compass 条下的 "罗经,(罗)盘"; derange 条下的 "扰乱, 弄(乱)"; invulnerable 条下的 "伤不着, 勿能(伤)"; jealous 条下的 "嫉妒,(妒)忌"; kitchen 条下的 "厨房,(厨房)间"; lead 条下的 "领, 引(领), 导(引)"; leave 条下的 "离别,(离)开"; nankeen 条下的 "紫花布, 土(布), 赤(布)"; 等等。

《上海话字汇》在收词和翻译方面存在着一些明显的不足之处。

就收词而言, 常用词语漏收和收词标准不严谨是最为突出的问题。被艾约瑟遗漏的常用词语包括 civil(公民的)、drawing(图画; 绘画)、final(最后的)[1]、occupy(充; 占霸)[2]、safety(稳当; 妥当)、定冠词 the、turtle(海龟)[3]、web

---

[1] 然而词典中却收录了由 final 派生出来的词 finally(终究)。
[2] 该词最早出现在由麦都思编著的《英华字典》(1847—1848)中。
[3] 然而词典中却收录了 turtledove(鹁鸪, 斑鸠)一词。事实上此处存在误译, "鹁鸪" 和 "斑鸠" 为两种不同的鸟, 前者的英文为 wood pigeon。

(网；掌)等。同类词或源词的遗漏现象也较为突出，如：收录了gradually（渐渐个）却遗漏了gradual；收录了step-father（继父）却漏收了step-mother（继母）[①]；收录了rudely却漏收了rude；收录了surprised（吃惊）和surprising（奇怪）却遗漏了surprise；收录了sympathize（体恤，体谅）却漏收了sympathy；收录了ticklish（发痒）却遗漏了tickle；等等。立目不够严谨的问题也较为明显。有些词目并非严格意义上的英语词语，而是一般的词组或搭配，如"emotions and passions七情六欲""incendiary and murderer杀人放火个""only begotten son独生儿子""temporal affairs世界上个事体""thatched houses草盖个房子""troubled mind劳心""unleavened bread除酵饼""unity of god独有一个主""universal peace天下一统太平"等。

就翻译而言，《上海话字汇》中出现的问题大致可归纳为三点。一是部分译名不够确切，存在值得商榷的地方，如"illustrious正大光明[②]""irrevocable一言既出四马难追[③]""nothing, (produce from) 无中生有""officer官府[④]""wing鸡翅[⑤]"等。二是异词同译现象，如："dormouse松鼠"和"squirrel松鼠"；"fungus木耳"和"mushrooms麻菇，香菌，香信，木耳"；"itinerary日记"和"journal日记"；"jam糖菓"和"preserved, (fruits)糖菓"；"novel小说,闲书"和"romance小说，闲书"；"play孛相"和"sport孛相，戏弄"；"prescription方子"和"recipe方子"；等等。三是派生词条与源词之间译名出现前后不一的现象，如："patient忍耐"和"patience耐性"；"peace太平，平安，和好"和"peaceful和平"；"sagacious有智能个,精明"和"sagacity精明能干"；等等。

《上海话字汇》较为全面地记录了19世纪中后期的上海方言词汇，对之后沪方言词典的出版具有一定的参考价值。

---

① 马礼逊在1822年的《华英字典》第三部分就收录了该词。
② 卫三畏在《英华韵府历阶》中提供的译名是"显名"。
③ 卫三畏在《英华韵府历阶》中提供的译名是"不反口"和"不覆舌"。
④ 先前的几部英汉词典中均会提供"官""官员""官府"等多个译名。
⑤ 马礼逊在《华英字典》第三部分中提供的译名是"翅"和"翼"。

二、睦礼逊的《字语汇解》

睦礼逊(William T. Morrison, 1835—1869)是美国长老会派遣来华的传教士。据伟烈亚力的记载,"[睦]和夫人于1860年7月2日来到上海,不久之后前往派驻地宁波。1865年初,他身体极度衰弱必须换环境,因此离华返美"(Wylie, 1867: 260)。几年后,睦礼逊返华。《丁韪良与近代中西文化交流》一书中就曾提及此事:"1868年6月中旬,丁韪良将常乐汇北京传教团的事务交给新来的年轻传教士惠理•睦礼逊(William T. Morrison),并叮嘱华人助手曹景荣(子渔)'尽心助之,且令子教其北京语'……"(傅德元, 2013: 79)。据1897年9月《教务杂志》的报道,睦礼逊在北京从事传教活动不到两年就去世了。

光绪丙子年(即1876年),由睦礼逊编写的《字语汇解》(*An Anglo-Chinese Vocabulary of the Ningpo Dialect*)①通过上海美华书馆出版。这是第一部记载宁波话的英汉双语词典②。在编写词典的过程中,睦礼逊参考了诸如罗存德的《英华字典》、麦都思的《英华字典》、卫三畏的《英华韵府历阶》以及艾约瑟的《上海话字汇》等词典。睦礼逊在词典序言中开门见山,道出了编写该词典的目的——"许多人一到宁波后发现坊间没有任何旨在辅助当代方言学习的词典或合适的教科书,备感惊讶。那些想学宁波话的人只能从头开始,艰辛地积累词汇或誊写已有的不太完整的词表。编写本书就是为了满足这样的学习需要"(Morrison, 1876: iii)。除了序言之外,词典文前部分还包括"宁波话音节表"(List of Syllables in the Ningpo Dialect)和"使用说明"(Explanations),而正文之后附有一个英汉对照的地名表(List of Geographical Names)。据睦礼逊在序言中的介绍,音节表和地名表均由雷音百(J. A. Leyenberger)③牧师

---

① 词典扉页上写有"Revised and Enlarged"(即修订扩充版)。可见这部词典是由睦礼逊在生前编写而成,后经人修订成书。
② 据史料记载,1870年来华的英国圣公会差会女传教士劳伦斯(M. Laurence)在1884年编写过另一部涉及宁波方言的双语词典——《宁英列韵字汇》(*Nying Ing Lih Yuing Z-wo*)。这是部收录7 000个汉字的汉英字典,但该书目前已难觅其踪。
③ 系美国长老会传教士(1834—1896)。

负责编写。其中的地名表共21页，收录了600多个中外地名，如America（亚美利驾）、Azure Sea（青海）、Borneo（婆罗）、Chefoo（烟台）、Dublin（都彼林）、Edinburgh（壹丁不尔格）、Fung hwa（奉化）、Jerusalem（耶路撒冷）、Moukden（奉天）、Rangoon（蓝哥尼）等。

《字语汇解》中的典型词条包括英文词头、中文译名的宁波话读音、中文译名、英文例证及其译文的宁波话读音和译文等内容。试看图3–22。

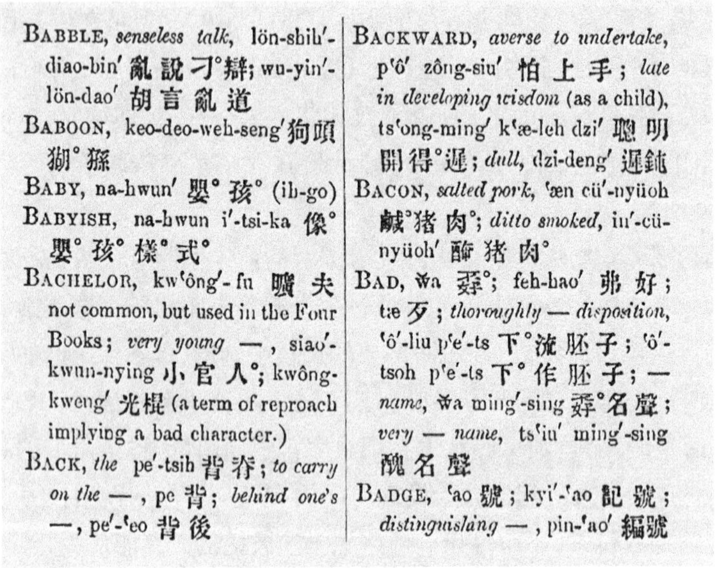
BABBLE, *senseless talk*, lön-shih′-diao-bin′ 亂說刁°辯; wu-yin′-lön-dao′ 胡言亂道
BABOON, keo-deo-weh-seng′ 狗頭猢°猻
BABY, na-hwun′ 嬰°孩° (ih-go)
BABYISH, na-hwun i′-tsi-ka 像°嬰°孩°樣°式°
BACHELOR, kw‘ông′-fu 曠夫 not common, but used in the Four Books; *very young* —, siao′-kwun-nying 小官人°; kwông-kweng′ 光棍 (a term of reproach implying a bad character.)
BACK, *the* pe′-tsih 背脊; *to carry on the* —, pe 背; *behind one's* —, pe′-‘eo 背後
BACKWARD, *averse to undertake*, p‘ô′ zông-siu′ 怕上手; *late in developing wisdom* (as a child), ts‘ong-ming′ k‘æ-leh dzi′ 聰明開得°遲; *dull*, dzi-deng′ 遲鈍
BACON, *salted pork*, ‘æn cü′-nyüoh 鹹°猪肉°; *ditto smoked*, in′-cü-nyüoh′ 醃猪肉°
BAD, wa 孬°; feh-hao′ 弗好; tæ 歹; *thoroughly — disposition*, ‘ô′-liu p‘e′-ts 下°流胚子; ‘ô′-tsoh p‘e′-ts 下°作胚子; — *name*, wa ming′-sing 孬°名聲; *very — name*, ts‘iu′ ming′-sing 醜名聲
BADGE, ‘ao 號; kyi′-‘ao 記號; *distinguishing* —, pin-‘ao′ 編號

图3–22 《字语汇解》的样条

从词条的编排结构可以看出，《字语汇解》与先前出版的词典大致相同，唯一的不同之处在于它是先提供宁波话中的注音，然后再提供汉语译名。这在一定程度上能方便方言的学习。从词典的宏观结构来看，睦礼逊在《字语汇解》收录的词条大多为英语中的常用词语，如agriculture（农事；种田事干）、artificial（人做出来个）、baby（婴孩）、honest（诚实；一是一二是二）、idea（意思）、pet（活宝）、poet（有诗才个；诗翁）、school（书房；书馆）suffer（受难；受苦）、uniform（一班生；一体样式）等。至于专有名词，《字语汇解》中收录的并不多，只有寥寥的几个，如Confucius（孔夫子）、Mencius（孟夫子）、Peking（北

京)等。

《字语汇解》虽然以英汉词典的方式呈现词条,但其编写目的是帮助外国人学习汉语,尤其是宁波方言。为此目的,睦礼逊的词典结构设置比较有利于汉语学习,其中最为显而易见的就是在例证中体现汉语成语、谚语等的用法,如:snake(蛇)条下的"Buddha's mouth, snake's heart (i.e. fair words coming from a bad heart) 佛口蛇心"和"tiger's head, snake's tail (said of anything which commences with a great flourish, and ends in nothing) 虎头蛇尾";venture(冒大胆;敢)条下的"if unwilling to venture into the tiger's den, how can you catch her cub 不入虎穴焉得虎子";victim条下的"men become victims of wealth, birds to food 人为财死鸟为食亡";等等。另一做法则涉及增设词条的衍生条目,以显示更多汉语词语的用法。例如,词典中不仅收录了wife(妻子;女人;妇;老婆)条目,而且又增收wife's的用法,在后者条下收录"wife's younger brother 小阿舅""wife's elder sister 姨妈""wife's father 丈人;岳父"等例证。

(一) 释义和译名

睦礼逊为一些词条提供英文释义,如:argue条下的"to dispute 辩论"和"to reason 议论";artist条下的"one who paints pictures 丹青先生";bully条下的"to bluster or swagger 吓山话水";butler条下的"one who looks after things generally 管事个;督厨";collate条下的"to compare critically 参考";labyrinth条下的"place where one may lose his way 要迷路个地方";libertine条下的"debauchee 色鬼;淫夫"和"wild, rude fellow 游荡个人";niche条下的"hole made in a partition 壁洞";rake条下的"a vicious fellow 色鬼;贪花浪子";retinue条下的"attendants 随从;跟随个人"和"those who wait upon, and follow 跟班";spy条下的"who watches others 探子"和"sent to inspect an enemy's movements, &c 奸细";weep条下的"to shed tears 出眼泪;流眼泪";等等。

与之前的英汉词典相比,《字语汇解》中的译名比较简短,大多数只包含一两个对应词,如butter(奶油)、daughter(女)、death(死)、debt(债)、decorum(礼制)、enemy(冤家;对头)、factory(大作场)、raw(生)、robust(健;壮健)、

spelling（反切）、swift（快）等。在不少条目中，睦礼逊没有为词目直接提供对应词，而是在词目后面设置特定的语境，用以体现其最为典型的用法，如：caricature 条下的 "to draw a caricature ridiculing a person 写一个图嘲笑人" 和 "cause me sorrow 连累我忧闷；使得我忧闷"；keepsake 条下的 "I give you this for a keepsake 这个给你做表记"；lecture 条下的 "to lecture from a moral book 讲善书" "looseness of bowels 腹中作泻" 和 "offensive language 弗中听个说话"；match 条下的 "a happy match is made in Heaven 天赐良缘"；operation 条下的 "he has skill in surgical operations 其个刀法好"；peculiar 条下的 "that fashion is peculiar to Ningpo 这个样式只有宁波行个"；photograph 条下的 "to take a photograph 映小照"；等等。

睦礼逊在一些名词条目的译名后面添加了其量词的注音，以便学习者能加以区分，如：clock（自鸣钟）后面的 "ih-ko"（一口）；college（书院）条下的 "ih-go"（一个）；heifer（小雌牛）条下的 "ih-deo"（一头）；kid（小山羊）条下的 "ih-tsah"（一只）；oak（橡树）条下的 "ih-cu"（一株）；pantaloons（裤）条下的 "ih-iao"（一条）；pistol（手鎗）条下的 "ih-kwun"（一管）；slipper（便鞋）条下的 "ih-song"（一双）；song（曲子）条下例证 "songbook 唱书" 后的 "ih-peng"（一本）；tea-poy（茶几）条下的 "ih-tsiang"（一张）；trousers（袴）条下的 "ih-iao"（一条）；tutor（先生）条下的 "ih-we"（一位）；tweezers（捏指箝）条下的 "ih-po"（一把）；等等。

睦礼逊有时在一些词条中提供注解，用以解释词语的用法或意思，如：architect（将头；作头）条下的 "The Chinese here have no architect proper"；bachelor 条下的 "旷夫 not common, but used in the Four Books" 和 "光棍"（a term of reproach implying a bad character）; lady（堂客；女堂客）条下对 "夫人" 的注解为 "This term answers for any lady, but properly belongs only to ladies of the 1st and 2nd rank"；rope（绳；索）条下的 "Zing and soh are used for string, or rope, of whatever size"；seasoning（料理）条下的 "the Chinese implies more than the English, as seasoning is usually restricted to salt and pepper"；tyrant（暴虐个皇帝；桀纣之君）条下的 "So called from two ancient Chinese kings named Gyih and Dziu"；use（用场）条下的 "The veng-li means that it is not necessary to waste money in order to bestow favors"; vigorous(壮健;健)条下的"Not usually applied to a young person unless he has recently been ill"; wild(野)条下的"yia when applied to persons may signify rude, or savage";等等。

(二) 例证

睦礼逊在许多词条中设置了例证，它们中既有短语又有完整的句子，如：bring(挈来;带来)条下的"bring trouble on one's self 自取其祸;自寻其苦"; business(事干;事体)条下的"what is your honorable business 你有甚么贵事?"; chilly(冷清清)条下的"chilly from fear 吓得手脚冰冷"; China(中国;大清国;中华)条下的"China proper 十八省"; circumference(周围)条下的"what is the circumference of the earth? 地球周围有多少里?"; circumstances(光景;情形;境况)条下的"judging from circumstances 看看形势; accommodate one's self to circumstance 随机应变; act according to circumstances 做事干看起生情;见机而行; yielding to circumstances I let you go 我从权俾你去; in reduced circumstances 穷了"; holiday(放假日子;放学日子)条下的"how many holidays have you? 你放几日假?"; kingdom(国)条下的"Kingdom of Great Britain 大英国"和"the animal and vegetable kingdoms 动植之物"; mar(损伤)条下的"her beauty is marred by the blemish 其个美貌被瑕玷所害";等等。

睦礼逊提供的不少例证中包含了各种有用的词语信息，如派生词、复合词、习语等，如：ache(痛)条下的"headache 头痛"和"toothache 牙齿痛"; bar(横档)条下的"sand bar 沙滩"; bowl(碗)条下的"finger bowl 洗手碗"; cat(猫)条下的"let the cat out of the bag 说话讲得出脚了"; star(星;星宿)条下的"evening star 黄昏晓"; sugar(糖)条下的"rock sugar 冰糖"; tea(茶)条下的"black tea 红茶"和"green tea 绿茶"; wax(蜡)条下的"earwax 耳蜡";等等。

睦礼逊在例证中有时使用"—"或表示"同上"意思的ditto来取代之前出现过的词语，如：fan(扇子)条下的"black ditto 油纸扇"; grandmother(娘娘)条下的"deceased ditto 先祖母"; inscription(写的个记)条下的"a pair of narrow ditto 字对"; lamb(小羊)条下的"native ditto 土羔"; land(地)条下的"uncultivated — 生地"和"a piece of — 一块地"; liquor(汁)条下的"distilled liquor烧酒；strong ditto元烧酒"；pike（长鎗）条下的"ditto with iron point长矛"；regard（顾着；睬；管）条下的"do not－him好不用睬其"；tobacco（烟）条下的"to smoke－吃烟；ditto in a water pipe吃水烟"；等等。

（三）宁波方言特色

《字语汇解》中的宁波方言特色通过三个方面得以体现。

第一是为汉语译名提供它们在宁波方言中的注音，由此可方便学习者学习方言，如："birth-day, sang-nyi生日"；"camellia, dzo-hwo茶花"；"distill, tsing蒸"；"equitable, kong-dao公道；kong-bing公平"；greasy（有油腻）条下的"too greasy, teh yiu-nyi甚油腻"；"kernel, jing or nying仁"；"letter, sing信"；"line, sin线"；"name, ming-z名字；ming-deo名头"；"parade, ba-dziang排场"；等等。

第二是一些宁波方言中特有词汇或表达的使用，如：aromatic条下的"辣呵呵"；combat条下的"相打"；luck（造化；运气；运道；时运）条下的"额角高"；naked（出身露体；光身；赤条条）条下的"出卵出膊"；tadpole条下的"乌龟头虫"；trap条下的"弶"；等等。

第三是诸如"弗""个"等字在译名中的频繁使用。就"弗"而言，它的用法与"不"相同，除了大量出现在以前缀in-和un-打头的词语（如"intolerant弗肯容忍个"和"unmanly弗像男子汉"）中之外，也用于其他许多词条中，如："bungle做弗落直；做弗顺手；做弗定当"；hearsay（风信）条下的"can't rely on mere hearsay风信靠弗实"；obscure（黑暗；墨漆地暗）条下的"obscure ideas意思看弗明白个"；otherwise（弗如此；弗然）；reluctant（弗情愿；弗欲意）；等等。"个"则主要用于名词和形容词条目的结尾，其用法与现代汉语中的"的"相似，如briny（咸个）、clamorous（闹热个；闹闹热热个吵）、clumsy（不入窍个）、hazardous（险个；险逃逃）、homeless（无屋个；没有庇身之处）、lawyer（讼师；打刀个；写状纸个）、lender（放铜钱个）、liar（说谎个人；讲谎话个）、pauper（无依无靠个穷人；六亲无靠个）、sorcerer（讲肚仙个）、swine-herd（养泥猪个）、tedious（厌烦个）、temporary（暂时个）、treasurer（掌银盘个）、verbal（口传个）、warm-hearted（热心肠个；热心个）等。

（四）不足之处

《字语汇解》的不足之处主要体现在收词、翻译和排序三个方面。

就收词而言，词典中较为明显的问题便是常用词语的漏收。例如，literature（文字；文墨）自1822年就被收录于马礼逊的词典，后来陆续出现在麦都思的《英华字典》和罗存德的词典中，而在《字语汇解》中却被遗漏了。其他一些被遗漏的常用词语包括casual（偶然的）、English（英吉利的）、lone（冷落；寂寞）、march（前行，向前）、mystery（奥妙之事）、official（官员）、pasture（牧地；草地）、strait（峡口；津口）、wake（醒）等。同源词语的漏收现象也相对比较普遍，如：收录了scenery（景致）却漏收了scene；收录了sculptor（雕刻司务）却漏收了sculpture；收录了ruffianly（霸道）却漏收了ruffian（强徒）；收录了socially（to talk socially 畅谈；畅叙）却漏收了social；收录了suddenly（忽然；突然；劈面；劈头；劈空）却漏收了sudden；收录了stealthily（偷瞒；暗地里）却漏收了stealth；收录了vibrating（怔怔动）却漏收了vibrate；等等。收词方面的另一个问题就是同类词语处理不一。例如，在四个方位词词条中，east（东）和north（北；北边）均收录了它们的派生或复合词条，即eastward（向东；朝东）、north-east（东北）和north-star（北斗星），而south（南）和west（西）后面均未设置相关条目。收词不够严谨的现象在词典中也时常出现。这是因为有些条目并非严格意义上的英文单词，它们之所以能独立成条是为了与汉语中的表达相对应，如"bat's dung 夜明沙""bride-chamber 洞房""brick-kiln 窑；烧窑""broker's-shop 钱店""Buddhist-priest 和尚""cabinet minister 宰相；相国""chair-bearer 轿夫；轿班；轿人""fly-poison 苍蝇个毒药""fly-speck 苍蝇屎""hill-path 山路""memorandum-book 存记薄""umbrella-maker 伞司务"等。

《字语汇解》中的翻译问题主要体现为词语的错译或误译。例如，睦礼逊将pine-apple译作"波罗蜜"，而该词早在1822年就出现在马礼逊的《华英字典》第三部分中，其译名为"菠萝"，随后的卫三畏和麦都思在他们的词典中则将此译名改为"波萝"。其他被误译的词条包括"helper 帮手；对手"（应删除"对手"）、"holly-hock 蔷薇花"（应改为"蜀葵"）、"obscene 油腔滑调"（应改为"邪淫的；奸淫的"）、"pine tree 杉树"（应为"松树"）、"strawberry

杨梅"(应改为"草莓")等。一些词目和例证的设置完全依据汉语词语或词组直接翻译而来,就地道性来说它们或许有所欠缺,如:calculate(算;算账)条下的"calculate destinies 算命";candy(糖)条下的"cowhide candy 牛皮糖;lotus-thread candy 藕丝糖;rice candy 冻米糖";necklace(项珠串)条下的"mandarin's necklace 朝珠";pocket(袋)条下的"Chinaman's small bag 荷包"和"to ponder right and left 左思右想";restore(归还)条下的"restore tea 还魂茶"和"restore paper 还魂纸";等等。异词同译的现象在《字语汇解》中也偶尔出现,如"magnifying-glass 显微镜[①]"和"microscope 显微镜",以及"cantankerous 尴尬"和"notional 尴尬"。

词典中的排序问题涉及词目和例证。例如,在 limpid(光清;碧清)条后面紧跟着 lightning(闪电),而在前一页的 lightly(轻)后面同样也设置了 lightning 条目,唯一的不同在于后者条下没有任何例证。词典中还出现其他词条排序混乱的现象,如:step-mother(寄阿娘;后母;继母;晚娘)先于 step-father(义父;晚爹);用作动词的 term(称呼;叫)被排在 terminate(完;毕;了结)和 terminated 之间;worst(孬极;再无再孬)被排列在 worship(拜)与 worthless(弗值铜钱)之间;等等。例证放置有时也出现错误,如:"take care 小心;留心;当心;在心"被设置在动词义项的 care(顾着;照顾;看顾)条下,而不是作为名词的 care(劳心;忧虑;思虑)条下;"snowing fast and thick 飘飘洞雪"放置在名词条 snow(雪)之下而不在作为动词的 snow(落雪)条下。

三、台物史和薛思培的《上海话汉英字典》

1900年,由台物史(D. H. Davis)和薛思培(J. A. Silsby)合著的《上海话汉英字典》(*Shanghai Vernacular Chinese-English Dictionary*)由上海美华书馆出版。台物史为美国安息浸礼会派遣来华的传教士,曾担任惠中学塾(今李惠利中学)的校长,并著有《上海话练习》(*Shanghai Dialect Exercises*, 1910)。薛思培(1858—1939)是美国北长老会教士,1887年来华,曾任清心书院(今上

[①] 罗存德在其词典中将该词译作"影大镜,照大镜"。

海市南中学）院长，并著有《上海话音节表》(*Shanghai Syllabary, Arranged in Phonetic Order*, 1897)。

《上海话汉英字典》正文部分共188页，文前部分设有两页序言、5页上海话发音、7页部首表以及4页部首歌（The Radical Ode）。台物史和薛思培在序言中不仅介绍了吴方言及其使用人口，而且还强调了上海话的重要性，同时他们指出："为什么翟里斯在其字典中提供其他次要方言的读音而忽视上海方言，真是令人费解。翟氏词典有所缺失，卫三畏词典中有令人不太满意的标注，我们相信这部词典肯定会让学习上海话的人受益匪浅。"（Davis & Silsby, 1911: vii）就词典的汉字注音，两位编者在文前部分作了说明，并详细阐述了词典中所采纳的"Union System of Romanization"（教会罗马字系统）。

《上海话汉英字典》总共收字7 779个，每个汉字条目包括汉字词头、部首之外的笔画数、注音[①]、卫氏词典和翟氏词典中对应的汉字数、英文释文以及词头编号，试看图3-23。

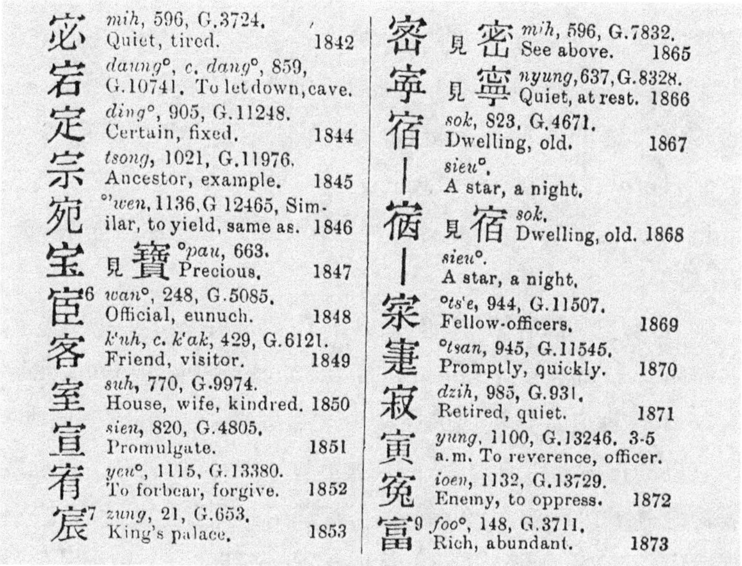
宓 *mih*, 596, G.3724. Quiet, tired. 1842
宕 *daung*°, c. *dang*°, 859, G.10741. To let down, cave.
定 *ding*°, 905, G.11248. Certain, fixed. 1844
宗 *tsong*, 1021, G.11976. Ancestor, example. 1845
宛 °'*wen*, 1136, G 12465, Similar, to yield, same as. 1846
宝 見 寶 °*pau*, 663. Precious. 1847
宦6 *wan*°, 248, G.5085. Official, eunuch. 1848
客 *k'uh*, c. *k'ak*, 429, G.6121. Friend, visitor. 1849
室 *suh*, 770, G.9974. House, wife, kindred. 1850
宣 *sien*, 820, G.4805. Promulgate. 1851
宥 *yeu*°, 1115, G.13380. To forbear, forgive. 1852
宸7 *zung*, 21, G.653. King's palace. 1853
宻 見 密 *mih*, 596, G.7832. See above. 1865
寍 見 寧 *nyung*, 637, G.8328. Quiet, at rest. 1866
宿 *sok*, 823, G.4671. Dwelling, old. 1867
| *sieu*°. A star, a night.
㝛 見 宿 *sok*. Dwelling, old. 1868
| *sieu*°. A star, a night.
寀 °*ts'e*, 944, G.11507. Fellow-officers. 1869
寁 °*tsan*, 945, G.11545. Promptly, quickly. 1870
寂 *dzih*, 985, G.931. Retired, quiet. 1871
寅 *yung*, 1100, G.13246. 3-5 a.m. To reverence, officer.
寃 *ioen*, 1132, G.13729. Enemy, to oppress. 1872
富9 *foo*°, 148, G.3711. Rich, abundant. 1873

图3-23 《上海话汉英字典》的样条

① 词条中若有两个音则表明前者为文言读音，后者则是口语读音。

《上海话汉英字典》所收词条均为较为常用的汉字,如"云""光""分""勇""匹""善""城""定""德""江"等。编者为汉字词头提供的译名相当简洁,通常在1到4个词之间,如人(man)、仇(enemy)、初(beginning)、哑(dumb)、墙(a wall)、福(rich, abundant)、恙(a disease, complaint)、挤(to crowd, push)、昱(bright, glorious moon)、榻(a couch, a bed)等。就动词条目而言,编者用"to"来引导译名,如"来 to come""刷 to brush off""制 to invent, to control, put on mourning""噢 to cry from pain""拜 to worship, bow""毓 to nurture, educate""惩 to correct, to repress, govern""措 to arrange, employ""携 to lead by the hand""恋 to love ardently"等。至于兼类词,编者并未对义项加以区分,而是放在一起,如"冤 enemy, to oppress""孤 orphan, alone""巡 police, to search""晋 to grow, enter, a kingdom""箴 to warn, maxims""莫 do not, a plant""实 truly, indeed, fruit, firm, hard""届 to arrive at a time or place, a period""悉 to know, to investigate, all, whole""指 the finger, to show"等。

在多音字条目中,各个条目前后排列,后者用"｜"取代,如:"行"条下的"act, do""a row, class, a firm"和"to travel";"使"条下的"to cause, send"和"a messenger";"铺"条下的"to spread out"和"a shop";"馊"条下的"sour spoiled food"和"to choke";"宿"条的"dwelling, old"和"a star, a night";"焉"条下的"final particle"和"how, why, when";"度"条下的"a degree, to measure"和"to calculate";等等。

1911年,台物史和薛思培对原有词典作了修订,并将英文书名改为 *Chinese-English Pocket Dictionary with Mandarin and Shanghai Pronunciation*(即《汉英袖珍字典》)。两位编者在该词典的序言中这么写道:"《上海方言词典》出版于11年前。它以部首为编排原则,从而大大节省了查寻时间,在一定程度上也被上海方言区之外的汉语学习者所使用。鉴于第1版已售罄,编者决定在词典中增设官话注音,这样既不影响上海话的学习,又能使它对中国其他地区的人们有所帮助。"(Davis & Silsby, 1911: iii)台物史和薛思培将词典正文部分增至236页,将其总收字数也增至8 000个。例如,在单人旁部首下,编者增添了诸如仳、仁、伭、佋、畲、佟、侏、侁、傸、俚、徇、倈等字。

四、《英汉上海话字汇》

基督教上海话协会（Shanghai Vernacular Society）[①]下属委员会经过五年的编写，终于在1901年通过上海美华书馆出版了《英汉上海话字汇》（An English-Chinese Vocabulary of the Shanghai Dialect）。在序言中，编者们对编写此书的源起作了说明："目前有很多人说上海话或同源的方言，而且有那么多传教士和其他来华人士定居在此区域，因此编写一部英汉上海话字汇是众所期待的。艾约瑟博士曾在1853年出版了一部篇幅较小的作品[②]，在当时非常实用，但其规模相当有限。没人愿意承担此项编写工作，直到有传教士想出一个在上海的传教士分工合作的法子。全书以睦礼逊所编的《字语汇解》为基础，不断加以扩充和改进。"（1901：i）。

《英汉上海话字汇》正文部分总共558页，前设一个3页的序言和两页的上海话发音指南（Pronunciation of Shanghai Syllables），后附6页的上海地名名录（Localities in Shanghai）。词典中典型词条的设置与《字语汇解》如出一辙，包含英文词头、汉译及其读音、例证及其汉译和读音。试比较这两部词典的收词：

《英汉上海话字汇》无论在收词还是在择例方面都大量参考了《字语汇解》，而两者最大的区别有两处：一是在方言中无字词的处理方面，《字语汇解》提供了文绉绉的词语，而《英汉上海话字汇》则根据谐音提供对应词，如absence（勿垃拉）、and（咾，搭之）、be（是，垃拉）、beast（中牲）、churn（做奶油个家生）、motion（垃拉动）、on（垃拉，垃上）、oscillate（宕来宕去）、pro and con（是咾勿是）等；二是《英汉上海话字汇》在《字语汇解》的基础上增添了许多词条，如 coaster（海船，沙船）、codfish（柴鱼）、dew-drop（一滴露水，露珠）、diaper（尿布）、fillet（包头，肺利牛肉）、humbug（骗子）、manslaughter（误杀）、martin（燕子）、pepsin（胃汁）、pericardium（心胞膜）、technology（百艺学）等。

[①] 全称为Shanghai Christian Vernacular Society。薛思培曾担任该协会的秘书长。该协会曾在1891年编辑出版《上海土白集字》（Syllabary of the Shanghai Vernacular）一书。
[②] 即《上海方言口语语法》（A Grammar of Colloquial Chinese）。

ABOVE, zông 上; zông-deo' 上頭; te'-zông 對上; — *the house*, læ oh' te'-zông 在°屋對上; *over and* —, ling-nga' 另外°; yü-wæ' 餘外; — *me in rank* (one grade), p'ing'-kyih pi ngô' kao' ih-teng 品級比我高一等

ABREAST, bing'-ba 並排°

ABRIDGE, *to* tsah'-tön 摘短; kæn'-liah 減°略

ABROAD, *beyond customs' barriers*, kwæn nga' 關外°; *beyond the frontier*, k'eo' nga 口外°; *spread* —, 'ang-k'æ' 行°開; yiang-k'æ' 揚開; po'-yiang'-k'æ 播揚開; *comes from* —, dzong nga-deo' læ 從外°頭來; *gone* —, c'ih yün'-meng' ky'i'-de 出遠門去°了°

Above, 上 °zaung, 拉上頭 la° °zaung-deu; —*the house*, 拉房子上頭 la° vaung-°ts °zaung-deu°; —*me in rank*, 品級比我高 °phing-kyuh °pi °ngoo kau; *over and*—, *beside*, 另外 ling°-nga°, 格外 kuh-nga°, 餘拉个 yui la°-kuh, 透頭 theu°-deu; *see*—, 見上文 kyien° °zaung-vung, 看前頭 khoen° zien-deu.

Abrade, 刮削 kwah-siak, 磨擦 moo-tshah.

Abreast, 並排, bing°-ba.

Abridge, 減省 kan°-°sang, 摘要 tsak-iau°.

Abroad, 外 nga°;
to go—, 出外 tsheh nga°, 出洋 tsheh yang, 出門 tsheh mung;
having gone—, 出遠去哉 tsheh-°yoen chi°-tse;
comes from—, 從外國來 dzoong nga°-kok le;
beyond customs' barriers, 關外 kwan nga°;
spread—, 傳開 dzen-khe, 傳揚 dzen-yang.

《英汉上海话字汇》　　　　《字语汇解》

图3–24　《英汉上海话字汇》与《字语汇解》的词条对比

《英汉上海话字汇》所收词条大多为英语中常用的词语，包括名词、动词、形容词、副词等，如aspirant（望高个人）、bashful（怕坍，怕羞，怕难为情）、bawdy-house（妓院，堂名，堂子）、cheese（欺士，牛奶饼，乳饼）、manage（办，管）、manful（胆大，刚强）、merely（不过，只得，惟独）、native（本地人，当地人）、nauseate（使得呕，打恶心）、pompous（排，摆品，大模大样，自大道）等。不过词典中偶尔出现立目不太严谨的现象，如“beam engine天平汽机”“chestnut tree栗子树”“cock-crowing鸡啼”“colonial office理藩院”“floating-bridge浮桥”“Municipal Council工部局”“Presbyterian church长老会”“prophetic dream梦兆”“sacrificial-paper纸锭，元宝”“salt-smuggler贩私盐个”“overhanging rocks矗出个石头”“weaving-house纺机坊”等。

《英汉上海话字汇》在部分词条中为英文词头提供英文释义或语境。就

英文释义而言,词典中多为同义词或简短的解释,如"**base** bottom or stand 座子""**cheat** a sharper 拐子""**church** body of Christians 教会,公会""**manual** a small book 摘要""**negotiate** to transact business 办理事体""**periodical** monthly paper 月报""**scare-crow** straw man 草人""**throe** extreme pain 极痛"等。提供语境的做法最早可追溯到马礼逊的《华英字典》,与其说这是为了体现英文词头的用法,还不如说是为了体现汉语词语的词义。在《英汉上海话字汇》中,提供语境或者释义提示词的词条到处可见,如"**chant** to — religious books like the Buddhists 念经""**baseless** charge 谎告""**remarry** (man) 再讨,续弦;(woman) 再嫁,再醮""**muggy** weather 天焖来""**petty** matters 小事体,勿要紧个事体""**reality** the name without the 有名无实""**trite** saying 常谈,俗话""**trump** up a charge, to 诬告"等。

在英文词目的翻译方面,《英汉上海话字汇》设法用上海话中特有的词汇来翻译。总体而言,上海话典型用语主要通过如下三种途径来体现。

首先,一些典型的用词被直接用作词头的汉译,如 and(咾,搭之)、child(小囡,小干)、food(饭量,饭,吃食,吃个物事)、frugal(省用,省俭,做人家)、fun(勃相)、pick-pocket(扒手,三只手)、pig(猪猡)、market(市面,小菜场)、marry(做亲,成亲,做好日)、numskull(木头,戆大)、that(伊个)、thy(侬个)、tool(家生,器具)、toys(勃相干,耍货)等。

其次,上海话口语中常用的"个"字被频繁用于形容词和名词条目的译名中,试看表3-6。

表 3-6 《英汉上海话字汇》中"个"的使用

形容词词条	名词词条
forcible(有力道个)、marvelous(希奇个)、material(有形状个)、opaque(勿透光个,勿透明个)、perceivable(觉得着个,看得出个)、pernicious(有害个)、risky(危险个)、sapient(有才学个,有见识个)	charioteer(拉缰个,拉马个)、clerk(写字个,抄写个)、financier(管银钱个)、miner(开矿个)、packer(打包个,装货色个)、piper(吹笛个,吹箫个)、plotter(设计谋个)、proselyte(进教个,翻教个)、teetotaler(勿吃酒个)

最后,像"勿""家生""物事""伊"等上海话中的常用词语也频繁见于许

多词条的译名中,如"receptacle 装物事个家生""salesman 卖货色个,卖物事个""unheard 勿会听见歇""unventilated 勿通气个"等。就如其他传教士词典一样,《英汉上海话字汇》也难免存在着一些翻译不妥的词条,如"arithmetic 数学""mathematics 算法,算学[①]""migrate 搬场""physics 格物学,相学[②]""rich 财主,富厚""romance 小说,闲书"等。

《英汉上海话字汇》在许多词条中设置了较为丰富的例证,它们具体可分为三类。

一是传统意义上用以体现词头用法的词组、句子等,如:charge(费用)条下的"he have it into my charge 伊交代拨我";circumstances(光景,情形,景况)条下的"in good circumstances 财主,富翁;in reduced circumstances 穷哉";might(可以,或者)条下的"he might have gone yesterday 伊昨日好去个";rise(升上去)条下的"what time does the sun rise? 太阳几点钟出?";等等。

二是包含词头的复合词或习语,如:bee(蜜蜂)条下的"beeline 直线,壁立直";chess(象棋)条下的"chessboard 棋盘"和"chessmen 棋子";clock(自鸣钟,时辰钟)条下的"an alarm clock 闹钟"和"clockwork 钟表机器";cock(雄鸡)条下的"a weathercock 定风旗"和"cockfight 斗鸡";melon(瓜)条下的"watermelon 西瓜"和"musk melon 香瓜";prime(第一)条下的"prime cost 原价"和"prime minister 宰相";quake(发抖)条下的"earthquake 地动,地震";等等。

三是由汉语词语、表达等翻译成英文的短语或句子,如:flowery(华丽)条下的"Floweryland 中华";rebel(贼匪,反叛个人)条下的"long-haired rebel 长毛";removed(搬去哉)条下的"the mother of Mencius thrice removed (proverb) 孟母三迁";red(红)条下的"red-haired person (Ningpo for foreigner) 红毛人";等等。用于体现汉语同类词用法的例证在词典中非常普遍。例如,在 mother(娘,母亲)条下,编者提供了4个简短的例证(即"my mother 家母;your

---

① 马礼逊在《华英字典》第三部分中提供的译名也是如此,但自罗存德的《英华字典》之后,这个词就被译作"数学"。
② physics 自麦都思词典以来一直被译作"性学,性理,格物之学",而"相学"在麦都思的《英华字典》中就是 physiognomy 的对应词。

mother 令堂;wife's mother 丈母;husband's mother 婆"),而这些例证显然是为了体现汉语中与"母亲"相关的词语的用法。

《英汉上海话字汇》在1913年推出了修订版。据日本东京东洋文库馆藏本的显示,这一版本由狄考文夫人狄文爱德(Ada Haven Mateer)和潘慎文(A. P. Parker)负责修订。

第四章
其他方言区的方言

尽管西方传教士在19世纪后期开始遍布中国的大部分区域,接触了不同类别的方言,但其他区域的方言类作品相对较少。伦敦会传教士杨格非(Griffith John)于1861年来到汉口,成为华中地区基督教事业的开创者。虽然之后陆续有传教士来到武汉传教,但鲜有人对武汉方言作出研究。到了20世纪初,出现了两部由来华人士编写的方言词典,即钟秀芝的《西蜀方言》和禧在明的《英华袖珍北京口语词典》。

一、钟秀芝的《西蜀方言》

钟秀芝(Adam Grainger)[①],英国人,1889年作为内地会传教士来到四川成都,在当地开展传教工作,直到1921年去世。钟秀芝对四川方言和当地的风土人情颇有研究,他在1900年出版了一部汉英方言词典——《西蜀方言》(*Western Mandarin or the Spoken Language of Western China*, 1900)。1921年,在钟秀芝去世后不久,位于成都的加拿大循道会出版社(Canadian Methodist Mission Press)整理出版了他的民俗研究作品《中国民俗研究》(*Studies in Chinese Life*)[②]。

从其英文书名可以看出,《西蜀方言》实为一部记录四川方言中口语表

[①] 他的生平信息在现有文献中无法详考。
[②] 据詹姆斯·赫特森(James Hutson)在该书序言中的说明,钟秀芝原本想将该书命名为《西蜀风俗》(*Western Customs*)。

达的词典。词典正文部分总共596页,另设3页引言和3页部首索引,后附21页的"有音无字"(Words Without Characters)、12页的亲属称谓表(Table of Relationships)、81页的汉字音序索引(Syllabic Index)、95页的英文索引(English Index)以及1页勘误。据编者在引言中的介绍,《西蜀方言》共收字头3 786个,异体字112个,无字词191个,例证13 484条(Grainger, 1900: i)。词典中的典型词条包含汉字词头及其注音①、例证及其英译,试看图3-25。

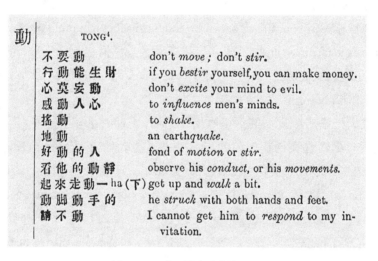

图3-25 《西蜀方言》的样条

《西蜀方言》与先前汉英词典的最大区别有两点:其一是钟秀芝没有直接给汉字词头提供英文译名,而是间接地把译名体现在例证的译文中;其二是钟秀芝并未给其设置的汉语例证标注读音。

《西蜀方言》所设置的例证中大多数为各类口语表达,如:"允"字条下的"你们二家依不依允 do you both submit to my decision?";"光"字条下的"他肯来光是怕父母不喜欢 he is willing to come, but fears his parents would not be pleased";"徒"字条下的"帮我找个徒弟 help me to find an apprentice";"成"字条

---

① 曾晓渝(2018)对该词典中的音系体系作了研究,对其中的拼音标注系统与成都话、四川官话作了详细的比较。

下的"那个房子卖成了没有have you completed the purchase of that house?";"纠"字条下的"这个官司把我纠缠倒了this lawsuit embarrasses me";"帽"字条下的"他爱戴高帽子he loves to wear the high hat, i.e., fond of praise";等等。口语中常用的俗语和谚语也收录了不少,大概在400条左右,如"养儿防老,积谷防饥rear a son to provide against old age, store up grain to ward off famine""久坐令人厌,频来亲也疏if you sit long in a person's house, it makes him dislike you; if you are incessantly coming, even near relatives grow distant""为人学得乌龟法,得缩头来且缩头in your life as a man try the tortoise's plan, pull your head safely in whenever you can""马到临崖收缰晚,事到临危后悔迟when o'er the cliff the steed has dropped, too late then to draw rein; when your plans down to ruin sink, repentance will be vain"等。

合成词词条的数量与例句相比相形见绌,同样收录较少的是由字头构成的合成词。尽管这类词在先前的词典中占了主导地位,但在《西蜀方言》中它们单列的数量相对较少,如感化(to influence)、造反(to rebel)、守财奴(a miserly wretch)、婚配(to marry)、单方(a prescription)、光景(circumstances)、苦楚(suffering; distress)、钦差(an imperial commissioner)等。作为一部方言词典,《西蜀方言》记载了许多四川话词汇的用法,如"婆娘a wife (a disrespectful term)""冒二头a heaped basin of rice""幺儿子the youngest son""耍哥an idler; a loafer""贼娃子a thief""平坝子a level piece of ground""幺店子a wayside inn""龟儿子a bastard""老木a coffin""棒客robbers""巴骨癞leprosy""瓜娃子a fool; a stupid fellow""嫩东东的young; fresh; tender""猪旺子pig's blood"等。

在先前传教士词典中收录较多的汉语成语在《西蜀方言》中也有所记载,但它们的数量相对比较少,可能不足百条,如"冒名顶替to assume the name of another and act in his stead""刎颈之交they are friendly enough to cut their throats for each other""口蜜腹剑his mouth is honey, but his belly swords""安分守己to mind one's own business""学富五车very learned, having swallowed five cartloads of books""正大光明open and above-board""明知故犯to knowingly and willfully transgress""弃邪归正to renounce the corrupt and revert to the correct"等。

就例证的翻译而言，钟秀芝在引言中作出了说明："把词头译成英文有时需要复杂或者拐弯抹角的句子，就是为了能正确地译出每句中出现的词头。句中剩余的词语通常可以通过意译来翻译。有时词义太过明显以至于很难将其译成地道的英语，而有时词源或例证出处却令人费解。"（Grainger, 1900: ii）《西蜀方言》中例证的翻译总体质量尚可，其中存在的问题可归纳为两点。其一，一些例证（尤其是合成词）的翻译存在错误或不妥之处，如"吹箫 to play on a whistle[①]""柏树 cedar and cypress trees[②]""石匠 a worker in stone; a stone mason""嫖客 a fornicator[③]""学院 the literary president of the province[④]""奸雄 treacherous""分爨 to board separately""黎民百姓 the Chinese, lit., the black-haired people""春卷儿 minced meat rolled in wafers; dumplings[⑤]"等。其二，一些合成词或成语只提供字面意思而意译缺失，如"凉亭子 a cool arbour""一言既出驷马难追 when a word is once uttered a team of four horses could not overtake it""一手遮天 you can cover the sky with one hand (sarcastic)""形影相随 the substance and the shadow go together""有始有终 having a beginning and an end"等。

《西蜀方言》附录中的"汉字音序索引"与众不同。之前缺失的字头英译均被罗列出来。钟秀芝设法用一个单词对应一个汉字字头，如"衣 clothes""嫉 envy""界 boundary""兢 tremble""住 dwell""卷 dumpling""贩 barter""互 mutual"等。这种简洁的翻译方式固然有其可取之处，但由于相当一部分汉字拥有多个意义，而这些词义就难以在索引中被完整地体现出来。

作为唯一一部由传教士编写的四川方言词典，《西蜀方言》较全面反映了19世纪末川西方言的使用现状。《教务杂志》在1901年2月那一期上刊文评论这部词典，文中指出"它不仅非常全面地收录了现在通用的短语和句子，同时又是一部汉英兼英汉词典"。

---

① whistle 应改为 flute。
② 在《华英字典》中，马礼逊分别把 cedar 和 cypress 译作"栢香木"和"柏树"。
③ 在《华英字典》第三部分中，马礼逊将 fornicator 译作"奸夫"。
④ 在麦都思的《英华字典》中，academy 一词被译作"学馆，学堂；学校；书院；学院"。
⑤ 钟秀芝把"水饺子"同样译作 dumplings。

二、禧在明的《英华袖珍北京口语词典》

(一)禧在明的生平和作品

禧在明(Walter Caine Hillier),1849年8月生于香港,其父奚礼尔(Charles Batten Hillier)①曾任香港总裁判司,其母伊丽莎(Eliza Medhurst)则是来华传教士麦都思(Walter Henry Medhurst)的长女。父亲于1856年英年早逝后,禧在明于次年随母亲返回英国,并寄居在英格兰贝德福德的亲戚家,因而他最初就读于贝德福德文法学校,后来又到布兰德尔中学深造。1867年,禧在明成了英国驻华使馆翻译生,由此开始了长达30年的外交生涯。1879年,禧在明出任汉文副使,之后升至代理汉务参赞和汉务参赞,其间在1883年随驻华公使巴夏礼(Harry Smith Parkes)前往朝鲜谈判②。1889年至1896年,禧在明出任英国驻朝鲜总领事③。1896年,禧在明因患青光眼被迫辞去总领事一职,次年他被封为爵士。1901年年初,禧在明作为英国驻华使馆的清朝事务特别官员到了北京④。1904年至1908年,禧在明被聘为伦敦国王学院汉文教授。1908年,他被中国政府聘为财政顾问,从而取代了赫德(Robert Hart)⑤,两年后他期满回国⑥。1927年11月,禧在明去世,享年78岁。

---

① 1856年,奚礼尔调任英国驻暹罗(今泰国)首任领事,同年死于任上。
② 1884年5月21日的《申报》刊载了这么一则新闻:"前报英钦使巴克思大臣已由朝鲜抵津即日回京云云兹悉回京者实翻译官禧在明君因换约事峻先行回署于前日到都至巴克思大臣则以兼理高丽钦使事务尚须在高勾当公事故甫于十八日偕备国钦差白朗大臣抵都门云"。
③ 禧在明在1898年为英国女探险家伊莎贝拉·伯德·毕肖普(Isabella Bird Bishop)所著的游记《朝鲜和她的邻国们》(*Korea & Her Neighbours: A Narrative of Travel, with an Account of the Recent Vicissitudes and Present Position of the Country*)作了序。
④ 据《纽约时报》1900年7月22日的报道,禧在明于前一天抵达纽约,之后将经由温哥华前往中国赴任。该报后来在1901年2月14日还刊登了这样一则消息:"英国驻华部队的顾问禧在明爵士抵达北京,这有望加快与清朝政府的谈判。"
⑤ 1908年6月28日《纽约时报》在刊载以"China Changing and Struggling for Reform"(即"变革中的中国")为题的专栏时登出了禧在明的照片,照片下的说明文字为"Sir Walter Hillier, Who Has Succeeded Sir Robert Hart as Adviser to the Chinese Government"。
⑥ 1910年8月5日,《申报》以"伍星使将为外部顾问北京"为题的一则新闻提道:"自禧在明期满回国各国外交團各秦本国训令运动继任外务部各堂左右为难未能解决刻闻某侍郎力保前驻美钦使伍廷芳长于外交尤富经验与其聘请外人不如留伍在部继禧后任"。

让禧在明一举成名的汉学作品是1886年出版的《语言自迩集》(*Yü Yen Tzǔ Erh Chi, a Progressive Course Designed to Assist the Student of Colloquial Chinese as Spoken in the Capital and the Metropolitan Department*)第2版。这部汉语学习的教材最初由威妥玛在1867年编写完成，原先为单卷本，经修订扩充为三卷本。在1888年第4期的《中国评论》(*The China Review, or Notes & Queries on the Far East*)上，翟理斯撰文"The Tzu Erh Chi: Past and Present, 余非过为指摘也"，对新版《语言自迩集》作出了评论，其中他是这么评价第1版的："自《语言自迩集》在1867年夏天出版后，阻碍汉语学习者学习之路的一些壁垒被一扫而光。系统的学习取代了盲目的摸索。之前的满腹狐疑已变成深信不疑。甚至透过生涩难懂的文言或废弃部首，学习者也有可能看到远方闪烁不定的灯光。"在第2版的序言中，威妥玛提到了禧在明对该书的修订工作："时任汉文副使的禧在明先生，如今实至名归当上了汉务参赞，在1883年时将所有完成和未完成的新稿子带了回来。我觉得英汉练习部分全是他的功劳。[……]禧在明先生补充了之前版本所缺的内容，正是他熟练的汉语口语能力弥补了之前土语方面问题重重的遗憾，而他的语言能力，据我所知，没有任何英国人能与其匹敌。"(Wade et al., 1886: vi)与第1版一样，《语言自迩集》第2版的主体内容包括八个部分，其中第一卷包含原版的八部分内容，第二卷则包括了第三到第八部分的新增内容，第三卷包括四个附录，此外每卷最后都附有勘误和补遗。

1887年，上海别发洋行出版了由禧在明编写的一个小册子——《京师和各省高官名录》(*List of the Higher Metropolitan and Provincial Authorities of China*)①。这一册子按字母顺序罗列了当时清政府中的所有两级高官的名字及其任职信息。

1907年，正在担任汉文教授的禧在明在伦敦出版了《华英文义津逮》(*The Chinese Language and How to Learn It: A Manual for Beginners*)，时任大清出使钦差大臣、外务部右侍郎的汪大燮为该书写序并题写了书名。禧在明在自序中开门见山，道出编写此书的目的："本拙作旨在满足那些想学汉语但又气馁

---

① 《教务杂志》在1887年7月1日刊载了简短的书评。

于难啃的教材的上进学生的需求。它尤其适用于军官、传教士以及想来华经商的年轻商人[⋯⋯]。"(Hillier, 1907b: Preface)《华英文义津逮》包括七部分内容,即"书面语""口语""读音对照表""进阶练习""汉语练习文本""部首"以及"千字表",另附汉字索引。

《华英文义津逮》在出版后颇受欢迎,两年后禧在明还对其作了修订。《北华捷报》(North-China Herald and Supreme Court and Consular Gazette)在1909年10月23日对推出的第2版作了简单的评介。之后该书还推出了新的版本,如1913年的第3版、1919年的第5版、1921年的第6版等,但这些修订版在内容方面并未作出多大的修改。禧在明在1907年还从《华英文义津逮》中截取了第七部分(即"千字表")并将其单独出版,其书名就是 One Thousand Useful Chinese Characters。

在1909年《华英文义津逮》第2版序言的结尾处,禧在明提到自己在编写第1版时就计划编写一个词汇表放在第2版中,但当词汇表完成后,他觉得一部收录北方口语的综合词典才更能满足汉语学习者的需求,于是就着手编写这部收词逾两万的英汉口语词典。1910年,上海美华书馆出版了这部词典——《英华袖珍北京口语词典》(English-Chinese Pocket Dictionary of Peking Colloquial)。1915年,禧在明在伦敦还出版了14页的《汉字字母书写备忘录》(Memorandum upon an Alphabetical System for Writing Chinese),提出了一种用字母书写汉语的系统。

(二)《英华袖珍北京口语词典》

《英华袖珍北京口语词典》(以下简称《口语词典》)中的典型词条包括英文词目、中文译名的注音和中文译名,而且中文译名是按照从右到左的排列方式印刷的,试看图3-26。

1. 收词

每个词条中的词目以黑体印刷,词目有时单列,有时后跟其他词语,而这些词目的设置具体可分为四种情况。

一是作为词目的英文释文或词义提示词,如"creak (of a door, etc.), to 嗞妞响""dainty, about food 挑食""ever, always 老""let, permit, to 让""mace, fraction

```
Autumn,                          ch'iu¹-ching-t'ien 'rh      秋趁天儿
Avail myself of the op-          ch'ên⁴ chi¹-hui             趁机会
  portunity
  ,,  myself of your kind-       ling³ ch'ing²               领情
      ness
  ,,  of a pretext               chieh⁴ tuan¹                借端
  ,,  of no                      wang³ jan²                  枉然
Avaricious,                      sê⁴-k'o                     刻
  ,,  covetous                   t'an¹                       贪
  ,,                             li⁴ hsin¹ chung⁴            利心重
  ,,                             lin⁴-hsi                    吝惜
Average, take an                 chün¹ yün²  suan⁴           均匀算
  ,,        ,,                   chün¹-pei-la¹ suan⁴         均背算
  ,, only                        p'ing² ch'ang²              平常
Avoid, get away from, to         to³                         躲
  ,,              ,,             to³-pi                      躲避
  ,, escape from                 mien³                       免
  ,, unwholesome things,         chi⁴-hui                    忌讳
      etc.
Avoided me, he                   t'a shan³-k'ai wo³-lo       他闪开我咯
```

图3-26 《英华袖珍北京口语词典》的样条

of a tael一千银子""magnificent, awe-inspiring威严""match, a lucifer洋取灯儿""naked, stark赤条条的""regulator, of a watch or clock拘子""treat, to behave towards待"等。

二是词目被用于词组或例证的首词，如"defendant in a court of law, a被告""deserted streets街面儿上萧索""frittered away the money把钱攘咯""magnetic, stone吸铁石""musical instruments乐器""practice medicine, to行医""sacrifice, one's life舍命""soothe a child, to哄着他""stoutly denied it硬不认账""transmit, a letter, to寄一封信"等。

三是词目被用于词组或例证的中间，如"attempt, to humbug me, don't you你别试着步儿胡弄我""bothering thing, I don't want the不要这浪东西""bounds of propriety, exceeds the越礼""pretext, for a quarrel, seek寻出辩嘴由头""regular, times, at按着时候儿""reign, of K'ang Hsi, in the康熙年间""sheep's eyes at, to cast斜眼送情""solve, your difficulty, I can我有法子解你的疑难""suppose, I must go, I我得去罢""theory, good in, but not in practice议论

多而成功少"等。

四是词目被用于词组或例证的尾词,如"departure, I must take my告辞""garden, a flower花园子""gash, to cut a刺一个口子""idiom, a local土话""napping, to be caught乘我不小心""parted, from the day we自相别的那一天""penury, to live in过穷日子""resolution, make a立志""respects, give my替我请安""spite, to harbour记仇"等。

就多义词而言,禧在明经常通过例证或英文释文来体现或解释它们的不同用法。例如,在situation条下,它的多个义项(如"位置;坐落""事业;职业""情形;境遇"等)是由以下6个例证来体现的,即"situation, a bad, the house is in房子坐落的地方儿不好""situation, looking for a谋事""situation as secretary, found a就了一个办笔墨的事""situation, he is out of a他闲着哪""situation, a dangerous临险境"以及"situation, put me in an awkward把我局住了"。有时不同义项是通过提示词或搭配词来体现的,如:"band, belt, a带子"条下的"band, of music乐队"和"band, of robbers一伙贼;一党贼";"edge, of a table, etc. 棱儿"和"edge, of a bank, etc. 边儿";"tar, coal黑煤油"和"tar, from pine松香油";等等。名动兼类词的不同词义则是通过提供冠词a或an及构成动词不定式的to来区分,如:"ape, an猴儿;大马猴"和"ape, to学";"chuckle, a冷笑"和"chuckle, to发个冷笑";"dodge, a巧法子"和"dodge, a blow, to闪开";"guide, the way, to领道"和"guide, a带道的";"nurse, a老妈儿;看妈儿"和"nurse, to服养";等等。

虽然《口语词典》冠以English-Chinese(英汉)的书名,而且其词条编排也是按照先英语词目后汉语译名的方式,但就其本质而言是一部旨在帮助外国人学习汉语的汉英词典。这一双重特征可从如下三个方面看出:首先,禧在明在引言中将大部分篇幅用在介绍词典中汉字的注音及其声调方面,从而起到体现北京口语词汇的目的,而几乎没有涉及词典中所收录的英文词语的情况;其次,英文词目的汉语译名均被标注了它们在北京方言中的读音;最后,一些词条中的例证在英语中并非地道的说法,而是从汉语表达中翻译过来的,如"apartments, women's闺房""baby name乳名""festival, a court朝贺""plumes on a Chinese hat缨子""sacrificial land set apart as an endowment for ancestral sacrifices 祭田""safe place, look on from a 坐山瞧虎斗""zones, the five 五道"等。

2. 词目译名

在词目和例证译名的设置方面,《口语词典》也呈现出一些较为明显的特点,其中最为突出的主要有两点:译名的方言化和口语化。

首先,词典中很多词条译名的北京方言味较为浓重,这具体可从如下两个方面看出:一是方言词汇的使用,如"black-mail, to levy 拿他缺脚蔓儿讹钱""cockroach 油炸豆儿""economy, strict 可着头做帽子;可着吃的做;可着屁股裁襻子""egg, poached 卧鸡子儿""money box 闷葫芦罐儿""snail, a 水牛儿;蜗牛儿""thieve, to 手不稳,手黏"等;二是汉语对应词中的儿化现象较为突出,如"anus 屁股眼儿""bee, a 蜜蜂儿""bolt, a 插棍儿""bride, a 新媳妇儿""defect, a 毛病儿""kinematograph, a 电影儿""monkey, a 猴儿""thimble, a 顶针儿""tramway, a 小铁道儿""tyro, a 生手儿"等。

其次,一些汉语译名的口语化趋势较为明显,这不仅体现在上述儿化词语的使用上,而且也能从诸如"咯""的"等词的频繁使用得到印证。"咯"和"的"通常出现在两类词语中:第一类是形容词,如"awry 歪咯""crazy 疯咯""desperate 急到头儿咯""moist 湿咯""rusty 锈咯"等;第二类是名词,如"associates 同事的;同僚;同寅;交好的""missionary 教士;传教的""money lender 放账的""legend, a 传说的;古人词""sawyer 拉大锯的"等。

与之前出版的一些词典相比,《口语词典》中的大多数汉语译名相对简短,这样做当然是为了方便词条按行排列的体系。有时禧在明只提供了单字译名,如"calculate 算""den 窝""depot 局""fumigate, to 熏""gall, to 磨""illicit 私""liturgy 经""precious 宝""sacred 圣""travail 苦""treacherous 奸""reverence 敬"等。对于有多个对应词的词目,禧在明则会将它们逐行一一列出,如"biscuits 干饽饽;干饼儿;干粮;饼干""calamity 灾;患""consent, to 答应;允准;依允;应""eunuch 老公;内监""grow up 长大;成人;生成""haughty 傲慢;孤高自许;作践人;目中无人;瞧不起人""pirate, a 海盗;海寇;海贼""sad 忧愁;忧闷;发愁""scarlet 大红;洋红""shame, without 无耻;无羞耻;恬不知耻;不害臊;不害羞;没羞没臊"等。有时禧在明也喜欢用四字成语来对应英文词目或例证,如"balance one's self on one leg 金鸡独立""easiest course, follow the 顺水推舟""error, typographical 鲁鱼亥豕""event, wise after the 亡羊补牢""fickle 厌故喜新；反复无常""outspoken 嘴直心快""proposes, man, etc. 谋事在人成事在天""theorize 纸上谈兵""topsy-turvy 乱七八糟；马仰人翻"等。

3. 不足之处

从宏观和微观角度来说，《口语词典》也难免存在着一些不足之处，其中较为突出的主要有两个方面。

一是收词和择例方面没有遵照较为严格的标准，而是存在着一定的随意性。就收词而言，一些常用词语被漏收，如 adventure、agency、ago、barbarian、baron、campaign、candidate、daylight、maxim、mayor、personality、zero 等。此外，常用派生词、复合词以及义项等的收录也不够完整。就择例而言，一则是例证设置的随意性较大，常用词语下的例证时多时少，缺乏严格的标准；再则是例证中各类信息混杂，复合词、短语动词、习语等一并被放置在词条中。

二是词目译名存在着不少问题。首先，禧在明有时在一些词条中提供了错误的译名。例如，cicada 被禧在明译作"蝈蝈儿"（应与 katydid 对应），而在1908年出版的《英华大辞典》（以下简称《英华》）中这个词的确切译名为"蜩，蝉"。类似的例子还包括"cholera 转腿肚子"（《英华》中为"霍乱症，吐泻症"）、"equator, the 热度"（《英华》中为"赤道，地球中线"）、"fungus 木耳"（《英华》中为"菌类"）、"Mohammedan 回回；截教的；回子"（《英华》中为"回教徒；回子"）等。其次，词典中存在着译名不确切的现象，如"entrance, an 门""epicure, an 吃的要精致""indefinite 藏头露尾""kneel on one knee 打千儿""laundry man, a 洗浆；洗衣裳的""skeptical person, a 疑心大"等。其他的译名问题还包括相关词目译名不一致（如"illegitimate 私"和"legitimate 合法的"）、异词同译（如"German 德国"和"Germany 德国"）等。

4. 作用和影响

1918年，《口语词典》经巴恪思（Edmund Trelawny Backhouse）[①]和巴尔敦

[①] 英国汉学家，与英国记者布兰德（J. O. P. Bland）合著了《慈禧外传》（*China Under the Empress Dowager*, 1910）和《北京宫廷回忆录》（*Annals and Memoirs of the Court of Peking*, 1914）。

(Sidney Barton)①的修订再度出版,并更名为《英华北京口语词典》(*An English-Chinese Dictionary of Peking Colloquial*)。与第1版相比,修订版在收词方面有了较大幅度的扩充②:不仅新增不少词语(如"aeroplane 航空车""airship fleet 航空舰队""backgammon 双陆""bacteriology 微菌学""cinematograph 电影儿""economics 经济学""electrify 感动""laisser faire 放任""materialism 实物主义""wireless telegraphy 无线电"等),还补收了遗漏的词语(如"data 材料""eclectic 折衷""ecstasy 出神;喜不自胜""handicap 妨碍;不利之地位""January 一月""jasmine 茉莉""keen 热心;锐利""kidnap 拐""knight 侠客""maxim 格言"等)。

禧在明的《口语词典》编排简洁,结构一目了然,符合外国人学习汉语的习惯;收词实用,易于掌握;译名通俗易懂,兼具方言特性,因而词典颇具实用性。《口语词典》尽管在影响力方面不及同样由禧在明编著的汉语教材,但在英汉汉英双语词典史上还是有一定的作用和影响。《口语词典》及其修订版分别出版于清朝后期和民国初期,作为历史交替时期的工具书,它见证和记载了现代汉语词汇的演变和发展。作为20世纪为数不多的几位外籍词典编纂者之一,禧在明的《口语词典》不仅继承了由19世纪传教士开创的双语词典编纂传统,而且力求创新。作为历史文本,《口语词典》无疑为研究者提供了研究北京方言、汉语新词、译名演变、中西文化交流等方面的素材。

清朝后期由来华人士编写的各类双语方言词典均旨在辅助外国人学习当地方言,同时在很大程度上反映出这些方言在当时的使用状况,并从另一个侧面反映出汉语词汇的历史发展状况,这些词典已日渐成为现代研究者了解和研究各地方言语音、词汇等不可或缺的资料。

---

① 英国外交官,时任英国驻华使馆汉务参赞。
② 巴恪思和巴尔敦同时还删除了个别不太合适的词条,如1909年首现于英语的coke(抠克)。

参 考 文 献

陈辉. 论早期东亚与欧洲的语言接触[M]. 北京：中国社会科学出版社,2007.

陈力卫. 东往东来——近代中日之间的语词概念[M]. 北京：社会科学文献出版社,2019.

陈少峰. 原学(第三辑)[M]. 北京：中国广播电视出版社,1995.

陈小明,刘继红.《广东省土话字汇》称谓词选收特点对确定称谓教学内容的启示[J]. 人文丛刊,2009(4):115-129.

陈玉申. 晚清报业史[M]. 济南：山东画报出版社,2003.

陈泽平. 19世纪传教士研究福州方言的几种文献资料[J]. 福建师范大学学报(哲学社会科学版),2003(3):34-38.

陈泽平. 19世纪以来的福州方言——传教士福州土白文献之语言学研究[M]. 福州：福建人民出版社,2010.

邓恩. 从利玛窦到汤若望——晚明的耶稣会传教士[M]. 上海：上海古籍出版社,2003.

董方峰,杨洋. 汉语教学史上一部不应被遗忘的著作——卫三畏的《汉英韵府》[J]. 国际汉语教学,2008(2):57-65.

董海樱. 16世纪至19世纪初西人汉语研究[M]. 北京：商务印书馆,2011.

杜晓莉. 浅谈一部传教士编著的四川方言辞书——《西蜀方言》[J]. 四川民族学院学报,2011(6):51-55.

杜晓萍. 十九世纪以来厦漳泉方言的语音演变及差异[J]. 东南学术,2017(2):238-246.

樊兆鸣. 江南制造局翻译馆图志[M]. 上海：上海科学技术文献出版社,2011.

复旦大学历史学系,复旦大学中外现代化进程研究中心,编. 中国现代学科的形成[M].上海:上海古籍出版社,2007.
傅德元.丁韪良与近代中西文化交流[M].台北:台大出版中心,2013.
傅多玛.汉英北京官话词汇[M].北京:北京大学出版社,2017.
高黎平.美国传教士与晚清翻译[M].天津:百花文艺出版社,2006a.
高黎平.晚清入闽美国传教士卢公明的西学翻译[J].闽江学院学报,2006b
　　(1):83-87.
高永伟.从英汉词典的编纂史谈词典的创新[J].复旦外国语言文学论丛,
　　2006(1):107-113.
高永伟.邝其照和他的《华英字典集成》[J].复旦外国语言文学论丛,2011a
　　(1):101-107.
高永伟.罗存德和他的《英华字典》[J].辞书研究,2011b(6):146-158.
高永伟.卢公明和他的《英华萃林韵府》[J].辞书研究,2012a(6):71-78.
高永伟.鲍康宁和他的《汉英分解字典》[A].上海市辞书学会秘书处,编.辞
　　书论集(二)[C].上海:上海辞书出版社,2012b:180-192.
高永伟.词海茫茫——英语新词和词典之研究[M].上海:复旦大学出版社,
　　2012c.
高永伟.晚清期间英汉汉英词典史论[M].上海:上海译文出版社,2014.
高永伟.禧在明和他的英汉词典[J].辞书研究,2017(2):68-74.
高永伟.罗存德词典科技术语收录研究[J].中国科技术语,2018(1):28-33.
葛桂录.中国古典文学的英国之旅——英国三大汉学家年谱:翟理斯、韦利、
　　霍克思[M].郑州:大象出版社,2017.
顾长声.传教士与近代中国[M].上海:上海人民出版社,2004.
顾长声.马礼逊评传[M].上海:上海书店出版社,2006.
顾钧.卫三畏与美国早期汉学[M].北京:外语教学与研究出版社,2009.
顾卫星.晚清英语教学研究[M].苏州:苏州大学出版社,2004.
何绍斌.越界与想象:晚清新教传教士译介史论[M].上海:上海三联书店,
　　2008.
胡国祥.近代传教士出版研究[M].武汉:华中师范大学出版社,2013.
胡海建.论唐廷枢买办生涯的两重性[J].益阳师专学报,2002(4):62-65.

胡开宝.英汉词典历史文本与汉语现代化进程[M].上海:上海译文出版社,2005.

胡永利.欧德理《广东方言词典》的体例和19世纪中期的粤方言音系[J].文化学刊,2017(3):199-206.

怀礼.一个传教士眼中的晚清社会[M].王丽,戴如梅,译.北京:国家图书馆出版社,2012.

黄河清.马礼逊辞典中的新词语(续)[J].或问(Wakumon),2009(16):63-72.

黄奇芳.粤语词典出版概况[J].方言,2000(4):350-358.

黄文江.欧德理的汉学研究[J].国际汉学,2006(3):102-117.

黄耀堃,丁国伟.唐字音英语和二十世纪初香港粤方言的语音[M].香港:香港中文大学中国文化研究所吴多泰中国语文研究中心,2009.

黄卓越.19世纪初期的"方言热":来华新教士的语言工程[J].北京大学学报(哲学社会科学版),2018(3):104-112.

季明霞.19世纪末潮汕方言罗马字文献拼音系统:《汕头方言音义字典》和《马太到使徒》拼写比较[J].汕头大学学报(人文社会科学版),2018(5):29-32.

简·亨特.优雅的福音——20世纪初的在华美国女传教士[M].李娟,译.北京:生活·读书·新知三联书店,2014.

江南机器制造总局.金石中西名目表[M].1883.

江南机器制造总局.化学材料中西名目表[M].1885.

江南机器制造总局.西药大成药品中西名目表[M].1887.

江南机器制造总局.中西汽机名目表[M].1889.

孔陈焱.卫三畏与美国汉学研究[M].上海:上海辞书出版社,2010.

郎宓榭,阿梅龙,顾有信.新词语新概念:西学译介与晚清汉语词汇之变迁[M].赵兴胜等,译.济南:山东画报出版社,2012.

黎昌抱,杨利芳.试析傅兰雅科技翻译对近代科学术语译名规范化的贡献[J].上海翻译,2018(3):15-19.

黎难秋.双语科技词典史略述(下)[J].上海科技翻译,1993(3):46-48.

李定钧.百年英汉医学辞典史——从高氏本到陈氏本[J].东方翻译,2016

(2): 44-56.

李圭.环游地球新录[M].长沙:湖南人民出版社,1980.

李海军.作为海外汉语学习教材的《聊斋志异》[J].湖南社会科学,2012(4): 212-214.

李鸿章.李鸿章全集[M].合肥:安徽教育出版社,2008.

梁碧莹.嘉约翰与西医学在中国的传播[J].中山大学学报(社会科学版), 1996(3):125-132.

林彬晖,孙逊.西人所编汉语教材与中国古代小说——以英人禧在明《中文学习指南》为例[J].文学遗产,2007(4):102-111.

林金水,吴巍巍.传教士·工具书·文化传播——从《英华萃林韵府》看晚清"西学东渐"与"中学西传"的交汇[J].福建师范大学学报(哲学社会科学版),2008(3):126-132.

林立强.美国传教士卢公明与晚清福建社会[D].福州:福建师范大学,2004.

林立强.茶叶·福音·传教——十九世纪来华传教士卢公明弃教从商个案研究[J].福建师范大学学报(哲学社会科学版),2005(5):112-119.

林立强.晚清闽都文化之西传——以传教士汉学家卢公明为个案[M].北京:海洋出版社,2010.

刘欢楠,袁媛.晚清来华医学传教士师惟善初探[J].科学与管理,2018(1): 61-65.

刘娅,梁忠.明清西医东渐翻译历史脉络及影响研究[J].湖北社会科学,2015 (9):121-125.

罗存德.商务书馆华英音韵字典集成[M].上海:商务印书馆,1902.

马睿颖.双语词典文化限定词的处理——以《福建方言字典》为例[J].福建师范大学学报(哲学社会科学版),2011(4):159-163.

马睿颖.清代以来西文关于闽方言研究著作目录考述与翻译[J].东南学术, 2013(5):250-256.

马西尼.现代汉语词汇的形成——十九世纪汉语外来词研究[M].黄河清, 译.上海:汉语大词典出版社,1997.

马重奇.19世纪80年代四部传教士汕头方言著作音系比较[J].古汉语研究,

2014(4):10-22.

马重奇. 麦嘉湖《厦门方言英汉辞典》(1883)音系研究[J]. 闽南师范大学学报(哲学社会科学版),2015(1):1-11.

马重奇,马睿颖. 19世纪中后叶的潮汕方言音系——以三种美国传教士的著作为据[J]. 方言,2016(4):454-469.

梅晓娟,周晓光. 晚清在华传教士与英汉科技词典编纂[J]. 辞书研究,2007(4):131-141.

莫文畅. 唐字音英语[M]. 香港:锦福书坊,1926.

聂利.《真光初临》中晚清潮州妇女形象[J]. 国际汉学,2018(3):158-171.

潘钧. 日本辞书研究[M]. 上海:上海人民出版社,2008.

潘小松. 晚清民国双语词典文献录[M]. 济南:山东画报出版社,2012.

祁兆熙. 游美洲日记[M]. 长沙:岳麓书社,1985.

钱乃荣. 上海话大词典[M]. 上海:上海辞书出版社,2008.

钱乃荣. 西方传教士上海方言著作研究:1847—1950年的上海话[M]. 上海:上海大学出版社,2014.

乔宜斋. 汉英新字典订正三版[M]. 汉口/武昌:昌明公司,1911.

商务印书馆,编. 商务书馆华英字典[M]. 上海:商务印书馆,1902.

《商务印书馆百年大事记》编写组. 商务印书馆百年大事记(1897—1997)[M]. 北京:商务印书馆,1997.

尚智丛. 传教士与西学东渐[M]. 太原:山西教育出版社,2008.

沈国威. 近代英华辞典的术语创造[A]. 邹嘉彦,游汝杰,主编. 语言接触论集[C]. 上海:上海教育出版社,2004:235-257.

沈国威. 近代中日词汇交流研究——汉字新词的创制、容受与共享[M]. 北京:中华书局,2010.

沈迦. 寻找苏慧廉:传教士和近代中国[M]. 北京:新星出版社,2013.

沈迦. 一条开往中国的船[M]. 北京:新星出版社,2016.

司佳. 邝其照与1868年《字典集成》初版[J]. 广东社会科学,2013(1):149-158.

司佳. 近代中英语言接触与文化交涉[M]. 上海:上海三联书店,2016.

宋莉华. 19世纪传教士汉语方言小说述略[J]. 文学遗产,2012(4):136-143.

苏精. 麦都思《福建方言字典》出版的曲折历程[J]. 中国出版史研究, 2016
　　(3): 8-20.
孙琢. 近代医学术语的创立——以合信及其《医学英华字释》为中心[J]. 自
　　然科学史研究, 2010(4): 456-474.
谭树林. 马礼逊与中西文化交流[M]. 杭州: 中国美术学院出版社, 2004.
汤森. 马礼逊——在华传教士的先驱[M]. 吴相, 译. 郑州: 大象出版社, 2002.
田志军.《客英词典》及其中外作者[J]. 甘肃联合大学学报(社会科学版),
　　2013(4): 94-97.
王澧华. 赫德的汉语推广与晚清洋员的汉语培训[J]. 上海师范大学学报(哲
　　学社会科学版), 2015(1): 121-129.
王澧华, 吴颖. 近代海关洋员汉语教材研究[M]. 桂林: 广西师范大学出版
　　社, 2016a.
王澧华, 吴颖. 近代来华外交官汉语教材研究[M]. 桂林: 广西师范大学出版
　　社, 2016b.
王铭宇. 外来文化涌入下的西词汉译用字问题[J]. 国际汉学, 2016(3): 158-164.
王扬宗. 清末益智书会统一科技术语工作述评[J]. 中国科学史料, 1991(2):
　　9-19.
王扬宗. 江南制造局翻译书目新考[J]. 中国科技史料, 1995(2): 3-18.
王毅. 皇家亚洲文会北中国支会研究[M]. 上海: 上海书店出版社, 2005.
王勇. 中日汉籍交流史论[M]. 杭州: 杭州大学出版社, 1992.
卫斐列. 卫三畏生平及书信———位美国来华传教士的心路历程[M]. 顾钧,
　　江莉, 译. 桂林: 广西师范大学出版社, 2004.
伟烈亚力. 1867年以前来华基督教传教士列传及著作目录[M]. 桂林: 广西
　　师范大学出版社, 2011.
文月娥. 傅兰雅与晚清科技译名问题[J]. 基督教学术, 2017(2): 242-251.
文月娥. 傅兰雅的科技术语音译观探析[J]. 东方翻译, 2018(1): 15-18.
伍光建. 英文成语辞典[M]. 上海: 商务印书馆, 1917.
伍青, 陆孙男, 高圣兵. 傅兰雅化学术语翻译的研究[J]. 中国科技术语,
　　2017(6): 53-58.

吴景荣. 评1979年版《汉英词典》[J]. 外语教学与研究, 1992(3): 57-59.

吴义雄. 在宗教与世俗之间——基督教新教传教士在华南沿海的早期活动研究[M]. 广州: 广东教育出版社, 2000.

吴义雄. "广州英语"与19世纪中叶以前的中西交往[J]. 近代史研究, 2001(3): 172-202.

吴义雄. 晚清时期西方人体生理知识在华传播与本土化[J]. 中山大学学报(社会科学版), 2009(3): 78-94.

夏晶. 傅兰雅与狄考文——西学译介的两种态度[J]. 武汉大学学报(人文科学版), 2011(6): 52-56.

香港中国语文学会, 编. 近现代汉语新词词源词典[M]. 上海: 汉语大词典出版社, 2001.

徐式谷. 历史上的汉英词典(上)[J]. 辞书研究, 2002a(1): 126-138.

徐式谷. 历史上的汉英词典(下)[J]. 辞书研究, 2002b(2): 115-124.

徐通锵.《宁波方言词典》序言[J]. 宁波师范学报(社会科学版), 1995(5): 11-12.

颜惠庆. 英华大辞典[M]. 上海: 商务印书馆, 1908.

杨慧玲. 叶孝尊的《汉字西译》与马礼逊的《汉英词典》[J]. 辞书研究, 2007(1): 135-142.

杨慧玲. 世界汉外双语词典史的缘起[J]. 辞书研究, 2011a(3): 164-177.

杨慧玲. 利玛窦与在华耶稣会汉外词典学传统[J]. 北京行政学院学报, 2011b(6): 124-126.

杨慧玲. 19世纪汉英词典传统——马礼逊、卫三畏、翟理斯汉英词典的谱系研究[M]. 北京: 商务印书馆, 2012.

杨扬. 哈佛所见文史资料四则[J]. 扬子江评论, 2006(1): 73-81.

姚小平. 海外汉语探索四百年管窥: 西洋汉语研究国际研讨会暨第二届中国语言学史研讨会论文集[M]. 北京: 外语教学与研究出版社, 2008.

叶农, 金国平, 整理. 通商字汇[M]. 广州: 广东人民出版社, 2018.

雍和明等. 中国辞典史论[M]. 北京: 中华书局, 2006.

游汝杰. 西洋传教士汉语方言学著作书目考述[M]. 哈尔滨: 黑龙江教育出

版社,2003.

元青.晚清汉英、英汉双语词典编纂出版的兴起与发展[J].近代史研究,2013(1):94-106.

曾东京.中国百年汉英语文辞书纵横论[J].上海科技翻译,1999(2):45-48.

曾晓渝.《西蜀方言》的音系性质[J].方言,2018(3):263-275.

张陈一萍,戴绍曾.虽至于死——台约尔传[M].桂林:广西师范大学出版社,2015.

张大庆.高似兰:医学名词翻译标准化的推动者[J].中国科技史略,2001(4):324-330.

张剑.近代科学名词术语审定统一中的合作、冲突与科学发展[J].史林,2007(2):24-36.

张龙平.益智书会与晚清时期的译名统一工作[J].历史教学,2011(10):22-27.

张荣荣.19世纪传教士编粤语文献音译词用字探析[J].重庆理工大学学报(社会科学),2015(12):127-132.

张万方.前人走过的道路——评本世纪初国人自编的四部汉英词典[J].辞书研究,1997(6):133-138.

张西平.西班牙传教士万济国的《华语官话词典》初探[A].张西平,内田庆市,柳若梅,编.16—19世纪西方人的汉语研究[C].北京:外语教学与研究出版社,2013:1-18.

张西平.《葡华辞典》中的散页文献研究[J].北京行政学院学报,2016(1):116-128.

张西平.交错的文化史——早期传教士汉学研究史稿[M].北京:学苑出版社,2017.

张西平,吴志良,彭仁贤.架起东西方交流的桥梁——纪念马礼逊来华200周年学术研讨会论文集[M].北京:外语教学与研究出版社,2011.

张西平,杨慧玲.近代西方汉语研究论集[M].北京:商务印书馆,2013.

张元济.张元济日记(上、下册)[M].石家庄:河北教育出版社,2001.

张在新.汉英辞典[M].上海:商务印书馆,1912.

赵力."外邦人的唇舌":美国长老会传教士的宁波口语学习(1844—1911)

[J].清史研究,2018(3): 50-61.

郑连根.昨夜西风——那些活跃在近代中国的传教士[M].北京:中国华侨出版社,2011.

中国社会科学院近代史研究所翻译室.近代来华外国人名辞典[M].北京:中国社会科学出版社,1981.

钟少华.中国近代新词语谈薮[M].北京:外语教学与研究出版社,2006.

钟叔河.走向世界丛书[M].长沙:岳麓书社,1985.

周典恩,王邦虎.近代来华新教传教士与闽台方言字典[J].世界宗教研究,2008(2): 79-89.

周磊.禧在明《华英文义津逮》研究[D].上海:上海师范大学,2011.

周振鹤.中国洋泾浜英语最早的语词集[J].广东社会科学,2003(1): 77-84.

周振鹤.英汉词典与传教士[A].网络与书编辑部,编.词典的两个世界[C].北京:现代出版社,2005.

周振鹤.逸言殊语(增订版)[M].上海:上海人民出版社,2008.

庄初升.清末民初西洋人编写的客家方言文献[J].语言研究,2010(1): 94-100.

邹嘉彦,游汝杰.语言接触论集[M].上海:上海教育出版社,2004.

邹振环.19世纪早期广州版商贸英语读本的编刊及其影响[J].学术研究,2006(8): 92-99.

邹振环.西方传教士与晚清西史东渐:以1815至1900年西方历史译著的传播与影响为中心[M].上海:上海古籍出版社,2007.

A Committee of the Shanghai Vernacular Society. *An English Chinese Vocabulary of the Shanghai Dialect* [M]. Shanghai: American Presbyterian Mission Press, 1901.

Acheson, J. *An Index to Dr. Williams' "Syllabic Dictionary of the Chinese Language"* [M]. Hongkong/Shanghai: Kelly & Walsh, 1879.

Adam, T. B. *An English-Chinese Dictionary of the Foochow Dialect* [M]. Foochow: Methodist Episcopal Mission Press, 1891.

Anonymous. *The China Mission Hand-book* (first issue) [M]. Shanghai: American Presbyterian Mission Press, 1896.

Anonymous. *Who's Who in the Far East* [M]. England: Kegan Paul, Trench, Trübner & Co., 1907.

Austin, A. *China's Millions: The China Inland Mission and Late Qing Society, 1832–1905* [M]. Michigan: Wm. B. Eerdmans Publishing, 2007.

Bachman, R. L. *In Memoriam: A Sermon Delivered in the First Presbyterian Church, Utica, N.Y., upon the Life and Labors of Samuel Wells Williams, LL.D* [M]. Utica, NY: Press of Curtiss & Childs, 1884.

Ball, J. D. *An English-Cantonese Pocket Dictionary* [M]. Hongkong: China Mail Office, 1886.

Ball, J. D. A Chinese-English Dictionary in the Cantonese Dialect [A]. In E. J. Eitel & I. G. Genähr (revised), *Journal of the Royal Asiatic Society of Great Britain and Ireland* [C]. New York: Cambridge University Press, 1911: 1172–1176.

Baller, F. W. *The Mandarin Primer* (third edition enlarged) [M]. Shanghai: China Inland Mission and Presbyterian Mission Press, 1894.

Baller, F. W. *An Analytical Chinese-English Dictionary* [M]. Shanghai: American Presbyterian Mission Press, 1900.

Baller, F. W. *The Fortunate Union* (edited with notes) [M]. Shanghai: American Presbyterian Mission Press, 1904.

Balme, H. *China and Modern Medicine: A Study in Medical Missionary Development* [M]. London: United Council for Missionary Education, 1921.

Bennett, A. A. *John Fryer: The Introduction of Western Science and Technology into Nineteenth-Century China* [M]. Massachusetts: East Asian Research Center, Harvard University, 1967.

Bird, I. *Korea and Her Neighbours* [M]. London: John Murray, Albemarle Street, 1905.

Blodget, H. A Sketch of the Life and Services of the Late S. Wells Williams, LL.D [J]. *The New Englander*, 1885.

Bonney, S. W. *A Vocabulary with Colloquial Phrases of the Canton Dialect* [M]. Canton: Office of the Chinese Repository, 1854.

Bretschneider, E. *Botanicon Sinicum: Notes on Chinese Botany from Native and Western Sources* [M]. London: Trübner & Co., 1882.

Bromwich, D. *The Diary and Memoirs of John Allen Giles* [M]. Somerset: Somerset Record Society, 2000.

Brooke, N. P. *A Vocabulary of Military Terms: English-Chinese and Chinese-English* [M]. Tientsin: 1st K. G. O. Sappers and Miners, 1908.

Broomhall, M. *The Jubilee Story of the China Inland Mission* [M]. London: Morgan and Scott, 1915.

Broomhall, M. *F. W. Baller: A Master of the Pencil* [M]. Shanghai: China Inland Mission, 1923.

Chalmers, J. *An English and Cantonese Pocket-Dictionary* [M]. Hong Kong: London Missionary Society's Press, 1859.

Chien, D. *Lexicography in China: Bibliography of Dictionaries and Related Literature* [M]. Exeter: University of Exeter Press, 1986.

Cohn, H. S. & Gee, H. NO, NO, NO, NO!: Three Sons of Connecticut Who Opposed the Chinese Exclusion Acts [J]. *Connecticut Public Interest Law Journal*, 2003, 3(1): 1-100.

Condit, I. M. *English and Chinese Dictionary* [M]. New York: American Tract Society, 1882.

Condit, I. M. *Chinaman as We See Him and Fifty Years of Work for Him* [M]. Chicago: Fleming H. Revell Company, 1900.

Couling, S. *The Encyclopaedia Sinica* [M]. London: Oxford University Press, 1917.

Courtney, S. *Joseph Hopkins Twichell: The Life and Times of Mark Twain's Closest Friend* [M]. Athens, GA: University of Georgia Press, 2008.

Cousland, P. B. *An English-Chinese Lexicon of Medical Terms* [M]. Shanghai: American Presbyterian Mission Press, 1908.

Culin, S. Popular Literature of the Chinese Laborers in the United States [A]. In Oriental Club of Philadelphia (ed.), *Oriental Studies: A Selection of Papers Read Before the Oriental Club of Philadelphia (1888-1894)* [C]. Boston:

Ginn & Company, 1894.

Davies, E. *Memoir of the Rev. Samuel Dyer, Sixteen Years Missionary to the Chinese* [M]. London: John Snow, 35, Paternoster Row, 1846.

Davis, D. H. & Silsby, J. A. *Shanghai Vernacular Chinese-English Dictionary* [M]. Shanghai: American Presbyterian Mission Press, 1900.

Davis, D. H. & Silsby, J. A. *Chinese-English Pocket Dictionary* [M]. Shanghai: T'u-se-wei Press, 1911.

Davis, J. F. *A Commercial Vocabulary, Containing Chinese Words and Phrases Peculiar to Canton and Macao, and to the Trade of Those Places* [M]. Macao: Honorable Company's Press, 1824.

de Giéter, L. *An English-Chinese Handbook of Business Expressions* [M]. Shanghai: Imp. de T'ou-Se-We, 1911.

de Giéter, L. *A Chinese-English Handbook of Business Expressions* [M]. Shanghai: Imp. de T'ou-Se-We, 1913.

Dean, W. *The China Mission: Embracing a History of the Various Missions of All Denominations among the Chinese* [M]. New York: Sheldon & Co., 1859.

Dixon, J. M. *Dictionary of Idiomatic English Phrases* [M]. Tokyo: Kyoyekishosha, 1887.

Doolittle, J. *Social Life of the Chinese: With Some Account of Their Religious, Governmental, Educational, and Business Customs and Opinions* (in two volumes) [M]. New York: Harper and Brothers, 1865.

Doolittle, J. *Vocabulary and Hand-book of the Chinese Language, Romanized in the Mandarin Dialect* [M]. Foochow: Rozario, Marcal and Company, 1872.

Douglas, C. *Chinese-English Dictionary of the Vernacular or Spoken Language of Amoy, with the Principal Variations of the Chang-Chew and Chin-Chew Dialects* [M]. London: Trübner & Co., 1873.

Douglas, J. M. *Memorials of Rev. Carstairs Douglas* [M]. London: Waterlow and Sons Limited, Printers, 1877.

Dudgeon, J. Review of a New Medical Vocabulary [J]. *Chinese Recorder*, 1882(1):

259–265.

Duffus, W. *English-Chinese Vocabulary of the Vernacular or Spoken Language of Swatow* [M]. Swatow: English Presbyterian Mission Press, 1883.

Dunn, R. *Chinese-English and English-Chinese Dictionaries in the Library of Congress* [M]. Washington: Library of Congress, 1977.

Dyer, S. *A Vocabulary of the Hok-këen Dialect as Spoken in the County of Tshëang-tshew* [M]. London: The Anglo-Chinese College Press, 1838.

Edkins, J. *A Grammar of the Chinese Colloquial Language Commonly Called the Mandarin Dialect* (second edition) [M]. Shanghai: American Presbyterian Mission Press, 1864.

Edkins, J. *A Vocabulary of the Shanghai Dialect* [M]. Shanghai: American Presbyterian Mission Press, 1869.

E. J. E. Notices of New Books and Literary Intelligence [J]. *The China Review*, 1885, *14*(2): 48–57.

Ferguson, J. W. H. *A Glossary of the Principal Chinese Expressions Occurring in Postal Documents* [M]. Shanghai: Statistical Department of the Inspectorate General of Customs, 1906.

Fielde, A. M. *Pronouncing and Defining Dictionary of the Swatow Dialect* [M]. Shanghai: American Presbyterian Mission Press, 1883.

Fisher, D. W. *Calvin Wilson Mateer: Forty-Five Years, A Missionary in Shantung, China* [M]. Philadelphia: The Westminster Press, 1911.

Foster, A. *An English and Chinese Pocket Dictionary, in the Mandarin Dialect* [M]. Shanghai: American Presbyterian Mission Press, 1893.

Giles, H. A. *Chinese Without a Teacher* [M]. Shanghai: A. H. de Carvalho, Printer & Stationer, 1872.

Giles, H. A. *A Dictionary of Colloquial Idioms in the Mandarin Dialect* [M]. Shanghai: A. H. de Carvalho, Printer & Stationer, 1873.

Giles, H. A. *A Glossary of Reference on Subjects Connected with the Far East* [M]. Leyden: E. J. Brill, 1878.

Giles, H. A. *On Some Translations and Mistranslations in Dr. Williams' Syllabic Dictionary of the Chinese Language* [M]. Amoy: A. A. Marcal, 1879.

Giles, H. A. *A Chinese-English Dictionary* [M]. London: Bernard Quaritch, 1892.

Giles, H. A. *A Chinese-English Dictionary* (second edition, revised and enlarged) [M]. Shanghai/Hongkong/Singapore/Yokohama: Kelly & Walsh, 1912.

Goddard, J. *A Chinese and English Vocabulary in the Tie-Chiu Dialect* (second edition) [M]. Shanghai: American Presbyterian Mission Press, 1883.

Goncalves, J. A. *Diccionario China-Portuguez* [M]. Macao: De S. Jose, 1833.

Goodrich, C. *A Pocket Dictionary (Chinese-English) and Pekingese Syllabary* [M]. Peking: s.n., 1891.

Grainger, A. *Western Mandarin, or the Spoken Language of Western China* [M]. Shanghai: American Presbyterian Mission Press, 1900.

Groeneveldt, W. P. Dr. Williams' Dictionary [J]. *The China Review*, 1875(1): 38.

Hanbury, D. *Notes on Chinese Materia Medica* [M]. London: John E. Taylor, 1862.

Hemeling, K. *English-Chinese Dictionary of the Standard Chinese Spoken Language (官话) and Handbook for Translators* [M]. Shanghai: Statistical Department of the Inspectorate General of Customs, 1916.

Hillier, W. *One Thousand Useful Chinese Characters* [M]. London: Kegan Paul, Trench, Trüber & Co. Ltd., 1907a.

Hillier, W. *The Chinese Language and How to Learn It: A Manual for Beginners* [M]. London: Kegan Paul, Trench, Trüber & Co. Ltd., 1907b.

Hillier, W. *English-Chinese Pocket Dictionary of Peking Colloquial* [M]. Shanghai: American Presbyterian Mission Press, 1910.

Hillier, W. *An English-Chinese Dictionary of Peking Colloquial* (new edition) [M]. London: E. L. Morice, 1918.

Hirth, F. *A Vocabulary of the Text Book of Documentary Chinese* [M]. Shanghai: Statistical Department of the Inspectorate General of Customs, 1888.

Hobson, B. *A Medical Vocabulary in English and Chinese* [M]. Shanghai: The Mission Press, 1858.

Imperial Maritime Customs. *Names of Places on the China Coast and the Yangtze River* [M]. Shanghai: Statistical Department of the Inspectorate General, 1882.

Kennedy, A. G. *A Bibliography of Writings on the English Language from the Beginning of Printing to the End of 1922* [M]. Cambridge/New Haven: Harvard University Press & Yale University Press, 1927.

Kerr, J. G. *A Vocabulary of Diseases* [M]. Shanghai: American Presbyterian Mission Press, 1894.

Kwong, K. C. *An English and Chinese Dictionary* [M]. Shanghai: Wah Cheung, Kelly & Wally, 1887.

Lackner, M. & Vittinghoff, N. *Mapping Meanings: The Field of New Learning in Late Qing China* [M]. Leyden: E. J. Brill, 2004.

Leo, T. C. & McAll, P. L. *Cousland's English-Chinese Medical Lexicon* (ninth edition) [M]. Shanghai: Council on Publication, Chinese Medical Association, 1939.

Lobscheid, W. *Grammar of the Chinese Language (Part I)* [M]. Hongkong: Daily Press Office, 1864a.

Lobscheid, W. *The Tourists' Guide and Merchants' Manual* [M]. Hongkong: Daily Press Office, 1864b.

Lobscheid, W. *English and Chinese Dictionary, with the Punti and Mandarin Pronunciation* [M]. Hong Kong: Daily Press Office, 1866–1869.

Lobscheid, W. *A Chinese and English Dictionary* [M]. Hong Kong: Noronha & Sons, 1871.

Lobscheid, W. & Tetsujiro, I. *An English and Chinese Dictionary* [M]. Tokyo: J. Fujimoto, 1883.

MacGillivray, D. *A Century of Protestant Missions in China (1807–1907)* [M]. Shanghai: American Presbyterian Mission Press, 1907a.

MacGillivray, D. *A Mandarin-Romanized Dictionary of Chinese* (second edition) [M]. Shanghai: American Presbyterian Mission Press, 1907b.

MacGillivray, D. *A Mandarin-Romanized Dictionary of Chinese* (sixth edition)

[M]. Shanghai: American Presbyterian Mission Press, 1922.

Macgowan, J. *English and Chinese Dictionary of the Amoy Dialect* [M]. Amoy: A. A. Marcal, 1883.

MacIver, D. *A Hakka Index to the Chinese-English Dictionary of Herbert A. Giles and to the Syllabic Dictionary of Chinese of S. Wells Williams* [M]. Shanghai: American Presbyterian Mission Press, 1904.

MacIver, D. & Mackenzie, M. C. *A Chinese-English Dictionary: Hakka-dialect as Spoken in Kwang-tung Province* [M]. Shanghai: American Presbyterian Mission Press, 1926.

Maclay, R. S. & Baldwin, C. C. *An Alphabetic Dictionary of the Chinese Language in the Foochow Dialect* [M]. Foochow: Methodist Episcopal Mission Press, 1870.

Macy, W. A. On Dr. S. W. Williams's Chinese Dictionary [J]. *Journal of the American Oriental Society*, 1859(6): 566–571.

Mathews, R. H. *A Chinese-English Dictionary* [M]. Shanghai: China Inland Mission and Presbyterian Mission Press, 1931.

Medhurst, W. H. *A Dictionary of the Hok-keen Dialect of the Chinese Language* [M]. Macao: Honorable East China India Company's Press, 1832.

Medhurst, W. H. *Chinese and English Dictionary; Containing All the Words in the Chinese Imperial Dictionary, Arranged According to the Radicals* [M]. Batavia: Parapattan, 1842–1843.

Medhurst, W. H. *English and Chinese Dictionary* (in two volumes) [M]. Shanghai: The Mission Press, 1847–1848.

Michie, A. *The I Tê Chi, a Kuan Hua Vocabulary of Native Customs Terms* (Foochow District) [M]. s.n.

Milne, W. *The First Ten Years of the Protestant Mission to China* [M]. Malacca: the Anglo-Chinese Press, 1820.

Morrison, E. *Memoirs of the Life and Labours of Robert Morrison* [M]. London: Longman, Orme, Brown, Green and Longmans, 1839.

Morrison, R. *A Dictionary of the Chinese Language, in Three Parts* [M]. Macao: Honorable East India Company's Press, 1815–1823.

Morrison, R. *A View of China, from Philological Purposes* [M]. Macao: Honorable the East India Company's Press, 1817.

Morrison, R. *A Vocabulary of the Canton Dialect* [M]. Macao: Honorable East India Company's Press, 1828.

Morrison, R. *A Dictionary of the Chinese Language* [M]. Shanghai: London Mission Press, 1865.

Morrison, W. T. *An Anglo-Chinese Vocabulary of the Ningpo Dialect* [M]. Shanghai: American Presbyterian Mission Press, 1876.

Ngai, B. W. J. *Lexicography in Early Hong Kong: Contexts, Texts and Facilitators* [M]. Hong Kong: University of Hong Kong Press, 2012.

Norman, J. L. *Chinese* [M]. Cambridge: Cambridge University Press, 1988.

Osgood, D. W. *Anatomy, Descriptive and Surgical* [M]. Foochow: American Board Mission, 1881.

Parker, J. H. P. *Anglo-Chinese Glossary of Terms Used in Shipbuilding, Marine Engineering, Rigging, etc.* [M]. Shanghai: s.n., 1894.

Pelliot, P. Review [Untitled] [J]. *T'oung Pao*, 1922, *21*(5): 426–439.

Perowne, J. J. S. On Some English Idioms [J]. *Transactions of the Philological Society*, 1856, *3*(1): 146–172.

Philo-Sinensis. *Notices on Chinese Grammar* [M]. Batavia: Mission Press, 1842.

Playfair, G. M. H. *The Cities and Towns of China: A Geographical Dictionary* [M]. Hong Kong: Boronha & Co., 1879.

Poletti, P. *A Chinese and English Dictionary, Arranged According to Radicals and Sub-radicals* [M]. Shanghai: American Presbyterian Mission, 1896.

Rankin, W. *Memorials of Foreign Missionaries of the Presbyterian Church U.S.A.* [M]. Philadelphia: Presbyterian Board of Publication and Sabbath-School Work, 1895.

Richard, T. & MacGillivray, D. *A Dictionary of Philosophical Terms* [M]. Shanghai:

Christian Literature Society for China, 1913.

Ride, L. *Robert Morrison: The Scholar and the Man* [M]. Hong Kong: Hong Kong University Press, 1957.

Ruggieri, M., Ricci, M. & Witek, J. W. *Portuguese-Chinese Dictionary* [M]. Lisbon: Biblioteca Nacional Portugal, 2001.

Scarborough, W. *A Collection of Chinese Proverbs* [M]. Shanghai: American Presbyterian Mission Press, 1875.

Schlegel, G. *Desultory Notes on Japanese Lexicography* [M]. Leyden: E. J. Brill, 1893.

Shanghai Christian Vernacular Society. *Syllabary of the Shanghai Vernacular* [M]. Shanghai: American Presbyterian Mission Press, 1891.

Shen, Guowei. The Creation of Technical Terms in English-Chinese Dictionaries from the Nineteenth Century [A]. In M. Lackner, I. Amelung & J. Kurtz (Eds.) *New Terms for New Ideas: Western Knowledge and Lexical Change in Late Imperial China* [C]. Leyden: E. J. Brill, 2001: 287–304.

Si, J. J. The Genealogy of Dictionaries: Producers, Literary Audience, and the Circulation of English Texts in the Treaty Port of Shanghai [J]. *Sino-Platonic Papers*, 2005(6): 1–40.

Smith, A. H. *Proverbs and Common Sayings from the Chinese* (new and revised edition). Shanghai: American Presbyterian Mission Press, 1902.

Smith, F. P. *A Vocabulary of Proper Names, in Chinese and English* [M]. Shanghai: Presbyterian Mission Press, 1870.

Soothill, W. E. *The Student's Four Thousand 字 and General Pocket Dictionary* [M]. Shanghai: American Presbyterian Mission Press, 1900.

Soothill, W. E. *A Mission in China* [M]. Ediburgh/London: Oliphant, Anderson & Ferrier, 1907.

Stent, G. C. *A Chinese and English Vocabulary in the Pekinese Dialect* [M]. Shanghai: the Customs Press, 1871.

Stent, G. C. *A Chinese and English Pocket Dictionary* [M]. Shanghai: Kelly &

Walsh, 1874a.

Stent, G. C. *The Jade Chaplet in Twenty-Four Beads* [M]. London: Trübner & Co., 1874b.

Stent, G. C. *Entombed Alive and Other Songs, Ballads, &c* [M]. London: William H. Allen and Co., 1878.

Stent, G. C. *Scraps from My Sabretasche: Being Personal Adventures While in the 14th (King's Light) Dragoons* [M]. London: W. H. Allen & Co., 1882.

Stent, G. C. & MacGillivray, D. *A Chinese and English Vocabulary in the Pekinese Dialect* (third edition) [M]. Shanghai: American Presbyterian Mission Press, 1898.

Stent, G. C. & Hemeling, K. E. G. *A Dictionary from English to Colloquial Mandarin Chinese* [M]. Shanghai: Statistical Department of the Inspectorate General of Customs, 1905.

Stevens, H. N. *Memorial Biography of Adele M. Fielde, Humanitarian* [M]. New York: Fielde Memorial Committee, 1918.

Stuart, G. A. *Technical Terms: English and Chinese* [M]. Shanghai: American Presbyterian Mission Press, 1910.

Stuart, G. A. *Chinese Materia Medica: Vegetable Kingdom* [M]. Shanghai: American Presbyterian Mission Press, 1911.

Sweeting, A. A Middleman for All Seasons: Snapshots of the Significance of Mok Man Cheung and His *English Made Easy* [J]. *The Royal Asiatic Society Hong Kong Branch*, 1987(27): 46–73.

Tam, T. H. *An English and Chinese Dictionary with English Meaning or Expression for Every English Word* [M]. Hongkong: Office of the Chinese Printing and Publishing Company, limited, 1875.

Teruyama, N. On the Preface of the English and Chinese Dictionary by Wilhelm Lobscheid [J]. *The Journal of Humanities and Sciences of Takushoku University*, 2004(11).

The Conference Committee. *Addresses: Public and Devotional* [M]. Shanghai: Methodist Publishing House, 1907.

The Educational Association of China. *A Glossary of Chemical Terms in English and Chinese* [M]. Shanghai: American Presbyterian Mission Press, 1902.

The Educational Association of China. *Technical Terms: English and Chinese* [M]. Shanghai: American Presbyterian Mission Press, 1904.

Thom, R. *Chinese and English Vocabulary (Part First)* [M]. Canton: s.n., 1843.

Thomson, J. C. *A Vocabulary of Diseases in English and Chinese* [M]. Canton: Guedes & Co., 1890.

Tola, G. An Introduction to John Fryer's Theories on Translation into Chinese: Records of the General Conference of the Protestant Missionaries of China [J]. *Journal of East Asian Cultural Interaction Studies*, 2017(10): 237–256.

Townsend, W. J. *Robert Morrison: The Pioneer of Chinese Missions* [M]. London: S. W. Partridge & Co., 1890.

Tucker, G. M. *Our Common Speech: Six Papers* [M]. New York: Dodd, Mead and Company, 1895.

von Möllendorff, P. G. Manual of Chinese Bibliography, Being a List of Works and Essays Relating to China [M]. Shanghai: Celestial Empire Office, 1876.

Wade, T. F. *Yü Yen Tzŭ Erh Chi, A Progressive Course Designed to Assist the Student of Colloquial Chinese as Spoken in the Capital and the Metropolitan Department* [M]. London: Trübner & Co., 1867.

Wade, T. F. & Hillier, W. C. *Yü Yen Tzŭ Erh Chi, A Progressive Course Designed to Assist the Student of Colloquial Chinese as Spoken in the Capital and the Metropolitan Department* (second edition) [M]. Shanghai: Kelly & Walsh, 1886.

Wang, Y. Z. A New Inquiry into the Translation of Chemical Terms by John Fryer and Xu Shou [A]. In M. Lackner, I. Amelung & J. Kurtz (Eds.) *New Terms for New Ideas: Western Knowledge and Lexical Change in Late Imperial China* [C]. Leyden: E. J. Brill, 2001: 271–283.

Warren, L. *Adele Marion Fielde: Feminist, Social Activist, Scientist* [M]. London/New York: Routledge, 2002.

Whitney, H. T. *A Glossary of English and Chinese Anatomical Terms According to the Old and New Medical Nomenclatures* [M]. Shanghai: American

Presbyterian Mission Press, 1906.

Williams, C. A. S. *Anglo-Chinese Glossary of Modern Terms for Customs and Commercial Use* [M]. Shanghai: Commercial Press, Ltd., 1908.

Williams, C. A. S. *A Manual of Chinese Metaphor — Being a Selection of Typical Chinese Metaphors, with Explanatory Notes and Indices* [M]. Michigan: University of Michigan Library, 1920.

Williams, F. W. *The Life and Letters of Samuel Wells Williams* [M]. New York: G. P. Putnam's Sons, 1889.

Williams, S. W. *Easy Lessons in Chinese: Or Progressive Exercises to Facilitate the Study of That Language* [M]. Macao: Office of the Chinese Repository, 1842.

Williams, S. W. *An English and Chinese Vocabulary in the Court Dialect* [M]. Macao: Office of the Chinese Repository, 1844.

Williams, S. W. *The Middle Kingdom* [M]. New York/London: Wiley and Putnam, 1848.

Williams, S. W. *A Tonic Dictionary of the Chinese Language in the Canton Dialect* [M]. Macao: Office of the Chinese Repository, 1856.

Williams, S. W. *The Chinese Commercial Guide* (fifth edition) [M]. Hong Kong: A. Shortrede & Co., 1863.

Williams, S. W. *A Syllabic Dictionary of the Chinese Language* [M]. Shanghai: American Presbyterian Mission Press, 1874.

Williams, S. W. *A Syllabic Dictionary of the Chinese Language* (revised edition) [M]. Tung Chou: The North China Tung Chou College, 1909.

Wylie, A. *Memorials of Protestant Missionaries to the Chinese: Giving a List of Their Publications, and Obituary Notices of the Deceased* [M]. Shanghai: American Presbyterian Mission Press, 1867.

Yang, P. F. *Chinese Dialectology: A Selected and Classified Bibliography* [M]. Hong Kong: The Chinese University Press, 1981.

Yang, P. F. *Chinese Lexicology and Lexicography: A Selected and Classified Bibliography* [M]. Hong Kong: The Chinese University Press, 1985.

图书在版编目(CIP)数据

清朝后期来华人士所编词典之研究/高永伟著.—上海：复旦大学出版社，2024.4
ISBN 978-7-309-17007-8

Ⅰ.①清… Ⅱ.①高… Ⅲ.①英语-词典-编辑工作-研究-中国-清后期 Ⅳ.①H316-092

中国国家版本馆 CIP 数据核字(2023)第 181647 号

清朝后期来华人士所编词典之研究
高永伟　著
责任编辑/邓柯彤

复旦大学出版社有限公司出版发行
上海市国权路 579 号　邮编：200433
网址：fupnet@fudanpress.com　http://www.fudanpress.com
门市零售：86-21-65102580　团体订购：86-21-65104505
出版部电话：86-21-65642845
江苏凤凰数码印务有限公司

开本 787 毫米×960 毫米　1/16　印张 24.5　字数 375 千字
2024 年 4 月第 1 版
2024 年 4 月第 1 版第 1 次印刷

ISBN 978-7-309-17007-8/H·3280
定价：78.00 元

如有印装质量问题，请向复旦大学出版社有限公司出版部调换。
版权所有　侵权必究